Prof. Dr. med. Isadore Rosenfeld
Vorbeugen ist besser als Heilen

Serie Piper
Band 1281

Zu diesem Buch

In einer Zeit, in der aus vielfältigen Gründen die gesundheitlichen Risiken zunehmen, ist Aufklärung über Möglichkeiten der Vorbeugung eine erste Notwendigkeit. Der Autor des vorliegenden medizinischen Hausbuches, Prof. Dr. med. Isadore Rosenfeld, propagiert vor dem Hintergrund langjähriger Erfahrung in Klinik und Arztpraxis die neue Medizin der Vorbeugung: »Das vermutlich bestgehütete Geheimnis der achtziger Jahre lautet: Das Prinzip ›Vorbeugen ist besser als Heilen‹ funktioniert. Prophylaxe ist der jüngste Teilbereich der Medizin – ein Bereich, in dem der Patient der Spezialist ist, nicht der Arzt. Für die Diagnose und die Behandlung von Krankheiten ist der Arzt zuständig; aber nur *Sie* können dafür sorgen, daß es erst gar nicht zu einer Erkrankung kommt.«

In leicht verständlicher Sprache und mit vielen einleuchtenden Fallbeispielen behandelt Rosenfeld alle Bereiche, in denen er gezielte Vorbeugung für möglich und sinnvoll hält, u.a. Erkältungen, Hepatitis, Alterskrankheiten, Ernährungsfragen, Schlaflosigkeit, Allergien, Herz- und Gefäßkrankheiten, Reisekrankheiten, Osteoporose, Nieren- und Gallensteine, Magengeschwüre, Seh- und Hörfähigkeit, Herpes, Krebserkrankungen, Fehlbildungen bei Säuglingen, Rheuma, Impfungen.

Isadore Rosenfeld, Prof. Dr. med., ein Spezialist für Herzkrankheiten, ist Professor am New York Hospital/Cornell Medical Center. Neben seiner Praxis, seiner klinischen Tätigkeit, neben Forschung und Lehre ist er seit vielen Jahren medizinischer Berater eines landesweit ausgestrahlten Fernsehmagazins zu Gesundheitsfragen, außerdem Autor mehrerer populärer Medizinbücher.

Prof. Dr. med. Isadore Rosenfeld

Vorbeugen ist besser als Heilen

Ratschläge für das tägliche Leben

Aus dem Amerikanischen
von Inge Leipold

Piper
München Zürich

SERIE PIPER
GESUNDHEIT

Außerdem liegen vor:
Horst Cotta, Der Mensch ist so jung wie seine Gelenke (275)
Heinrich Kasper, Ernährung und Darmerkrankungen (1280)
Lucienne Lanson, Ich bin eine Frau (419)
Gotthard Schettler/Curt Diehm, Herzinfarkt – Vorsorge, Behandlung und Nachsorge (1328)
Rainer Schrage, Kinderwunsch-Sprechstunde (1278)

Die Originalausgabe erschien 1986 unter dem Titel »Modern Prevention – The New Medicine« bei THE LINDEN PRESS/Simon and Schuster, New York.
Für die deutsche Ausgabe wurde der Text gekürzt und an einigen Stellen bearbeitet.

ISBN3-492-11281-1
Deutsche Erstausgabe
Januar 1991

Umschlag: Federico Luci,
unter Verwendung einer Zeichnung
von Ferenc Pintér
Foto Umschlagrückseite: Claire Yaffa
Gesamtherstellung: Clausen & Bosse, Leck
Printed in Germany

Inhalt

1. Moderne Prophylaxe – die neue Medizin

Das vermutlich bestgehütete Geheimnis der achtziger Jahre lautet: Das Prinzip »Vorbeugen ist besser als Heilen« funktioniert. Prophylaxe ist der jüngste Teilbereich der Medizin – ein Bereich, in dem der Patient der Spezialist ist, nicht der Arzt. Für die Diagnose und die Behandlung von Krankheiten ist der Arzt zuständig; aber nur *Sie* können dafür sorgen, daß es erst gar nicht zu einer Erkrankung kommt.

Kunstherzen, Organtransplantationen, Laserstrahlen – diese und andere dramatische Fortschritte in der Medizin beflügeln die Phantasie und sorgen für Schlagzeilen. So großartig und wichtig sie auch sein mögen, sind sie doch nichts weiter als ein Notbehelf im Kampf um die Erhaltung eines Menschenlebens. Wenn man die Geschichte eines Menschen mit dem Herz eines Gorillas oder einem Kunstherz verfolgt, übersieht man leicht den wirklich wichtigen Fortschritt, der auf dem Gebiet der Vorbeugung liegt. Es gibt viele neue Erkenntnisse, die das Risiko, sich solch schreckliche, nach wie vor unheilbare Krankheiten zuzuziehen, verringern oder zumindest das Auftreten der Krankheit hinauszögern können.

Warum sprechen die Ärzte nicht darüber?

Obwohl Prophylaxe so viele Möglichkeiten eröffnet, tun viele praktizierende Ärzte einfach nicht genug, um ihre Patienten entsprechend aufzuklären.

Diese Zurückhaltung hat mehrere Gründe. Ärzte sind grundsätzlich an Krankheiten orientiert. Den Patienten zu erziehen, liegt nicht in ihrem Interesse. Hinzu kommt der wirtschaftliche Faktor. Ein Besuch beim Arzt kostet normalerweise eine bestimmte Summe, unabhängig davon, ob der Arzt sich fünf Minuten für Sie Zeit nimmt oder dreißig. Ein »grundsätzliches« Gespräch mit dem Patienten ist für ihn [1] also nicht kosteneffektiv. Unter den derzeitigen Bedingungen nützt er dann seine Zeit »besser«, wenn er etwas macht, für das er eine gesonderte Gebühr verlangen kann, etwa ein Elektrokardiogramm oder Röntgenaufnahmen und Bluttests; oder er sticht ein Furunkel auf oder entfernt eine Wimper aus dem Auge des Patienten – alles also unmittelbar physische Behandlungen, die über ein Gespräch hinausgehen.

Wenn Sie Zweifel hinsichtlich der Prioritäten eines Arztes haben, dann rufen Sie doch einmal in einer Arztpraxis an und sagen der Arzthelferin, Sie fühlten sich vollkommen in Ordnung und wollten, daß dies so bleibe; Sie würden aber trotzdem gerne in die Praxis kommen, um sich mit dem Arzt über vorbeugende Maßnahmen zu unterhalten. Die Hälfte der Helferinnen wird Sie (a) mit einem »Tut mir leid, der Doktor ist völlig ausgebucht« abspeisen oder (b) Ihnen einen Termin in ein paar Wochen geben und dann im letzten Augenblick absagen, weil der Arzt sich um jemanden kümmern muß, der »dies wirklich braucht«.

Es liegt auch an Ihnen

Diese Einstellung der Ärzte ist aber nicht der einzige Grund dafür, daß bei der medizinischen Versorgung der Prophylaxe so wenig Bedeutung beigemessen wird. Den meisten Patienten ist es peinlich, ihren Arzt nur wegen einer Routineuntersuchung aufzusuchen. Sie halten es für angebracht zu warten, bis sie wirklich krank sind. Ich kenne intelligente Leute, die sich schuldig fühlen und sich auch tatsächlich dafür entschuldigen, daß sie meineZeit »ver-

---

1 Wenn ich in diesem Buch vom »Arzt« rede, meine ich damit natürlich »sie« oder »ihn«. Um den Text etwas lockerer zu gestalten, verwende ich in einigen Kapiteln das weibliche, in anderen das männliche Pronomen.

schwendet« haben. »Tut mir leid, Doktor. Sie hätten sich in der Zeit um jemand anderen kümmern können, der wirklich krank ist.«

Heute unbeschwert leben – oder morgen überleben?

Manche Patienten mögen es nicht, wenn man ihnen einen »Vortrag« hält und sie dafür auch noch bezahlen müssen – besonders wenn ihnen das, was sie zu hören bekommen, nicht gefällt.[2] Ihnen ist eine eher unpersönliche, technische Beziehung zum Arzt lieber, bei der die notwendigen Untersuchungen durchgeführt und Medikamente verschrieben werden. Sie wollen sich keinen Vortrag über gesunde Ernährung, Sport, Cholesterinspiegel, Fitneß, Alkohol und Rauchen anhören müssen. Sie haben das Gefühl, sowieso schon alles zu wissen, und wollen nur dann »brav« sein, wann es ihnen paßt. Sie wollen oder brauchen es nicht, daß der Arzt ständig mit ihnen schimpft – noch dazu, wenn das etwas kostet.

Neulich bekam ich beim Friseur zufällig folgendes Gespräch über einen Besuch beim Arzt mit: »Dieser Doktor ist wirklich ein richtiger Gesundheitsapostel. Ich bin nur hingegangen, um meinen Blutdruck messen zu lassen, und da fängt der doch an, mir einen endlosen Vortrag zu halten über mein Gewicht, meine Eßgewohnheiten und den Streß, unter dem ich stehe. Dafür bin ich ja nun wirklich nicht zu ihm gegangen. Ich wollte nichts weiter, als daß er meinen Blutdruck mißt und mir etwas verschreibt. Ich war fünfundzwanzig Minuten dort, und nicht die fünf, die es eigentlich hätte dauern sollen – und er hat jede einzelne Sekunde berechnet. Manche Ärzte nutzen einen wirklich ganz schön aus.«

Ich vermute, diesen Mann störte nicht so sehr die Rechnung; wahrscheinlich hatte er ein schlechtes Gewissen, weil er sich nicht

2 Die hier folgenden Bemerkungen – wie auch in späteren Kapiteln – beziehen sich auf die Situation in den USA, die z. T. erheblich von der in der Bundesrepublik abweicht. Wo nötig, werden wir darauf hinweisen.

an die Ratschläge hielt, die der Arzt ihm gegeben hatte. Das ist eine der Schwierigkeiten bei effektiver Prophylaxe: Sie verdirbt einem möglicherweise heute den »Spaß«, damit man morgen überlebt.

Das große Geschäft

Den meisten paßt es aber auch nicht, wenn gar nichts geschieht. Weil die Ärzte ihren Patienten nicht genügend vernünftige, praktische Informationen über Vorbeugemaßnahmen geben, suchen und finden die Leute sie woanders – in Postwurfsendungen, Illustrierten und Gesundheitsmagazinen im Fernsehen. Unglücklicherweise werden zutreffende Fakten oft mit unzähligen modischen Ratschlägen zur Erhaltung der Gesundheit, Diätvorschlägen oder Versprechungen, wie man sein Leben verlängern kann, über einen Kamm geschoren; vieles davon bringt nichts, manches ist sogar gefährlich. Für einen Laien ist es nicht immer einfach, zwischen Tatsachen und Wunschvorstellungen zu unterscheiden.

Das Ergebnis ist meiner Ansicht nach ein Geschäft in Milliardenhöhe. Beispielsweise veröffentlichte *Psychology Today*, eine Zeitschrift für Nicht-Mediziner, die Ergebnisse einer Umfrage, an der sich fünfundzwanzigtausend Abonnenten beteiligt hatten. 6 Prozent machten gerade eine Kräuterkur, 10 Prozent hielten sich an eine Diät oder machten eine »Abmagerungskur«, 11 Prozent schluckten Multivitaminpräparate – alles weitgehend unsinnige »Patentrezepte«. Überall springen einem Reklameüberschriften in die Augen wie: »Wollen Sie gesund sein und lange leben?« Wenn Sie das wollen (und wer will das nicht?), werden Ihnen zu diesem Zweck Homöopathie, Akupunktur, »klinische Ökologie«, »Streßbekämpfung« oder »Ernährungstherapie« offeriert; die meisten dieser »Therapien« sind entweder spekulativ und unbewiesen oder schlichtweg Quacksalberei.

Was kann Vorbeugen bewirken?

Es gibt keinerlei Grund für Sie, zu derlei modischen Ratschlägen Zuflucht zu nehmen. Im folgenden gebe ich Ihnen einige Beispiele dafür, wie nützlich neue und wissenschaftlich überprüfte Fakten im Bereich der Prophylaxe sein können.

Ein Allgemeinarzt überwies eine vierzigjährige Frau zu mir, um eine Diagnose stellen zu lassen. Er machte sich Sorgen, weil sie seit etwa drei Wochen ständig leicht erhöhte Temperatur hatte, manchmal mehr, manchmal weniger. Interessanterweise erklärte die Patientin, sie fühle sich durchaus wohl; sie hatte Appetit, hatte auch nicht abgenommen und keinerlei Schmerzen.

Als wir jedoch ihre Krankengeschichte durchgingen, erinnerte sie sich (nachdem ich sie speziell darauf angesprochen hatte) daran, daß sie als Kind oft »Wachstumsschmerzen« gehabt hatte. Ihre Knie und Ellenbogen waren oft wochenlang schmerzhaft angeschwollen gewesen. Ja, jetzt, da ich es erwähnte, fiel ihr ein, daß man ihr hin und wieder gesagt hatte, sie habe Herzgeräusche. Die Ärzte hätten dem jedoch keine Bedeutung beigemessen, da man sie nicht immer hören konnte. Außerdem war sie ansonsten so gesund und voller Energie gewesen.

Drei wichtige Hinweise für eine Diagnose

Im Verlauf der Untersuchung fielen mir drei merkwürdige Dinge auf: (1) ihre Temperatur betrug 38,3 Grad; (2) sie hatte tatsächlich Herzgeräusche; und (3) entdeckte ich unter zwei Fingernägeln etwas, das wie kleine Holzsplitter aussah. Aus diesen Einzelbefunden ergab sich die Diagnose: subakute bakterielle Endokarditis (SBE) – Infektion einer Herzklappe –, die oft tödlich verläuft, wenn sie nicht behandelt wird. (Die »Holzsplitter« waren in Wirklichkeit winzige Blutungen sehr kleiner Blutgefäße in den Fingern und Zehen. Wir wissen nicht, warum bei SBE diese Blutungen auftreten. Aber denken Sie daran: Lackieren Sie sich nie Ihre Finger- und Fußnägel, wenn Sie einen Check-up machen lassen. Sie könnten damit einen lebenswichtigen Hinweis verdecken.)

Nur ein kurzer Besuch beim Zahnarzt

Da ich mir fast sicher war, daß die Herzgeräusche von einer »schlechten« Herzklappe herrührten, stellte ich der Patientin die Frage: »Waren Sie in letzter Zeit beim Zahnarzt?« (Bei fast jeder zahnärztlichen Behandlung – vor allem, wenn dabei das Zahnfleisch blutet – dringen ansonsten harmlose Bakterien, die sich immer im Mund befinden, in den Blutkreislauf ein und setzen sich in einer oder mehreren Herzklappen fest, die zufällig krank sind, meistens aufgrund eines rheumatischen Fiebers. Bei gesunden Herzklappen passiert das nicht.)

»Ja, vor ungefähr zwei Monaten. Aber ich habe mir nur den Zahnstein entfernen lassen. Es war eigentlich gar keine zahnärztliche Behandlung – kein Bohren oder so.« Ihrer Ansicht nach war diese Zahnpflege, bei der es leicht zu Zahnfleischblutungen kommt, keine »Zahnbehandlung«. Sie hatte ihrem Zahnarzt auch nie etwas von den Herzgeräuschen gesagt.

Die Diagnose SBE bestätigte sich, als in der Blutprobe im Labor Streptococcus viridans festgestellt wurde, das Bakterium, das für die meisten derartigen Erkrankungen verantwortlich ist. Ich wies die Patientin in ein Krankenhaus ein, wo sie mit hohen Dosen Antibiotika, und zwar intravenös, behandelt wurde. Fünf Wochen später wurde sie entlassen, völlig geheilt. Wäre sie nicht behandelt worden (oder wäre sie vor 1945, als man Penicillin noch nicht kannte, an SBE erkrankt), wäre sie wahrscheinlich gestorben. Die Infektion hätte die Herzklappe zerstören und zu einem Herzversagen führen können, oder aber winzige Klümpchen der Bakterienansammlungen auf den Herzklappenzipfeln wären in andere Körperteile gelangt und hätten zu Abszessen in so lebenswichtigen Organen wie Gehirn oder Nieren geführt.

Ein wenig Vorbeugen bewirkt viel

Dieser Fall von SBE ist ein hervorragendes Beispiel für eine ernste, unter Umständen tödliche Krankheit, die sich jedes Jahr immer noch Tausende zuziehen, obwohl man sich dagegen schützen kann. Dabei ist Vorbeugen so einfach. Man braucht deswegen nicht sein ganzes Leben lang Diät zu halten oder auch nur eine schlechte, aber angenehme Gewohnheit aufzugeben. Man muß lediglich vor einer Zahnbehandlung oder irgendeiner Operation oder »aggressiven Untersuchung«, bei der ein diagnostisches Instrument in den Körper eingeführt wird, vorsorglich das richtige Antibiotikum (normalerweise Penicillin oder Erythromycin) einnehmen.[3]

Ein Krebs, der vermeidbar gewesen wäre

Ein bislang gesunder junger Mann, vierundzwanzig, alleinstehend, Computerspezialist, kam zu mir in die Praxis, weil er einen trockenen Husten einfach nicht los wurde, der ihn seit ein paar Wochen quälte. Die erste Frage, die ich jedem Patienten mit einem hartnäckigen Husten stelle, ist: »Rauchen Sie?«

Er war Nichtraucher.

»Hatten Sie Fieber?«

»Ich glaube nicht, aber ich habe zu Hause kein Fieberthermometer.«

»Haben Sie Auswurf, wenn Sie husten?«

»Nur manchmal ein bißchen weißen Schleim, Blut nie.«

»Sind Sie gegen irgend etwas allergisch?«

»Nein, Herr Doktor.« Zudem war er bei seiner Arbeit keinen giftigen Dämpfen oder Chemikalien ausgesetzt gewesen, die möglicherweise seine Lungen hätten angreifen können. Als einzige beunruhigende Symptome – außer dem Husten – gab er schließlich zu, daß er keinen besonderen Appetit mehr hatte (er hatte im Verlauf des letzten Monats vier oder fünf Pfund abgenommen) und unten links im Unterleib ständig leichte Schmerzen verspürte. Sein Stuhlgang war regelmäßig und normal – wie immer. Auch über sein Sexualleben konnte er sich nicht beklagen, das, wie er es ausdrückte, »phantastisch« war.

3 In der Bundesrepublik ist die antibiotische Prophylaxe allerdings umstritten.

Wenn eine Hode fehlt

Als ich seine Brust abhorchte, konnte ich nichts Auffallendes feststellen. Weder an seinem Bauch noch an irgendeiner Stelle seines Körpers konnte ich irgendwelche Knoten tasten. Mir fiel aber auf, daß am Hodensack die linke Hode fehlte – derlei kommt vor, wenn die Hode nicht in den Hodensack »deszendiert«. War diese Beobachtung rein zufällig oder war sie ein Hinweis von lebenswichtiger Bedeutung? Hatte er das überhaupt gewußt? Ja, aber man hatte ihm gesagt, darüber brauche er sich keine Sorgen zu machen und es würde seine Sexualität, den Akt selbst oder seine Fruchtbarkeit nicht beeinträchtigen.

Kanonenkugeln in den Lungen

Eigentlich hatte ich eine ganze Reihe von Untersuchungen machen wollen, aber wir versuchten es gleich gezielt mit Röntgenaufnahmen des Brustkorbs. Zu meinem Schrecken waren einige kleine, runde Schatten zu sehen, etwa so groß wie Murmeln, und zwar in beiden Lungenflügeln. Ich hatte schon genügend solche »Kanonenkugeln« gesehen, um zu wissen, daß sie auf Krebs hinweisen, der sich von einer anderen Stelle des Körpers auf die Lunge ausgebreitet hat. Aber wo kamen sie her? Es war nur logisch, den Unterleib genauer zu untersuchen, denn nur hier hatte der junge Mann Beschwerden. Wir schickten ihn also zu einem Unterleibssonogramm (dabei werden Schallwellen auf den Bauch gerichtet; das zurückkommende Echo lokalisiert jede anormale Wucherung oder Flüssigkeit). Und das Ergebnis? Eine Anhäufung oder Wucherung von der Größe einer Walnuß in der Bauchhöhle. Man konnte sie ohne weiteres herausoperieren und analysieren.

Es war die fehlende Hode! All die Jahre seit seiner Geburt war sie im Unterleib geblieben. Und im Verlauf dieser Zeit entwickelte sich an ihr ein Krebsgeschwür. Da sie sich jedoch nicht außerhalb des Körpers befand, wo man sie hätte tasten können, wurde die bösartige Veränderung erst entdeckt, als sie sich auf die Lunge ausgedehnt hatte.

Zwar ist Hodenkrebs relativ selten, aber bei jungen Männern

kann er durchaus auftreten. Wenn eine Hode nicht herunterfällt, nimmt die Wahrscheinlichkeit, daß der Tumor bösartig wird, eindeutig zu. Warum das so ist, wissen wir noch nicht genau. Möglicherweise hängt es damit zusammen, daß die Hode hier einer höheren Temperatur ausgesetzt ist als im Hodensack.

Unsere Geschichte nahm ein gutes Ende. Krebs führt normalerweise zum Tod, wenn er sich erst einmal ausgebreitet hat, vor allem, wenn die Lunge befallen ist. Einen Hodentumor kann man jedoch in den meisten Fällen durch eine kombinierte Therapie von Bestrahlung und in jüngster Zeit entwickelten Medikamenten (Chemotherapie) heilen, auch wenn er schon auf andere Körperpartien übergegriffen hat, wie es bei diesem jungen Mann der Fall war. Ihm wären ungeheure Schmerzen und all die Angst erspart geblieben, wenn seine Eltern die einfachen Grundregeln der Vorbeugung in einem solchen Fall gekannt hätten.

Der leise Killer – auch ihm kann man zuvorkommen

Ich schildere Ihnen nun ein Beispiel, wie durch konsequente Prophylaxe ein Menschenleben zu retten gewesen wäre. Ted war ein fünfundsechzigjähriger Filmproduzent, der schon lange unter zu hohem Blutdruck litt. Er lehnte es ab, sich behandeln zu lassen, denn er fühlte sich ausgesprochen wohl; das ist bei Leuten mit Bluthochdruck oft der Fall. Er liebte das Leben und wollte es genießen, ohne durch Nebenwirkungen von Medikamenten beeinträchtigt zu sein. Ein paar Jahre, nachdem die Diagnose gestellt worden war, kam es eines Tages tief in seinem rechten Auge zu einer Blutung, und es verlor seine Sehkraft. Nachdem er auf diese grausame Weise seine Lektion erhalten hatte und da er entsetzt war von dem Gedanken, möglicherweise auch auf dem anderen Auge zu erblinden, akzeptierte er jetzt eine Behandlung.

Puls und Blutgerinnsel

Drei oder vier Jahre lang ging alles gut. Eines Tages jedoch stellte ich bei einer Routineuntersuchung fest, daß sein Puls nicht normal war. Er war sehr unregelmäßig und schnell, in einem Rhythmus, den man als (Herz-)Vorhofflimmern bezeichnet. Obwohl diese Rhythmusstörung normalerweise auf eine Herzkrankheit schließen läßt (Arteriosklerose, valvuläre oder hypertonische Störungen oder aber eine Schilddrüsenüberfunktion), tritt sie gelegentlich auch bei ansonsten gesunden Leuten auf. Bei Vorhofflimmern ist normalerweise eine Behandlung mit zweierlei Medikamenten angezeigt – Digitalis, um die Frequenz des Herzschlags zu verlangsamen, und ein Antigerinnungsmittel, damit sich in dem flimmernden Herzen kein Blutgerinnsel bildet und in ein lebenswichtiges Organ, etwa das Gehirn, wandert. Das alles erklärte ich Ted; aber wie er sich einst geweigert hatte, Tabletten gegen seinen Bluthochdruck einzunehmen, so lehnte er jetzt »aus Prinzip« diesen »Blutverdünner« ab. Er wollte auch nicht die lästige Pflicht und die Verantwortung auf sich nehmen, regelmäßig sein Blut untersuchen zu lassen; dies ist jedoch notwendig, um zu kontrollieren, ob die Dosierung des Antigerinnungsmittels korrekt ist.

Ich argumentierte, ich redete ihm gut zu. Ich schickte ihm sogar Ausschnitte aus der medizinischen Fachliteratur, in denen die Bedeutung von Antigerinnungsmitteln bei Vorhofflimmern hervorgehoben wurde. Es half alles nichts. Ich hörte nicht auf damit, und er kam nicht mehr. Vier Monate später wurde er im Koma ins Krankenhaus gebracht und starb innerhalb von achtundvierzig Stunden. Ein großes Blutgerinnsel war von seinem Herzen in einen kritischen Bereich seines Gehirns gewandert. Er hätte seinen Tod ohne weiteres verhindern beziehungsweise hinauszögern können, wenn er nur jeden Morgen eine kleine Antigerinnungstablette geschluckt hätte.

Was können Sie tun?

Wie ich schon zu Beginn sagte, sind Diagnose und Behandlung von Krankheiten Sache Ihres Arztes. Vorbeugen jedoch, lernen, was man tun kann, um gesund zu *bleiben*, dafür sind *Sie* selbst verantwortlich. Sie müssen in Begriffen der Prophylaxe *denken*, sie *praktizieren* und alles darüber *wissen*. Niemand kann oder wird Ihnen das abnehmen. Als Kardiologe kann ich zwar Ihre Angina pectoris behandeln oder Ihnen eine Bypass-Operation verordnen, wenn es notwendig ist. Aber *Sie* müssen lernen, wie Sie verhindern können, daß sich in Ihren Arterien überhaupt Blutgerinnsel bilden. Fast jeder Orthopäde kann eine gebrochene Hüfte eingipsen, aber *Sie* können verhindern, daß Ihre Knochen spröde und zerbrechlich werden. Jeder Neurologe kann einen Schlaganfall diagnostizieren, wenn Sie erst einmal gelähmt sind, aber *Sie* haben jetzt die Möglichkeit, sich zu informieren, wie man derlei verhindert. Ein guter Chirurg kann Ihre von Krebs zerfressene Brust, Darm, Lunge oder Schilddrüse entfernen. Aber nur *Sie* können die notwendigen Vorkehrungen treffen, um die Wahrscheinlichkeit zu verringern, daß diese bösartigen Tumore sich entwickeln.

Wenn Sie diese Gelegenheit nutzen und sich *ab sofort* entsprechend all den heute zugänglichen Informationen verhalten, dann ist es so gut wie sicher, daß Sie sich eines längeren, gesünderen Lebens erfreuen werden. Auf den folgenden Seiten werden Sie fast alles finden, was Sie wissen müssen, um genau dies zu tun.

Das Buch behandelt ein breites Spektrum von Störungen, denen man auf die eine oder andere Weise vorbeugen kann – wenn man über die Fakten Bescheid weiß. Lesen Sie nicht nur das, was Sie besonders interessiert oder von dem Sie glauben, daß Sie dafür besonders anfällig sind. Prophylaxe ist, wie das Leben selbst, ein kontinuierlicher Prozeß. Selbstverständlich sollten Sie sich besonders mit dem befassen, was für Sie am ehesten zutrifft; ich empfehle Ihnen jedoch, das ganze Buch von Anfang bis Ende zu lesen. Gerade die Krankheit, über die Sie am *wenigsten* wissen, könnte eines Tages besonders gefährlich für Sie werden.

2. Erkältungen, Grippe und Lungenentzündung – weit verbreitet und oft vermeidbar

Gewöhnliche Erkältungen, Grippe und Lungenentzündung stehen für eine ganze Reihe von Erkrankungen der oberen Atemwege, die unser Wohlbefinden oft sehr beeinträchtigen. Den gängigsten Formen von *Lungenentzündung und Grippe kann man vorbeugen*, und selbst eine Erkältung läßt sich leichter vermeiden, als die meisten Leute glauben.

Durchschnittlich erkältet man sich zwei- bis dreimal im Jahr; Kinder kann es sogar elf- bis zwölfmal erwischen. Das bedeutet, daß man den Arzt öfter wegen einer Erkältung konsultieren muß als wegen irgendeiner anderen Krankheit. (Kopfschmerzen stehen an zweiter Stelle.) Allerdings habe ich festgestellt, daß es den meisten meiner Patienten peinlich ist, »nur wegen einer Erkältung« zu mir zu kommen. Die meisten versuchen sich mit alten Hausmitteln oder Medikamenten zu kurieren, die man in jeder Apotheke auch ohne Rezept bekommt, und fühlen sich dann nach ein oder zwei Tagen besser. Wenn sie jedoch länger als zwei oder drei Tage Fieber haben, machen sie sich allmählich Sorgen und kommen dann doch zu mir.

Obwohl gewöhnliche Erkältungen in unverhältnismäßig hohem Maße dazu beitragen, daß Menschen sich nicht wohl fühlen, ist derlei normalerweise – vom medizinischen Standpunkt aus – keine ernste Angelegenheit. Wenn wir eine Erkältung haben, läuft die Nase entweder oder ist verstopft, wir husten, haben Auswurf und niesen, alles tut uns weh, wir fühlen uns schwach und lustlos und können nicht zur Arbeit oder in die Schule gehen; für die Volkswirtschaft bedeutet dies jährliche Verluste in Milliardenhöhe. Bei jeder Erkältung schlucken wir literweise Tee und Fruchtsaft, Unmengen von Vitamin C (das Ergebnis ist, daß die Amerikaner den teuersten Urin auf der ganzen Welt haben), schachtelweise Antihistamine, etliche Flaschen Hustensaft, unzählige Aspirintabletten, und wir schneuzen uns in gebrauchte Taschentücher. Wie kommt es eigentlich – wenn man unseren hohen technischen und medizinischen Standard bedenkt –, daß wir den gewöhnlichen Erkältungsvirus nicht unter Kontrolle bringen können? Es ist gelungen, die Pocken auszurotten, Kinderlähmung unter Kontrolle zu bringen, Impfstoffe gegen dreiundzwanzig verschiedene Formen von Lungenentzündung, Hepatitis B und Grippe zu entwickeln – warum gibt es dann noch keine wirksamen Vorbeugungsmaßnahmen gegen Erkältungen? Die Antwort ist einfach, auch wenn die Lösung des Problems es nicht ist: Es gibt dreihundert oder mehr verschiedene Viren, die eine Erkältung auslösen können; und diese Zahl nimmt aufgrund von Mutationen ständig zu. Selbst wenn wir also in der Lage wären, einen Impfstoff herzustellen, könnte dieser doch nichts gegen so viele verschiedene Viren ausrichten, die sich noch dazu ständig verändern.

Erkältungsviren gelangen über die Schleimhäute der Augen, der Nase und des Mundes in den Körper. Ob es dann tatsächlich zu einer Erkältung kommt, hängt davon ab, wie viele Viren eindringen können und über welche Abwehrkräfte der Körper gerade verfügt. Antikörper – spezielle Proteine, die als Reaktion auf eine Virusinfektion gebildet werden – greifen den Eindringling an und zerstören ihn. Im Lauf der Jahre baut der Körper allmählich, als Ergebnis wiederholter Erkrankungen durch verschiedene Erkältungsviren, viele solche Antikörper auf. Das ist der Grund, warum man sich, je älter man wird, um so seltener erkältet. Kinder sind viel anfälliger, weil sie noch nicht genügend verschiedene Antikörper entwickelt haben.

Obwohl es den Wissenschaftlern bislang noch nicht gelungen ist, einen Impfstoff gegen Erkältungen zu entwickeln, scheint doch ein bestimmtes vorbeugendes Mittel sehr vielversprechend zu sein – eine Anti-Viren-Substanz, die man als Interferon bezeichnet. (Interferon könnte auch eingesetzt werden, um Hepatitis und Herpes sowie bestimmte Arten von Krebs – Brustkrebs, Melanome, Lymphome und Leukämie – zu verhindern beziehungsweise abzuschwächen.)

Bei einer Reihe von Experimenten in England führte man Millionen von Erkältungsviren in die Nasenflügel gesunder Freiwilliger ein. Der größte Teil derjenigen, die man vorher mit Placebos behandelt hatte, bekam, wie erwartet, tatsächlich eine Erkältung. Wenn sie sich jedoch mit Interferon getränkte Wattetupfer in die Nase steckten, kam die Erkältung nicht zum Ausbruch. Da man mittlerweile – dank der Gentechnik – Interferon in praktisch unbegrenzten Mengen und ohne großen Kostenaufwand herstellen kann, wird es vielleicht nicht mehr lange dauern, bis wir es in der einen oder anderen Form anwenden, um eine Erkältung zu verhindern. Zur Zeit befindet es sich allerdings noch im experimentellen Stadium und ist nur unter ganz bestimmten Voraussetzungen zugänglich.

Vorläufig hängt eine Prophylaxe gegen die gängigen Erkältungskrankheiten daher vom gesunden Menschenverstand und einem Verständnis dessen ab, wie Erkältungen übertragen werden.

»Nehmen Sie zwei Paracetamol und rufen Sie mich morgen früh wieder an.«

Vor einiger Zeit rief mich ein Freund an und bat mich um einen ganz besonderen Gefallen. Sein dreijähriger Sohn war stark erkältet; er hustete, seine Nase war verstopft, und er hatte 38,9 Grad Fieber. Die Frau meines Freundes hatte den Kinderarzt gerufen, der sie beruhigt und ihr erklärt hatte, daß Kinder, die unter einer Erkältung leiden, oft hohes Fieber haben und die Symptome bei ihrem kleinen Jungen ganz normal seien. Er empfahl ihr, ihm möglichst viel zu trinken zu geben, und gegen das Fieber und die Schmerzen verordnete er Paracetamol. Er riet ihr davon ab, ihm Aspirin zu geben, da der Verdacht bestehe, daß es bei Kindern mit einer Virusinfektion zur Reyeschen Krankheit führen könne, einer schweren neurologischen Störung. »Wenn es nicht besser wird, rufen Sie mich morgen vormittag noch einmal an«, fügte er hinzu.

»Wollen Sie damit etwa sagen, daß Sie sich meinen Sohn erst in vierundzwanzig Stunden ansehen werden, obwohl er 38,9 Fieber hat?« fragte die Mutter ungläubig.

»Ja, tut mir leid. Aber wenn Sie sich so große Sorgen machen, warum ziehen Sie ihn dann nicht warm an und bringen ihn mit dem Wagen oder einem Taxi zu mir in die Praxis?«

Beide Eltern waren reichlich erstaunt und wütend angesichts einer solchen Gefühllosigkeit. »Doktor, schlagen Sie im Ernst vor, daß wir mit dem schwerkranken Kind, das hohes Fieber hat, aus dem Haus gehen?«

»Nur wenn es *Sie* beruhigt, daß ich ihn mir heute noch ansehe«, war seine Antwort. »Ich würde selbstverständlich bei Ihnen vorbeikommen, wenn ich könnte, aber die Praxis ist voller Kinder, die genau das gleiche haben. Zur Zeit herrscht eine regelrechte Epidemie.«

Als ich zu ihnen kam, lag das Kind im Bett und sah fern; es hatte eine verstopfte Nase und hustete. Der Nachttisch und das Bett waren übersät mit gebrauchten Taschentüchern. Alle paar Minuten nahmen der Vater oder die Mutter eines dieser mit Viren verseuchten Papiertaschentücher und putzten dem Jungen damit die Nase. In der Dreiviertelstunde, die ich dort war, wusch sich keiner der beiden die Hände, und ab und zu rieben sie sich unbewußt die Augen oder die Nase. *Ich* hingegen wusch mir gründlich die Hände, nachdem ich das Kind untersucht hatte, und hütete mich, eines der benutzten Taschentücher anzufassen.

Nach sechsunddreißig Stunden war der Kleine völlig wiederhergestellt. Ich erkältete mich nicht, die Eltern jedoch sehr wohl! (Außerdem haben sie in den letzten beiden Jahren dreimal den Kinderarzt gewechselt, und zwar immer aus dem gleichen Grund: weil der jeweilige Arzt bei einem solchen »Notfall« nicht sogleich herbeigeeilt war.)

»Du darfst mir einen Kuß auf die Wange geben, aber gib mir bitte nicht die Hand.«

Es überrascht Sie vielleicht zu hören, daß Erkältungen hauptsächlich auf dem Weg über die Hände übertragen werden. Meine Freunde erkälteten sich, weil sie immer wieder die Papiertaschentücher in die Hand nahmen, die voller Viren waren und mit denen sie dem Kind wiederholt Nase und Mund abgewischt hatten. Statt die Taschentücher sofort wegzuwerfen, wenn sie sie einmal benutzt hatten, sparten sie ausgerechnet daran und ließen sie einfach herumliegen. Auf diese Weise gelangten die Viren auf ihre Hände und dann in ihre Augen, die Nase und den Mund.

Die Patienten wundern sich oft, warum Ärzte sich nicht häufiger erkälten, obwohl sie doch beinahe ständig einer Ansteckungsgefahr ausgesetzt sind. Das liegt teilweise an den Antikörpern, die sie im Lauf der Jahre gebildet haben. Meiner Ansicht nach hat jedoch die Tatsache, daß sie sich so oft die Hände waschen, sehr viel damit zu tun. Sie sollten das auch machen. Außerdem sollten Sie gebrauchte Papiertaschentücher sofort wegwerfen und nie jemandem ein gebrauchtes Taschentuch leihen. Wenn jemand in Ihrer Familie erkältet ist, sollte er separate Handtücher, eigenes Geschirr und andere Gebrauchsgegenstände benutzen, solange er krank ist.

Außer über die Hände kann der Erkältungsvirus natürlich auch »auf dem Luftweg« übertragen werden. Wenn der Kranke hustet oder niest, fliegen verschieden große Tröpfchen bis zu zwei Meter weit; dann fallen sie auf den Boden und richten keinen Schaden mehr an. Wenn man jedoch dicht neben dem Patienten steht, der Virus also noch in der Luft schwebt, atmet man ihn unter Umständen ein. Große Tröpfchen sind ansteckender als die kleinen, aber sie bleiben nicht so lange in der Luft. Beide können Ihnen jedoch eine fürchterliche Erkältung bescheren!

Und genau das ist das entscheidende. Wenn Sie sich ein paar Stunden in der Nähe von jemandem aufhalten, der erkältet ist, besteht keine sonderliche Gefahr, daß Sie sich anstecken, außer er oder sie hustet oder niest Ihnen ein paarmal direkt ins Gesicht. Auch in der »Erkältungssaison« ins Theater zu gehen ist nicht sonderlich riskant. Kurz gesagt: Nur wenn Sie wirklich den Großteil des Tages in unmittelbarer Nähe eines Erkälteten verbringen, gehen Sie ein nennenswertes Risiko ein. Weit größere Ansteckungsgefahr besteht jedoch, wenn Sie Hände, Taschentücher, irgendwelche Gebrauchsgegenstände oder andere Dinge berühren, die infiziert sind.

Fakten – Mythen – Spekulationen

Verhindert Vitamin C eine gewöhnliche Erkältung? Zweifelsohne sind die meisten davon überzeugt. Aber die Fachleute sind zum größten Teil nicht dieser Ansicht. Trotz dieser »Anti-Vitamin-C-Einstellung« der offiziellen Medizin nehmen fast alle Ärzte, die ich kenne – und ich selber auch –, regelmäßig Vitamin C und erhöhen die Dosis, sobald sich die ersten Anzeichen einer Erkältung bemerkbar machen. Obwohl immer noch nicht bewiesen ist, ob Vitamin C vor einer normalen Erkältung *schützen* kann, legen einige Untersuchungen doch den Schluß nahe, daß es die Symptome abschwächt, wenn man sich tatsächlich erkältet hat.

Ich würde jetzt gerne behaupten, daß bei Zigarettenrauchern das Risiko, sich zu erkälten, größer ist als bei Nichtrauchern. Aber das ist ganz offensichtlich nicht der Fall. Bevor Sie sich jedoch daraufhin eine neue Zigarette anstecken, sollten Sie wissen, daß bei einem Raucher die Symptome normalerweise ernster sind und länger anhalten als bei Nichtrauchern.

Und wie ist es mit dem Streß? Auch hier gibt es keinen Beweis dafür, daß man anfälliger für Erkältungen ist, wenn man irgendwelche Probleme hat oder sich sehr erschöpft fühlt. Dennoch kann regelmäßiges Training einen gewissen Schutz bieten, wahrscheinlich weil dadurch die Durchblutung (und damit die Bildung von Antikörpern) der Nase und der Atemwege gefördert wird. Denn genau hier versucht der Virus einzudringen. Damit es aber etwas nützt, muß man regelmäßig und konstant Gymnastik oder Sport treiben. Damit anzufangen, wenn die ersten Symptome auftreten, hilft überhaupt nichts. Wenn es erst einmal soweit ist, brauchen Sie Ruhe – keinen Sport.

Erkältet man sich, wenn man naß geworden ist und friert? Erstaunlicherweise lautet die Antwort: nein. Frösteln ist ein Symptom, keine Ursache. Wenn man es spürt, hat man sich schon angesteckt.

Was tun, wenn es passiert ist?

Soll man bei einer harmlosen Erkältung Antibiotika schlucken? Verhindern sie größere Komplikationen? In den meisten Fällen ist die Antwort wiederum: nein, denn Antibiotika können gegen Viren nichts ausrichten. Allerdings schwellen bei einer Erkältung die Schleimhäute der Atemwege an, sie sind verschleimt und gereizt, so daß Bakterien in diesem Bereich ein leichtes Spiel haben. Eine solche »Superinfektion« tritt vor allem bei Kindern häufig auf, bei denen eine Erkältung oft auf die Ohren schlägt, sowie bei älteren Menschen, bei denen es zu einer Lungenentzündung oder Bronchitis kommen kann. Da Antibiotika Bakterien abtöten können, werden sie oft verschrieben, um einer solchen »Sekundär«-Infektion vorzubeugen. Allerdings können Antibiotika jungen, gesunden Menschen im Fall einer normalen kurzzeitigen Erkältung ohne irgendwelche Komplikationen unter Umständen mehr schaden als nützen.

Was kann man also – ganz realistisch betrachtet – tun, damit eine Erkältung schnell wieder abklingt, man andere nicht ansteckt und Komplikationen möglichst ausschließt?

Meiner Ansicht nach macht es keinen großen Unterschied, ob Sie die Erkältung »füttern« oder »aushungern«. Essen Sie, wenn Sie Hunger haben, und lassen Sie es bleiben, wenn Sie keinen Appetit haben. Aber trinken Sie reichlich, denn das trägt zu einer Verdünnung der Absonderungen bei. Wenn Ihre Nase verstopft ist oder läuft, sollten Sie Nasensprays verwenden, die in jeder Apotheke zu haben sind. Sie helfen mehr als irgendwelche Tabletten. Sprechen Sie sich aber auf jeden Fall mit Ihrem Arzt ab, ehe Sie derlei anwenden, falls Sie unter zu hohem Blutdruck oder Diabetes leiden, Schwierigkeiten mit der Schilddrüse oder Herzbeschwerden haben. Männer mit vergrößerten Prostatadrüsen haben unter Umständen Schwierigkeiten beim Wasserlassen – das ist auf die Antihistamine zurückzuführen, die in vielen dieser Präparate enthalten sind. Wenn Sie einen hartnäckigen Husten haben, besorgen Sie sich lieber Dextrometorphan und nicht ein Kodein-Präparat (ersteres ist genauso wirksam, stopft aber nicht so). Bei Erwachsenen ist die Einnahme von Aspirin nicht weiter bedenklich; für Kinder ist Paracetamol besser. Wenn Sie Blut spucken oder länger als vierundzwanzig Stunden über 38,8 Grad Fieber haben, wenn die Erkältung sich länger als eine Woche hinzieht, Sie beim Atmen oder Husten Schmerzen in der Brust haben, die Ohren weh tun, Sie einen rauhen Hals oder Schwierigkeiten beim Schlucken haben, sollten Sie unbedingt einen Arzt konsultieren.

Und schließlich eines: Seien Sie in einem solchen Fall ganz gelassen und pragmatisch. Nutzen Sie alle Ihre Beschwerden zu Ihrem Vorteil. Wenn Sie es richtig anstellen, wird man sich liebevoll um Sie kümmern und Sie pflegen. Frühstück im Bett, ein paar Tage nicht zur Arbeit oder in die Schule, jede Menge Zeit, um sich auszuruhen und zu lesen – das ist doch gar nicht so schlecht, oder?

Wie kann man sich gegen Grippe schützen?

Jedes Jahr im September rufen unweigerlich der Reihe nach meine Patienten an und fragen mich: »Gibt es in diesem Jahr eine Grippe-Epidemie?« und »Soll ich mich impfen lassen?«

Grippe ist eine Infektion der Atemwege, die durch verschiedene Viren hervorgerufen wird, die ständig »mutieren«, d. h. sich verändern (aus diesem Grund ist es notwendig, die jeweiligen Hauptmerkmale zu identifizieren und, wenn nötig, den Impfstoff entsprechend zu modifizieren). Die Grippe, die in unseren Breitengraden normalerweise auftritt, wird hauptsächlich von zwei Arten von Viren ausgelöst: Influenza A (die häufigste Form) und Influenza B. Beide Viren, A und B, bestehen aus verschiedenen Stämmen, die normalerweise nach der Gegend benannt werden, in der sie zum ersten Mal identifiziert wurden (Hongkong, Rußland, Bangkok, die Philippinen). Die derzeit gebräuchlichen Impfstoffe schützen sowohl vor der A- als auch vor der B-Grippe.

Unter klinischen Gesichtspunkten hat eine Grippe Ähnlichkeit mit einer schweren Erkältung; allerdings ist das Fieber höher, und der Patient fühlt sich schlechter. Junge, gesunde Menschen erholen sich meistens, ohne daß die Erkrankung irgendwelche Folgen hat. Bei »Risikopatienten« kann es jedoch zu schweren Komplikationen kommen, die zu einer chronischen Erkrankung oder gar zum Tod führen können.

Im folgenden liste ich die »offiziellen« Risikogruppen auf, die sich auf jeden Fall impfen lassen sollten: (1) Chronisch Herz- und/ oder Lungenkranke, Diabetiker, an Anämie Erkrankte, Krebskranke, die sich gerade einer Behandlung unterziehen (in diesem Fall ist die Widerstandskraft meist sehr gering), sowie Patienten, die Schwierigkeiten mit den Nieren oder der Leber haben; (2) jeder, der älter als fünfundsechzig ist; (3) alle, die im Gesundheitswesen tätig sind (das gilt von den Ärzten bis zu den Sanitätern) und mit Patienten zu tun haben, die sie anstecken könnten oder bei denen sie sich möglicherweise ihrerseits anstecken. Zu dieser Gruppe zähle ich persönlich auch Schwangere in den letzten drei Monaten.

Wenn also eine Impfung bei solchen »Risikofällen« anzuraten sind, warum impft man dann nicht gleich alle?

Umfassende Impfaktionen könnten in den USA jedes Jahr bis zu vierzigtausend Menschenleben retten, und da darf es, meiner Ansicht nach, nicht auf die Kosten ankommen. Außerdem läßt sich aus erst kürzlich veröffentlichten Statistiken schließen, daß eine Grippeimpfung auch bei Jungen und Gesunden den Effekt hat, daß sie seltener krank werden und somit weniger Arbeitstage ausfallen. Unglücklicherweise lassen sich jährlich nur 10 Prozent aller Amerikaner und lediglich 20 Prozent der besonders Gefährdeten impfen.

Kann man von einer Grippeimpfung die Grippe bekommen?

Ich will Ihnen berichten, was vor ein paar Jahren einer meiner Patientinnen passiert ist. Mrs. Jones, eine achtundsechzigjährige Dame, kam im Oktober zu der alljährlich fälligen Routineuntersuchung. Bei der Auswertung der Untersuchungen kam ich zu dem Schluß, daß sie zwei Probleme hatte – Angina pectoris und chronische Bronchitis, beides nur leicht. Sie hatte das Rauchen aufgegeben, war früher aber eine starke Raucherin gewesen. Ich legte ihr nahe, sich gegen Grippe impfen zu lassen, eben wegen ihres Alters, ihrer Herzbeschwerden und wegen des Zustands ihrer Lunge – denn all dies machte sie zu einer Risikopatientin. Sie aber lehnte kategorisch ab. »Herr Doktor, für die meisten Leute mag das ja ganz gut sein, aber ich möchte mich lieber nicht impfen lassen. Vor ungefähr drei Jahren hat ein anderer Arzt mich dazu überredet, mir diese Spritze geben zu lassen. Und schon am nächsten Tag lag ich mit der schlimmsten Grippe im Bett, die ich je hatte. Ich schwöre Ihnen, das kam von dieser Impfung. Nie wieder!«

Und davon ließ sie sich nicht abbringen. Sie war der festen Überzeugung, der Impfstoff gegen Grippe sei gefährlich; sie gehörte jetzt also zu den zahlreichen Gefährdeten, die nicht geimpft und daher nicht gegen eine Grippe geschützt waren.

Mrs. Jones ging also wieder, nachdem wir einen Termin in drei Monaten vereinbart hatten; dann wollte ich sie noch einmal wegen ihrer Angina pectoris und der Bronchitis untersuchen. Doch schon ein paar Wochen später rief sie mich an und erklärte, sie sei sehr krank. Sie hatte sich zwei Tage lang mit einer »Erkältung« herumgequält und versucht, sie mit den üblichen Hausmitteln zu kurieren – Aspirin, viel Flüssigkeit und Hustensaft. Aber nach achtundvierzig Stunden war es, ganz anders als sonst, immer noch nicht besser – im Gegenteil. Die Temperatur war jetzt auf 38,9 Grad gestiegen, alle Glieder taten ihr weh, ihr Husten war schlimmer geworden, und alle paar Stunden hatte sie Schüttelfrost.

Ich schaute noch am gleichen Abend bei ihr vorbei. Eine kurze Untersuchung ließ keinen Zweifel daran, daß Mrs. Jones nicht nur Grippe hatte, sondern ihr Zustand noch kompliziert wurde durch eine Lungenentzündung.

Die nächsten Tage waren ziemlich schlimm für sie; wir behandelten sie mit Antibiotika, Symmetrel – ein Wirkstoff, von dem ich Ihnen noch Näheres erzählen werde –, Hustentropfen und Aspirin. Schließlich erholte sie sich wieder, und seither kommt sie jedes Jahr im September zu mir in die Praxis – nicht um zu fragen, ob es eine Grippeepidemie geben wird und ob sie sich impfen lassen soll, sondern um sich zu erkundigen, ob der neue Impfstoff schon da ist.

Eines steht fest: Von dem Serum kann man *nie* Grippe bekommen, da es aus dem toten Virus herstellt wird. Seine einzige biologische Aktivität besteht darin, die Widerstandskraft gegen den aktiven Virus zu stärken.

Bei den modernen Impfstoffen ist – anders als bei jenen, die noch vor ein paar Jahren gespritzt wurden – kaum mit Komplikationen zu rechnen (außer Sie gehören zufällig zu den relativ wenigen Leuten, die gegen Hühnerfleisch oder Eier allergisch sind). Es gibt zwei Arten von Impfstoff. Der eine enthält den ganzen Virus, der andere nur einzelne Bestandteile. Kinder vertragen letzteren besser – Sie sollten mit Ihrem Kinderarzt darüber sprechen.

Bei den meisten Patienten treten keinerlei Nebenwirkungen auf. Wenn dies dennoch der Fall ist, handelt es sich meist um Kinder oder Jugendliche, die noch nie eine Grippe gehabt haben oder geimpft worden sind, deren Körper es folglich nicht gewohnt ist, mit einer solchen Virusinfektion fertig zu werden. Bei diesen Personen kann es zu einer Reaktion am Arm und/oder leichten »allgemeinen« Beschwerden kommen, etwa leichtem Fieber oder Gliederschmerzen; sie dauern jedoch selten länger als vierundzwanzig Stunden. Nach ein paar Aspirin werden sie sich gleich wieder besser fühlen.

Manchmal ist es notwendig, besondere Vorsichtsmaßnahmen zu treffen, ehe man sich impfen läßt, da es die Leberfunktion beeinträchtigen kann. Wenn das passiert, können manche durchaus gebräuchlichen Medikamente – etwa gerinnungshemmende (Blutverdünnungs-)Mittel, bestimmte Medikamente gegen Asthma sowie einige Mittel gegen Krebs (einschließlich Interferon) –, die normalerweise von der Leber abgebaut werden, ein toxisches Niveau erreichen. Vor allem bei gerinnungshemmenden Mitteln kann dies gefährlich werden. Wenn Sie also zu jenen gehören, die Medikamente gegen eine chronische Krankheit einnehmen, sollten Sie den Arzt darauf aufmerksam machen, und zwar *bevor* Sie sich impfen lassen.

Eine Impfung bietet – außer wenn es zu einer plötzlichen und unerwarteten Veränderung (Mutation) des Virus kommt (das wird von den amerikanischen Gesundheitsbehörden ständig kontrolliert, und die Ergebnisse werden weltweit veröffentlicht) – einen 70- bis 90prozentigen Schutz gegen die beiden Haupttypen A und B, vorausgesetzt, Sie haben sich rechtzeitig impfen lassen. Dieser Schutz kann bis zu zwei Jahre anhalten, aber da man nie ganz sicher sein kann, würde ich Ihnen empfehlen, sich jedes Jahr im Herbst impfen zu lassen. Es dauert zwei Wochen, bis das Serum wirkt.

Alternativen (und ein zusätzlicher Schutz)

Mittlerweile kann man sich vom Arzt ein Mittel gegen Viruserkrankungen verschreiben lassen; es heißt Symmetrel und ist einerseits eine gute Ergänzung, andererseits eine Alternative zu einer Impfung. (Schwangere und Krankenschwestern sollten es allerdings nicht einnehmen.) Wenn Sie sich aus irgendeinem Grund nicht impfen lassen wollen, kann Symmetrel Sie gegen Grippe – allerdings nur gegen den A-Typus – schützen. Sie müssen es zweimal täglich einnehmen (jeweils 100 Milligramm), solange die Gefahr besteht, daß Sie sich anstecken. Aber vergessen Sie nicht: Sie müssen das Medikament wirklich jeden Tag einnehmen, vor allem wenn die Grippe gerade grassiert. Wenn Sie es auch nur einmal vergessen, sind Sie anfällig.

Symmetrel hilft nicht nur, einer Grippe vorzubeugen, sondern kann auch bei der Behandlung eingesetzt werden. Sie müssen es aber so bald wie möglich einnehmen, wenn Sie die ersten Anzeichen bemerken. Wenn Sie länger als vierundzwanzig Stunden warten, wirkt das Medikament nicht mehr so gut.

Wenn man die Wahl hat zwischen Symmetrel und einer Impfung, würde ich letztere empfehlen. Die Tabletten können nämlich neurologische Beschwerden hervorrufen (Benommenheit, Schwindelgefühl, Müdigkeit, Verhaltensänderungen und Krämpfe) und auch zu anderen Komplikationen führen, vor allem bei älteren Menschen. Je länger man das Medikament einnimmt, desto größer ist die Gefahr solcher Vergiftungserscheinungen. Allerdings sind Häufigkeit und Schwere solcher Gegenreaktionen nicht vergleichbar mit den Beschwerden und den Risiken, die eine Grippe mit sich bringt.

Wenn Sie sich in einem Jahr nicht haben impfen lassen und eines Morgens aufwachen und erfahren, daß die Grippe grassiert, sollten Sie sich sofort eine Spritze geben lassen. Aber nehmen Sie auch sofort Symmetrel ein. (Das gleiche gilt, wenn Sie die Spritze vor weniger als vierzehn Tagen bekommen haben.) Nach zwei Wochen wird der Impfstoff wirksam; dann können Sie auch das Symmetrel absetzen.

Rimantadin, eine neuere Version von Symmetrel, wird noch getestet. Es soll mindestens genauso wirksam sein, aber weniger Nebenwirkungen haben. Fragen Sie Ihren Arzt, ob es mittlerweile schon erhältlich ist.

Noch ein Wort zu einer Behandlung mit Antibiotika. Anders als eine gewöhnliche Erkältung zieht eine Grippe so oft sekundäre bakterielle Infektionen nach sich, etwa Bronchitis oder Lungenentzündung (vor allem bei älteren Menschen), daß die meisten Ärzte – darunter auch ich – routinemäßig allen an Grippe erkrankten Patienten prophylaktisch Antibiotika verschreiben, unabhängig von ihrem Alter oder der Krankheit, an der sie sonst noch leiden.

Vorbeugemaßnahmen gegen Lungenentzündung

Eine Lungenentzündung ist eine Infektion des Lungengewebes. Der Bronchialbaum (Luftröhre), durch den der Sauerstoff transportiert wird, teilt sich in immer feinere Verästelungen, die schließlich zur Lunge führen. Wenn eine Infektion weit oben im Atmungssystem bleibt, hat man Pharyngitis (Rachenentzündung), Laryngitis (Kehlkopfentzündung) oder Bronchitis. Wenn jedoch auch die Lunge in Mitleidenschaft gezogen wird, hat man eine Lungenentzündung. Wenn eine Bronchienentzündung nicht im Keim erstickt wird, kann sie zu einer Lungenentzündung führen.

Die ersten Anzeichen einer Lungenentzündung sind erhöhte Temperatur, Schmerzen in der Brust, wenn man atmet oder hustet (aber nicht, wenn man sich bewegt), ein trockener Husten und daß man sich einfach elend fühlt. Unter Umständen hat man Schüttelfrost (das hängt davon ab, wie hoch das Fieber ist) und – später – Auswurf von gelbem, grünem oder blutigem Sputum.

Zur Diagnose ist normalerweise eine Röntgenuntersuchung erforderlich, um den Befund zu bestätigen; meistens genügt jedoch schon eine sorgfältige Untersuchung mit dem Stethoskop.

Anders als die gewöhnliche Erkältung und die Grippe, die immer eine Folge von Virusinfektionen sind, kann Lungenentzündung durch eine ganze Reihe von Erregern hervorgerufen werden. Dazu gehören viele verschiedene Viren, Bakterien, Pilze und sogar Parasiten. Um die Infektionsursache zu bestimmen, muß das Sputum analysiert werden.

Es gibt ein Bakterium mit verschiedenen Stämmen, den Pneumokokkus, der für die meisten Fälle von Lungenentzündung verantwortlich ist. Obwohl dieses Bakterium sehr empfindlich auf Antibiotika reagiert (normalerweise vor allem auf Penicillin), fordert diese Art von Lungenentzündung in den Vereinigten Staaten pro Jahr immer noch mehr als fünfundsiebzigtausend Menschenleben. Meistens trifft es Ältere, Diabetiker und Personen mit chronischen Krankheiten oder einem gestörten Immunsystem. Junge, ansonsten gesunde Patienten erholen sich, wenn sie entsprechend behandelt werden, meistens recht schnell.

Mittlerweile gibt es einen neuen Impfstoff gegen Pneumokokken-Lungenentzündung. Die erste Variante dieses Impfstoffes schützte gegen vierzehn verschiedene Pneumokokken-Stämme. In jüngster Zeit wurde eine Substanz entwickelt, die gegen dreiundzwanzig verschiedene Bakterienstämme wirksam ist und weniger Nebenwirkungen hat. Ich empfehle sie allen meinen Patienten, die älter als fünfzig sind, sowie allen, die ernstlich erkranken oder sogar sterben können, wenn sie eine Lungenentzündung bekommen. Das gilt nicht nur für ältere Diabetiker oder überhaupt für schwere Fälle von Zuckerkrankheit, sondern auch für Leute mit Lungenbeschwerden, Herzstörungen und für solche, die keine Milz mehr haben. Denken Sie jedoch daran: *Man soll sich nur einmal gegen Lungenentzündung impfen lassen.* Bei einer zweiten Impfung kann es zu massiven Gegenreaktionen kommen. Und wenn Sie mit dem früher verwendeten Impfstoff behandelt wurden, dann lassen Sie sich keinesfalls mit dem neuen Serum impfen.

3. Hepatitis – Impfstoffe als Lebensretter

Es vergeht kaum eine Woche, ohne daß mich ein besorgter Patient anruft, der sich möglicherweise mit Hepatitis angesteckt hat und wissen will, was er jetzt tun soll. Wenn man bedenkt, wie weit verbreitet Hepatitis ist und daß bestimmte Formen der Krankheit sehr schwer (manchmal sogar tödlich) sein können, dann ist es erstaunlich, daß die wenigsten Leute wissen, um was es sich dabei eigentlich handelt, wann man sich ernsthaft Sorgen machen muß (und wann nicht), wie man diese Krankheit am besten behandelt und – das ist besonders wichtig – wie man sie vermeiden kann.

Hepatitis – mehr als nur eine Krankheit

Der Begriff »Hepatitis« leitet sich von *»hepar«*, dem lateinischen Wort für Leber, ab. Die Nachsilbe »-itis« bedeutet Entzündung oder Infektion. Hepatitis bezeichnet also jede Art von Infektion oder Entzündung der Leber. Diese etwas vage Definition umfaßt viele verschiedene Ursachen, von denen etliche reichlich exotisch sind und in unseren Breitengraden kaum vorkommen. Beispielsweise können Parasiten oder Würmer Ihre Leber befallen – mit dem Ergebnis, daß Sie eine Hepatitis bekommen. Angenommen, Sie reisen in ein Land, in dem die Hygiene nicht so wichtig genommen wird, wie das Essen gut schmeckt, und Sie holen sich eine Amöbenruhr (Tropenruhr). Normalerweise bleiben diese Fremdkörper in den Eingeweiden; wenn die Erkrankung jedoch nicht diagnostiziert und behandelt wird, wandern diese Organismen unter Umständen in Ihre Leber, wo es dann zu einer *Amöbenhepatitis* oder einem Geschwür kommt.

Auch Medikamente, die Sie ohne Rezept erhalten, können gelegentlich die Leber angreifen und zu einer *toxischen Hepatitis* führen. Gleiches gilt für stärkere Medikamente, die Ihnen Ihr Arzt verschreibt. Dazu gehören Betäubungsmittel, blutdrucksenkende Mittel sowie steroidfreie, entzündungshemmende Medikamente, die zur Schmerzbekämpfung eingesetzt werden. Auch diverse chemische Substanzen, etwa Tetrachlorkohlenstoff, ein Lösungsmittel, das häufig in der Industrie und im Haushalt eingesetzt wird, können Hepatitis und einige andere Infektionskrankheiten auslösen.

Hepatitis äußert sich, unabhängig von der Ursache, normalerweise in Fieber, Appetitlosigkeit, Müdigkeit, mehr oder weniger starken Schmerzen im rechten Oberbauch und einer gelblichen Verfärbung der Haut und der Augäpfel (Gelbsucht). Wenn jemand diese Symptome zeigt, ist es Aufgabe des Arztes, den jeweiligen Erreger zu bestimmen. Dazu sind normalerweise eine Reihe von Bluttests – bakteriologische, virologische und andere Laboranalysen –, ein Sonogramm oder Scanning der Leber (um sicherzugehen, daß der klinische Befund nicht Folge eines Krebses ist, der sich auf dieses Organ ausgebreitet hat) und gelegentlich sogar eine Leberpunktion (um das Gewebe unter dem Mikroskop zu analysieren) notwendig. Wenn man den Zeitpunkt und die Umstände kennt, unter denen die Hepatitis aufgetreten ist, erleichtert dies die Diagnose. Sind die Symptome aufgetreten, kurz nachdem Sie eine Narkose erhalten haben oder seit Sie ein neues Medikament einnehmen oder aber kurz nach der Rückkehr aus dem Ausland, wird man natürlich nach dem Erreger suchen, bei dem die größte Wahrscheinlichkeit besteht, daß er an der Erkrankung schuld ist. Leberkrankheiten aufgrund toxischer Chemikalien, die in der Industrie verwendet werden, kann man vermeiden, indem man sich am Arbeitsplatz an die Sicherheitsvorschriften hält. Erkrankungen infolge Drogenmißbrauchs können ebenfalls behandelt werden. In diesem Kapitel möchte ich mich jedoch auf die Virushepatitis konzentrieren, da die Wahrscheinlichkeit relativ groß ist, daß Sie oder ich daran erkranken, und weil man in diesem Fall am leichtesten vorbeugen kann.

Die drei Arten von Virushepatitis

Es gibt verschiedene Viren, die Hepatitis hervorrufen können; die drei Arten, die in unseren Breitengraden am häufigsten vorkommen, sind Hepatitis A, B und Non-A-Non-B. Diese Sonderformen der Hepatitis unterscheiden sich beträchtlich hinsichtlich der Schwere der Erkrankung, der Todesrate und der Wahrscheinlichkeit, daß sie zu einem chronischen Leberschaden oder zu Leberkrebs führen. Außerdem werden sie auf verschiedene Art und Weise übertragen und behandelt, und auch die jeweiligen Vorbeugungsmaßnahmen unterscheiden sich.

Rohe Muscheln und Aphrodisiaka

Die fünfundzwanzigjährige Jane arbeitete in einer Kindertagesstätte. In den Sommerferien verbrachten sie und ihr Freund einen zweiwöchigen Urlaub am Strand von Maryland. Sie waren begeistert vom Meer – und von den Meeresfrüchten. Eines Tages, es war Ende Juli, gingen sie Muscheln sammeln. Mit einer reichen Beute kehrten sie in ihren Bungalow zurück und machten sich sofort darüber her; jede Muschel spülten sie mit einem kräftigen Schluck kalten Biers hinunter. Es war in jeder Hinsicht ein wundervoller Abend. Eher zufällig stellten sie dabei auch fest, daß rohe Muscheln, wie Austern, ein wahres Aphrodisiakum sind.

Ungefähr drei Wochen später fühlte Jane sich plötzlich irgendwie »komisch«. Sie schien ihre ganze Energie und auch ihren gesunden Appetit verloren zu haben. Nicht einmal die Zigaretten schmeckten ihr mehr (sie rauchte sonst ungefähr dreißig pro Tag). Ed, ihr Freund, machte sich allmählich Sorgen. Er war überzeugt, daß alle diese Symptome – die Müdigkeit und vor allem die Übelkeit – eindeutig auf eine Schwangerschaft hinwiesen – und zwar mußte es in jener Nacht am Strand passiert sein, als die rohen Muscheln sie so leidenschaftlich gemacht hatten. Aber er sagte kein Wort. Als Jane ein paar Tage später Schmerzen an den Gelenken bekam, war Ed erleichtert. Er erinnerte sich, irgendwo gelesen zu haben, daß Schwangere normalerweise keine Arthritis bekommen (das stimmt auch, was rheumatische Arthritis betrifft).

Als plötzlich auch Ed keinen Appetit mehr hatte und leichtes Fieber bekam, ließ er den Gedanken an eine Schwangerschaft endgültig fallen; er glaubte nun, er und Jane hätten irgendwo einen Virus erwischt.

Etwa zehn Tage später bemerkte Jane, daß Eds Augäpfel leicht gelblich waren. »Das kommt von der Beleuchtung«, meinte er, »deine sind auch ganz gelb.« Und dabei beließen sie es und gingen zu Bett; sie fühlten sich ungewöhnlich müde, obwohl es erst halb neun war. Als Ed am nächsten Morgen beim Rasieren in den Spiegel sah, war er entsetzt. Er war quittegelb! Und zwar nicht nur seine Augäpfel, sondern auch seine Haut. Außerdem fiel ihm auf, daß sein Urin eine tiefbraune Farbe hatte, wie starker Tee. Jane und Ted riefen mich an, um noch für den gleichen Nachmittag einen Termin zu vereinbaren.

Als ich die beiden untersuchte, stellte ich fest, daß sie nicht nur überall ganz gelb waren, sondern beide auch eine vergrößerte Leber hatten. Selbst ihre Milz konnte ich tasten, was normalerweise nicht möglich ist. Ich machte einige Leberfunktionstests und nahm ihnen Blut ab, um sicherzugehen, daß es sich tatsächlich um Hepatitis A handelte. Bei einer dieser Analysen, dem Radioimmuntest, ließen sich Antikörper gegen das A-Virus, nicht aber gegen die B-Hepatitis nachweisen. Das bestätigte meine Diagnose endgültig.

Ich erklärte Jane und Ed, sie hätten sich eine Hepatitis A geholt, als sie die wahrscheinlich von Abwässern verseuchten rohen Muscheln aßen, daß es aber nicht weiter schlimm sei. Jane fragte, ob jetzt ein Krankenhausaufenthalt notwendig sei, und wenn nicht, wie lange sie zu Hause das Bett hüten müßten. Sie waren beide erleichtert, als ich ihnen erklärte, daß man heutzutage Patienten mit Hepatitis A normalerweise nicht mehr in eine Klinik einweist, denn die Krankheit nimmt ihren Verlauf, egal was wir tun; es gibt keine spezielle Therapie. Vor Jahren verordneten wir Hepatitis-A-Patienten noch strengste Bettruhe, bis ihre Haut wieder eine normale Farbe hatte und die Leberfunktionstests völlig normal ausfielen. Die Erfahrung hat jedoch gelehrt, daß diese konservative, übervorsichtige Methode überhaupt nichts bringt. Mittlerweile erlauben wir den Patienten, ihr gewohntes Leben zu führen, sobald die Leberfunktionstests allmählich besser werden.

Jane fragte mich, wann sie wieder arbeiten dürfe, was mit den

Kindern sei und so weiter. Meine Antwort bestürzte sie. »Ich würde noch ein bis zwei Wochen warten, obwohl es unwahrscheinlich ist, daß Sie noch jemanden anstecken, wenn die Hepatitis erst einmal auftritt. Die *größte* Ansteckungsgefahr bestand in den ersten paar Wochen, als Sie sich so elend fühlten und den Grund dafür nicht kannten. Sie sollten sich aber lieber erkundigen, ob irgendeines von den Kindern in der Tagesstätte auch Hepatitis hat.«

Am nächsten Tag rief Jane mich an und berichtete mir, daß drei Kinder in ihrer Gruppe krank gemeldet worden seien. Ich telephonierte mit den behandelnden Ärzten, und sie bestätigten mir, daß alle drei Hepatitis hatten. Jetzt war es zu spät, um allen Kindern in Janes Gruppe Gammaglobulin zu geben; wenn man es in den ersten Tagen, nachdem jemand einer Ansteckungsgefahr mit Hepatitis A ausgesetzt war, verabreicht, verringert es das Risiko einer Ansteckung oder schwächt zumindest die Erkrankung ab. Gammaglobulin ist ein spezielles Protein, das die Immunreaktion oder Abwehrkraft bei bestimmten Viruserkrankungen verstärkt. Man gewinnt es aus menschlichem Blut, und es ist am wirksamsten, wenn man es intramuskulär spritzt, *ehe* die Gefahr einer Ansteckung besteht. Ich empfehle es jedem, der in Gegenden reist, in denen ein erhöhtes Risiko einer Infizierung mit dem Hepatitis-A-Virus besteht.

Die Geschichte von Jane und Ed ist charakteristisch für A-Hepatitis. Die Krankheit wurde durch ein Virus hervorgerufen, das identifiziert werden konnte und das man als Virus »A« bezeichnet. Bei jedem Infizierten bilden sich ganz spezielle Antikörper, die man im Blut nachweisen kann. Aufgabe dieser Antikörper ist es, das eingedrungene Virus zu bekämpfen. Hepatitis kann in einer so leichten Form auftreten, daß man es nicht einmal merkt. In der Tat lassen sich bei der Hälfte aller Amerikaner Antikörper nachweisen, die auf frühere Erkrankungen schließen lassen, aber die meisten haben keine Ahnung davon, daß sie einmal Hepatitis hatten.

Das A-Virus nistet sich im Verdauungstrakt ein und wird durch Fäkalien übertragen. Wo viele Menschen auf engem Raum zusammen sind, breitet er sich wie eine Feuersbrunst aus: in Schulen, Gefängnissen, Kasernen, Wohnheimen – und in Tagesstätten. Beispielsweise wird er von Leuten, die das Essen verteilen und sich nicht die Hände waschen, übertragen. Ebenso von Homosexuellen, die oral-analen Verkehr haben. Aber die wohl häufigste Art der Infizierung ist der Genuß von rohen Schalentieren aus mit Abwasser verseuchten Gewässern.

Wenn Sie befürchten, sich möglicherweise mit Hepatitis A angesteckt zu haben, dann lassen Sie sich so bald wie möglich eine Gammaglobulin-Spritze geben. Bislang gibt es noch keinen Impfstoff, der einen vor dieser Krankheit schützt.

Und wenn Sie doch an Hepatitis A erkranken, ist das Schlimmste, was Ihnen passieren kann, daß Sie Gelbsucht bekommen, keinen Appetit mehr haben, die Temperatur vielleicht einige Tage leicht erhöht ist und Sie sich ein paar Wochen müde und lustlos fühlen – also eine relativ harmlose Krankheit. Es kommt praktisch nie vor, daß jemand daran stirbt oder auch nur ernstlich krank wird. Die Wahrscheinlichkeit, daß man einen Leberschaden davonträgt, ist minimal. Und wenn Sie einmal Hepatitis A gehabt haben, sind Sie danach wahrscheinlich Ihr Leben lang immun dagegen.

Hepatitis B – eine ganz andere Geschichte

Jährlich erkranken in den Vereinigten Staaten mehr als 200000 Menschen an Hepatitis B. Diese Krankheit ist etwas völlig anderes als Hepatitis A – und zwar in jeder Hinsicht. Obwohl nur einer von vier Infizierten Gelbsucht bekommt, erkranken 5 Prozent so schwer, daß eine stationäre Behandlung erforderlich ist. 10 Prozent der Patienten, die sich wieder erholen, können auch weiterhin die Krankheit übertragen – eine potentielle Ansteckungsgefahr für alle, mit denen sie in Berührung kommen, vor allem aber für Neugeborene. 25 Prozent dieser Virusträger leiden später an chronischer Hepatitis, 20 Prozent sterben an Leberzirrhose (einer gefährlichen Schrumpfung dieses Organs) und 5 Prozent sterben Jahre später an Leberkrebs. Auch wenn also die Erkrankung in der Mehrheit der Fälle vollständig ausheilt, handelt es sich um eine Krankheit, die wohl jeder unter allen Umständen vermeiden möchte. Und das ist glücklicherweise möglich.

Hepatitis B ist nicht nur eine sehr viel schwerere Krankheit als Hepatitis A, sie wird auch anders übertragen. Beispielsweise infiziert man sich nur selten auf fäkal-oralem Weg, sondern überwiegend durch infiziertes Blut, Blutpräparate und, in geringerem Maße, durch Körperausscheidungen wie Samen oder Speichel. Am häufigsten tritt Hepatitis B bei Homosexuellen auf, als Folge des oral-genitalen Verkehrs, bei dem sie infizierten Samen schlukken, wie auch des oral-analen Verkehrs, bei dem sie unter Umständen Blut aus kleinen Wunden in den Rektumschleimhäuten schlucken.

Da das B-Virus sich im Blut befindet, stecken sich Drogenabhängige an, wenn sie die gleiche Nadel benutzen wie B-Träger oder -Kranke. Ärzte, Krankenschwestern, Zahnärzte und andere Personen, die im Gesundheitswesen tätig sind und sich aus Versehen einmal mit einer infizierten Nadel stechen, sind ebenfalls gefährdet. Patienten, die oft Bluttransfusionen erhalten – beispielsweise Nierenkranke, die sich regelmäßig einer Dialyse unterziehen müssen, oder Bluter –, waren früher sehr gefährdet; das hat sich mittlerweile geändert, da man jetzt feststellen kann, ob in dem Spenderblut Hepatitis-B-Viren vorhanden sind.

Aber jetzt etwas Erfreuliches: Man kann diese Krankheit in fast 100 Prozent der Fälle vermeiden, indem man sich dagegen impfen läßt. Wenn Sie in eine der genannten Risikokategorien fallen, dann lassen Sie sich schleunigst impfen. Eine einzige Impfung genügt. Aber Sie müssen sich impfen lassen, *ehe* Sie der Gefahr einer Ansteckung ausgesetzt sind.

Wenn Sie nicht geimpft sind und glauben, daß Sie sich möglicherweise angesteckt haben (wenn Sie beispielsweise Arzthelferin sind und sich beim Blutabnehmen mit einer Nadel gepiekst haben), dann lassen Sie sich am besten unverzüglich impfen; zusätzlich soll Ihr Arzt Ihnen das spezifische Hepatitis-B-Immunglobulin spritzen (das ist etwas anderes als das Gammaglobulin, das man bei Hepatitis A einsetzt). Diese Vorsichtsmaßnahmen können das Risiko reduzieren beziehungsweise die Krankheit abschwächen, falls Sie sich tatsächlich anstecken.

Bis vor kurzem hätte das bisher Gesagte genügt, um Sie hinreichend darüber zu informieren, wer besonders gefährdet ist und wie man sich am besten vor Hepatitis B schützen kann. Inzwischen weiß man jedoch von einer weiteren Risikogruppe – den Neugeborenen. Allein in den Vereinigten Staaten gibt es etwa eine Million Hepatitis-B-Träger. Es handelt sich dabei um Personen, die die Krankheit übertragen können, ohne notwendigerweise selber zu erkranken. Die ethnischen Gruppen, in denen es wohl die meisten Virusträger gibt, sind Asiaten, Südamerikaner, die Bewohner Alaskas und Menschen aus Afrika, von den pazifischen und den karibischen Inseln. Bei diesen Personen, die in die USA eingewandert sind, liegt die Wahrscheinlichkeit, daß sie Virusträger sind, bei 20 Prozent. Aber sie sind nicht die einzigen. Drogenabhängige, Frauen, die im Gesundheitswesen tätig sind – Krankenschwestern, Ärztinnen, Laborantinnen –, im Grunde genommen alle, die regelmäßig Kontakt mit Hepatitis-B-Kranken haben, sind mögliche Virusträger. Wenn eine solche Frau schwanger ist, wird unter Umständen der Hepatitis-B-Virus in ihrem infizierten Blut auf den Fötus übertragen. Das macht sich nicht gleich bemerkbar, kann aber sehr problematisch werden, wenn das Kind heranwächst. In neun von zehn Fällen bleibt das Kind sein Leben lang ein Virusträger; auf diese Weise wird die Krankheit von Generation zu Generation weitervererbt. Und ein Drittel dieser Kinder erkrankt an Leberkrebs oder Leberzirrhose.

Wie kann man alldem vorbeugen? Als erstes sollte jede schwangere Frau, die zu einer der Risikogruppen gehört, ihr Blut auf das Hepatitis-B-Oberflächenantigen (HBsAg) untersuchen lassen, das im Blut aller Virenträger vorhanden ist. Wenn es sich nachweisen läßt, sollte das Baby gleich nach der Geburt gegen Hepatitis geimpft und mit Hepatitis-B-Immunglobulin behandelt werden. Ein paar Monate später muß die Impfung wiederholt werden; dadurch ist auf lange Sicht Immunität gewährleistet. Das Immunglobulin, das aus dem Blutserum von Patienten hergestellt wird, die eine Hepatitis B überstanden haben, enthält Antikörper, die sofort wirksam werden. Diese kombinierte Behandlung bietet einen 85prozentigen Schutz.

Meiner Ansicht nach sollte sich *jede* schwangere Frau auf das Hepatitis-B-Oberflächenantigen untersuchen lassen. Schließlich werden Schwangere auch routinemäßig auf Syphilis untersucht – und Hepatitis B kommt vierzig- bis fünfzigmal häufiger vor!

Beim Auftreten von Hepatitis-B-Symptomen läßt sich nicht eindeutig voraussagen, ob die Krankheit vergleichsweise harmlos, chronisch oder tödlich sein wird. Es gibt auch keine spezielle Therapie. Bettruhe, Diät, Verabreichung von Steroiden und Vitaminen – nichts von alldem scheint viel zu nützen. Trinken Sie im akuten Stadium, wenn Sie sich wirklich elend fühlen, keinen Alkohol. Nach ein paar Wochen, wenn Ihr Befinden sich allmählich bessert, können Sie wieder maßvoll trinken.

Non-A-Non-B-Hepatitis – die dritte Form von Virushepatitis

Hepatitis A wird nicht durch Blut übertragen. Und obwohl Hepatitis B hauptsächlich durch Blut übertragen wird, ist die Wahrscheinlichkeit, daß Sie sich durch eine Bluttransfusion anstecken, heutzutage gering, da man mittlerweile das Spenderblut auf dieses Virus hin untersuchen kann. Wenn es sich also weder um A noch B handelt, welches Virus ist dann dafür verantwortlich, daß es immer noch so oft nach Blutübertragungen zu Erkrankungen kommt? Man nennt es naheliegenderweise Non-A-Non-B-Virus.

Das Problem ist, daß sich dieses Virus bis jetzt im Blut noch nicht nachweisen läßt. Non-A-Non-B ist für 90 Prozent aller Hepatitiserkrankungen nach einer Bluttransfusion sowie für 25 Prozent aller Hepatitisfälle überhaupt verantwortlich. In den Vereinigten Staaten treten pro Jahr 100000 oder mehr Fälle auf. Wie Hepatitis B kann auch Non-A-Non-B-Hepatitis sehr gefährlich sein. Es besteht eine Wahrscheinlichkeit von etwa 10 Prozent, daß ein Patient, der fünf oder mehr Blutkonserven bekommt, an dieser Form von Hepatitis erkrankt. Bei einer Infektion durch dieses Virus besteht die gleiche Gefahr eines chronischen Leberschadens und eines tödlichen Ausgangs der Krankheit wie bei Hepatitis B.

Was kann man tun, um das Risiko einer Infizierung zu verringern? Die erste Regel ist, daß eine Bluttransfusion nur dann vorgenommen werden sollte, wenn es wirklich absolut notwendig ist. Wenn man nur ein oder zwei Einheiten braucht, würde man – meiner Erfahrung nach – wahrscheinlich auch ganz ohne Spenderblut auskommen. Manchmal ist jedoch eine Bluttransfusion die einzige Chance. Patienten mit großem Blutverlust aufgrund von Verletzungen oder solche mit einem aufgebrochenen Geschwür sowie Kranke, die am Herz operiert werden, benötigen unter Umständen fünf, zehn oder sogar zwanzig Einheiten. Man sollte ihnen soviel Blut übertragen, wie sie brauchen. Allerdings bestehe ich persönlich immer darauf, daß jeder meiner Patienten zuerst Gammaglobulin bekommt. Das bietet zwar auch keine absolute Sicherheit, verringert aber meiner Ansicht nach doch das Risiko und/ oder die Schwere einer Non-A-Non-B-Infektion. Und noch ein guter Rat: Wenn Sie wissen, daß Sie sich einer Operation unterziehen müssen, bei der unter Umständen eine Bluttransfusion notwendig wird, dann lassen Sie sich vorher ein paar Wochen lang Ihr eigenes Blut abnehmen und es konservieren (Autotransfusion).

Zum Schluß etwas Erfreuliches: Zwei Forschungsunternehmen, die unabhängig voneinander arbeiten, haben verlautbaren lassen, daß sie ein Virus entdeckt und isoliert haben, das möglicherweise für die Non-A-Non-B-Hepatitis verantwortlich ist. Sollte dies tatsächlich der Fall sein, könnte man in einigen Jahren jede infizierte Blutprobe genau analysieren. Darüber hinaus wäre es unter Umständen möglich, wie für Hepatitis B einen geeigneten Impfstoff zu entwickeln.

4. Senilität, die Alzheimer-Krankheit und »Wie heißt der derzeitige Bundespräsident?«

Würde es Sie kränken, wenn ich Sie jetzt frage, ob Sie mir Ihren Namen, das Kalenderjahr, den Monat und den Wochentag sagen können – und wer der derzeitige Bundespräsident ist? Wahrscheinlich würden Sie glauben, ich mache mich über Sie lustig. Aber genau diese Fragen werden tagtäglich allen Ernstes gestellt, wenn Ärzte Patienten untersuchen, die früher völlig normal waren, jetzt aber schwachsinnig geworden sind.

Die Symptome sind allgemein bekannt. Beispielsweise ruft eine Patientin mich an und sagt: »Pa scheint einfach nichts mehr zu begreifen. Neulich haben wir zusammen ferngesehen, und als eine Nahaufnahme von hungernden, ausgemergelten Kindern in Äthiopien gezeigt wurde, fand er das wahnsinnig komisch und konnte gar nicht mehr aufhören zu lachen.« Oder: »Mutter war immer so aktiv und engagiert und hat sich für alles und jeden in ihrer Umgebung interessiert. Jetzt ist sie apathisch, ganz in sich zurückgezogen, verwirrt, hat Angst vor fremden Leuten und traut sich nicht mehr alleine auf die Straße. Sie vernachlässigt ihr Äußeres, läßt sich gehen. Sie weiß nicht mehr, wo sie ist oder warum sie da ist. Oft erkennt sie Leute, Orte oder Dinge, die ihr eigentlich vertraut sind, nicht mehr. Sie kann sich nicht mehr konzentrieren, und es ist unmöglich, sich mit ihr zu unterhalten.«

Wenn derartige Symptome auftreten, denkt man als erstes an die Alzheimer-Krankheit. (Früher nannte man das Senilität oder Altersschwachsinn.) Die Symptome sind charakteristisch für das »organische Gehirnsyndrom«, wenn nämlich das Gehirn *intellektuell* nicht mehr normal funktioniert. Man wendet diese Bezeichnung also nur bei Menschen an, deren Denken, Erinnerungsvermögen und Verhalten beeinträchtigt sind. Bei jemandem, der nach einem Schlaganfall gelähmt ist, aber nach wie vor klar denkt, sich ohne weiteres erinnern kann und sich normal verhält, sagt man nicht, daß er oder sie ein organisches Gehirnsyndrom hat, auch wenn tatsächlich ein Teilbereich des Gehirns zerstört ist.

Die Alzheimer-Krankheit kommt in den USA häufiger vor als Lungenkrebs, tritt zehnmal so oft auf wie multiple Sklerose und ist hundertmal häufiger als amyotrophische Lateralsklerose (Charcot-Syndrom). In der Altersgruppe der über Fünfundsechzigjährigen ist einer von zwanzig »schwachsinnig«; einer von zehn leidet unter einer Art geistiger Beeinträchtigung.

Ich habe mich entschlossen, dieses Kapitel über die Alzheimer-Krankheit zu schreiben, obwohl man ihr weder vorbeugen noch sie heilen oder auch nur behandeln kann. Der Grund dafür ist: Viele Symptome, von denen wir glauben, sie wiesen auf die Alzheimer-Krankheit hin, sind in Wirklichkeit auf andere Krankheiten zurückzuführen, die – im Gegensatz zu dieser – oft behandelt, geheilt, vermieden oder rückgängig gemacht werden können.

Die Statistik ist in diesem Punkt erschütternd. Bei Autopsien, der »letzten Instanz«, was Diagnosen betrifft, stellte sich in den USA heraus, daß bei 50 Prozent der Patienten, von denen man annahm, sie hätten die Alzheimer-Krankheit, die Beschwerden ganz andere Ursachen hatten. So hatten 25 Prozent mehrere kleine Schlaganfälle gehabt, die zu ihren Lebzeiten nicht erkannt worden waren. Hätte man rechtzeitig die richtige Diagnose gestellt, wäre es mit einer entsprechenden Therapie wahrscheinlich möglich gewesen, das Auftreten oder die Verschlimmerung von Verhaltensstörungen zu verhindern. 20 Prozent starben aus anderen Gründen, etwa wegen eines Gehirntumors oder einer Gehirnverletzung; zumindest in einigen Fällen hätte hier eine Operation vermutlich Abhilfe geschaffen. Oft konnte man überhaupt keine physischen Anormalitäten feststellen, die zu den Verhaltensstörungen hätten führen können; das legt den Schluß nahe, daß die eigentliche Ursache etwa eine Depression, eine Gegenreaktion auf Medikamente, Fehl- bzw. Mangelernährung oder eine therapiefähige nicht-neurologische Krankheit war. Ehe Sie also ein Elternteil, Großeltern oder andere Verwandte in einem Pflegeheim unterbringen, weil er oder sie an der Alzheimer-Krankheit leidet, sollten Sie sich vergewissern, ob die Diagnose auch wirklich zutrifft.

Es gibt mindestens fünfzig verschiedene Leiden, die man mit der Alzheimer-Krankheit verwechseln kann und die in der Tat oft damit verwechselt werden. Obwohl ich mich auf einige der häufigsten beschränken werde, könnte ich ein ganzes Buch über Fälle aus meiner eigenen Praxis schreiben, in denen Patienten, die auf den ersten Blick an Altersschwachsinn litten, in Wirklichkeit eine ganz andere Krankheit hatten.

Schlaganfall oder Alzheimer?

Eine der am häufigsten mit der Alzheimer-Krankheit verwechselten Krankheiten ist die Zerebralsklerose; dabei verengen sich die Arterien, die das Gehirn versorgen, so daß immer weniger Blut dorthin gelangt. Wenn die kranke Arterie schließlich ganz verstopft ist, kommt es zu einem Schlaganfall. Der Begriff »Schlag« beschwört die Vorstellung herauf, daß jemand plötzlich umkippt und dann gelähmt ist oder in ein Koma fällt und stirbt. Das kann zwar passieren, aber meistens ist es bei weitem nicht so dramatisch. Es kann sich auf vorübergehende Kopfschmerzen, Doppeltsehen oder verschwommenes Sehen beschränken oder darauf, daß man einige Minuten lang Schwierigkeiten hat, das richtige Wort zu finden, daß man einen kleinen Schwächeanfall hat, Taubheit oder Kribbeln in einem Arm oder einem Bein verspürt. Mehrere solcher »Schlagerl« – jedes so geringfügig, daß man es kaum als solches erkennt – können im Lauf der Jahre zu einem so schweren Gehirnschaden führen, daß es zu Persönlichkeitsveränderungen kommt, die der Alzheimer-Krankheit ähneln und oft damit verwechselt werden. Derlei passiert vor allem bei Menschen mit hohem Blutdruck (der das Fortschreiten von Arteriosklerose beschleunigt), bei Leuten, die eine ganz bestimmte Herzrhythmusstörung haben (Vorhofflimmern), in deren Folge möglicherweise kleine Blutgerinnsel aus dem Herzen zu den kleinen Blutgefäßen im Gehirn wandern, sich dort festsetzen und sie verstopfen (Hirnembolie), oder wenn kleine Stückchen aus den großen Arterien (Halsschlagadern), die das Gehirn versorgen, losbrechen und die kleineren weiter oben blockieren. Wenn man in all diesen Fällen die eigentliche Ursache feststellt, kann man das Risiko einer

Schwachsinnigkeit verringern, in manchen Fällen ihr sogar vorbeugen. Beispielsweise kann man den Blutdruck senken; Patienten mit Vorhofflimmern sollten mit Antigerinnungsmitteln behandelt werden, so daß die Wahrscheinlichkeit einer Embolie verringert wird; Arterien, die durch abgebröckelte Teile verengt sind, können unter Umständen operativ ausgeräumt werden. In den meisten Fällen, vor allem wenn keine Symptome feststellbar sind, genügt schon eine Behandlung mit Aspirin.

Gehirnverletzungen und Verhaltensstörungen

Wiederholte Kopfverletzungen, etwa bei Boxern (der »Boxerschwachsinn«), können ebenfalls zu Verhaltensstörungen führen, die denen bei der Alzheimer-Krankheit ähnlich sind. In diesem speziellen Fall hat die richtige Diagnose allerdings nur theoretischen Wert, da keine Möglichkeit besteht, den Gehirnschaden rückgängig zu machen.

Natürlich braucht man kein Boxer zu sein, um Hirnverletzungen davonzutragen. Bei älteren Menschen können schon geringfügige Kopfverletzungen dazu führen, daß sich unterhalb der Schädeldecke und außerhalb des Gehirns Blutgerinnsel bilden (Subduralhämatom). Wenn diese groß genug sind, können sie einen Druck auf das Gehirn ausüben und es auf diese Weise beschädigen; das führt dann zu den verschiedensten neurologischen Symptomen – darunter auch solchen, wie sie bei der Alzheimer-Krankheit auftreten. Derlei Beschwerden sind meist heilbar – wenn man sie richtig diagnostiziert.

Wenn sich bei einem gründlichen Check-up herausstellt, daß ein irreversibles Hirntrauma die Ursache für die Verhaltensstörungen ist, dann ist es vor allem für die Familie des Patienten wichtig zu *wissen*, daß es sich nicht um die Alzheimer-Krankheit handelt. Die Wahrscheinlichkeit, daß es in der Folge doch noch zu dieser Krankheit kommt, liegt bei 2 bis 3 Prozent, wenn in der Familie solche Störungen bislang nicht vorgekommen sind, und steigt auf 8 Prozent, wenn ein Blutsverwandter (Eltern, Geschwister, ein Onkel oder eine Tante) daran gelitten hat, vor allem, wenn dies schon in jungem Alter der Fall war. Je mehr Verwandte die Alzheimer-Krankheit hatten, desto höher ist die Wahrscheinlichkeit, sie auch zu bekommen.

Chronische Alkoholiker zeigen manchmal Symptome, die von denen bei der Alzheimer-Krankheit nicht zu unterscheiden sind. Auch in diesem Fall ist es wichtig, die eigentliche Ursache zu erkennen, da eine erfolgreiche Behandlung des Alkoholikers – so schwierig sie auch sein mag – manchmal eine Verschlechterung des Zustands verhindern kann.

Von den vielen durchaus heilbaren Krankheiten, die man mit der Alzheimer-Krankheit verwechseln kann, ist eine Funktionsstörung der Schilddrüse eine der häufigsten – entweder Unterfunktion (Hypothyreose) oder, seltener, eine Überfunktion (Hyperthyreose). Je älter der Patient ist, desto schwieriger ist die Diagnose in diesem Fall. Ich kenne Patienten, die aufgrund einer Unterfunktion der Schilddrüse träge, dumpf und apathisch waren und bei denen man anfangs geglaubt hatte, sie würden allmählich »senil«. Ein kleiner Eingriff an der Schilddrüse hat sie dem Leben wiedergegeben.

Jeder, der Verhaltensstörungen aufweist, muß neurologisch sehr gründlich untersucht werden. Ich hatte schon Patienten in allen Altersgruppen – vom vierjährigen Kind bis hin zu einer vierundsiebzigjährigen Frau –, bei denen es aufgrund eines Gehirntumors (normalerweise im Stirnlappen, wo die Intelligenz sitzt) zu Verhaltensstörungen kam. Nachdem der Tumor entfernt war, normalisierte sich das Verhalten wieder. Während jedoch die Ärzte sehr darauf bedacht sind, bei jungen Menschen die Ursache für eine Persönlichkeitsveränderung herauszufinden, sind sie bei weitem nicht so engagiert, wenn es sich um alte Menschen handelt.

Es gibt noch einen weiteren gewichtigen Grund, warum man ältere Menschen mit Verhaltensstörungen einer eingehenden neurologischen Untersuchung unterziehen sollte, kann man doch auf diese Weise möglicherweise ein Krankheitsbild entdecken, das man als Wasserkopf mit normalem Liquordruck bezeichnet. Bei diesem Leiden sammelt sich die Flüssigkeit, die normalerweise durch das Gehirn zirkuliert und es »badet« und die mit der gleichen Geschwindigkeit, mit der sie produziert wird, auch wieder absorbiert wird, im Nervensystem an. Die Folge davon ist, daß Hohlräume innerhalb des Gehirns sich vergrößern, das Nervengewebe zusammenpressen und schließlich die Gehirnfunktion beeinträchtigen. Diese ziemlich verbreitete Ursache für einen Persönlichkeitswandel bei alten Menschen läßt sich operativ beheben.

Darüber hinaus gibt es aber auch zahlreiche *nicht-neurologische* Krankheiten, an denen ältere Menschen leiden und die einen Einfluß auf ihr Verhalten haben. Zu den wichtigsten Ursachen gehört Mangel- bzw. Fehlernährung. Viele alte Menschen leiden an Unterernährung, für die es ganze Reihen von Gründen geben kann. Sie können finanzieller Art sein, oder aber die alten Menschen haben keinen Appetit. Möglicherweise essen sie zuwenig oder das Falsche, weil sie depressiv sind oder unter Medikamenteneinwirkung stehen oder weil sie allein leben und es ihnen zu mühsam ist, einkaufen zu gehen und sich eine schmackhafte Mahlzeit zu kochen. Außerdem stellen die Zähne bei vielen Alten ein Problem dar: Weil ihnen die Zähne ausfallen, sie also nicht mehr richtig kauen können, ernähren sie sich einseitig. Zudem sind ältere Menschen oft nicht in der Lage, die Nahrung richtig zu verdauen, oder der Blutkreislauf im Verdauungstrakt ist möglicherweise durch Arteriosklerose verkalkt. Wenn dies der Fall ist, wird die Absorption schlechter, und wichtige Mikronährstoffe und Mineralien werden nicht aufgenommen. Was auch immer der Grund ist, das Ergebnis ist eine anormale Hirnfunktion.

Laut einer neueren Studie aus den Vereinigten Staaten zeigten einige ältere Leute, die alleine lebten und bei denen Persönlichkeits- und Verhaltensstörungen ursprünglich für Symptome der Alzheimer-Krankheit gehalten wurden, eine deutliche Besserung der Merkfähigkeit und anderer Reaktionen, nachdem man sie in ein Heim aufgenommen hatte, wo die Ernährung ausgewogen war und das Essen appetitlich angerichtet wurde. Wenn Sie also ältere Verwandte haben, die immer für sich selbst gesorgt haben, jetzt aber erste Anzeichen der Alzheimer-Krankheit erkennen lassen, dann prüfen Sie sehr sorgfältig nach, was sie essen.

Schließlich gibt es auch noch das Problem mit den Medikamenten. Gegenwärtig nehmen Personen über fünfundsechzig, die nur 11 Prozent der amerikanischen Gesamtbevölkerung ausmachen, mehr als 25 Prozent aller Medikamente ein, die dort verschrieben werden. Viele dieser Substanzen können eine toxische Wirkung haben, wenn sie gleichzeitig eingenommen werden. Die Krankheiten, die sie eigentlich lindern sollen, können sich verschlimmern, wenn der Patient die Medikamente nicht wie vorgeschrieben oder in zu hohen Dosen einnimmt. Dieses Phänomen der »Polymedikation«, daß jemand also mehrere Medikamente braucht, ist bei älteren Menschen besonders riskant. Die gefährlichsten Medikamente – allein oder zusammen mit anderen eingenommen – sind Tranquilizer, Antidepressiva, Beruhigungsmittel, Herzmittel und Medikamente, die den Blutdruck senken. Von letzteren sind vor allem die Betablocker gefährlich.

Einige Fallbeispiele

James S. war vierundfünfzig Jahre alt, als seine Mutter an Brustkrebs starb. Sein Vater Donald, einundachtzig, lebte von da an alleine in dem Apartment, das er vorher zusammen mit seiner Frau bewohnt hatte. Jim machte Donald den Vorschlag, zu ihm und seiner Familie zu ziehen. Sein Vater freute sich zwar über dieses Angebot, lehnte aber ab; er zog es vor, für sich zu sein. Er war relativ gesund, hatte erst kurz zuvor sein Stoffgeschäft verkauft und folglich genügend finanzielle Mittel, um sein Auskommen zu haben; zudem war er ein stolzer und unabhängiger Geist. Er beschloß also zu bleiben, wo er war. Jim hielt die Verbindung mit ihm aufrecht und besuchte ihn alle ein oder zwei Wochen, zusammen mit den Kindern.

Alles schien hervorragend zu laufen. Donald gewöhnte sich offensichtlich recht gut daran, alleine zu leben. Also machte Jim in jenem Sommer zusammen mit seiner Frau und seinen Kindern eine vierwöchige Europa-Reise. Sie wußten, daß Vater zurechtkommen würde, denn obwohl fast alle seine Freunde gestorben oder in eine andere Gegend gezogen waren, fiel ihm doch immer etwas ein, was er unternehmen konnte.

Nach der Rückkehr besuchte Jim seinen Vater, und sie fuhren zusammen zu einem Restaurant. Jim hatte den Eindruck, daß sein Vater geistesabwesend und desinteressiert war. Außerdem machte Donald – zum allerersten Mal – einen wirklich ungepflegten Eindruck. Offensichtlich hatte er sich seit zwei Tagen nicht mehr rasiert; auf seiner Krawatte prangte ein großer Eigelbfleck, sein Hemd und seine Hose waren zerknittert, und einer seiner Socken war blau, der andere braun. Jim sagte zu alledem kein einziges Wort.

Am nächsten Tag rief Jim den Hausarzt seines Vaters an und erkundigte sich, ob Donald krank gewesen sei, während er mit seiner Familie Urlaub machte. »Soviel ich weiß, nein«, erklärte der Arzt. Tatsächlich hatte er schon seit einigen Wochen nichts mehr von Donald gehört. »Vielleicht ist er einfach müde. Am besten, Sie warten noch ein Weilchen ab und rufen mich dann an, wenn wirklich Grund zur Besorgnis besteht.«

Im Laufe der nächsten Wochen kümmerte Jim sich besonders intensiv um seinen Vater. Er rief ihn jeden Tag an und besuchte ihn mindestens einmal pro Woche; dennoch mußte er zu seinem Kummer sehen, daß sein Vater immer mehr abbaute. Er verlor auch an Gewicht.

Und dann ging diese anfängliche Teilnahmslosigkeit in einen Zustand leichter Verwirrtheit über. »Freut mich, dich zu sehen, Jim, aber ich hatte dich eigentlich für Sonntag erwartet.«

»Aber heute ist doch Sonntag!«

»Ach, was weißt denn du schon!«

An diesem Punkt kam Jim zu dem Schluß, daß es nun wirklich an der Zeit sei, den Arzt zu konsultieren. Dieser schlug vor, Jim solle seinen Vater zu ihm in die Praxis begleiten. Dort nahm die Sprechstundenhilfe Donald Blut ab, um es analysieren zu lassen, und der Arzthelfer machte eine Röntgenaufnahme der Brust und ein Elektrokardiogramm. Dann unterhielt sich der Arzt etwa fünf Minuten lang mit seinem Patienten. Als die Untersuchungen abgeschlossen waren, riet der Arzt Jim, sich nach einem geeigneten Altersheim für seinen Vater umzusehen.

Es war ein trauriger Tag für Jim, als er zu seinem Vater ging, um die Angelegenheit mit ihm zu besprechen. Es stellte sich jedoch heraus, daß es gar nicht so schlimm wurde – für keinen von beiden –, wie er befürchtet hatte. Der alte Herr regte sich nicht im geringsten darüber auf, war auch keineswegs niedergeschlagen. Bereitwillig stimmte er allem zu, was Jimmy für das Beste hielt. Es interessierte ihn einfach nicht sonderlich.

Sie packten also Donalds Habseligkeiten zusammen, wußten

aber nicht, was sie mit den persönlichen Dingen tun sollten, die er nicht mitnehmen konnte – den Photoalben, der Münzsammlung, den Büchern und den Möbeln. »Na schön, alles der Reihe nach«, dachte sich Jim. »Warten wir mal ab, wie es mit diesem Altersheim da klappt. Um das Apartment und alles andere können wir uns dann immer noch kümmern.«

Das Altersheim lag in einem hübschen Vorort von New York City. Die Zimmer waren freundlich und die Umgebung einfach herrlich. Jim freute sich, daß sein Vater bei gutem Wetter würde ausgedehnte Spaziergänge machen können. Dennoch standen Tränen in seinen Augen, als er sich verabschiedete; er mußte einfach daran denken, wo er selber wohl in dreißig Jahren sein würde.

Jim besuchte seinen Vater alle zwei Wochen. In den ersten paar Monaten konnte er keine spürbare Veränderung feststellen. Der für das Altersheim zuständige Arzt versicherte ihm, daß es Donald gut gehe und er sich nie über irgend etwas beklage.

Eines Tages – etwa drei Monate später – kam Jim, wie immer, seinen Vater besuchen, sah ihn aber nicht in seinem gewohnten Stuhl im Fernsehzimmer sitzen. Auch auf seinem Zimmer war er nicht. Jim fragte den Heimleiter. »Es ist ein herrlicher Frühlingsnachmittag; vielleicht macht er einen Spaziergang.« Etwas überrascht machte Jim sich auf, um ihn zu suchen. Schließlich fand er ihn: Er saß auf einer Bank unter einer riesigen Eiche neben einer gutaussehenden, weißhaarigen Dame. Da waren also die beiden, unterhielten sich und lachten vergnügt. Um die Wahrheit zu sagen – sie hielten gewissermaßen Händchen! Sein Vater wirkte an diesem Tag sehr gepflegt, sein Haar war gekämmt, er war glattrasiert und hatte zum ersten Mal das Chanel-Aftershave benutzt, das Jim ihm geschenkt hatte, als er ihn ins Altersheim brachte.

»Ah, da bist du ja, mein Sohn. Darf ich dir Jeannie vorstellen? Denk nur, wir waren jahrelang praktisch Nachbarn in New York City! Sie kann sich daran erinnern, mich bei Gristede's einkaufen gesehen zu haben. Die Welt ist doch wirklich klein! Wir haben uns in den letzten Tagen recht gut kennengelernt. Und da haben wir uns sogar überlegt, daß es doch eigentlich ganz lustig wäre, uns hier ein Wochenende freizunehmen und zusammen ein paar von unseren alten Kumpels zu besuchen. Mein Apartment existiert doch noch, oder?«

»Aber natürlich, Dad. Wann wollt ihr denn hinfahren? Ich bring' euch hin.«

»Unsinn, du hast Besseres zu tun. Wir werden uns einen Wagen mieten, Jeannie und ich, und auf eigene Faust losfahren.«

So geschah es dann auch. Der Rest der Geschichte ist schnell erzählt. Donald und Jeannie heirateten, kehrten dem Altersheim den Rücken, zogen nach Hause zurück, in das Apartment Donalds, und lebten dort glücklich und zufrieden. Von Donalds »Senilität« keine Spur mehr, denn – und das ist das entscheidende – er war nie senil gewesen. Er war einfach depressiv geworden, nachdem seine Frau gestorben war; bei älteren Leuten geschieht das häufig.

Diese Geschichte kann einem in vieler Hinsicht eine Lehre sein. Eine Depression zeitigt oft die gleichen Symptome wie Senilität und sollte daher immer als Möglichkeit in Betracht gezogen werden, wenn der Betreffende einen ihm nahestehenden Menschen verloren hat. Aber um eine Depression zu diagnostizieren braucht es mehr als ein Elektrokardiogramm, Röntgenaufnahmen, Bluttests und ein oberflächliches, fünfminütiges Gespräch mit dem Arzt wie in Donalds Fall. Neben Zeit, Einfühlungsvermögen und Verständnis von seiten des Arztes benötigt jeder Patient auch eine sorgfältige psychiatrische, neurologische und allgemein körperliche Untersuchung.

Eine Romanze ist gewiß nicht das einzige Heilmittel gegen eine Depression, obwohl ich wetten möchte, daß es das angenehmste ist. Psychotherapie und, wichtiger noch, Antidepressiva zeitigen oft eine erstaunliche Wirkung, wenn es sich um emotionale Probleme handelt, in dieser wie in jeder anderen Altersgruppe. Auf jeden Fall sollte die Alzheimer-Krankheit erst als letzte Möglichkeit einer Diagnose in Betracht gezogen werden, nicht als erste.

Nichts weiter als eine »winzige« Kopfverletzung

Der andere Fall wirft ein Licht auf zwei weitere relativ häufige, aber reversible Formen von »Schwachsinn«. Vor ungefähr fünfzehn Jahren rief mich die Frau eines meiner Patienten aus Florida an, wo sie und ihr Mann den Winter verbrachten. Er war fünfundsiebzig Jahre alt, im Stahlgeschäft und sehr reich, und er verhielt sich plötzlich recht merkwürdig. Abgesehen von einer leichten Angina pectoris war er körperlich noch ziemlich gut in Form. Als ich sie bat, mir genauer zu schildern, was mit ihm nicht in Ordnung sei, erklärte sie, Bruce sei in den letzten zwei Monaten »nicht mehr er selbst gewesen«. Er schlief viel mehr als sonst, konnte sich auf nichts mehr konzentrieren, schien von einem Tag auf den anderen zu vergessen, was er eigentlich vorgehabt hatte, und gelegentlich beschmutzte er sich sogar. Sie hatte außerdem eine deutliche Veränderung seines Wesens festgestellt. War er vormals dickköpfig und streitlustig gewesen und hatte immer argumentiert, so schien er jetzt auf einmal gelehrig und unterwürfig zu sein. Sie hatte mich erst jetzt angerufen, weil »ich weiß, daß man nichts dagegen machen kann, wenn das Gehirn alt wird«.

Ich fragte sie, ob er über Kopfschmerzen geklagt habe. (Ein Gehirntumor muß immer in Betracht gezogen werden, wenn Verhaltensveränderungen sich bemerkbar machen.) Nein, er hatte sich nicht beklagt. Hatte er in letzter Zeit irgendwann einmal Fieber gehabt? (Auch eine Infektion kann zu einer Dysfunktion des Gehirns führen.) Ihres Wissens nicht. Hatte er im Lauf der letzten Wochen oder Monate einen Schlag auf den Kopf erhalten oder war er gestürzt? (Ein Blutgerinnsel direkt unter der Schädeldecke – ein sogenanntes subdurales Hämatom – kann auf das darunterliegende Gehirn einen Druck ausüben und zu Verhaltensveränderungen führen.) Nein, sie wußte nichts von einem Sturz oder einer anderen Verletzung. Wegen Mangel- bzw. Fehlernährung fragte ich erst gar nicht, denn ich wußte aus eigener Erfahrung, daß Bruce und seine Frau einen hervorragenden Koch hatten, dessen Künste sie auch weidlich genossen. Hatte er sich beklagt, daß er doppelt sehe, das Sprechen ihm schwerfalle, er in einer Hand oder einem Bein keine Kraft mehr oder aber ein Gefühl der Taubheit oder ein Prickeln habe? (Ich wollte sichergehen, daß Bruce keinen

Schlaganfall erlitten hatte.) Nun, mit dem Sehen hatte er keine Probleme, und mit seinen Gliedmaßen schien, soweit sie das beurteilen konnte, auch alles in Ordnung zu sein, nur eine Veränderung seiner Art zu sprechen war ihr aufgefallen. Nicht daß er wirklich nuschelte, aber er schien immer etwas zögerlich zu reden. »Also«, sagte sie, nachdem wir uns eine Weile unterhalten hatten, »was soll ich tun?«

Ich bat sie, mit Bruce zu einer Untersuchung zu mir zu kommen. Der einfache neurologische Test mit dem Hämmerchen, der Stimmgabel und den Nadeln ergab keinerlei ungewöhnlichen Befund. Ich arrangierte also alles, um ihn zu einer gründlicheren Untersuchung in eine Klinik einweisen zu lassen.

Als erstes ließ ich Aufnahmen von seinem Schädel machen. Wir hatten Glück, denn ich fand die Lösung für Bruces Problem schon bei dieser ersten Untersuchung. Ein großes Blutgerinnsel – ein subdurales Hämatom – unter der Schädeldecke drückte auf sein Gehirn. Er mußte gestürzt sein oder sich den Kopf angestoßen haben, auch wenn seine Frau nichts davon wußte.

Wir saugten den Blutpfropfen durch ein kleines Loch ab, das wir von außen in den Schädel gebohrt hatten. Ein paar Tage später war Bruce wieder ganz der alte. Von Alzheimer-Krankheit keine Rede mehr! Ich fragte ihn, ob er sich jetzt daran erinnern könne, sich in letzter Zeit einmal gestoßen zu haben.

»Na ja, ehrlich gesagt, jetzt, wo Sie mich darauf ansprechen – vor ein paar Monaten war ich im Bad und bückte mich, um etwas vom Boden aufzuheben. Als ich mich wieder aufrichtete, rannte ich mit dem Kopf gegen Joans hölzerne Kosmetikablage. Natürlich, ich erinnere mich ganz deutlich daran. Es schien mir damals nicht wichtig zu sein. Ich blutete nicht, und ich hatte nicht einmal Kopfschmerzen.«

Das war also der Grund für sein verändertes Verhalten gewesen. Selbst eine unbedeutende Verletzung kann bei älteren Menschen zu einem subduralen Hämatom führen, weil bei ihnen die Blutgefäße brüchig sind. Infolge einer Blutung bildet sich ein Gerinnsel, das – wenn es groß genug ist – eine ganze Reihe von neurologischen und Verhaltensänderungen hervorrufen kann.

Damit ist die Geschichte allerdings noch nicht zu Ende. Drei Jahre nach seiner Entlassung aus dem Krankenhaus kam es bei

Bruce zu einer neuem Komplikation. Obwohl wir die Angina pectoris, unter der er schon seit Jahren litt, immer recht gut unter Kontrolle halten konnten, verhielt sich sein Herz plötzlich ganz anders. Er klagte über ein »Hämmern« in seiner Brust, daß das Herz manchmal stehenzubleiben scheine und daß ihm ab und zu schwindlig werde. Ein Elektrokardiogramm bestätigte, daß er an einer Herzrhythmusstörung litt, und zwar von der Art, die man am besten mit Digitalis behandelt. Ich verschrieb ihm also dieses Medikament in der üblichen Dosis, und nach sieben oder acht Tagen klangen die Beschwerden ab. Ein paar Monate später rief seine Frau mich an. »Er benimmt sich so komisch«, erklärte sie.

»Erzählen Sie mir nicht, daß er sich schon wieder den Kopf angerempelt hat.«

»Nein, diesmal ist es anders. Er ist paranoid. Er hat sich ein Gewehr gekauft und sagt, daß es geladen ist; er bewahrt das Ding in unserem Schlafzimmer auf für den Fall, daß jemand einbricht. Aber nicht nur die Waffe macht mir Sorgen. Er ist so mißtrauisch gegen jedermann. Das ist erschreckend, und ich habe Angst. Einmal schien er nicht einmal *mich* zu erkennen.«

Ich hielt dies für einen Notfall. Ein verwirrter, aufgeregter, paranoider Patient mit einer geladenen Waffe ist ein potentieller Mörder. »Ist das alles ganz plötzlich gekommen?« fragte ich.

»Nein, das geht jetzt seit ein paar Wochen so, aber es wird eindeutig immer schlimmer. Ich bin in einem schrecklichen Dilemma. Einerseits habe ich Angst, ihn allein zu lassen, andererseits erschreckt mich der Gedanke, bei ihm zu bleiben. Was soll ich nur tun? Er verhält sich so irrational! Sieht aus wie die Alzheimer-Krankheit, oder nicht?«

Ich sah mir Bruce an und mußte feststellen, daß seine Frau völlig recht hatte. Wieder stellte ich Joan genau die gleichen Fragen wie beim letzten Mal. Er war jetzt völlig paranoid und irrational. Bei der physischen Untersuchung konnte ich keinerlei Anhaltspunkte finden. Daher überwies ich ihn zu einem hervorragenden Neurologen.

Mein Kollege stellte eine Diagnose zur Diskussion, auf die ich, ehrlich gesagt, nicht gekommen war. »Ich wette, dieser Mann halluziniert und verhält sich so verrückt, weil er Digitalis gegen seine Herzrhythmusstörungen nimmt.« Ich muß zugeben, es tat meinem

Ego nicht besonders gut, daß ein Neurologe mir etwas über die Toxizität eines Herzmittels erzählte! Zudem schien es äußerst unwahrscheinlich zu sein. In meinen mehr als dreißig Jahren ärztlicher Erfahrung war mir nie ein Fall von »Verrücktheit« aufgrund von Digitalis untergekommen, obwohl ich von Zeit zu Zeit von derlei gelesen hatte. Da jedoch alle anderen Untersuchungen normal ausfielen, stimmte ich zu, das Digitalis durch ein anderes Medikament zu ersetzen. Es war kaum zu glauben: Zehn Tage später war Bruce wieder er selbst.

Aus dieser Erfahrung mit Bruce kann man viel lernen. Sie zeigt erneut, wie wichtig es ist, die Alzheimer-Krankheit erst als letzte Möglichkeit einer Diagnose in Betracht zu ziehen, wenn ein Patient – unabhängig von seinem Alter – plötzlich unerklärliche Verhaltensänderungen zeigt. Es gibt keine spezifische Untersuchung, um die Alzheimer-Krankheit positiv nachzuweisen. Wir stellen diese Diagnose erst, wenn alle anderen Möglichkeiten ausgeschlossen worden sind. Da man die Alzheimer-Krankheit bislang weder behandeln noch heilen kann, ist es besonders wichtig, wirklich alle anderen Möglichkeiten in Betracht zu ziehen, bei denen die Symptome ähnlich sind, die man aber möglicherweise unter Kontrolle bringen kann.

Die Alzheimer-Krankheit ist nicht eine Folge des »Alterungsprozesses«, und sie ist auch kein Synonym dafür. Ich sage es meinen Patienten wieder und wieder: Altern ist keine Krankheit. Es stimmt zwar, daß man mit zunehmendem Alter anfälliger für bestimmte Krankheiten wird, etwa Arteriosklerose und Krebs, aber diese Krankheiten sind lediglich eine Begleiterscheinung, nicht eine Folge des Alterungsprozesses. Jedes Symptom, jede Krankheit eines älteren Menschen hat eine Ursache, und man sollte bei ihnen genauso gründlich danach suchen, wie wir es bei jüngeren Menschen tun.

Was also *ist* die Alzheimer-Krankheit?

Bis jetzt habe ich Ihnen lediglich gesagt, was die Alzheimer-Krankheit nicht ist. Jetzt sind ein paar Worte dazu angebracht, um was es sich bei dieser Krankheit handeln könnte.

Die Alzheimer-Krankheit ist eine ständig fortschreitende (progrediente) Krankheit. In den ersten zwei oder drei Jahren ist das auffälligste Symptom ein Nachlassen der Merkfähigkeit, und zwar charakteristischerweise nur gegenüber noch nicht lange zurückliegenden Vorkommnissen. Die Patienten erinnern sich ganz klar und deutlich an Dinge, die vor dreißig oder vierzig Jahren passiert sind, können sich aber nicht entsinnen, was am vorhergehenden Tag, vor einer Stunde oder auch nur vor einer Minute geschehen ist. Daher fangen sie an zu konfabulieren – d. h. sie erfinden eine Geschichte, die zu den Gegebenheiten paßt. Aus dem verminderten Erinnerungsvermögen entwickeln sich oft Verwirrtheit, Paranoia und Mißtrauen allen gegenüber – vor allem Fremden, oft aber auch denen gegenüber, die ihnen am nächsten stehen. Meistens sterben die Patienten innerhalb von zehn Jahren, wenn sie ihre Lebensfunktionen nicht mehr steuern können. Ihre Muskelkraft nimmt ab; sie werden bettlägrig, schwinden im wahrsten Sinn des Wortes dahin und sterben schließlich. Man weiß nicht, warum all dies so abläuft. Es gibt derzeit keine Möglichkeit der Behandlung oder der Vorbeugung für diese schreckliche Krankheit. Vorrangige Aufgabe des Arztes ist es, dafür zu sorgen, daß der Kranke gut versorgt wird, und den bekümmerten Angehörigen zu helfen.

Auch wenn es kein Heilmittel gibt, interessiert Sie vielleicht doch der gegenwärtige Stand der Forschung auf diesem Gebiet.

Wenn man das Gehirn eines Menschen mit dieser Krankheit nach seinem Tod untersucht, fällt auf, daß die Zahl derjenigen Zellen in der Großhirnrinde, die für Verhalten, Persönlichkeitsstruktur und Intelligenz zuständig sind, beträchtlich abgenommen hat. Unter dem Mikroskop läßt sich an einigen Stellen ein sogenanntes Nervenfasergewirr feststellen – Stränge von Gehirngewebe, die in alle möglichen Richtungen verlaufen, nur nicht dorthin, wohin sie eigentlich sollten. Eine chemische Analyse dieses Gewebes zeigt, daß diejenigen Substanzen, die für die Übertragung von neuralen Impulsen in das Gehirn zuständig sind, nicht mehr in ausreichender Zahl vorkommen.

Wissenschaftler haben versucht, diese Beobachtungen in eine anwendbare Theorie umzusetzen. Füllt man beispielsweise einige dieser fehlenden Neurotransmitter (genannt Azetylcholin) in ein Teströhrchen und fügt eine »anticholinergische« Substanz hinzu, dann wird der Neurotransmitter neutralisiert oder sogar zerstört. Das geschieht möglicherweise auch im Gehirn eines Patienten, der an der Alzheimer-Krankheit leidet. Immerhin ist es sehr aufschlußreich, daß wir bei vielen alltäglichen Beschwerden Anticholinergika verschreiben. Da wären beispielsweise die krampflösenden Medikamente, die Ihnen Ihr Arzt verordnet, wenn Sie schmerzhafte Krämpfe im Verdauungstrakt haben. Wenn ein Durchschnittspatient derlei Medikamente einnimmt, läßt sich gelegentlich ein zeitweiliger Gedächtnisschwund beobachten. Das kann man ausgleichen, indem man ein Cholinpräparat verabreicht, das aus dem Lecithin in der Nahrung oder aus einer Substanz mit dem Namen Physostigmin gewonnen wird. Einige Ärzte – darunter auch ich – überlegen es sich mittlerweile sehr genau, ob sie älteren Menschen solche Anticholinergika verschreiben sollen. Zur Zeit testen Wissenschaftler Physostigmin in unterschiedlichen Dosierungen, um herauszufinden, ob man diese Krankheit möglicherweise doch behandeln kann. Obwohl dieser Forschungszweig sehr vielversprechend ist, gibt es noch nicht genügend Beweise, die es rechtfertigen könnten, diese Substanzen einzunehmen. Dennoch verfolgt man diese Spur auch weiterhin.

Nach einer anderen Theorie, mit der die Alzheimer-Krankheit erklärt werden soll, spielt hierbei Aluminium eine Rolle. Aluminium ist ein Nervengift, das die Gehirnzellen schädigt. Wenn man es Ratten in hohen Dosen verabreicht, verändert sich deren Verhalten. Und was noch wichtiger ist: Aluminium produziert im Gehirn der Ratten die gleichen Nervenfaserknäuel, wie wir sie aus den Gehirnen von Menschen kennen, die an der Alzheimer-Krankheit leiden. Am bedeutsamsten ist jedoch wohl die Beobachtung, daß der Gehalt an Aluminium in den Gehirnen von Patienten, die an der Alzheimer-Krankheit sterben, zehn- bis dreißigmal so hoch ist wie bei normalen Menschen. Zudem konzentriert sich das Aluminium in den Nervenfaserknäueln. Bevor Sie jedoch aufhören, etwas gegen Ihr Magengeschwür zu tun, oder sich ein anderes Deospray anschaffen, sollten Sie sich klarmachen, daß es sich hier lediglich um eine Theorie handelt, die noch in den Anfängen steckt, noch dazu eine Theorie, die keineswegs allgemein anerkannt wird.

Derzeit müssen wir jedoch jede, aber auch wirklich jede Spur verfolgen, die in Richtung einer Prophylaxe oder einer Behandlung der Alzheimer-Krankheit weist. Bis es soweit ist, muß man sich darauf konzentrieren, die richtige Diagnose zu stellen, und vorrangig nach den vielen möglichen und durchaus heilbaren Ursachen für Verwirrtheit und Senilität suchen.

5. Ballaststoffreiche Kost – die neue Wundernahrung

Die meisten Leute wissen tief in ihrem Inneren sehr wohl, was sie tun und was sie essen sollen, um gesund zu bleiben. Aber das ist bekanntlich nicht immer einfach, bequem und angenehm. Also suchen sie fortwährend nach einer mühelosen und angenehmen Alternative, um wirksam gegen Krebs, Herzkrankheiten, Altern oder Potenzschwierigkeiten vorzubeugen. Denn warum sollte man auf die Zigaretten verzichten, die doch eine so beruhigende Wirkung haben und zudem für eine schlanke Linie sorgen? Warum auf sein Gewicht achten, wenn Schlanksein bedeutet, daß man sich daran gewöhnen muß, ständig etwas hungrig zu sein? Warum sich Sorgen machen, wie man den Blutdruck senken kann, wenn man sich auch so ausgesprochen wohl fühlt und die Tabletten gegen Bluthochdruck noch dazu die Wirkung haben, daß man entweder die ganze Nacht auf der Toilette sitzt oder es negative Auswirkungen auf das Sexualleben gibt? Warum wertvolle Zeit damit vergeuden, Sport zu treiben, wenn das doch so langweilig ist? Warum eine »vernünftige« Diät mit wenig Fett und wenig Cholesterin einhalten, wenn das bedeutet, auf all die köstlichen Leckerbissen, die man inzwischen so gerne mag, zu verzichten? Warum nicht lieber auch weiterhin das Leben genießen und einfach nach der Wunderformel suchen, am liebsten ein Nahrungsmittel oder eine Pille, damit man auch in hohem Alter noch gesund ist?

Ballaststoffe – das Märchen von der guten Fee

Wie reagieren Sie, wenn Sie hören, daß es bestimmte Nahrungsmittel gibt – nein, keine Pille! –, von denen viele ernstzunehmende Wissenschaftler behaupten, daß sie tatsächlich die folgenden siebzehn weitverbreiteten Krankheiten verhindern oder zumindest hinausschieben können? Es handelt sich dabei um: Hämorrhoiden, Verstopfung, Dickdarmkrebs, Arteriosklerose, Darmbeschwerden, Divertikulose, Diabetes, Gallensteine, zu hoher Cholesterin- und Triglyzeridspiegel, Blinddarmentzündung, Hiatusbruch, Krampfadern, Fettleibigkeit, Karies, Gicht, Hypertonie und Arthritis.

Zählen Sie ruhig nach. Es sind siebzehn.

Die Nahrungsmittel, die all dies verhindern sollen, firmieren unter dem Oberbegriff »Ballaststoffe«. Stimmt das alles wirklich? Sollte also jedermann eine ballaststoffreiche Koste zu sich nehmen? Was *ist* das für eine Diät? Ist es in Ordnung, so viel davon zu essen, wie das Herz begehrt, oder kann zu viel davon einem schaden?

Der erste bezeugte Bericht über die möglicherweise gesundheitsfördernden Wirkungen einer ballaststoffreichen Ernährung geht auf Hippokrates zurück, der ihre abführende Wirkung kannte. Dieses Wissen geriet im Laufe der Zeit immer mehr in Vergessenheit, und seit dem letzten Jahrhundert haben sich die Methoden der Essenszubereitung sogar zugunsten einer ballaststoffarmen Kost verändert. Warum soll man sich, so argumentierte man, überhaupt mit Ballaststoffen herumärgern, die doch – wie der Name schon sagt – Ballast sind, tote Last, nichts weiter als die unverdaulichen Überreste unserer pflanzlichen Kost, die zurückbleiben, wenn der Darm alles absorbiert hat, was man braucht? Warum überhaupt noch einen Gedanken an diesen Rückstand verschwenden, der doch keinerlei lebenswichtige Nährstoffe, Vitamine oder Mineralien enthält und als Abfallprodukt ausgeschieden wird? 1960 stellten jedoch zwei Wissenschaftler, Burkitt und Trowell, fest, daß die obengenannten Krankheiten in den unterentwickelten Weltgegenden bei weitem nicht so häufig auftreten wie in westlichen, zivilisierten Ländern. Beispielsweise ist Divertikulose in vielen Teilen Asiens und Afrikas so gut wie unbekannt.

(Es handelt sich dabei um eine chronische Beeinträchtigung des Dickdarms, und zwar bilden sich in seiner Wandung fingerähnliche Auswüchse, Divertikel, die sich mit der Zeit entzünden und alle möglichen Beschwerden hervorrufen können.) Das gleiche gilt für zu hohen Blutdruck, Dickdarmkrebs, Blinddarmentzündung, Gallensteine und arteriosklerotische Herzkrankheiten. Laut Burkitt ist der Schlüsselfaktor im Lebensstil, der für diese Unterschiede zwischen, sagen wir einmal, einem Filmproduzenten in Beverly Hills und einem Massai im Herzen Afrikas hauptsächlich verantwortlich ist, die Art der Ernährung. Die Eingeborenen in Afrika verzehren eine Menge Ballaststoffe, wir nicht. Im Verlauf der letzten hundert Jahre haben die Amerikaner den Anteil der Ballaststoffe an ihrer Kost sogar um 80 Prozent gesenkt: Sie vermieden stärkereiche Lebensmittel und andere Kohlehydrate sowie Weizenprodukte, etwa Getreideflocken, und aßen gleichzeitig viel mehr raffinierten Zucker, weißes Mehl, rotes Fleisch und Fett. Ein durchschnittlicher afrikanischer Eingeborener ißt sehr wenige solcher »Zivilisations«-Produkte – außer er wandert aus dem Busch in die Stadt ab. Erst dann wird er für unsere Krankheiten anfällig. Nach Ansicht Burkitts und seiner Mitarbeiter könnten wir, wenn wir die Ernährungsweise der afrikanischen Eingeborenen oder zumindest unserer Vorfahren übernähmen, die Häufigkeit der siebzehn oben aufgeführten Krankheiten erheblich verringern.

Wie wirken Ballaststoffe?

Die gesundheitsfördernden Ballaststoffe bestehen aus jenen Komponenten von Nahrungsmitteln auf pflanzlicher Basis, die auf die Verdauungssysteme im Dickdarm nicht reagieren. Es gibt im wesentlichen zwei Arten von Fasern, die jeweils verschieden wirken – die Zellulosen und Hemizellulosen sowie Gummi und Pektin. Auch wenn diese Substanzen beim Verdauungsprozeß nicht zersetzt werden, sind sie doch keineswegs inaktiv oder biologisch wirkungslos. Vielmehr wirken sie in verschiedener Hinsicht sehr positiv auf den Verdauungstrakt ein. Beispielsweise saugen die Zellulosen im Kolon (Dickdarm) Wasser auf, wenn sie ihn passieren. Der Stuhl, zu dessen Bestandteil sie werden, ist auf diese

Weise mit Wasser vollgesogen und dadurch schwerer und weicher. Pektin und die verschiedenen Arten von Gummi veranlassen den Magen und den Dünndarm, die Nahrung länger zu speichern. Das Ergebnis ist ein langsamerer und gleichmäßiger verdauter Zuckerschub. Im folgenden beschreibe ich einige der Mechanismen, wie Fasern aufgrund dieser Eigenschaften einigen weitverbreiteten Krankheiten gezielt entgegenwirken:

- Wenn Sie Zellulosefasern zu sich nehmen, verläßt Ihr Stuhl leichter und schneller den Darm. Viele der darmfüllenden Abführmittel bestehen aus Zellulose.
- Ballaststoffreiche Kost kann Dickdarmkrebs verhindern, da der massige Stuhl so schnell durch den ausgedehnten Verdauungstrakt befördert wird, daß krebsauslösende Substanzen weniger Zeit haben, anzugreifen.
- Der abführende Effekt von Ballaststoffen schränkt auch die Ursachen für Hämorrhoiden ein. Es kommt seltener zu hartem Stuhl, die Anstrengung ist geringer, und daher wird weniger Druck auf die Rektalvenen ausgeübt.
- Ein Hiatusbruch kann vermieden werden. Es handelt sich dabei um eine Krankheit, bei der sich ein Teil des oberen Magens aufgrund einer Schwächung des Zwerchfells in die Brust verschiebt. Das führt zu Verdauungsstörungen wegen einer Übersäuerung und zu Blähungen. Je schlimmer die Verstopfung, desto mehr muß man sich beim Entleeren des Darms anstrengen und desto größer ist der Druck in der Bauchhöhle. Dadurch wird das Zwerchfell nach oben gedrückt und geschwächt, so daß es leichter zu einem Hiatusbruch kommt.
- Der gleiche Mechanismus fördert nicht nur die Entstehung von Hämorrhoiden und Hiatusbruch, sondern trägt möglicherweise auch dazu bei, daß die Venen in den Beinen brüchig werden.
- Massiger, weicher Stuhl, der schnell durch den Darm transportiert und ausgeschieden wird, übt weniger Druck auf die Bauchwandung aus; dadurch wird das Risiko von Divertikulose, Blinddarmentzündung und anderen Beschwerden im Bauch herabgesetzt.
- Pektin und Gummisubstanzen verringern ebenfalls das Risiko von Arteriosklerose, Darmkrebs und Cholesterin-Gallenstei-

nen, letzteres auf folgende Weise: Erstens binden sie das Cholesterin, das man ißt; es wird dann mit dem Stuhl ausgeschieden und gelangt gar nicht erst ins Blut. Sie verbinden sich außerdem mit Gallesäuren, die in der Leber produziert werden und große Mengen Cholesterin enthalten. Dadurch sinkt der Cholesterinspiegel noch stärker ab. Da Gallensteine meistens aus Cholesterin bestehen, verringert der allgemein niedrige Cholesterinspiegel im Blut – dank der Gummisubstanzen und Pektine – das Risiko einer Gallensteinbildung. Schließlich können auch Gallesäuren selbst zu Darmkrebs führen; je mehr davon durch Ballaststoffe gebunden werden, desto bessere Chancen hat man.

- Pektin und Gummisubstanzen, die auf den Magen einwirken, senken den Zuckerspiegel im Blut. Diabetiker brauchen daher weniger Insulin oder Tabletten gegen Diabetes.
- durch den gleichen Mechanismus, der den Zuckerspiegel senkt, kann auch der Blutdruck gesenkt werden. Da weniger Zucker absorbiert wird, muß der Körper nicht soviel Insulin produzieren, und eine verringerte Insulinproduktion scheint mit einem Abfallen des Blutdrucks in Zusammenhang zu stehen.
- Bei Osteoarthritis (Knochen- und Gelenkentzündung) kann es zu einer Besserung kommen, und zwar schlicht infolge einer Gewichtsabnahme (die wiederum auf die ballaststoffreiche Kost zurückzuführen ist), da die betroffenen Gliedmaßen bei eher mageren Personen weniger belastet werden als bei solchen, die an Übergewicht leiden.

Ich selbst habe im klinischen Bereich mit ballaststoffreicher Kost sehr gute Erfahrungen gemacht. In einigen sehr schwierigen Situationen hat sie eine Verstopfung verhindert – bei Schwangeren, älteren Leuten und bei Personen, die stationär behandelt werden mußten, vor allem nach einem Herzanfall, wenn sie sich bei der Entleerung des Darms möglichst nicht anstrengen sollten. Außerdem habe ich festgestellt, daß sich diese Kost bei Divertikulosefällen und bei vielen Patienten, die unter Darmentzündungen leiden (Crohn-Krankheit, ulzeröse Colitis = Dickdarmentzündung), sehr positiv auswirkt.

Was ist ballaststoffreiche Kost?

Versuchen Sie jeden Tag 30 bis 40 Gramm Ballaststoffe zu essen. Welche Art von Ernährung kann diesen Bedarf decken? Beispielsweise eine Kost mit Vollweizenmehl anstelle von weißem Mehl, viel frischem Obst, rohem oder nur leicht gedünstetem Gemüse und wenig – noch besser: gar keinem – raffiniertem Zucker. Darüber hinaus sollten Sie sich Kleie auf Ihre Frühstücksflocken streuen oder sie mit Tomaten- oder Orangensaft mischen. Beginnen Sie mit einem Teelöffel voll und erhöhen Sie allmählich die Dosis auf drei Teelöffel pro Tag.

Vier Scheiben Vollkornbrot – jede Scheibe à 5 Gramm - enthalten die doppelte Menge an Ballaststoffen, die man täglich braucht. Es gibt auch spezielle Kekse, die jeweils 5 Gramm Zellulosefasern enthalten. Viele meiner Patienten essen pro Tag vier oder fünf solche Kekse – und sie schmecken ihnen ausgezeichnet!

Da es verschiedene Arten von Ballaststoffen gibt, die in unterschiedlichen Nahrungsmitteln enthalten sind und auf jeweils verschiedene Art und Weise wirken, sollten Sie für Abwechslung sorgen. Wenn Sie sich beispielsweise auf Kleie beschränken (die hauptsächlich aus Zellulosen besteht), wirkt dies nur auf den Unterleib. Wenn Sie jedoch auch Pektin und Gummisubstanzen zu sich nehmen, die in Äpfeln, Orangen, Bananen, Erbsen, Karotten, Beeren und Kartoffeln enthalten sind, sinkt auch der Zucker- und Cholesterinspiegel im Blut ab.

Fangen Sie aber jetzt nicht vor lauter Begeisterung gleich mit riesigen Mengen an. (Wenn Sie organische oder physische Beschwerden mit dem Verdauungstrakt haben, sollten Sie erst Ihren Arzt konsultieren, ehe Sie mit einer solchen Diät beginnen. In dem – allerdings unwahrscheinlichen – unglücklichen Fall, daß Sie eine Verengung im Darm haben, könnten Ballaststoffe dies noch verschlimmern.)

Die Bakterien im unteren Darm fermentieren die Ballaststoffe; dabei entsteht Methangas – dasselbe Gas, das aus verfaulten Eiern strömt. Bei Leuten, die sich mit ballaststoffreicher Kost ernähren, wird im allgemeinen mehr Gas produziert als bei anderen, aber mit der Zeit gewöhnen sich die meisten an die Ballaststoffe, und die Beschwerden sind minimal. Fangen Sie also ganz langsam damit an und steigern Sie allmählich die Dosis, bis diese für Sie optimal ist.

Eine ballaststoffreiche Kost ist nicht unbedingt risikofrei. Da der Darminhalt den Verdauungstrakt sehr schnell passiert, werden unter Umständen bestimmte Mineralien und Nährstoffe (Zink, Eisen, Magnesium und Kalzium) mit dem Stuhl ausgeschieden. Wenn Leute, deren Ernährung von vorneherein nicht ausreichend ist, große Mengen von Ballaststoffen essen, kann es zu einer Unterversorgung mit diesen Mineralien kommen. Derlei läßt sich oft in den ländlichen Gebieten Afrikas beobachten, aber auch bei älteren Menschen hierzulande.

Ich rate allen meinen Patienten, ihre Kinder von Anfang an zu einer Ernährung mit ballaststoffreicher Kost zu erziehen (die nebenbei auch möglichst wenig Salz, Zucker und Fett enthalten sollte). Wenn man zudem regelmäßig Sport treibt, Alkoholexzesse vermeidet, auf Tabak und andere »Entspannungsdrogen« verzichtet, hat man den Grundstein zu einer wirksamen Vorbeugung gegen einige sehr ernstzunehmende Krankheiten gelegt.

6. Probleme mit dem Schlafen – zu wenig, zu viel oder zu laut

Probleme mit dem Schlafen – ob tatsächlich, eingebildet oder übertrieben – haben in den USA mehr als 50 Millionen Menschen. Schlaflosigkeit kommt bei den Gründen, weshalb die Leute zum Arzt gehen, nach Erkältung und Kopfweh an dritter Stelle.

Wer neigt am ehesten zu Schlaflosigkeit? Frauen eher als Männer; ebenso ältere Menschen sowie alle, die psychologische oder emotionale Probleme haben. In diesem Kapitel finden Sie einige praktische Ratschläge, was Sie tun können, um besser zu schlafen, aber auch, wie Ihnen Ihr Schlaf mehr Ruhe und Erholung bringen kann. (Übrigens ist der Versuch, ein Kapitel über Schlaflosigkeit zu schreiben, eine hervorragende Methode, um jede Menge Schlaf abzubekommen.)

Genau genommen leidet kein Mensch an Schlaflosigkeit, denn Schlaflosigkeit würde bedeuten, daß man überhaupt nicht mehr schläft. Wenn jemand sagt: »Ich kann nicht schlafen«, bedeutet dies meist, daß er/sie Schwierigkeiten mit dem Schlafen hat; diese relative »Schlaflosigkeit« hat bestimmte typische Erscheinungsformen. Die häufigste davon ist, daß man Probleme beim Einschlafen hat; sobald man jedoch erst einmal eingeschlafen ist, schläft man wie ein Murmeltier die ganze Nacht durch. Oder aber man hat keinerlei Schwierigkeiten einzuschlafen, wacht aber nach ein paar Stunden auf; den Rest der Nacht wälzt man sich im Bett herum und schläft immer wieder nur für kurze Zeit ein. Manche Leute erzählen mir, daß sie zwar ohne weiteres einschlafen, aber schon nach fünf oder sechs Stunden mit dem Gefühl aufwachen, einfach nicht genug Schlaf gefunden zu haben.

»Schlaflosigkeit« umschreibt meist eine Kombination dieser und anderer Muster. Leute in fortgeschrittenem Alter haben normalerweise einen ganz speziellen Schlafrhythmus; man bezeichnet diesen Schlaf als »mehrphasig«. Während die meisten gesunden Menschen unter vierzig während des Tages aktiv sind und nur nachts schlafen, fühlen ältere sich untertags oft schläfrig und machen ab und zu ein kleines Nickerchen. Was wiederum dazu führt, daß sie nachts weniger – und außerdem nicht sehr tief – schlafen.

Früher war man der Ansicht, Schlafschwierigkeiten in der Nacht seien auf übermäßige geistige und physische Stimulierungen vor dem Schlafengehen zurückzuführen. Wie man inzwischen weiß, trifft dies jedoch nur teilweise zu. Bei mindestens einem Drittel der schlafgestörten Personen sind die Gründe dafür psychologischer Art – das Ergebnis von chronischem Streß untertags wie auch abends. Solche Menschen neigen zu Depressionen und leiden oft auch an anderen emotionalen Störungen.

Wenn Sie nicht auf Anhieb wissen, worauf Ihre Schlaflosigkeit zurückzuführen ist, sollten Sie die Möglichkeit bedenken, daß es am Streß liegen kann. Wenn dies tatsächlich der Fall ist, müssen Sie entweder lernen, damit fertigzuwerden, oder aber jemanden finden, der Ihnen dabei hilft. Wenn Sie Sorgen haben, dann verdrängen Sie sie nicht; stellen Sie sich ihnen, sprechen Sie darüber und versuchen Sie damit zurechtzukommen. Wenn man während des ganzen Tages alles für sich behält, hat das lediglich zur Folge, daß diese Sorgen einen nachts überfallen, wenn man eigentlich schlafen sollte.

Oft ist Schlaflosigkeit auf bestimmte Medikamente zurückzuführen, die man wegen einer chronischen Krankheit einnehmen muß. Ein hervorragendes Beispiel dafür sind bestimmte Präparate zur Regulierung der Schilddrüsenfunktion; wenn man zuviel davon nimmt, hält einen das für mehrere Stunden wach. Zu den Medikamenten, die einen guten Schlaf verhindern, zählen auch die meisten Appetithemmer, tricyclische Antidepressiva, die Phenylpropanolamin (PPA)/Norephredin enthalten. Derlei Tabletten sollen das Abnehmen erleichtern oder aber gegen eine verstopfte Nase und andere Erkältungsbeschwerden helfen; des weiteren gehören dazu harntreibende Mittel. Einige Patienten berichteten mir, daß potenzsteigernde Mittel sie so sehr anregen, daß sie nicht mehr schlafen können. Wenn Sie also an chronischer Schlaflosigkeit leiden *und* seit einiger Zeit bestimmte Medikamente nehmen, dann besprechen Sie mit Ihrem Arzt, ob das vielleicht die Wurzel des Übels ist.

Auch bestimmte Krankheiten können den Schlaf beeinträchtigen. Dazu gehören zum Beispiel eine Vergrößerung der Prostata (die zur Folge hat, daß man in der Nacht alle ein bis zwei Stunden die Blase entleeren muß), chronische Schmerzen bei Arthritis oder Krebs oder Kurzatmigkeit infolge einer Herz- oder Lungenkrankheit.

Vor dem Schlafengehen

Gehen Sie erst dann in Ihr Schlafzimmer, wenn Sie sich wirklich schläfrig fühlen; Sie sollten auf keinen Fall zu Bett gehen und auf das Einschlafen warten. Wenn Sie sich schon seit einer Stunde unruhig herumwälzen, sollten Sie aufhören, sich selbst zu bestrafen. Stehen Sie auf und verlassen Sie Ihr Schlafzimmer; entspannen Sie sich in einem anderen Raum, warten Sie, bis Sie wirklich müde sind, und versuchen Sie es dann noch einmal.

Versuchen Sie sich an einen regelmäßigen Schlaf zu gewöhnen. Der Körper mag die Routine. Die wirksamste Methode – die Ihnen ganz sicher helfen wird, besser zu schlafen – besteht darin, jeden Morgen zur gleichen Zeit aufzustehen, unabhängig davon, wann Sie zu Bett gegangen sind. Stehen Sie auf, so müde und verschlafen Sie auch sein mögen, setzen Sie sich in Bewegung und bleiben Sie in Bewegung, bis Sie am nächsten Abend so weit sind, daß Sie einschlafen können. Wenn Sie diese Schlafdisziplin aufbringen, können Sie sehr wohl Ihre Probleme mit dem Schlafen meistern. Wenn Sie nur ein paar Stunden geschlafen haben, sollten Sie untertags kein Nickerchen machen. Das würde lediglich diesen Circulus vitiosus verstärken. Der Schlaf, den Sie während der Zeit bekommen, in der Sie eigentlich wach sein sollten, ist nicht der Schlaf, den Sie wollen und brauchen.

Zwar sollte man vor dem Schlafengehen keine üppigen Mahlzeiten zu sich nehmen, aber es gibt bestimmte Nahrungsmittel, die den Schlaf fördern, weil sie L-Tryptophan enthalten, eine Aminosäure, die schlafanregend ist, indem sie auf das Gehirn einwirkt. Beispielsweise enthält Milch viel von dieser Substanz – das erklärt, warum ein Glas warme Milch vor dem Schlafengehen zu einem beliebten Schlafmittel geworden ist. Andere Lebensmittel, die diese Substanz enthalten, sind Thunfisch, Hüttenkäse, Sojabohnen, Kashew-Kerne, Huhn, Truthahn und Eier. Wenn Sie einen kleinen Imbiß zu sich nehmen wollen, der viel L-Tryptophan enthält, sollten Sie dazu auch Kohlehydrate essen oder ein Glas Orangensaft trinken. Diese Kombination sorgt dafür, daß das Tryptophan schneller ins Gehirn gelangt, wo es in einen »Neurotransmitter« umgesetzt wird, der Schläfrigkeit auslöst. Einige Augenärzte sind allerdings der Ansicht, L-Tryptophan begünstige die Entwicklung von grauem Star. Wenn Sie also Probleme mit Ihren Augen haben, sollten Sie mit Ihrem Augenarzt darüber sprechen, ob Sie L-Tryptophan einnehmen können oder nicht.

Und wie sieht es mit Alkohol aus? Ein Glas Wein oder ein, zwei Gläschen Kognak vor dem Schlafengehen können durchaus zu gutem Schlaf beitragen. Größere Mengen haben jedoch meist die gegenteilige Wirkung. Ein steifer Drink – oder auch zwei – hat möglicherweise eine einschläfernde Wirkung, aber nach kurzer Zeit kommt es zu einer Entzugserscheinung, und man wacht wieder auf. Daß Koffein – das in Kaffee, Tee und vielen Cola-Getränken enthalten ist – nicht gerade schlaffördernd wirkt, versteht sich von selbst. Es ist nichts dagegen einzuwenden, wenn Sie untertags eine bestimmte Menge Kaffee trinken – jedoch immer maßvoll –, aber nach dem Abendessen sollten Sie sich lieber für ein koffeinfreies Getränk entscheiden.

Auch Zigaretten können problematisch sein. Das im Tabak enthaltene Nikotin ist ein Stimulans, das Sie am Einschlafen hindern kann. Und wenn Sie mit Ihrer Zigarette Ihr Bett in Brand stecken, wird Sie auch das ganz sicher wach halten!

Glaubt man den Romanen der Weltliteratur, dann gibt es nichts Besseres für einen guten Schlaf als Sex – in den Armen eines geliebten Menschen. Für manche Leute trifft das sicher zu, vielleicht sogar für die meisten, aber auf andere wirkt dieses Erlebnis viel zu stimulierend. Sie müssen sich darüber klarwerden, ob Sie in die zweite Kategorie fallen. In dem Fall ist es vielleicht besser, ein »Morgenmensch« zu sein und sich vor dem Frühstück sexuell zu betätigen statt vor dem Einschlafen.

Viele Fitßneß-Begeisterte trainieren gerne in ihrem Schlafzimmer; sie machen Gymnastik oder setzen sich kurz vor dem Schlafengehen auf ein Zimmerfahrrad, eine Strampelmaschine oder in eine Rudermaschine. Sie tun das, um die Kalorien zu verbrennen, die sie beim Abendessen geschluckt haben, und um sich zu entspannen und dadurch besser einzuschlafen. Während ersteres richtig ist, trifft das zweite nicht zu. Ich würde Ihnen empfehlen, sich im Laufe des Tages sportlich zu betätigen oder zumindest einige Stunden vor dem Zubettgehen, aber nicht, wenn Sie schlafen wollen.

Um sich abends zu entspannen, sollten Sie lieber ein paarmal tief durchatmen als sich anstrengen. Das führt zu einer Ansammlung von Kohlendioxyd im Blut, und das hat einen beruhigenden Effekt. Atmen Sie also dreimal langsam und tief ein und wieder aus. Nach dem dritten Ausatmen pausieren Sie, solange es geht. Wiederholen Sie das Ganze fünf- bis achtmal, und atmen Sie dann normal weiter. Das trägt oft zur Entspannung bei, und man schläft leichter ein.

Für einen guten Schlaf ist Bequemlichkeit sehr wichtig. Wenn das Zimmer wegen einer Klimaanlage im Sommer zu kalt und im Winter überheizt und zu trocken ist, kann man leicht eine verstopfte Nase bekommen, oder aber man schläft schlecht. Die Temperatur im Schlafzimmer sollte bei etwa 17,5 bis 18 Grad Celsius liegen.

Eine andere Möglichkeit, leichter einzuschlafen, besteht darin, seiner Phantasie freien Lauf zu lassen – legen Sie sich auf den Rükken und denken Sie an irgend etwas Angenehmes, das Sie von allen Sorgen, die Sie möglicherweise haben, ablenkt. Wenn Sie wirklich Grund haben, sich Sorgen zu machen, dann konzentrieren Sie sich auf ein einziges Problem und nicht auf alle gleichzeitig. Es ist leichter, sich nur einer Schwierigkeit zu stellen, als alles auf einmal lösen zu wollen.

Einige meiner Patienten sind ganz begeistert von Biofeedback und progredierenden Entspannungsübungen, die zu leichterem Einschlafen beitragen sollen. Versuchen Sie sich zu entspannen, indem Sie die Muskeln in jeweils einem Körperteil bewußt lockern und dabei langsam und gleichmäßig atmen. Ein warmes – kein heißes – Bad kann ebenfalls beruhigen und schläfrig machen, weil dabei das Blut aus dem Gehirn in die Haut strömt.

Es gibt jede Menge Tricks und Einschlafhilfen, um die Entspannung zu fördern und das Einschlafen zu erleichtern. Dazu gehören Aufzeichnungen von Selbsthypnose oder andere, die beispielsweise das Geräusch einer Brandung wiedergeben. Derlei »abschirmende« Mechanismen sind besonders zu empfehlen, wenn Sie in einer lauten Gegend wohnen – im Stadtzentrum, in der Nähe eines Flughafens oder einer Fernstraße.

Am dringlichsten ist bei Patienten, die an Schlaflosigkeit leiden, immer die Frage, ob sie Schlaftabletten nehmen sollen. Die meisten Ärzte – darunter auch ich – sind gegen eine regelmäßige Einnahme von Einschlafmitteln, Beruhigungsmitteln und Tranquilizern. Ich habe nichts dagegen, daß man ab und zu eine solche Tablette nimmt, wenn man gerade in einer akuten Krise steckt – nach einem Todesfall, einem finanziellen Mißerfolg oder einem anderen Schicksalsschlag. Sich jedoch immer auf derlei Medikamente zu verlassen, ist nicht zu empfehlen. An die meisten dieser Tabletten gewöhnt man sich und wird schließlich davon abhängig – wenn nicht physisch, so doch zumindest psychisch. Und ist man erst einmal davon abhängig, sind die Chancen, ohne diese Tabletten einzuschlafen, minimal. Zudem hilft Leuten, die regelmäßig Schlaftabletten nehmen, eine einzige Tablette meistens nicht. Ich habe Patienten, die ein bestimmtes Mittel in der gerade noch vertretbaren Dosierung eingenommen, dann abgesetzt und ein neues genommen haben, nur um festzustellen, daß sie immer noch große Schwierigkeiten mit dem Schlafen haben, auch wenn sie die stärksten Mittel schlucken. Ab und zu werden solche Menschen süchtig, und dann kommen sie wirklich in Schwierigkeiten.

Es gibt noch weitere Gründe, weshalb Ärzte von Schlaftabletten abraten. Wenn man Alkoholiker ist – oder auch nur normal trinkt –, kann die Verbindung von Alkohol und Beruhigungsmitteln sehr unangenehme und sogar gefährliche Nebenwirkungen haben. Wenn eine Frau schwanger ist, können Schlafmittel den Fötus schädigen. Erinnern Sie sich noch an Thalidomid (Contergan)? Auch wenn Sie einen kranken Vater oder eine kranke Mutter haben, die nicht mehr die jüngsten sind, oder einen Freund, einen Nachbarn oder ein Kind, die vielleicht nachts Ihre Hilfe brauchen, oder wenn Sie Bereitschaftsdienst haben (beispielsweise als Arzt), kann es passieren, daß die Schlaftabletten, die Sie genommen haben, Ihre Reaktionsfähigkeit in einem Notfall beeinträchtigen. Außerdem hat man nach dem Einnehmen von Schlafmitteln nicht selten am nächsten Tag einen »Kater«, trotz aller gegenteiligen Versicherungen der pharmazeutischen Industrie. Wenn Sie ein solches Mittel länger als einen Monat eingenommen haben, werden Sie mit Sicherheit wieder unter Schlaflosigkeit leiden, sobald Sie es absetzen.

Wenn Sie also Probleme mit dem Schlafen haben, sollten Sie versuchen, die Gründe dafür herauszufinden. Sind sie psychologischer oder physischer Art? Liegt es beispielsweise daran, daß Sie an irgendeiner anderen Krankheit leiden oder regelmäßig bestimmte Medikamente einnehmen? Meistens läßt sich das Problem lösen, wenn Sie mit Ihrem Arzt darüber sprechen. Wenn das nicht hilft, soll er Sie an ein Schlafzentrum überweisen, in dem eingehendere Analysen gemacht werden können und mehr Behandlungsmöglichkeiten zur Verfügung stehen.

Wie soll man Tote wecken?

Kennen Sie die Krankheit mit folgenden charakteristischen Merkmalen: (1) Der Patient hat keine Ahnung, daß er an dieser Krankheit leidet, und hat normalerweise auch keine Beschwerden. (2) Denjenigen, die mit ihm zusammenleben, geht es ausgesprochen schlecht. (3) Wenn man den Patienten davon überzeugt hat, daß er an dieser Krankheit leidet, findet er das eher komisch, auch wenn die Auswirkungen auf seine Mitmenschen verheerend sind.

Diese Eigenschaften sind charakteristisch für den Schnarcher.

Ich hatte mich nie sonderlich für das Phänomen des Schnarchens interessiert – weder privat noch beruflich. Als Kind hatte ich das Glück, immer ein eigenes Zimmer zu haben. Mit dem Schlafverhalten meiner Mitmenschen wurde ich zum ersten Mal in größerem Maßstab konfrontiert, als ich als junger Mann meinen Wehrdienst ableistete und zusammen mit fünfzig oder sechzig anderen in einer Baracke schlafen mußte. Allerdings war ich abends immer derart erschöpft, daß mir der Lärmpegel um mich herum völlig gleichgültig war. Später hatte ich dann das Glück, eine Frau zu heiraten, die – ganz abgesehen von ihren anderen Tugenden – auch noch die gute Eigenschaft hatte, nicht zu schnarchen. So habe ich mir bis vor kurzem kaum Gedanken darüber gemacht, warum bestimmte Leute schnarchen, was man dagegen tun könnte und ob diese »Gewohnheit« Folgen nicht nur für das Zusammenleben mit anderen Menschen hat.

Letzten Winter wurde ich zu einem Patienten gerufen, der ein Haus auf den karibischen Inseln gemietet hatte und dort krank geworden war. Ich kam gegen zwei Uhr nachmittags dort an, untersuchte ihn, beriet mich mit den ortsansässigen Ärzten und war um vier Uhr mit dem beruflichen Teil meines Aufenthalts fertig. Ich ging also ein wenig schwimmen, trank einen Rumcocktail und wanderte den strahlend weißen Sandstrand entlang. Beim Abendessen waren wir zu viert: mein Patient, seine Frau, ein Freund des Hauses und ich. Nach einem köstlichen Abendessen sahen wir uns einen Videofilm an und gingen dann alle zu Bett.

Das Haus lag auf einem Hügel, in einiger Entfernung vom Strand. Nachts war es dort völlig ruhig; nichts war zu hören außer dem Zirpen der Grillen und dem Sirren anderer tropischer Insekten.

Es war ein anstrengender Tag für mich gewesen, wenn auch ein sehr angenehmer, und ich schlief augenblicklich ein. Dann hatte ich einen merkwürdigen Traum. Ich befand mich auf einem Rollfeld direkt unter den Motoren einer Boeing 747, die gerade zum Start ansetzte. Das Dröhnen der Motoren war derart laut, daß ich davon aufwachte. Ich saß aufrecht in meinem Bett und erwartete eigentlich, daß mit dem Ende meines Traums auch der Lärm aufhören würde. Die Stille währte jedoch nur einen Augenblick, dann war das Dröhnen wieder da. Es war so heftig, daß die Wände bebten. Ich war jetzt hellwach, und allmählich wurde mir klar, das war kein Düsenjet, das war ein Schnarchen – und es kam von dem Gast, dessen Schlafzimmer neben dem meinem lag. Ich wälzte mich unruhig im Bett herum, drehte mich von einer Seite auf die andere, aber es gab keine Möglichkeit, diesem Angriff auf mein Trommelfell zu entrinnen.

Was tun? Ich hatte keine Watte dabei, also stopfte ich mir Krepppapier in die Ohren. Es half nichts. Und dann tat ich etwas, was ich mir nur in einem extremen Fall zugestehe – ich nahm eine Schlaftablette. Ich wartete darauf, daß der gnädige Schleier des Schlafes sich auf mich senke, aber wenn es gerade soweit war, ertönte jedesmal ein Stakkatoschnarchen. Da ich kein Mittel für eine Vollnarkose bei mir hatte, gab es keine Möglichkeit, mich vor diesem Lärm zu schützen.

Ich sah nun nur noch eine Möglichkeit; das war mein letzter Trumpf. Ich würde aus diesem Zimmer ausziehen. Aber wohin? Ich kannte mich in der großzügig angelegten Villa nicht aus. Es war stockfinster, und ich wußte nicht genau, wer eigentlich wo schlief; ich wußte nur, daß nebenan jemand schlief, der fürchterlich schnarchte. Dann erinnerte ich mich an das Wohnzimmer; es war naheliegend, dorthin zu flüchten. Ich suchte also mein Kopfkissen, die Decke, meinen Bademantel und meine Pantoffeln zusammen und machte mich auf den Weg durch die dunklen Korridore.

Die Couch, nach der ich suchte, war L-förmig. Als ich näher kam, mußte ich zu meiner Überraschung feststellen, daß sie bereits belegt war. Auf den beiden Balken des L lagen Kopf an Kopf mein Patient und seine Frau und schliefen fest. Auch sie waren aus ihrem Zimmer vertrieben worden.

Immerhin, eine Heldentat vollbrachte ich in jener unvergeßlichen Nacht. Sie wissen sicherlich, daß es Leute gibt, die Schäfchen zählen, wenn sie sich schlafen legen. Nachdem ich wieder in mein Zimmer zurückgekehrt war, zählte ich die Schnarcher, die ich mir in diesen acht Stunden anhören mußte. Sie schätzen vielleicht 926? Genau. In einem Zeitraum von 480 Minuten 926 Schnarcher – einzeln, paarweise und in kurzen Salven. Das ergibt etwa zwei solcher Explosionen pro Minute.

Am Morgen verlor ich kein Wort über das, was in der Nacht vorgefallen war. Aber als mein Patient mich einlud, übers Wochendende zu bleiben, erinnerte ich mich plötzlich an einen überaus wichtigen Termin, den ich zu Hause wahrnehmen mußte.

Schnarchen – ein Scheidungsgrund

Seit jener Nacht habe ich mir oft Gedanken darüber gemacht, wie es wohl ist, mit jemandem verheiratet zu sein, der so schnarcht wie dieser Mann. Ein gemeinsames Schlafzimmer wäre natürlich ausgeschlossen. Selbst mit getrennten Schlafzimmern würde es nur funktionieren, wenn das Haus sehr groß wäre oder die Wände wirklich schalldicht. Dann wurde mir klar – immerhin schnarcht jeder achte von uns –, daß wohl Millionen Leute, die mit einer schnarchenden Person zusammenleben, heilfroh wären zu erfahren, wie man dem Schnarchen vorbeugen und/oder was man dagegen machen könnte.

Um etwas gegen das Schnarchen unternehmen zu können, muß man erst einmal verstehen, wie es dazu kommt. Warum schnarchen wir beispielsweise nicht, wenn wir wach sind? Schließlich gehört Schnarchen doch zum Vorgang des Atmens, und wir alle atmen vierundzwanzig Stunden am Tag.

Die eingeatmete Luft strömt auf ihrem Weg zur Lunge über die Luftwege im Kopf und im Kehlkopf in den Mund und in die Nase. Solange wir wach sind, halten Muskeln in diesem Bereich die Passagen offen, so daß die Luft ungehindert hindurchströmen kann. Wenn wir aber schlafen, entspannen sich diese Muskeln, und es besteht die Gefahr, daß die Luftwege sich schließen. Der Luftstrom, der nun durch diese verengten Passagen fließt, trifft auf Widerstand, so daß man kräftiger einatmen muß. Die Vibrationen, die dabei in dem umliegenden Gewebe entstehen, bewirken das Schnarchen. Die Intensität oder Lautstärke hängt davon ab, wie sehr die Luftwege verengt sind und ob das Gewebe in diesem Bereich locker genug ist, um in diesem Luftstrom zu »rattern«.

Auf den »Täter« hat das Schnarchen normalerweise keinerlei krankmachende Auswirkungen. Jener Gast in der Karibik beispielsweise sah am nächsten Morgen – es war schier zum Verrücktwerden! – großartig erholt aus. Gelegentlich jedoch sind die Atemwege so verengt oder zusammengezogen, daß nur mehr sehr wenig Luft hindurchkann. Die Folge davon ist eine Krankheit, die man als schlafbedingten Atemstillstand (Apnoe) bezeichnet. Wer darunter leidet, atmet in einem charakteristischen zyklischen Rhythmus: Zuerst kommt das gewohnte rhythmische Schnarchen, auf das ganz unvermittelt ein völliger Atemstillstand folgt. Der Widerstand in den Luftwegen ist jetzt so groß, daß keine Luft mehr hindurchströmen kann. Die Brust jedoch hebt und senkt sich weiterhin, als würde die Person noch atmen, obwohl das nicht der Fall ist. Dieser Atemstillstand kann einige Sekunden bis zu zwei Minuten dauern. Während dieser Zeit gelangt kein Sauerstoff ins Blut, da die Lunge nicht mit Luft versorgt wird; das gleiche passiert mit dem übrigen Körpergewebe, einschließlich Herz und Gehirn. Wenn nun die Sauerstoffkonzentration im Blut unter einen bestimmten Pegel absinkt, wird der Schlaf leichter, und die Atmungszentren im Gehirn regen die Atemmechanismen massiv an, so daß nun wieder Luft durch die verengten Passagen strömt. Diese Periode des »Anhaltens« oder Atemstillstands endet mit einem besonders lauten Schnarcher, auf den eine Reihe von weiteren »Ausbrüchen« folgt; dann beginnt das Ganze wieder von vorne: Schnarchen, Stille, Schnarchanfall, Stille. Das wiederholte Abfallen des Sauerstoffgehalts im Blut hat negative Folgen für die Gesundheit; dazu gehören Hypertonie (Bluthochdruck), ein verändertes Verhalten am folgenden Tag und unter Umständen sogar ein plötzlicher Tod des Nachts.

Einfaches Schnarchen und schlafbedingter Atemstillstand gehören zu einem ganzen Spektrum oder Kontinuum, von dem zwanzigmal so viele Männer wie Frauen betroffen sind. Diese Menschen sind eher untersetzt als groß und schlank; sie neigen zu Übergewicht und chronischen Erkrankungen der Lunge und beklagen sich – aus welchem Grund, weiß man nicht – über Potenzschwierigkeiten. Die folgenreichste Nebenwirkung ist jedoch Bluthochdruck. Bei erst vor kurzem durchgeführten Untersuchungen bei etwa fünfzig Männern, die an Bluthochdruck litten, stellte sich heraus, daß ein Drittel von ihnen schnarchte – und keiner von ihnen war sich dessen bewußt gewesen. Wenn es gelang, die Apnoe zu heilen (s. u.), sank in den meisten Fällen der Blutdruck. Wenn man diese und ähnliche Untersuchungen zugrunde legt, aus denen sich der Schluß ziehen läßt, daß in 30 Prozent der Fälle diese beiden Krankheiten zusammen auftreten, scheint es angebracht zu sein, bei Männern mittleren Alters (oder älter) mit Bluthochdruck auch auf schlafbedingte Atemstörungen zu achten.

Heilmittel gegen Schnarchen – »Weck mich, sobald ich zu schnarchen anfange!«

Im Lauf der Zeit hat man Dutzende von Hausmitteln gegen das Schnarchen empfohlen, aber keines nützt wirklich. Ich habe Patienten, die schon alles mögliche ausprobiert haben, angefangen von einer Halskrause bis hin zu Leukoplast, damit sie den Mund nicht öffnen können. Da man am lautesten schnarcht, wenn man auf dem Rücken liegt, haben verzweifelte Ehefrauen kleine Taschen in den Rücken des Schlafanzugs ihres Peinigers genäht, in die sie dann Tennisbälle oder Murmeln steckten, um den Missetäter zu zwingen, auf der Seite zu schlafen. Derartige Tricks schaden nicht; vielleicht helfen sie gelegentlich sogar.

Relativ einfache Gegenmaßnahmen wie Abnehmen oder regelmäßiger Sport zeitigen anscheinend durchaus eine Wirkung. Man sollte keine Schlaftabletten nehmen und vor dem Schlafengehen keinen Alkohol trinken, da dies die Entspannung der Muskeln fördert, so daß eine Blockierung der Atemwege und damit eine Behinderung des Luftstroms wahrscheinlicher werden.

Noch ein wichtiger Hinweis: Die meisten chirurgischen Eingriffe zur »Heilung« von Schnarchern – dabei werden beispielsweise deformierte Scheidewände begradigt und die Mandeln und Nasenpolypen herausoperiert – helfen in Wirklichkeit nicht viel. Überlegen Sie es sich also gut, bevor Sie jemanden, den Sie mögen (sofern Sie überhaupt noch jemanden mögen können, der Ihnen Nacht für Nacht diese Qual antut), ans Messer liefern.

Wenn allerdings keine der Methoden, die ich erwähnt habe, Erfolg hat und man es mit einem wirklichen »Schnarchgiganten« zu tun hat, kann ein Eingreifen durchaus angebracht sein.

Eine vergleichsweise neue und wirksame Methode, um schweres Schnarchen und schlafbedingten Atemstillstand zu verhindern, wird als CPAP – kontinuierlicher positiver Druck auf die Luftwege – bezeichnet. Es handelt sich dabei um eine relativ einfache und billige Methode, bei der eine kleine Maske über der Nase des Patienten angebracht wird. Aus einem Kompressor neben dem Bett strömt bei einem Druck, der ein wenig höher ist als normal (5 bis 10 Zentimeter Wasser), normale Luft (nicht Sauerstoff) in die Nase. Wenn das Gerät auf die Atmung des Patienten eingestellt ist, verhindert dieser Luftstrom bei positivem Druck, daß die Luftwege sich verengen, und somit auch das Schnarchen und den schlafbedingten Atemstillstand. Man sollte diese Methode gleich als erste ausprobieren. Sie hilft oft.

Wenn *alles* nichts nützt, und vor allem, wenn es sich um schlafbedingten Atemstillstand handelt, muß möglicherweise doch eine Operation in Betracht gezogen werden. Bei dieser Prozedur, genannt UPP (Uvulopalatopharyngoplastie) wird das gesamte Gewebe hinten in der Kehle entfernt, das bei einer Verengung der Luftwege vibrieren bzw. flattern könnte. Diese Operation ist nicht komplizierter als eine Mandeloperation.

In einigen Fällen schließlich, wenn die schlafbedingte Apnoe lebensbedrohlich wird, muß man unter Umständen eine Tracheotomie (Luftröhrenschnitt) vornehmen. Dabei wird an der Luftröhre ein Schnitt angebracht; der Patient atmet jetzt durch einen Schlauch, der in diesen Einschnitt eingeführt wird; auf diese Weise umgeht man die verengten Atemwege weiter oben. Diese Operation sollte jedoch nur im äußersten Notfall durchgeführt werden und auf keinen Fall, wenn das einzige Problem das Schnarchen ist, ganz egal, wie schlimm es ist. Dieser Luftröhrenschnitt wird beibehalten, solange die Ursachen für den schlafbedingten Atemstillstand nicht beseitigt sind.

7. Blasenentzündung – Wenn die Flitterwochen vorbei sind

Außer an einer gewöhnlichen Erkältung leiden Frauen am häufigsten an einer Blasenentzündung (Cystitis), einer Infektion der Harnblase. Fast jede sexuell aktive Frau bekommt irgendwann einmal einen solchen Blasenkatarrh. Ich habe Patientinnen, die alle zwei bis drei Monate daran erkranken. Das müßte nicht sein: Cystitis kann man vermeiden oder zumindest leicht unter Kontrolle bringen.

Die Infektion wird durch ein Bakterium mit dem Namen *Escherichia coli* ausgelöst, das sich immer im Darm befindet. Allerdings können auch Viren oder andere Infektionserreger zu einer Entzündung führen.

Cystitis tritt bei Frauen sehr viel häufiger auf als bei Männern, da bei der Frau das Rektum (Mastdarm) nur etwa siebeneinhalb Zentimeter vom Ausgang der Harnröhre entfernt ist. Das macht es dem E. coli-Bakterium leicht, vom einen zum anderen zu gelangen. Da zudem die weibliche Harnröhre nur eineinhalb bis fünf Zentimeter lang ist, brauchen die Bakterien nur eine kurze Strecke zurückzulegen, um in die Harnblase zu gelangen. Wenn sie einmal da sind und nicht ausgerottet werden, stellen sie einen Herd für chronische und immer wieder auftretende Infektionen dar.

Merkwürdigerweise hat man bei Cystitis meist kein Fieber. Die Hauptbeschwerden sind ein schmerzhaftes Brennen beim Wasserlassen und der Drang, die Blase viel häufiger zu entleeren als sonst. Oft kommt dann beim Wasserlassen nur sehr wenig Urin, manchmal nur ein paar Tropfen. Wenn man den Urin unter dem Mikroskop untersucht, findet man normalerweise Blut oder Eiterpartikel, manchmal auch beides.

Da die Harnröhre unmittelbar über dem Vaginalkanal liegt,

führt ein stürmischer Geschlechtsverkehr oft zu einer Vaginitis (daher auch der Beiname »Flitterwochen-Cystitis«). Die stoßende Bewegung des Penis kann die Harnröhre reizen, so daß sie anschwillt, und auch Darmbakterien hineinbefördern. Die Symptome einer Blasenentzündung treten sechs bis achtundvierzig Stunden später auf.

Erst vor kurzem ist es gelungen, Chlamydiobakterien, Organismen, die für eine Reihe von Infektionen – angefangen von Erblindung bis hin zu Infektionen der Geschlechtsteile – verantwortlich sind, als mit die häufigsten und wichtigsten bei Sexualkontakten übertragenen Erreger zu identifizieren, die auch Auslöser einer Cystitis sein können. Aufgrund technischer Schwierigkeiten war es früher nicht einfach, Chlamydiobakterien zu diagnostizieren, aber jetzt kann man diese Erreger ohne weiteres in einem etwa einstündigen Labortest feststellen. Ein Breitspektrum-Antibiotikum, etwa Tetracyclin, tötet diese Erreger ab.

Frauen, die unter einer »Blasensenkung« leiden, sind besonders anfällig für Cystitis. Auch klammern sich bei manchen Frauen Bakterien, die normalerweise mit dem Urin ausgeschwemmt oder von körpereigenen Abwehrmechanismen abgetötet werden, hartnäckiger an das Gewebe in der Vagina und lassen sich nicht hinausschwemmen. Man behandelt Cystitis, indem man ein Antibiotikum verabreicht, auf das der Infektionsorganismus anspricht.

Jede Frau kann Cystitis bekommen und sollte daher folgende Regeln beachten, um einer Blasenentzündung vorzubeugen:

(1) Beim Duschen werden Bakterien leichter aus der Harnröhre geschwemmt als beim Baden. Seifen Sie Scheide und Analbereich gründlich ein und spülen Sie anschließend mit klarem Wasser nach. Wenn Sie doch ein Bad nehmen, sollten Sie keine schäumenden Badezusätze oder Badeöle verwenden; auch von Vaginalsprays ist abzuraten. Die darin enthaltenen Chemikalien reizen möglicherweise den Genitalbereich und verändern zudem das Säure-Alkali-Gleichgewicht, so daß sich alle möglichen Bakterien in diesem Bereich vermehren und zu einer Infektion führen können. Außerdem hält Duschen die Vagina sauber.

(2) Bakterien gedeihen in einer warmen, feuchten Umgebung.

Tragen Sie also lieber Baumwollslips als Synthetikstoffe, denn Baumwolle saugt Feuchtigkeit besser auf.

(3) Frauen mit Diabetes, deren Urin folglich Zucker enthält, sind besonders anfällig für rezidivierende Blasenentzündung, da Bakterien in einer »süßen« Umgebung besonders gut gedeihen. Sie sollten besonderen Wert auf Hygiene legen und alles tun, damit der Zuckerspiegel im Blut (und damit auch im Urin) normal bleibt.

(4) Vor und nach jedem Geschlechtsverkehr sollten Sie die Blase entleeren. Dadurch werden Bakterien hinausgeschwemmt, was die Wahrscheinlichkeit verringert, daß durch die Bewegungen des Penis Bakterien in die Harnröhre gestoßen werden. Dennoch eindringende Bakterien werden anschließend ausgeschwemmt, noch ehe sie zu einer Infektion führen können. Zu empfehlen ist auch, nach dem Geschlechtsverkehr den Vaginalbereich zu duschen, um die Bakterien wegzuspülen.

(5) Sie sollten nie den Drang unterdrücken, die Blase zu entleeren. Wenn die Harnblase voll ist, werden die Blutgefäße in ihr zusammengepreßt. Das verringert die Durchblutung in diesem Bereich und erhöht die Gefahr einer Infektion. Darüber hinaus ist eine mit Urin gefüllte Blase ideal für die Vermehrung von Bakterien, die zu einer Cystitis führen. Sie sollten es sich also angewöhnen, die Blase so oft wie möglich zu entleeren. Harntreibende Mittel schwemmen die Bakterien aus der Harnröhre.

(6) Tragen Sie keine enganliegenden Hosen, vor allem, wenn Sie schon eine Cystitis hatten. Sie können den Vaginalbereich reizen.

(7) Trinken Sie jeden Tag sechs bis acht Gläser Wasser.

(8) Einige Ärzte empfehlen, Preiselbeersaft zu trinken, um den Urin säurehaltiger zu machen, so daß Bakterien nicht so gut gedeihen können.

(9) Eine nicht richtig angepaßte Spirale kann das Gewebe reizen. Wenn Sie des öfteren unter einer Blasenentzündung leiden, sollten Sie kontrollieren lassen, ob die Spirale richtig sitzt, oder aber sich einer anderen Methode der Empfängnisverhütung bedienen.

(10) Eine trockene Vagina infiziert sich leicht, so daß es zu einer Cystitis kommt. Am wahrscheinlichsten ist dies bei Frauen nach oder kurz vor den Wechseljahren, wenn der Östrogenspiegel nicht mehr stimmt. Gehören Sie zu dieser Kategorie, sollten Sie wissen, daß eine Östrogenbehandlung – oral oder als Creme angewandt – die beste Möglichkeit ist, mit diesem Problem fertigzuwerden. Auf jeden Fall sollten Sie, wenn die Vagina nach dem Geschlechtsverkehr trocken und gereizt ist, eine fetthaltige Salbe auftragen. Vermeiden Sie Vaselinecremes; sie reizen die Vagina. Wenn Sie eine Schwangerschaft vermeiden wollen, empfiehlt es sich, vor dem Verkehr ein wenig spermentötendes Gel im Bereich um die Harnröhrenöffnung aufzutragen. Es sorgt für eine säurehaltige Umgebung, so daß auch Bakterien abgetötet werden.

(11) Wenn Sie Binden verwenden, sollten Sie sie möglichst oft wechseln, um zu verhindern, daß Bakterien dort gedeihen und sich vom Rektalbereich her ausbreiten.

(12) Frauen, die analen Verkehr praktizieren, sind besonders anfällig für Cystitis, außer sie sorgen dafür, daß das Eindringen in die Vagina als erstes erfolgt.

Wenn Sie diese einfachen Vorsichtsmaßnahmen einhalten und trotzdem eine Blasenentzündung bekommen, sollten Sie, während Sie auf Ihren Arzttermin warten, einen Teelöffel doppelkohlensaures Natron in einem Glas Wasser auflösen und es sogleich trinken. Das lindert den brennenden Schmerz. Trinken Sie drei Stunden lang stündlich eine solche Lösung. Sinn und Zweck des Ganzen ist es, so oft wie möglich zu urinieren, um die infektuösen Bakterien daran zu hindern, in die Blase zu gelangen. Um die Schmerzen zu lindern, hilft ein einfaches Analgetikum, etwa Aspirin oder Paracetamol. Wenn Ihr Arzt die Diagnose gestellt hat, wird er ihnen das entsprechende Antibiotikum verschreiben.

Patientinnen, die wiederholt an Cystitis erkranken, verschreibt man am besten Bactrim oder ein vergleichbares Medikament, und zwar über einige Monate hinweg, um die Erkrankung unter Kontrolle zu bringen.

Cystitis ist nur selten wirklich gefährlich, aber sie ist äußerst lästig. Der gesunde Menschenverstand und die Leitlinien, die ich zusammengestellt habe, werden in den meisten Fällen dazu beitragen, eine solche Infektion zu vermeiden.

8. Allergien im allgemeinen und Asthma im besonderen

Anfangs war ich mir nicht ganz sicher, ob ich dieses Kapitel überhaupt in das Buch aufnehmen sollte. Dahinter stand folgende Überlegung: entweder ist man Allergiker – oder man ist es nicht. Wenn Sie Allergiker sind, haben Sie das mittlerweile gemerkt und die nicht eben einfache Lektion gelernt, wie Sie mit Ihrer Umwelt zurechtkommen können. Und wenn Sie kein Allergiker sind, ist das Problem für Sie völlig irrelevant. Als ich jedoch etwas genauer überlegte, kam ich zu dem Schluß, daß es durchaus sinnvoll sein dürfte, wenn Allergiker die Gründe für ihre Anfälligkeit kennen. Darüber hinaus können praktische Hinweise für das tägliche Leben recht nützlich sein. Außerdem sind mittlerweile wichtige neue Medikamente entwickelt worden, die akute Allergieanfälle verhindern können.

Andererseits sind sich Menschen, die nicht unter einer Allergie leiden, vielleicht nicht darüber im klaren, daß Allergien sich unter Umständen erst in fortgeschrittenem Alter entwickeln. Sie sollten wissen, wie es dazu kommt und was man dagegen tun kann. Ein weiterer Gesichtspunkt ist, daß man beispielsweise einem für Allergien anfälligen Kind beibringen muß, auf seine Gesundheit zu achten und sich an einen vernünftigen Lebensstil zu gewöhnen. So kam ich schließlich zu der Überzeugung, daß die Ausführungen auf den folgenden Seiten für genügend Leser durchaus von Nutzen sein könnten.

Allergie ist, um es einfach auszudrücken, eine Immun- oder Abwehrreaktion gegen normalerweise harmlose Substanzen. Häufigste Auslöser sind umherfliegende Pollen, Schimmelpilze, Staubpartikel und Tierhaare; außerdem bestimmte Nahrungsmittel, Insektengifte und spezielle chemische Substanzen und Medikamente. Allergische Reaktionen auf derartige Stoffe sind unter anderen: verstopfte Nase, Nesselausschlag, Juckreiz, zeitweiliger Verlust des Hörvermögens, Atembeschwerden und Durchfall. Eine allergische Reaktion kann sogar lebensgefährlich werden, wenn sie einen anaphylaktischen Schock auslöst; in einem solchen Fall sinkt der Blutdruck rapide ab, und die Herzfunktion ist gestört. Wird ein derartiger Schock nicht sofort behandelt, kann der Tod eintreten. Art und Schwere der Symptome hängen davon ab, wie anfällig die jeweilige Person ist und wie und wann die Substanz in den Körper gelangt ist – durch Inhalieren, als Injektion, durch Hautkontakt oder über den Verdauungstrakt.

Der Mechanismus, wie der Genuß köstlicher Krabben lebensgefährlich werden kann oder warum Sie beim Golfspielen plötzlich unkontrolliert zu niesen anfangen, ist äußerst interessant. An alldem ist das Immunsystem schuld. Normalerweise schützen diese speziellen Gewebe und Zellen, die über den ganzen Körper verteilt sind, gegen unzählige lebensbedrohende Vorgänge. Manchmal allerdings – und genau das passiert bei Allergikern – funktioniert dieses Immunsystem nicht ganz so, wie es eigentlich sollte. Es ist dann nicht mehr in der Lage, zwischen richtig und falsch, »Freund« und »Feind« zu unterscheiden. Infolgedessen mobilisiert es die natürlichen Abwehrmechanismen – die normalerweise auf den Plan gerufen werden, um ein eindringendes Virus, ein Bakterium oder eine Krebszelle zu zerstören – gegen eine völlig unschuldige und harmlose Substanz. Das Ergebnis ist ein akuter allergischer Anfall.

Wie entsteht eine Allergie?

Wir wissen zwar, wie das passiert, aber wir wissen nicht, warum es passiert. Wenn jemand, der zu Allergien neigt, zum *ersten* Mal mit einem bestimmten »Allergen« – auch »Antigen« genannt – (der speziellen Substanz, die ihn oder sie krank macht) in Berührung kommt, reagiert das Immunsystem darauf, indem es ein bestimmtes Protein produziert, das als Antikörper wirkt; man bezeichnet es als Immunglobulin (IgE). Dieser Vorgang löst keine unmittelbaren Symptome aus, sondern hat nun lediglich die jeweilige Person gegen dieses Antigen »präpariert« oder sensibilisiert. Das jetzt gebildete IgE wartet nun ab, bis man das spezielle Antigen erneut schluckt, einatmet oder berührt, und gibt dann gewissermaßen den Befehl zum Feuern. Der Organismus setzt eine Flut chemischer Substanzen frei, die man als »Mediatoren« bezeichnet; sie zerstören den »Eindringling«. Unglücklicherweise rufen diese Mediatoren auch allergische Symptome hervor.

Der bekannteste Mediator ist Histamin. Jetzt wird auch verständlich, weshalb bei der Behandlung von Allergien Antihistamine eingesetzt werden. Sie neutralisieren den Mediator Histamin. Allerdings wirken sie nicht in jedem Fall, da Histamin nicht der einzige Mediator ist. Vielmehr gibt es ganze Legionen solcher Mediatoren, die sich sehr unterschiedlich verhalten und viele verschiedene allergische Reaktionen auslösen. Einige führen zu einer Verengung der Bronchialringmuskeln, so daß man nur mehr mit Mühe Luft bekommt; andere regen die Schleimdrüsen zu verstärkter Sekretabsonderung an; dadurch verschlimmert sich der Asthmaanfall noch. Wieder andere lassen kleine Blutgefäße (Kapillare) durchlässiger werden, so daß Flüssigkeit austritt; als Folge davon schwillt die befallene Körperpartie an. Ziel der Allergieforschung ist es, neue Antimediatoren zu entwickeln, die im Zusammenwirken mit den Antihistaminen allergische Beschwerden lindern oder von vorneherein verhindern.

Warum neigen nun sehr viele Menschen zu Allergien, die übrigen jedoch nicht? Man weiß mittlerweile, daß Nicht-Allergiker über ganz spezielle Gene verfügen, die eine Produktion von IgE-Antikörpern verhindern. Diese Eigenschaft ist erblich; trotzdem ist für Allergiker noch nicht alles verloren: Die Wissenschaftler konzentrieren jetzt ihre Bemühungen darauf, den Körper daran zu hindern, IgE zu produzieren – ganz unabhängig von den Genen.

Lassen Sie es gar nicht erst soweit kommen

Wenn Sie zu Allergien neigen, müssen sie bestimmte Grundregeln einhalten, um diese Anfälligkeit unter Kontrolle zu bringen. Wenn Sie beispielsweise Heuschnupfen haben, sollten Sie während der Zeit der Grasblüte möglichst im Haus bleiben. Dichten Sie alle

Türen und Fenster mit einem Gazestoff oder einem feinmaschigen Netz ab, um die durch die Luft übertragenen Pollen und Schimmelpartikel abzufangen.

Verwenden Sie Decken, Kissen und Bettvorleger aus Synthetik. Derlei Stoffe lösen seltener Allergien aus als Naturfasern. Überziehen Sie auch die Matratze und das Bettgestell mit Plastikfolie.

Es versteht sich von selbst, daß Sie Nahrungsmittel meiden müssen, auf die Sie allergisch reagieren. Die bekanntesten Allergene sind Eier, Meeresfrüchte, Nüsse, Tomaten und Schokolade.

Häufig lösen auch Schimmelpilze eine Allergie aus. Sie finden sich in verschimmeltem Brot, vergorenen alkoholischen Getränken, in Käse, modrigen Kleidungsstücken und auf Zimmerpflanzen; mit Vorliebe halten sie sich in stickigen Räumen auf, etwa im Keller oder in der Waschküche. Man kann eine Ausbreitung der Schimmelpilze in solchen Zimmern verhindern, indem man diese Räume mit einem chlorhaltigen Putzmittel reinigt. Es gibt auch Hinweise darauf, daß Schimmelpilze sich in Klimaanlagen und Luftbefeuchtern (zu Hause, im Büro und sogar im Auto) ausbreiten. Schaltet man diese Geräte ein, verteilen sich Sporen dieser Schimmelpilze in der Luft. Wenn Sie allergische Reaktionen zeigen, für die auf den ersten Blick keinerlei Grund vorliegt, sollten Sie diese Geräte überprüfen lassen.

Geben Sie Haustiere, auf die Sie allergisch reagieren, aus dem Haus. Falls Sie jedoch zu sehr an dem Tier hängen und sich nicht von ihm trennen wollen, sollten Sie es nie in Ihr Schlafzimmer und an Ihre Kleider lassen.

Wenn Sie vor kurzem ein Kind bekommen haben und in Ihrer Familie häufig Allergien auftreten (auch wenn dies bei Ihnen selbst nicht der Fall ist), können Sie das Risiko für das Baby dadurch verringern, daß Sie es so lange wie möglich stillen. Zwei Jahre sind eine durchaus angemessene Zeit. Geben Sie Ihrem Kind mindestens sechs Monate lang keine Kuhmilch (oder Produkte aus Kuhmilch) und mindestens zwei Jahre lang keine Eier. Warten Sie auch möglichst lange, ehe Sie Zitrussäfte und feste Nahrung (vor allem Fisch) in den Speiseplan aufnehmen. Kinder, deren Eltern rauchen, entwickeln alle möglichen Schwierigkeiten mit der Atmung. Vermeiden Sie Wolle und Federn. Schließlich sollten Sie, um Ihr Kind möglichst gut zu schützen, Schimmelpilze ausrotten und darauf achten, daß in der Wohnung möglichst wenig Staub liegt.

Wenn Sie gegen Insektengifte allergisch sind, können Sie sich durch ein paar Injektionen desensibilisieren lassen. Sie sollten sich jedoch nicht gleich impfen lassen, nur weil Ihnen ein Stich wehtut oder weil Sie eine Rötung oder ein Anschwellen bemerken, nachdem eine Biene oder Wespe Sie gestochen hat. Das ist normal. Die Reaktion eines echten Allergikers dagegen ist schier überwältigend und kann sogar zum Tod führen. Wenn Sie aber bei einem früheren Insektenstich Atembeschwerden bekamen, Ihr Blutdruck sank oder wenn der Notarzt Sie mit Adrenalin behandeln mußte, dann warten Sie nicht in aller Seelenruhe ab, bis Sie wieder gestochen werden. Lassen Sie sich jetzt gleich desensibilisieren. Vor allem können Sie das Risiko, gestochen zu werden, verringern, indem Sie sich entsprechend kleiden und keine grellen Farben tragen. Verwenden Sie keine starken Parfums oder Aftershave-Lotions. Derlei Düfte locken Insekten an, vor allem im Spätsommer und zu Frühlingsbeginn; aus irgendeinem Grund sind Bienen und Wespen dann besonders aggressiv.

Eine Desensibilisierung schützt mittlerweile nicht nur vor Insektengiften, sondern hilft auch bei Heuschnupfen. In etwa 80 Prozent aller Fälle können die Beschwerden gemildert werden; 33 Prozent der so Behandelten werden sogar immun. Jeder, dessen Leben schon einmal auf dem Spiel stand, weil er auf bestimmte Insektenstiche überreagierte, sollte sich dieser Therapie unterziehen, vor allem wenn er immer wieder mit solchen Insekten in Berührung kommt. Das gleiche gilt, wenn Ihr Heuschnupfen so schlimm ist, daß er Ihre Lebensqualität ernstlich beeinträchtigt.

Asthma – die klassische Allergie. Möglichkeiten der Behandlung und Vorbeugung

Jährlich sterben in den USA etwa 3500 Menschen bei akuten Asthmaanfällen; in den meisten Fällen hätte man Vorbeugungsmaßnahmen ergreifen können. Asthma – 10 Millionen Amerikaner leiden daran – entwickelt sich normalerweise in der Kindheit (die Symptome treten in 65 Prozent aller Fälle in den ersten fünf Lebensjahren auf). Ungefähr die Hälfte aller chronischen Kinderkrankheiten lassen sich auf Asthma zurückführen, das mehr versäumte Schultage bedingt als jede andere Krankheit. Eines von vierzig Kindern leidet daran, wobei es bei Jungen häufiger auftritt als bei Mädchen. Allerdings kann Asthma durchaus auch im Erwachsenenalter erstmals auftreten oder bis ins Alter fortbestehen. Ich habe Patienten, die im Alter von siebzig Jahren plötzlich Asthmatiker wurden, obwohl sie vorher nie Probleme mit der Atmung hatten.

Gleich zu Beginn möchte ich ein weitverbreitetes Mißverständnis ausräumen. Allergien im allgemeinen und Asthma im besonderen sind nicht psychisch bedingt. Zwar können Streß, Ärger, Angst und Frustrationen einen Asthmaanfall verschlimmern oder ihn sogar auslösen, dennoch sind Emotionen nicht die Ursache dieser Krankheit. Wenn Asthma allerdings erst einmal chronisch wird und einem das tägliche Leben verleidet, kommt es oft zu psychischer Überlastung und Verhaltensstörungen, vor allem bei Kindern. Die Kleinen werden oft zu sozialen und psychischen Krüppeln – eine Tragödie, die sich heutzutage ohne weiteres vermeiden läßt.

Bei Leuten mit chronischem Asthma sind die wichtigsten Luftwege in und durch die Lunge die meiste Zeit verengt, selbst wenn keinerlei Beschwerden auftreten. Dies ist eine Folge der Tatsache, daß diese Atemwege zu Entzündungen neigen und ihr Durchmesser abnimmt, weil die Schleimhäute, die sie auskleiden, angeschwollen sind. Wenn es zu einem Asthmaanfall kommt, verengen sich diese Passagen noch mehr und lassen noch weniger Luft in die Lunge hinein und aus ihr heraus. Zusätzlich verstopfen Pfropfen von zähflüssigem Schleim diese Passagen.

Der bereits beschriebene IgE-Mechanismus ist entweder die Ursache der meisten Fälle von Asthma oder trägt zumindest dazu bei. Zudem ist Asthma häufig eine Familienkrankheit. Allerdings kann es auch bei Leuten mit völlig normalem IgE zu Asthmaanfällen kommen; es gibt dafür eine ganze Reihe von auslösenden Faktoren – beispielsweise Überanstrengung beim Sport, kalte Luft, Aspirin, Infektionen der Atemwege, andere Krankheiten, aber auch toxische Stoffe in der unmittelbaren Umgebung. Diese Menschen sind anfällig, weil die Schleimhäute in ihrem Atmungssystem entzündet sind. Das führt zu einer Überreaktion der Bronchien auf Stoffe, die ansonsten für die meisten Leute ungefährlich sind. In diesen Fällen ist Vorbeugung die wirkungsvollste Methode, um es nicht zu einem Asthmaanfall kommen zu lassen.

Einige Asthmatiker sind so verzweifelt, daß sie es mit einem Klimawechsel versuchen. Ich kenne Leute, die, von schweren, immer wiederkehrenden, durch Pollen ausgelösten Asthmaanfällen geplagt, alles aufgegeben haben und mit Kind und Kegel weggezogen sind, um ein neues Leben zu beginnen. Viele von ihnen kamen ein halbes Jahr später wieder zurück – nicht unbedingt aus Heimweh, sondern weil ihr IgE sie auch für andere Allergien in ihrer neuen Umgebung, die Asthma auslösen, empfindlich machte. Sollten Sie sich also zu einem Ortswechsel entschließen, dann brechen Sie nicht gleich alle Brücken hinter sich ab. Leben Sie erst einmal ein paar Monate an Ihrem neuen Wohnsitz, ehe Sie eine endgültige Entscheidung treffen.

Asthmaanfälle werden aber nicht nur durch Substanzen ausgelöst, die man einatmet. Asthmatiker können auch in Schwierigkeiten kommen, wenn sie bestimmte Nahrungsmittel zu sich nehmen; das gilt vor allem für Schalentiere. Da sitzen Sie also friedlich in einem Fischrestaurant und genießen eine köstliche Garnelenremoulade oder frische Krabben oder Hummer, und plötzlich bekommen Sie einen Nesselausschlag und fangen an zu keuchen. Als nächstes wissen Sie nur noch, daß Sie fast keine Luft mehr bekommen und man Sie in die nächstgelegene Notaufnahmestation bringt. Dort werden Ihnen Adrenalin, Bronchienerweiterungsmittel und unter Umständen auch Steroide injiziert, und allmählich erholen Sie sich wieder. Aber derlei ist ziemlich beängstigend, und in Zukunft werden Sie Schalentiere meiden wie die Pest. Unglücklicherweise können Sie jedoch selbst dann, wenn Sie ganz »normal« essen gehen, einen akuten asthmatischen Schock erleiden. Was war diesmal der Auslöser? Möglicherweise ein Sulfit oder andere Zutaten. Sulfite sind Konservierungsstoffe, die eine Oxydation verhindern oder hinauszögern und bei der Zubereitung der verschiedensten Nahrungsmittel und Getränke verwendet werden, damit diese länger genießbar bleiben und frisch aussehen; manchmal sind sie auch in Arzneimitteln enthalten (sinnigerweise sogar in einigen Asthmamitteln). Haben Sie sich nie gewundert, warum die Salate in einem Restaurant immer so knackig und frisch aussehen, selbst noch am nächsten Tag, während die Äpfel und Avocados, die Sie kaufen und zu Hause servieren, immer gleich braun werden? Das liegt an dem Sulfit, das der Wirt hinzugefügt hat. Bei empfindlichen Personen können schon Dosierungen zwischen 25 und 200 Milligramm eine Gegenreaktion auslösen.

Das Problem mit dem Sulfit ist so ernst, daß in den USA einige Gemeinden Verordungen erlassen haben, die die Verwendung dieser Substanzen in Restaurants untersagen. Nach vielen Diskussionen hat die US-Regierung bei vielen Lebensmitteln die Anwendung von Sulfiten verboten. Wo dennoch Rückstände dieser Substanzen vorhanden sind – beispielsweise in bestimmten Bieren und Weinen –, muß der Sulfitgehalt auf dem Etikett angegeben sein.

Auch heute noch enthalten einige Medikamente gegen Asthma Sulfite als Konservierungsmittel. Erst kürzlich habe ich von einer Frau gelesen, die in die Notaufnahme eines Ortskrankenhauses gebracht wurde, weil sie einen schweren Asthmaanfall hatte. Die Aerosolbehandlung zeitigte nicht nur keine Wirkung, vielmehr verschlimmerte sich ihr Zustand noch. Später stellte man fest, daß das Antiasthmamittel, das sie inhaliert hatte, Sulfit enthielt. Bei einem Asthmaanfall sollten Sie daher unbedingt den behandelnden Arzt fragen, ob das Medikament, das er Ihnen verabreicht, Sulfite enthält.

Manche Kinder wie auch Erwachsene – *mit und ohne* IgE-Abweichungen – bekommen nur dann einen Asthmaanfall, wenn sie sich beim Sport überanstrengt haben. Der Anfall ist die Folge von Auskühlung, Verdunstung und eines Austrocknens der Auskleidung der Atemwege. Diese Form von Asthma, die durch große körperliche Anstrengung ausgelöst wird, kann man ohne weiteres vermeiden, indem man herausfindet, bei welcher körperlicher Aktivität – und in welchem Ausmaß – mit einem Anfall zu rechnen ist. Einige meiner Patienten, die vorher nie über Atembeschwerden geklagt hatten, bekamen ganz plötzlich Asthma. Bei einer eingehenden Besprechung der Krankengeschichte stellte sich heraus, daß das Asthma einsetzte, nachdem sie angefangen hatten zu joggen, langzulaufen oder andere anstrengende Sportarten auszuüben. Wenn Sie also zu Asthma neigen, sollten Sie Ihre körperliche »Sanierung« auf Sportarten beschränken, die Ihnen Spaß machen, Ihnen guttun und nicht zu Atemnot führen. Am besten eignet sich Schwimmen. Wenn Sie schwimmen, ist Ihr Kopf, da sich Ihr ganzer Körper im Wasser befindet, 100 Prozent Feuchtigkeit ausgesetzt. Die Luftwege können also weder austrocknen noch unterkühlt werden, und die Flüssigkeit in den Schleimhäuten verdunstet nicht; folglich kommt es auch nicht zu Krämpfen im Atmungssystem. (Allerdings kann auch ein Hechtsprung in sehr kaltes Wasser einen asthmatischen Anfall auslösen; daher ist es vernünftiger, Schritt für Schritt ins Wasser zu gehen.)

Was gibt es für Alternativen, wenn kein Schwimmbad in Ihrer Nähe ist oder Schwimmen Ihnen keinen Spaß macht? Am größten ist das Risiko bei Sportarten, bei denen man ständig in Bewegung sein muß, beispielweise Fußball, Tennis, Handball oder Basketball. Andererseits sind Golf, Gewichtheben und Kegeln normalerweise unproblematisch. Was für eine Sportart Sie sich auch immer aussuchen, versuchen Sie stets, durch die Nase und nicht durch den Mund zu atmen. Dadurch wird die Luft, die in die Lunge strömt, warm und feucht. Vor allem aber kommt es darauf an, wie lange Sie sich abmühen und unter welchen Umständen; auch die Temperatur und der Feuchtigkeitsgehalt der Luft spielen eine Rolle.

Wenn Sie sich aus irgendeinem Grund einer körperlichen Betätigung unterziehen müssen, von der Sie wissen, daß sie wahrscheinlich zu einem Asthmaanfall führt, können bestimmte Medikamente, die man vorsorglich einnimmt, derlei verhindern. Am effektivsten ist hier Intal, das mittels eines Zerstäubers angewandt wird.

Bei manchen Leuten kommt es – ganz unabhängig von ihrem IgE-Status – zu Asthmaanfällen, sobald sie in die Kälte kommen. Diese Personen sollten ihren Mund mit einem Schal bedecken, um so den plötzlichen Kälteschock abzumildern.

Auch Aspirin kann bei anfälligen Personen einen Asthmaanfall auslösen. Ich rate allen Patienten mit Asthma, kein Aspirin zu nehmen und lieber auf Paracetamol zurückzugreifen.

Wenn Sie an Asthma leiden oder früher einmal anfällig waren, sollten Sie auch niemals Betablocker einnehmen. Diese Medikamente werden oft zur Behandlung weitverbreiteter Krankheiten eingesetzt, etwa bei Angina pectoris, Herzrhythmusstörungen,

Bluthochdruck, Überfunktion der Schilddrüse, Migräne, Lampenfieber und seit einiger Zeit auch, in Form von Augentropfen, bei Glaukomen (grüner Star). Wenn Sie wegen einer dieser Krankheiten in Behandlung sind, vor allem bei Bluthochdruck und Angina pectoris, sollten Sie Ihren Arzt fragen, ob Sie anstelle der Betablocker nicht Kalziumantagonisten nehmen können. Sie lösen nicht nur kein Asthma aus, sondern können auch gegen Beschwerden nach einer sportlichen Betätigung schützen.

Was tun gegen Atemnot?

Oft tritt Asthma nach einer Infektion der Atemwege auf, normalerweise nach einer Bronchitis (viral oder bakteriell). In solchen Fällen kann viel Flüssigkeit in Verbindung mit einer rechtzeitigen, massiven Verabreichung von Antibiotika häufig einen Asthmaanfall verhindern.

Asthma ist – ganz unabhängig davon, welcher Mechanismus ihm zugrundeliegt – eine chronische Krankheit. Man kann es zwar nicht heilen, aber Häufigkeit und Schwere der Anfälle doch reduzieren; oft kann man sie sogar vermeiden, indem man seinen gesunden Menschenverstand gebraucht und Allergene und Reizstoffe, gegen die man empfindlich ist, meidet und die in neuerer Zeit entwickelten Medikamente einnimmt.

9. Undichte Herzklappen und andere Infektionsherde

In Kapitel 1 habe ich das Beispiel einer Frau erwähnt, die sich nach einer Zahnsteinbehandlung eine lebensgefährliche Infektion (subakute bakterielle Endokarditis – SBE) einer ihrer Herzklappen zuzog.

Was für ein Zusammenhang besteht nun zwischen einer zahnärztlichen Behandlung (oder einem Kathetern der Blase oder im Grunde genommen jedem operativem Eingriff) und der Infektion im Inneren des Herzens? Bei jeder dieser Behandlungen dringen Bakterien in den Blutkreislauf ein. Bei gesunden Menschen werden diese Bakterien, wenn sie in das Blut gelangen, von den körpereigenen Abwehrmechanismen beseitigt. Herzklappen jedoch, die schon vorher entzündet waren und infolge des rheumatischen Fiebers narbig sind, werden nicht mehr ausreichend mit Blut versorgt. (Ich möchte an dieser Stelle betonen, daß ein Herzgeräusch nicht unbedingt auf eine Störung hinweist, die man prophylaktisch mit Antibiotika behandeln müßte. Viele Herzgeräusche sind durchaus »funktional« bzw. normal und lassen sich auf das Herumwirbeln des Bluts in den Herzkammern zurückführen. Diese harmlosen Herzgeräusche treten besonders bei Kindern auf. Charakteristischerweise kommen und gehen sie und verschwinden oft ganz, wenn das Kind heranwächst. Man sollte dennoch jedes Herzgeräusch sehr sorgfältig untersuchen, um sicherzugehen, daß es auch wirklich »gutartig« ist.) Wenn nun die im Blutstrom treibenden Bakterien mit derart geschwächtem Gewebe in Berührung kommen, machen sie es sich auf den freien Ecken der Herzklappensegel bequem, die besonders schlecht durchblutet sind. Aufgrund der eingeschränkten Blutzufuhr in diesem Gewebe sind die Bakterien relativ sicher vor den antibakteriellen Abwehrkräften des Körpers. Sobald sie einmal Fuß gefaßt haben, vermehren sich die Bakterienkolonien und bilden kleine Haufen. (Man kann sie oft anhand eines Echokardiogramms »sehen«, das für eine Diagnose von SBE sehr nützlich ist.) Wenn diese Organismen wachsen und sich über die ganze Herzklappe ausbreiten, nagen sie diese gewissermaßen an, so daß sie nicht mehr dicht schließt. Mit dem Ergebnis, daß die Bahn, auf der normalerweise das Blut in und durch die verschiedenen Herzkammern und wieder herausfließt, sich verändert. Dieses anormale Strömungsmuster bedeutet eine Mehrarbeit für das Herz; infolgedessen wird es zuerst größer und schließlich schwächer, bis es schließlich ganz versagt.

Auch noch auf andere Weise können infizierte Herzklappen dem Körper Schaden zufügen. Unter Umständen brechen kleine Stückchen (Emboli) von den Bakterienvegetationen ab, dringen in den Blutstrom ein und wandern in entferntere Körperbereiche, wo sie ebenfalls eine Infektion und Dysfunktion lebenswichtiger Organe verursachen. Wenn Patienten mit solchen Emboli nicht behandelt werden, sterben sie oft.

SBE kann jeden Bereich im Herzinnern befallen, der geschwächt ist – nicht nur aufgrund einer vorangegangenen Infektion wie rheumatischem Fieber, sondern auch infolge angeborener Herzfehler. Was auch immer die ursprüngliche Krankheit war, das Endergebnis ist stets das gleiche. Man kann dieser Krankheit jedoch vorbeugen, indem man das entsprechende Antibiotikum einnimmt – *vor* und nach einer Behandlung oder Untersuchung. Es zerstört die Bakterien, wenn sie in den Blutstrom eindringen, noch ehe sie sich auf der Herzklappe festsetzen können. Am besten eignet sich dazu Penicillin, vorausgesetzt, man ist nicht dagegen allergisch.

Wenn Sie gegen Penicillin allergisch sind, müssen Sie sich von Ihrem Arzt ein Ersatzpräparat wie z. B. Erythromycin verschreiben lassen.

Patienten, die einmal rheumatisches Fieber gehabt haben, sollten ständig mit Penicillin behandelt werden, und zwar bis zum Alter von etwa vierzig Jahren, um einen Rückfall zu vermeiden. Falls man auf Penicillin überempfindlich reagiert, kann man statt dessen auch ein Sulfonamidpräparat nehmen (vorausgesetzt natürlich, man ist nicht auch dagegen allergisch!). Wenn solch ein Patient sich einer zahnärztlichen oder einer anderen Behandlung (etwa im Magen-Darm-Bereich oder an den Geschlechtsteilen und Harnwegen) unterziehen muß, empfehle ich eine zusätzliche Dosis des jeweiligen Antibiotikums, und zwar intramuskulär injiziert. (Einige Ärzte ziehen es allerdings vor, lediglich die orale Dosis des Antibiotikums zu erhöhen.)

Wenn die kranke Herzklappe durch eine künstliche ersetzt wird, ist diese noch weit anfälliger für SBE. In diesem Fall sollte das prophylaktische Antibiotikum immer injiziert und nicht in Form von Tabletten eingenommen werden.

Das Versteckspiel der Bakterien

Hätte ich dieses Kapitel vor einigen Jahren geschrieben, wäre es an diesem Punkt abgeschlossen gewesen, da man damals noch annahm, der »Befall« mit Bakterien beschränke sich auf durch ein rheumatisches Fieber oder aufgrund angeborener Herzschäden geschwächte Herzklappen. In den letzten Jahren hat man jedoch herausgefunden, daß es noch andere Körperbereiche gibt, in denen sich Bakterien ansammeln können. Wie bei der »traditionellen« SBE kann man auch diesen Infektionen vorbeugen. Dazu will ich Ihnen ein interessantes Beispiel beschreiben.

Der Anruf kam von einem Arzt, der auf den Bermudas praktizierte. Wir waren Studienkollegen, und gelegentlich überwies er schwerkranke Patienten an mich, für deren Behandlung raffiniertere klinische Apparaturen erforderlich waren, als sie auf den Bermudas zur Verfügung standen. Diesmal war das Problem ein unerklärliches Fieber, verbunden mit Gewichtsverlust; bei dem Patienten handelte es sich um einen siebzigjährigen Mann namens Kevin James. Die Röntgenaufnahmen seiner Lunge, das Elektrokardiogramm, die Röntgenaufnahmen des Verdauungstrakts und die radiologischen Untersuchungen der Leber, der Milz und des Gehirns waren alle normal. Ich fragte den überweisenden Arzt, ob der Patient ein Herzgeräusch habe, da ich wußte, daß SBE sich auf diese Weise bemerkbar machen kann. »Nein«, lautete die Antwort.

Mr. James kam am nächsten Tag zu mir, und ich wies ihn sofort in eine Klinik ein. Im Gegensatz zu der Dame, die SBE hatte, sah dieser Mann wirklich schlecht aus, und er fühlte sich auch so. Er war schwach, machte sich Sorgen, fühlte sich matt und luslos und hatte kaum Appetit. Er erklärte mir, er habe eigentlich nirgendwo wirkliche Schmerzen, fühle sich aber durch und durch »lausig«. Wir begannen mit den üblichen Untersuchungen und wiederholten all die Bluttests, die schon einmal gemacht worden waren. Wie die Ärzte auf den Bermudas fanden auch wir nichts, das eine Diagnose ermöglicht hätte. Dann nahmen wir ihm Blut ab, um Blutkulturen anzulegen. Wir legten fünf solcher Kulturen an; die letzten drei zu einem Zeitpunkt, als das Fieber am höchsten war. Bei den ersten beiden lautete der Befund: »Kein Wachstum.« In der dritten, vierten und fünften Probe konnten wir Streptococcus viridans feststellen, das gleiche Bakterium, das an der Infektion der Dame im 1. Kapitel schuld war. Das irritierte mich, denn Mr. James hatte nie unter einem rheumatischen Fieber gelitten. Mehr noch – als ich sehr sorgfältig sein Herz abhörte, konnte ich keinerlei Herzgeräusch feststellen. Nur um sicherzugehen, ließ ich noch ein Echokardiogramm machen, um festzustellen, ob es irgendwelche Bakterienvegetationen auf einer der Herzklappen gab. Nichts. Was, um alles in der Welt, war da eigentlich los? Ich war mit meinem Latein am Ende.

In dem Augenblick spazierte seine Frau herein und lieferte mir die Diagnose! »Guten Morgen, Liebling, fühlst du dich heute besser? Was macht die Hüfte?«

»Die Hüfte?« fragte ich. »Was soll das bedeuten – die Hüfte?«

»Oh, das Hüftgelenk, das ihm vor vier Jahren eingepflanzt worden ist, hat neulich verrücktgespielt. Er hinkt jetzt ein bißchen; das war früher nie so. Hat er Ihnen nichts davon erzählt?«

Von jetzt an war alles ganz einfach. Eine Hüftprothese (eigentlich jedes künstliche Organ oder Hilfsmittel) ist für das »Einnisten« von Bakterien genauso anfällig wie eine aufgrund eines rheumatischen Fiebers vernarbte Herzklappe. Die Bakterien können an jeder beliebigen Stelle des Körpers, einschließlich des Mundes, ansetzen und sich dann auf der Prothese und in ihrer Umgebung niederlassen, sie infizieren und lockern. Wie bei einer beschädigten Herzklappe gelangt zuwenig Blut zu der Prothese, um die Infektion zu bekämpfen. Die Bakterien florieren also und breiten sich auch auf den übrigen Körper aus, genauso wie bei SBE.

Der Patient wurde auf ganz ähnliche Weise behandelt wie die Dame mit der SBE – mit einem wesentlichen Unterschied: Um die Infektion ganz und gar auszurotten, mußte die Hüftprothese erneuert werden. Denn während man die Bakterienkolonien auf einer Herzklappe normalerweise mit massiven Dosen von Penicillin, das intravenös injiziert wird, vernichten kann, muß eine Prothese meistens herausgenommen werden.

Auch diese Geschichte nahm ein gutes Ende. Der Körper nahm das neue Hüftgelenk an, die Infektion verschwand, und unser Patient kehrte nach Hause zurück – ohne Fieber und ohne Hinken.

Die nächste Fallstudie berichtet von einer anderen Infektion, die man ebenfalls verhindern kann und die weit häufiger vorkommt als eine Infektion an künstlichen Gliedmaßen; trotzdem wird sie von vielen Patienten und sogar von etlichen Ärzten immer noch unterschätzt.

Hysterisch? Glauben Sie das ja nicht!

Ein neunzehnjähriges Mädchen suchte den Hausarzt der Familie auf, weil sie Fieber und diffuse Schmerzen hatte; auch sie fühlte sich irgendwie »schwach« – und das schon seit zwei Monaten, ohne einen erkennbaren Grund. Auch sie war beim Zahnarzt gewesen, sogar zweimal, da ihr Zahnfleisch entzündet war und blutete, wenn sie sich die Zähne putzte. Während dieser Behandlung hatte man ihr keine Antibiotika gegeben, da sie die Frage, ob sie ein rheumatisches Fieber oder ein Herzgeräusch habe, verneint hatte.

Der Hausarzt bat mich um eine Diagnose. Wie in den anderen Fällen, die ich beschrieben habe, war die Blutkultur positiv. Bei der Untersuchung entdeckte ich ein Herzgeräusch, für sie, wie sie nachdrücklich betonte, etwas »völlig Neues«. Mit Hilfe eines Echokardiogramms stellte ich fest, daß sich auf ihrer Mitralklappe Bakterienkolonien festgesetzt hatten. Das war aber noch nicht alles. Die junge Dame hatte außerdem einen Mitralklappenvorfall; man bezeichnet dies auch als »schlaffe« Herzklappe.

Aus verschiedenen Gründen möchte ich Ihnen ein bißchen eingehender über diese Krankheit berichten. Erstens ist sie sehr verbreitet. Man schätzt, daß bis zu 18 Prozent ansonsten gesunder

Frauen daran leiden. Auch bei Männern kann sie auftreten; allerdings ist sie bei ihnen seltener. Zweitens handelt es sich um eine Krankheit, die erst in jüngerer Zeit als solche erkannt wurde. Drittens ruft sie zahlreiche Symptome hervor, die bislang als »Neurose« oder »Hysterie« abgetan wurden – Herzklopfen, Schmerzen in der Brust, migräneartige Kopfschmerzen, Ohnmachts- und Schwächeanfälle, Nervosität, Angstzustände und Kurzatmigkeit. Schließlich, und vom Thema unseres Buches her am wichtigsten: ein Mitralklappenvorfall macht anfällig für SBE.

Was ist nun ein Mitralklappenvorfall? Damit Sie die Antwort auf diese Frage verstehen, müssen Sie wissen, wie die Herzklappen arbeiten. Jeder Mensch hat vier Herzklappen. Zwei (die Mitralklappe links und die Trikuspidalklappe rechts) schließen die oberen Kammern (Vorkammern) gegen die unteren Kammern (Ventrikel) ab. Die beiden anderen Klappen (die Aortenklappe rechts und die Pulmonalklappe links) sind für die Öffnung der jeweiligen Ventrikel zuständig. (Blut aus dem rechten Ventrikel strömt in die Lunge; Blut aus dem linken Ventrikel wird durch die größte Arterie, die Aorta, in die übrigen Körperbereiche gepreßt.) Jede normal funktionierende Klappe öffnet sich weit, um das Blut aus der jeweiligen Kammer strömen zu lassen, und schließt sich wieder, damit kein Blut zurückfließen kann. Wenn nun die Mitralklappensegel vorgefallen sind, kann es passieren, daß sie nicht mehr richtig schließen und sich ein wenig nach außen wölben. Im Extremfall hat dieses Leck beträchtliche Auswirkungen. Wenn es sehr groß ist, kann es unter Umständen notwendig werden, die Mitralklappe zu ersetzen. Wie oder warum diese unterschiedlichen Klappendysfunktionen all die anderen Beschwerden hervorrufen – Kopfschmerzen, Schmerzen in der Brust, Panikzustände und so weiter –, ist bisher nicht klar. Man nimmt an, daß die Funktionsstörung der Herzklappen nur ein Teilaspekt einer komplexeren Krankheit ist, die verschiedene Organe in Mitleidenschaft zieht.

Und warum hat man diese Krankheit erst in jüngerer Zeit als solche erkannt? Man hat zwar schon seit geraumer Zeit die scheinbar harmlosen Klickgeräusche des Mitralklappenvorfalls gehört, da man aber nicht wußte, was sie zu bedeuten hatten, tat man sie als nichtssagend ab. Schließlich waren diejenigen, bei denen sie auftraten, alle gesund; die Elektrokardiogramme und Röntgenaufnahmen wiesen auf keinerlei Anormalitäten hin. Wenn jemand schließlich doch an SBE erkrankte, zog man daraus lediglich den Schluß, daß er oder sie in der Kindheit ein rheumatisches Fieber gehabt haben mußte, ohne es zu wissen.

Die Entwicklung der Echokardiographie bedeutete einen wichtigen Fortschritt für die Diagnose von Herzkrankheiten. Durch die Brustwandung zielende Schallwellen reflektieren Echos, die man analysieren kann; diese Technik eröffnet ganz neue Perspektiven für die Kardiologie und trägt zu einem besseren Verständnis der internen Funktionsweise des Herzens bei. Sie hat uns gezeigt, wie die Herzklappen arbeiten, und den Schluß nahegelegt, daß bei Patienten mit den Klick- und Herzgeräuschen ein Vorfall bzw. eine Auswölbung der Mitralklappe besteht. So wurde eine neue Krankheit »geboren«. Und damit kam auch die psychologische Rehabilitierung unzähliger Patienten, vor allem junger Frauen, die als hypochondrisch abgestempelt worden waren, da es bislang keine physiologische Erklärung für ihre Beschwerden gegeben hatte – wahrhaftig ein klassischer Fall von »Symptomen auf der Suche nach einer Krankheit«. Jetzt, da man die Krankheit erkannt hat, ist für Sie persönlich eines wichtig: Wenn bei Ihnen ein Mitralklappenvorfall diagnostiziert wird, sollten Sie Ihr normales Leben weiterführen, aber Sie sollten bei jeder aggressiven Behandlung oder Zahnbehandlung prophylaktisch Antibiotika einnehmen, genauso wie bei einer rheumatischen Herzklappe. Das gilt vor allem für junge Frauen, die eine Fehlgeburt hatten, aber auch nach einer ganz normalen Geburt. Einige Kardiologen, darunter auch ich, sind der Meinung, daß Patientinnen mit einer Herzklappenstörung, die sie für SBE anfällig macht, keine Intrauterinpessare (Spiralen) zur Empfängnisverhütung benutzen sollten. Die meisten Beschwerden, die sich aus dem Mitralklappenvorfall ergeben, können mit Hilfe verschiedener Medikamente unter Kontrolle gebracht werden, und die Mehrzahl der Patienten, die an dieser Krankheit leiden, führt bis ins hohe Alter ein völlig normales Leben.

10. Wenn Reisen keinen Spaß mehr macht – Von der Seekrankheit bis zum Jet-lag

Reiseprospekte wollen uns stets glauben machen, die Anreise sei »schon das halbe Vergnügen« – leider ist das nicht immer der Fall. Fragen Sie nur einmal jemanden, der eine Kreuzfahrt gemacht hat und dabei seekrank geworden ist, oder einen Urlauber, der nach einigen Stunden in der trockenen Luft eines Flugzeugs plötzlich Nasenbluten bekommen hat! Und ist man glücklich am Zielort angelangt, ist es nicht gerade angenehm, wenn einem schlecht ist, man sich übergeben muß, Fieber und Durchfall hat oder in großen Höhen nur mit Mühe Luft bekommt; da hilft es auch nichts, wenn die Landschaft besonders reizvoll ist.

In diesem Kapitel erfahren Sie, wie man derlei Unannehmlichkeiten vorbeugen kann, was zu tun ist, wenn es dennoch »passiert«, und wie man es anstellt, daß einem das Reisen doch Spaß macht – nicht nur die Anreise, sondern auch der Aufenthalt.

Die Reiseapotheke

Was in Ihre Reiseapotheke gehört, hängt davon ab, wie es um Ihre Gesundheit bestellt ist und wohin Sie reisen. Ein gesunder junger Mann oder eine junge Frau im Alter von 35 Jahren, die eine Woche in London verbringen wollen, werden bei weitem nicht so viele Medikamente mitnehmen müssen wie jemand, der über siebzig ist, einen zu hohen Blutdruck hat und einen Monat lang in Kenia auf Safari gehen will.

Es gibt jedoch einige Grundregeln, an die sich jeder halten sollte. Wenn Sie beispielsweise in Afrika oder Asien Urlaub machen, sollten Sie mit Ihrem Arzt klären, welche Impfungen für das jeweilige Land notwendig sind. Er wird Ihnen sicher auch, aufgrund Ihres individuellen Gesundheitszustands, noch zusätzliche Ratschläge geben. Wenn Sie eine spezielle Diät einhalten müssen, sollten Sie sich rechtzeitig erkundigen, ob die entsprechenden Nahrungsmittel in Ihrem Zielland erhältlich sind. Und wenn Sie regelmäßig bestimmte Medikamente einnehmen, müssen Sie eine für die ganze Reise ausreichende Menge davon mitnehmen – und ein paar Tabletten mehr. Man weiß nie, ob sich die Rückreise wegen eines nicht vorhersehbaren Zwischenfalls nicht verzögert. Verstauen Sie auch nie alle Medikamente in einer Tasche. Wenn diese abhanden kommt, könnten Sie in Schwierigkeiten geraten. Erkundigen Sie sich außerdem nach den international verbindlichen Bezeichnungen aller für Sie wichtigen Medikamente (die Handelsbezeichnungen weichen oft davon ab); sonst könnte es passieren, daß in Ihrem Urlaubsland kein Mensch versteht, was Sie eigentlich wollen. Beispielsweise wird Nifedipin, ein recht gebräuchliches Herzmittel, in den USA als Procardia, in den meisten anderen Ländern – so auch in der Bundesrepublik – jedoch als Adalat vertrieben. Wenn Sie also auf einer USA-Reise nach Adalat fragen, könnte es sein, daß man Ihnen sagt: »Tut uns leid, noch nie was davon gehört.«

Außer den speziellen Medikamenten gegen individuelle Leiden sollten Sie immer auch Medikamente gegen allgemeine Beschwerden bei sich haben. Dazu gehören Schmerztabletten, Schlaftabletten, Magenmittel, Medikamente gegen Übelkeit und Durchfall, Antihistamine (für den Fall, daß Sie auf irgend etwas allergisch reagieren), einige unspezifische Antibiotika, milde Abführmittel, Cremes oder Salben zur äußerlichen Behandlung von Stichen, Bissen oder Ausschlag, Hustensaft sowie Antiseptika für Schnittverletzungen und Quetschungen. Packen Sie auch ein paar Bandagen unterschiedlicher Größe ein sowie Verbandmull, Leukoplast, eine Schere und ein Fieberthermometer. Sexuell aktive Frauen dürfen ihr Pessar beziehungsweise eine spermenabtötende Creme oder die Pillen nicht vergessen. Frauen vor den Wechseljahren sollten genügend Binden mitnehmen, abenteuerlustige Männer genügend Kondome bei sich haben.

Was Schmerzmittel betrifft, sind Aspirin und Aminophenazon die klassischen Mittel; sie helfen auch bei Fieber. Nehmen Sie aber auch Tabletten mit, die etwas stärker sind als Aspirin, das manchmal nicht ausreicht, um größere Schmerzen einzudämmen. Lassen Sie sich von Ihrem Arzt auch Kodeintabletten verschreiben, die Sie unter Umständen brauchen, wenn Sie starke Schmerzen haben – Kopfweh, gegen das Aspirin nichts ausrichtet, einen verstauchten Rücken oder sonst eine Verletzung.

Eigentlich halte ich nichts von Schlaftabletten, aber auf einer Reise sind sie manchmal recht nützlich. Sie können Ihnen beispielsweise helfen, auf einem Langstreckenflug ein kleines Nickerchen zu machen, während sich Ihre biologische Uhr umstellt.

Gegen einen verdorbenen Magen oder Bauchkrämpfe und jenen seltsamen Zustand, der nicht wirklich Übelkeit ist, helfen oft einfache säurebindende Mittel. Wenn diese Medikamente nicht ausreichen, helfen vielleicht Buscopan-Zäpfchen.

Gegen Durchfall nehmen Sie am besten pro Person mindestens fünfzig oder sechzig entsprechende Tabletten mit, da man bei hartnäckiger Diarrhoe acht oder noch mehr pro Tag braucht. Wenn am vierten oder fünften Tag noch keine Besserung eingetreten ist, sollten Sie einen Arzt konsultieren.

Um mit relativ harmlosen allergischen Anfällen fertig zu werden, gibt es viele verschiedene Antihistamine. Die meisten von ihnen machen jedoch schläfrig; das kann gefährlich werden, wenn Sie selber Auto fahren oder irgendwelche Apparaturen bedienen müssen.

Nehmen Sie nie ein starkes Abführmittel mit; es hätte lediglich den Effekt, daß Sie mehr oder weniger den ganzen Tag auf der Toilette verbringen müssen. Ein mildes homöopathisches Präparat wie Metamucil sollte genügen.

Was Salben oder Cremes betrifft, würde ich auf jeden Fall ein mildes Antihistamin-Präparat, beispielsweise Systral-Salbe, mitnehmen. Derlei ist ganz nützlich bei »unspezifischem« Jucken, Ausschlag und Insektenstichen.

Manche Leute haben während des Urlaubs Schwierigkeiten mit Hämorrhoiden. Falls Sie dazu neigen, sollten Sie eine Tube Anusol-Salbe mitnehmen oder aber Zäpfchen, die ein lokal wirksames Betäubungsmittel und Steroide enthalten.

Ein äußerlich anzuwendendes Antibiotikum (etwa Neomycin), sollte in der Reiseapotheke ebenfalls nicht fehlen. Nehmen Sie außerdem Jod oder Betadin mit, um Hautabschürfungen zu desinfizieren.

Gegen Husten ist mir persönlich Bisolvon am liebsten. Es wirkt, und es schmeckt nicht allzu schlecht. Aber Sie können genausogut jedes andere rezeptfreie Mittel nehmen, das Dextromethorphan enthält.

Noch eine Warnung: Sollten Sie aus irgendeinem Grund Narkotika mitnehmen, müssen Sie sie auf jeden Fall beim Zoll deklarieren. Es ist in diesem Fall von Vorteil, wenn Sie ein Attest Ihres Arztes dabeihaben, in dem er bestätigt, daß Sie dieses Medikament in dieser Menge benötigen. Und noch etwas: Überprüfen Sie zusammen mit Ihrem Hausarzt Ihre Reiseapotheke, um sicherzugehen, daß Sie nichts Wichtiges vergessen haben und daß das, was Sie eingepackt haben, für Sie ungefährlich ist.

Eine Diät gegen den Jet-lag

Eines der größten Probleme für jeden Reisenden ist, wie man die Auswirkungen des Jet-lag (Zeitverschiebung) vermeiden oder zumindest auf ein Mindestmaß reduzieren kann. Es gibt mehrere komplizierte Diätpläne, mit denen man ein paar Tage vor der Abreise anfangen soll und nach denen man sich dann auch nach der Ankunft am Zielort richtet. Ich werde an späterer Stelle einen solchen Diätplan beschreiben. Allerdings möchte ich Ihnen schon an dieser Stelle einige Tips geben, die meiner Erfahrung nach ganz nützlich sind, wenn Sie eine solche Diät nicht einhalten können oder wollen.

Wenn Sie einen Langstreckenflug in eine andere Zeitzone vor sich haben, sollten Sie möglichst einen Tagesflug buchen. Denn wenn man die Nacht hindurch im Flugzeug wach bleibt, addiert sich zusätzliche Müdigkeit zu den biologischen Veränderungen, die ohnehin im Körper stattfinden. Während des Fluges sollten Sie nur leichte Speisen zu sich nehmen und keinen Alkohol, sondern lieber jede Menge Wasser trinken; versuchen Sie außerdem, sich soviel wie möglich zu bewegen.

Nach Ihrer Ankunft am Zielort sollten Sie sich nicht darüber aufregen, wenn Sie vielleicht ein oder zwei Tage verlieren, weil Sie erst einmal den versäumten Schlaf nachholen müssen. Ruhen Sie sich aus, so gut Sie können, essen Sie wenig und trinken Sie möglichst keinen Alkohol – nehmen Sie alles ganz locker, während Ihr Körper sich auf die neue Zeitzone einstellt.

Wenn diese einfachen Grundregeln bei Ihnen nicht helfen und Sie jedesmal, wenn Sie unterschiedliche Zeitzonen durchqueren, Qualen erdulden müssen, sollten Sie einmal versuchen, sich nach einem von Wissenschaftlern in den USA entwickelten Programm zu richten, mit dessen Hilfe sich die »Körperuhr«, d. h. der biologische Rhythmus, schneller umstellt.

Das Programm beginnt drei Tage vor der Reise. An diesem Tag müssen Sie »schlemmen«. Am nächsten Tag »fasten« Sie dann. Am Tag vor der Abreise »schlemmen« Sie wieder, und am Tag der Reise selbst »fasten« Sie.

Es gibt alle möglichen wissenschaftlichen Erklärungen, warum Sie an den jeweiligen Tagen schlemmen beziehungsweise fasten sollen und welche Auswirkungen dies auf den Enzymspiegel, den Zuckerspiegel in der Leber und so weiter hat.

An einem »Schlemmtag« sollten Frühstück und Mittagessen sehr eiweißhaltig sein. Essen Sie Fleisch, Eier, Fisch, proteinreiche Getreideprodukte und grüne Bohnen. Trinken Sie zwischen 3 und 5 Uhr nachmittags keinen Kaffee. Abends sollten Sie dann möglichst viele Kohlehydrate zu sich nehmen, etwa Nudelgerichte (aber ohne Fleischsauce!), Kartoffeln, Gemüse, die viel Stärke enthalten, und süße Nachspeisen. Die helfen Ihnen beim Einschlafen. (Für Diabetiker ist diese Diät natürlich nicht erlaubt!)

Am nächsten Tag fasten Sie. Das bedeutet nicht, daß Sie gar nichts essen dürfen; Sie sollten lediglich die Kalorienzahl so niedrig wie möglich halten. Essen Sie Salate, leichte Suppen, Toast ohne Butter, ein wenig Obst und trinken Sie dazu jeweils ein Glas Fruchtsaft. Auch diesmal keinen Kaffee zwischen 3 und 5 Uhr nachmittags.

Am dritten Tag schlemmen Sie wieder.

Und dann, am Tag der Reise, fasten Sie. Wenn Sie nach Westen reisen, genügt ein halber Tag. Kaffee sollten Sie ausschließlich vormittags trinken. Wenn Sie jedoch in östlicher Richtung reisen, müssen Sie den ganzen Tag fasten und dürfen nur zwischen 6 und 11 Uhr abends Kaffee trinken.

Sobald Sie einmal im Flugzeug sind, sollten Sie versuchen, soviel wie nur möglich zu schlafen. Nehmen Sie eine der kurzfristig wirkenden Schlaftabletten, die ich bereits erwähnt habe. *Trinken Sie während des Fluges keinen Tropfen Alkohol*, auch wenn er nichts kostet. Der nächste Schritt, am Tag Ihrer Ankunft, ist von entscheidender Bedeutung. Sorgen Sie dafür, daß Sie um 7 Uhr Ortszeit geweckt werden und ein eiweißhaltiges Frühstück bekommen. Danach dürfen Sie aber nicht noch einmal einschlafen. Lesen Sie oder spazieren Sie im Flugzeug auf und ab. Nach Ihrer Ankunft richten Sie sich nach den ortsüblichen Essenzeiten. Gehen Sie am Abend des Ankunftstages zeitig zu Bett (aber nicht gleich, falls Sie zufällig mittags oder nachmittags ankommen).

Das klingt vielleicht alles fürchterlich kompliziert, ist aber ganz einfach, und wenn Sie oft fliegen müssen, ist es vielleicht doch einen Versuch wert.

Wie kann man Seekrankheit vermeiden?

Wohl jeder von uns träumt gelegentlich von einer Kreuzfahrt zu einer entlegenen romantischen Insel. Aber es kann durchaus passieren, daß dieser Traum, sobald man an Bord ist, sich in einen Alptraum verwandelt – weil man seekrank wird. Die wundervolle Aussicht, das vorzügliche Essen, das herrliche Angebot an Unterhaltung, die Aufregungen am Spieltisch, selbst die Romanzen, die man an Bord erlebt, zählen nicht mehr, verglichen mit den Stunden oder sogar Tagen, an denen einem schlecht ist, man sich übergeben muß und fürchterliche Kopfschmerzen hat. Ich kenne Leute, die jahrelang für eine solche Kreuzfahrt gespart und an nichts anderes mehr gedacht haben – und ihr »Love Boat« im ersten Anlaufhafen verließen, um den nächsten Flug zurück in die Heimat zu nehmen, auch wenn sie auf diese Weise eine Menge Geld »über Bord warfen«.

Lassen Sie mich Ihnen ein wenig von meinen eigenen Erfahrungen mit der Seefahrt erzählen – und davon, was man daraus lernen kann. Ich liebe das Meer, also beschlossen meine Frau und ich vor ein paar Jahren, alles stehen und liegen zu lassen und eine zehntägige Kreuzfahrt zu buchen. Ehrlich gesagt, ihr wäre es lieber gewesen, das Meer von einem schönen Sandstrand aus zu bewundern. Das Schiff war ein wunderschöner, eleganter Ozeandampfer, der einige exotische Häfen in der Karibik und in Mexiko anlaufen sollte.

Wir luden ein paar Freunde zu einer kleinen Abschiedsparty in unsere Kabine ein. Während wir unseren Champagner schlürften, nahm meine Frau mich auf die Seite und fragte mich, ob mir denn der Seegang nichts ausmache. Ich konnte es kaum fassen. »Seegang? Wie sollen denn 20000 Tonnen, die im New Yorker Hafen fest vertäut sind, hin und her schaukeln? Sei lieber ein bißchen vorsichtiger mit dem Champagner«, riet ich ihr. Nach einigen abenteuerlich-romantischen Heultönen aus den Schiffssirenen, die die Besucher aufforderten, an Land zu gehen, wurde der Anker gelichtet, und wir liefen langsam aus. Als wir die Freiheitsstatue passierten, wurde mir allmählich klar, daß wir ernstlich in Schwierigkeiten waren. Erstens schien meine Frau meine Art von Humor nicht sonderlich zu schätzen. Dann ging sie, anstatt an Deck die phantastische New Yorker Skyline zu bewundern, in die Kabine, um sich hinzulegen. Ich konnte es einfach nicht glauben. Endlich machten wir die Kreuzfahrt, auf die wir uns seit Jahren gefreut hatten; die Band spielte, die Leute schlossen Bekanntschaft miteinander, alle waren bester Laune. Warum, um alles in der Welt, wollte sie sich ausgerechnet jetzt hinlegen – um elf Uhr vormittags?

Aber dann sah ich, wie blaß sie war; Schweißperlen standen auf ihrer Stirn, und sie schnappte ununterbrochen nach Luft – alles klassische Anzeichen von Seekrankheit.

Es kann wohl gar nicht anders sein – wenn zwei Leute zusammen verreisen und der eine von beiden seekrank wird, während der andere sich pudelwohl fühlt, muß es Probleme geben. »Das bildest du dir bloß ein«, beharrte ich. Meine »Diagnose« ärgerte sie noch zusätzlich. Also beschloß ich, auf sie einzugehen und Mitleid mit ihr zu haben. Ich stellte sogleich einen Plan auf, um diese Reisekrankheit zu bekämpfen: Ich empfahl meiner »Patientin«, sich hinzulegen, öffnete das Bullauge, damit sie frische Luft bekam, vergewisserte mich, daß sie den schwankenden Horizont nicht sehen konnte und bettete ihren Kopf so zwischen zwei Kissen, daß er nicht hin und her rollen konnte. Dann gab ich ihr ein Medikament gegen Reisekrankheit und – wartete. Sie wurde bald müde und schlief dann tatsächlich ein. Vier Stunden später wachte sie wieder auf; zwar war ihr nicht gerade zum Bäume-Ausreißen zumute, aber es ging ihr zumindest so gut, daß sie mit an Deck gehen konnte. Die nächsten zehn Tage ging es ihr dann mal gut, mal schlecht – meistens allerdings schlecht. Ich probierte es noch mit anderen Medikamenten gegen Übelkeit, einschließlich Valium (in niedrigen Dosierungen). Das half jeweils für eine Weile, kurierte sie aber nicht wirklich. Während der ganzen Kreuzfahrt hatte sie ständig ein komisches Gefühl im Bauch. Nach zehn schrecklichen Tagen kehrten wir schließlich nach Hause zurück.

Meine Frau ist da zwar anderer Meinung, aber ich bin überzeugt, daß es schlimmer hätte kommen können. Sie hätte sich beispielsweise so schlecht fühlen können, daß wir schon im ersten Anlaufhafen hätten von Bord gehen müssen. Jedenfalls wollte sie nichts mehr davon hören, noch einmal eine Kreuzfahrt zu machen, sie sah sich nicht einmal die wunderschönen Dias an, die wir (ich) von dieser Reise gemacht hatten.

Diarrhoe – auf Reisen und zu Hause

Der Assoziationstest ist eine in der Psychologie häufig angewandte Technik, die folgendermaßen funktioniert: Der Therapeut nennt ein Wort, und der Patient soll möglichst schnell, fast automatisch, ein anderes Wort sagen, das ihm spontan dazu einfällt. Zum Beispiel: »schwarz« – »weiß«; »Tisch« – »Stuhl«; »Mann« – »Frau« und so weiter. Ich wette, daß viele Erwachsene »Mexiko« mit »Durchfall« assoziieren würden.

Eine »normale« Gastroenteritis (Magendarmkatarrh) – oft als »Touristenkrankheit«, »Montezumas Rache« oder »Aztekischer Twostep« bezeichnet –, die sich Touristen in Entwicklungsländern oft zuziehen, ist zwar sehr lästig, aber normalerweise nicht gefährlich. Sie wird meistens von *Escherichia coli* ausgelöst, einem Bakterium, das normalerweise immer im Intestinaltrakt ist. Die Stämme dieses Mikroorganismus variieren von Land zu Land. Wenn Sie nun eine »fremde« Sonderform von *E. coli* aufschnappen, bekommen Sie möglicherweise wässrigen Durchfall und Magenkrämpfe (meistens ohne Fieber), die ein paar Tage lang anhalten. Wenn das passiert, brauchen Sie nichts weiter zu tun, als möglichst viel zu trinken. Es bringt gar nichts, wenn Sie sich mit Medikamenten vollpumpen, um derlei Unannehmlichkeiten zu vermeiden, außer Sie haben eine andere Krankheit, die sich schon durch eine leichte Diarrhoe verschlimmern könnte.

Es stimmt, daß man der »Touristenkrankheit« vorbeugen kann, indem man zwei Tage vor Ankunft an einem Zielort zwei Tabletten (à 100 mg) und dann jeden Tag eine Tablette Vibramycin schluckt, solange man dort ist (auf keinen Fall aber länger als drei Wochen). Falls Sie das tun, dürfen Sie sich nicht in der prallen Sonne aufhalten, da Vibramycin unter Umständen einen Anfall von »Lichtempfindlichkeit« zur Folge hat. Wie andere Antibiotika kann auch dieser Wirkstoff eine übermäßige Vermehrung von Pilzen begünstigen (die Symptome sind ein trockener Mund, Diarrhoe und Vaginalausfluß) sowie zu Verdauungsstörungen und Übelkeit führen. Wenn Sie also dieses Medikament einnehmen und sich dann plötzlich nicht wohl fühlen, wissen Sie unter Umständen nicht, ob *E. coli* oder aber das Antibiotikum daran schuld ist. In letzterem Fall können die Beschwerden ernster sein und länger andauern als bei einer durchschnittlichen »Touristen-Diarrhoe«. Darüber hinaus tötet ein Antibiotikum, das auf den Darm einwirken soll, möglicherweise *alle* Organismen ab, auf die es trifft, auch solche, die zu der »normalen Darmflora« (den »gutartigen« Bakterien) gehören, die bei jedermann in den Eingeweiden vorhanden ist und diese vor schädlichen Eindringlingen – Bakterien, Pilzen, Viren und Parasiten – schützt. Wenn man diese »Wächter«-Bakterien durch prophylaktische Antibiotika abtötet, zerstört man damit die vorderste Abwehrfront gegen ernste Magendarmerkrankungen, etwa Dysenterie (Ruhr) und Amoebiasis (Tropenruhr). Jetzt kommen andere »Bazillen« zum Zug, die normalerweise gegen die »prophylaktischen« Antibiotika, die Sie eingenommen haben, resistent sind. Wenn diese später zu Komplikationen führen, ist eine Behandlung sehr schwierig.

Was kann man also, da Antibiotika und andere Medikamente zur Prophylaxe nicht zu empfehlen sind, tun, um eine »Touristen-Diarrhoe« zu vermeiden? Als Grundregel gilt: Benutzen Sie Ihren gesunden Menschenverstand. Verwenden Sie als Getränk wie auch zum Zähneputzen nur in Flaschen abgefülltes Wasser. Ich habe von Fällen gehört, daß leere Flaschen mit Leitungswasser gefüllt, wieder verschlossen und als »rein und unschädlich« verkauft wurden. Am besten verwenden Sie also nur Sodawasser. Essen Sie nur in Restaurants, die Ihnen von Ihrem Hotel empfohlen werden. Vermeiden Sie Gerichte, die auf der Straße feilgeboten werden. Alle Nahrungsmittel müssen gekocht werden, vor allem Gemüse, und man sollte nur Früchte verzehren, die man schälen kann. Vermeiden Sie Milch- und Eierspeisen, vor allem in warmem Klima. Und schließlich sollten Sie Ihren Drink immer ohne Eis bestellen, da das Eis normalerweise aus Leitungswasser hergestellt wird und weder der Alkohol noch der Gefriervorgang den darin enthaltenen Organismen etwas anhaben können.

Wenn Sie dennoch Durchfall, Krämpfe und Fieber bekommen, ist allerdings eine Behandlung mit Antibiotika durchaus angezeigt. Das gilt vor allem, wenn Sie über 65 sind oder an einer chronischen Erkrankung des Herzens, der Lunge, der Nieren oder des Bluts leiden. Ich würde Ihnen empfehlen, Bactrim oder Septra-DS einzunehmen. Wenn sie fünf Tage lang zwei Tabletten täglich schlucken, sollte das genügen, um die Beschwerden abklingen zu lassen. Allerdings dürfen Sie, wenn Sie auf Sulfonamide überempfindlich oder allergisch reagieren, diese Medikamente nicht nehmen, da Sulfonamide ein Hauptbestandteil dieser Präparate sind. Wenn innerhalb von achtundvierzig Stunden keine Besserung eintritt, müssen Sie es mit einem anderen Antibiotikum versuchen.

Viele Touristen nehmen, sobald sie öfter Stuhlgang haben als sonst, sofort Imodium oder Kaopectate. Ich halte dies für einen Fehler. Bestimmte Symptome, so lästig sie auch sein mögen, sind nichts weiter als ein Zeichen dafür, daß der Körper auf Schwierigkeiten reagiert, und keine wirklichen Abwehrreaktionen. Das gilt beispielsweise für Fieber. Eine erhöhte Temperatur, die wir augenblicklich mit Aspirin oder Aminophenazon »normalisieren« wollen, macht es in Wirklichkeit bestimmten Krankheitserregern (»bösartigen« Bakterien) schwerer zu überleben. Auch Diarrhoe ist eine Schutzreaktion, durch die der Körper von giftigen oder schädlichen Substanzen gereinigt wird. Es ist also in den meisten Fällen, vor allem in den ersten Stunden, nicht ratsam, gleich etwas gegen den Durchfall zu unternehmen. Wenn er allerdings länger anhält, sollte man Kaopectate oder Imodium einnehmen und gleichzeitig möglichst viel trinken, um den Flüssigkeitsverlust auszugleichen. Von diesen Medikamenten hat meiner Erfahrung nach Imodium die wenigsten Nebenwirkungen. Am besten nimmt man eine Tablette, sooft man häufiger Stuhlgang hat als gewöhnlich. Wenn Sie Blut im Stuhl entdecken, müssen Sie sofort einen Arzt rufen – ganz egal, wo Sie sind.

Auch Übelkeit kann manchmal nützlich sein, weil sie einen davon abhält zu essen – und auf diese Weise dazu beiträgt, daß der etwas durcheinandergeratene Darm sich wieder beruhigen kann.

Wenn die »Touristenkrankheit« trotz aller beschriebenen Gegenmaßnahmen länger als vier Tage andauert, haben Sie sich möglicherweise etwas anderes zugezogen – vielleicht Ruhr, eine Amöben- oder eine Infektion durch einen anderen Parasiten. In diesem Fall müssen Sie Ihren Stuhl untersuchen lassen, um den Erreger herauszufinden, so daß man die geeigneten therapeutischen Maßnahmen ergreifen kann.

Jedenfalls – gute Reise!

Durchfall – aber aus welchem Grund?

Da wir gerade bei diesem Thema sind, will ich noch einige andere relativ häufige Ursachen für Diarrhoe beschreiben, gegen die man durchaus etwas unternehmen kann.

Unsere Nahrung enthält viele verschiedene Arten von Zucker – Saccharose (Rohrzucker), Fruktose (Frucht- oder Traubenzukker), Laktose (Milchzucker) und so weiter. Bis vor kurzem wußten nur wenige, daß es die klinisch manifeste Krankheit einer Laktoseunverträglichkeit überhaupt gibt. Sie ist eine Folge davon, daß der Organismus Milchzucker nicht abbauen kann; der Grund ist ein angeborener Mangel an Laktase, dem für die Zersetzung von Laktose notwendigen Enzym. 5 bis 6 Prozent aller Menschen europäischer Abstammung leiden an dieser Mangelerscheinung, und auch bei Afrikanern und Asiaten ist diese Stoffwechselstörung recht häufig. Es gibt zigtausende Leute, die an Laktoseunverträglichkeit leiden und ihr Leben lang über Blähungen, Krämpfe und häufigen

Durchfall klagen; weil man den Grund dafür nicht diagnostiziert hat, ernähren sie sich auch weiterhin falsch. Viele Personen mit dieser Krankheit unterziehen sich wiederholt Röntgenuntersuchungen, Koloskopien, Sigmoskopien und Rektoskopien oder lassen Stuhlanalysen machen, und da diese immer normal ausfallen, resignieren sie schließlich und sagen sich, daß sie eben von Geburt an einen »nervösen Magen« haben. Auch die Ärzte, ihre Angehörigen und Freunde stempeln sie so ab. Das sind die Personen, die unweigerlich sofort nach dem Nachtisch aufstehen und eine Toilette aufsuchen müssen; sie ernähren sich praktisch von Magentropfen und Beruhigungsmitteln – aber nichts hilft wirklich. An bestimmten Tagen ist es schlimmer als an anderen – ohne daß ein Grund erkennbar wäre. Ab und zu stellt jemand allerdings fest, daß es ihm oder ihr schlechter geht, wenn er oder sie Milch trinkt oder ein Eis ißt oder ein Dessert mit Schlagsahne verzehrt. Wenn sie auf derlei verzichten, fühlen sie sich gleich besser. Und auf genau diese Weise wird normalerweise die Diagnose gestellt.

Falls Sie den Verdacht haben, daß Sie an Laktoseunverträglichkeit leiden, ist es am besten, auf laktosehaltige Lebensmittel zu verzichten – beispielsweise Milch und Milchprodukte, einschließlich Weichkäse (nicht aber Hartkäse) – und zu beobachten, was dann passiert. (Butter dürfen Sie essen, allerdings keine Sahne.) Wenn daraufhin die Beschwerden verschwinden oder zumindest leichter werden, ist es fast sicher, daß Sie an dieser Stoffwechselstörung leiden. Wenn Sie es ganz genau wissen wollen, müssen Sie einen Laktoseverträglichkeitstest machen lassen. Dazu nimmt man Ihnen in nüchternem Zustand Blut ab und bestimmt dessen Laktosegehalt. Dann müssen Sie ein bestimmtes Quantum Laktose trinken. Über mehrere Stunden hinweg werden dann wiederholt Blutproben abgenommen und der jeweilige Laktosespiegel bestimmt. Bei Leuten mit Laktoseunverträglichkeit wird diese Testlaktose nicht abgebaut, und folglich steigt auch die Laktosekonzentration im Blut nicht an, selbst wenn man jede Menge Laktose getrunken hat.

Laktoseunverträglichkeit in den Griff zu bekommen ist ziemlich kompliziert, da sehr viele im Handel erhältliche Lebensmittel – Brot, Kuchen, Gebäck, Schokolade und Mayonnaisen – Milch enthalten. Vor allem für diejenigen, die oft auswärts essen und nicht selber kochen, kann das ein großes Problem werden:[1]

Erst vor kurzem stellte ich fest, daß auch zuviel *Sorbit* an chronischen Blähungen, aufgetriebenem Magen, Krämpfen und Diarrhoe schuld sein kann. Sorbit ist eine Substanz, die in vielen »zukkerfreien« Produkten wie Kaugummi, Bonbons, Fruchtsäften, Pfefferminz und Dosenfrüchten enthalten ist. Man könnte sie als »Zucker ohne Zucker« bezeichnen. (Es handelt sich dabei um einen sechswertigen Alkoholzucker, der genauso viele Kalorien enthält wie Glukose, aber nur halb so süß ist.) Da der Darm Sorbit nicht so schnell absorbiert wie Glukose, ist es für Diabetiker besser geeignet als Zucker. Bei manchen Leuten hat es jedoch eine osmotische Wirkung auf den Magendarmtrakt – mit anderen Worten: Es zieht zusätzliche Flüssigkeit in die Eingeweide. Die Folge ist, daß Sorbit – in Dosen von 10 bis 20 Gramm pro Tag – zu Diarrhoe führen kann. Um herauszufinden, wieviel Sorbit ein durchschnittliches »zuckerfreies« Pfefferminzbonbon enthält, sah ich mir das Etikett einer bekannten Marke etwas genauer an. Und was stand da? Ein einziges Pfefferminz enthält 2 Gramm Sorbit! Folglich kann jeder, der täglich fünf oder mehr solche Pfefferminzbonbons lutscht, Diarrhoe bekommen. Ich habe damals diese Information zu meinen Akten gelegt, um mich bei Gelegenheit eingehender mit diesem Thema zu befassen. Übrigens dauerte es gar nicht lange, bis ich wirklich froh war, daß ich diese Information hatte.

In meine Praxis kam eine siebenundvierzigjährige Frau; sie wollte eine »Generaluntersuchung« machen lassen. Als einzige Schwierigkeit beklagte sie, daß sie seit vier Jahren unter chronischer Diarrhoe und Blähungen litt, unabhängig davon, was sie aß. Vor zwei Jahren hatte man in ihrem Stuhl Amöben festgestellt, die allerdings mit Hilfe der entsprechenden Medikamente ausgerottet worden waren. Dennoch hatte sie auch weiterhin Durchfall. Und obwohl wiederholte Barium-Kontrasteinläufe und die entspre-

---

1 In den USA gibt es inzwischen Tabletten oder Tropfen, die das fehlende Enzym enthalten. Diese sind bisher in Deutschland nicht erhältlich. (A. d. Ü.).

chenden Röntgenaufnahmen, Rektoskopien und etliche Stuhlkulturen immer negativ ausfielen, nahm man an, daß irgendwelche Amöben überlebt hatten. Sie machte daher einige Behandlungszyklen mit einer Antiamöbendiät durch, die ausgereicht hätten, um ein Pferd umzubringen, ganz zu schweigen von winzigen Amöben. Aber die Diarrhoe verschwand nicht. Schließlich stellte man die Diagnose, ihr Magendarmtrakt sei »überempfindlich« und sie habe eben einen »nervösen Magen«.

Wenn ich nun den Artikel über das Sorbit nicht gelesen hätte, wäre ich nie auf den Gedanken gekommen, diese Dame zu fragen, ob sie des öfteren Kaugummi oder Pfefferminzbonbons aß. Hat Ihnen Ihr Arzt je eine solche Frage gestellt – wo es doch so viele andere, wichtigere Dinge zu fragen gibt? Jedenfalls fragte ich sie danach. Sie können sich vielleicht meine Überraschung – und Freude – vorstellen, als sie ihre Tasche öffnete und zwei Päckchen Pfefferminz »ohne Zucker« herausnahm. »Meinen Sie die da? Die lutsche ich den ganzen Tag über. Und zwar schon seit Jahren.« Ich forderte sie auf, es einmal ohne zu versuchen. Und nach ein paar Tagen war ihre Diarrhoe völlig verschwunden.

Wie hoch darf man hinaus?

Oft fragen mich ältere Personen oder Menschen mit Herz- oder Lungenbeschwerden, ob es für sie zu riskant sei, einen Urlaub im Hochgebirge zu verbringen. Meine Antwort ist, daß jeder, der fit genug ist, um überhaupt reisen zu können, normalerweise auch einen Urlaub im Gebirge verkraftet. Es gibt jedoch einige Grundregeln, an die man sich halten sollte, und zwar ganz unabhängig davon, wie alt man ist oder welche Krankheiten man hat. Mir selbst ist beispielsweise folgendes passiert:

Vor ein paar Jahren verbrachten meine Frau und ich einen zweiwöchigen Urlaub in Europa. Nachdem wir ein paar Tage durch Italien gefahren waren, entschlossen wir uns, der Schweiz einen Besuch abzustatten. Eines frühen Morgens fuhren wir also mit unserem Volkswagen von Genua aus los; wir fühlten uns wunderbar ausgeruht und entspannt und schwelgten in herrlichen Erinnerungen. Je höher wir kamen, desto mehr genossen wir das atemberaubende Panorama der Schweizer Alpen. Spätnachmittags kamen wir in St. Moritz an; wir waren zwar ein wenig müde, aber freuten uns schon auf einen Aperitif, ein gutes Abendessen mit köstlichem Wein aus der Gegend und auf einen Spaziergang durch das bezaubernde Städtchen. Wir hielten nur kurz bei unserem Hotel an und nahmen uns nicht einmal die Zeit auszupacken. Zügigen Schritts erklommen wir einen ziemlich steilen Hügel, hinauf zu dem malerischen Bistro, das die Empfangsdame im Hotel uns empfohlen hatte. Die Gebirgsluft war angenehm kühl, frisch und sauber. Ich genoß es, mir endlich die Beine vertreten zu können, nachdem ich den ganzen Tag über hinter dem Steuer gesessen hatte. Nach ein paar Minuten bekam ich jedoch leichte Kopfschmerzen. Anfangs war es nicht sonderlich schlimm, aber je höher wir kamen, desto mehr schmerzte mein Kopf. Und dann wurde mir plötzlich übel. Das Weitergehen wurde allmählich zu einer Qual, und ich hatte auch ein wenig Mühe zu atmen. Nun konnte ich nicht mehr anders, ich mußte einfach etwas langsamer gehen. Jetzt begann ich auch noch zu schwitzen – nicht das gesunde, saubere Schwitzen, wenn man sich körperlich anstrengt, sondern naßkalter, klebriger Schweiß. Auf einer Hügelkuppe ruhte ich mich ein paar Minuten lang aus, dann gingen wir sehr langsam zu unserem Hotel zurück.

Mir war nach wie vor schlecht; ich bekam nur mit Mühe Luft und hatte fürchterliche Kopfschmerzen. »Vielleicht hast du einfach einen leeren Magen«, meinte meine Frau schließlich. »Natürlich, das ist es! Du brauchst etwas zu essen. Wir haben den ganzen Tag nichts zu uns genommen.« Also gingen wir in den Speisesaal des Hotels und bestellten ein leichtes Kalbfleischgericht – gegrillt, ohne Sauce. Aber ich fühlte mich immer noch miserabel. Allerdings konnte ich dem weißen Landwein nicht widerstehen; er war köstlich – kühl und trocken. Während ich so dasaß und an meinem Wein nippte, brach mir plötzlich der Schweiß aus, mir wurde irgendwie komisch – und plötzlich war ich weg! Der Hotelbesitzer wußte sofort, was los war. Er stülpte mir eine Sauerstoffmaske über Mund und Nase, und ein paar Minuten später, als ich mich einigermaßen erholt hatte, half er mir auf unser Zimmer. Obwohl ich in dieser Nacht nicht besonders gut schlief, fühlte ich mich am nächsten Morgen schon viel besser. Der Gastwirt versicherte mir, daß mir nichts weiter fehle und es nicht notwendig sei, einen Arzt zu konsultieren; er erlebe derlei jeden Tag. Er riet mir lediglich, mich ein, zwei Tage nicht anzustrengen. Und er behielt in jeder Hinsicht recht. Schon am dritten Tag fühlte ich mich wieder völlig in Ordnung.

Ich habe Ihnen das in allen Einzelheiten geschildert, weil meine Beschwerden ganz typisch für eine leichte Höhenkrankheit waren – die ich ohne weiteres hätte vermeiden können. Ich hatte jedoch alles falsch gemacht; allerdings habe ich die Lektion damals wirklich begriffen. Bei späteren Ausflügen in die Berge hatte ich nie mehr irgendwelche Schwierigkeiten.

Etwa 25 Prozent aller Leute haben die gleichen Beschwerden, wenn sie zum erstenmal in hochgelegene Gegenden kommen (normalerweise über zweieinhalbtausend Meter); der Grund dafür ist Sauerstoffmangel. Der Körper und vor allem das Gehirn reagieren darauf auf die gleiche Weise wie bei zuviel Alkohol – es ist einem übel, man bekommt Kopfweh und schläft schlecht. Sobald man sich akklimatisiert hat, verschwindet die Höhenkrankheit, genau wie ein Kater. Die Atemnot (vor allem, wenn man sich körperlich betätigt, aber auch – allerdings nicht so schlimm – wenn man sich ausruht) ist vermutlich auf zuviel Flüssigkeit in den Lungen zurückzuführen, die der Körper jedoch innerhalb von ein, zwei Tagen absorbiert. Diese *Höhen- oder Bergkrankheit* verläuft normalerweise ohne ernsthafte Komplikationen und klingt rasch wieder ab, wie es auch bei mir der Fall war. Wie krank man sich fühlt, hängt in gewissem Maße davon ab, wie hoch man steigt, wie schnell man dorthin gelangt und was man unternimmt, sobald man angekommen ist; allerdings kann niemand mit Sicherheit voraussagen, wer die Höhenkrankheit bekommt und wer nicht.

Gelegentlich füllen sich unter diesen Umständen – auch bei Gesunden – die Lungen mit Wasser, genau wie bei einem schweren Herzanfall. Man bezeichnet dies als *akutes Lungenödem in großen Höhen*. In einem solchen Fall müssen sofort Sauerstoff und harntreibende Mittel angewandt werden, sonst kann innerhalb weniger Stunden der Tod eintreten. Manchmal ist es auch notwendig, sich schnellstens in niedriger gelegene Gegenden zu begeben.

Eine noch gefährlichere, aber nicht so weit verbreitete Komplikation (normalerweise in Höhen über dreitausend Meter) ist ein Gehirnödem. In diesem Fall sammelt sich Flüssigkeit nicht in der

Lunge, sondern im Gehirn an. Wie nicht anders zu erwarten, sind die Symptome starke Kopfschmerzen, Gleichgewichtsstörungen, Verwirrtheit und Verhaltensstörungen. Wenn ein Gehirnödem nicht unverzüglich behandelt wird, passiert es häufig, daß der Patient ins Koma fällt und stirbt. In solchen Fällen reichen Sauerstoff und harntreibende Mittel alleine nicht aus. Der Patient muß vielmehr so schnell wie möglich auf Meeresspiegelniveau gebracht werden.

All diese Beschwerden – vor allem die nicht so ernsten – lassen sich auf ein Minimum reduzieren oder sogar ganz vermeiden, wenn man einige einfache Grundregeln befolgt:

(1) Wenn möglich, sollten Bergsteiger langsam in große Höhen aufsteigen.
(2) Nach der Ankunft sollte man für die Dauer von vierundzwanzig bis achtundvierzig Stunden jegliche körperliche Anstrengung vermeiden.
(3) Man sollte immer Diamox (Acetazolamid) bei sich haben. Zwar handelt es sich dabei um ein harntreibendes Mittel, das vor allem zur Behandlung von grünem Star eingesetzt wird, aber es reduziert oder verhindert auch Beschwerden bei Höhenkrankheit – vermutlich weil es kräftiges Durchatmen stimuliert. Nehmen Sie am Tag vor der Ankunft an Ihrem Urlaubsort drei Tabletten und an den nächsten drei Tagen jeweils zwei Tabletten. In dieser niedrigen Dosierung ist dieses Medikament normalerweise unproblematisch; man muß allerdings damit rechnen, daß man öfter als sonst die Blase entleeren muß.
(4) Man sollte nicht nur Diamox einnehmen, sondern an den ersten beiden Tagen auch keinen Alkohol trinken, statt dessen jedoch jede Menge Wasser.
(5) Nehmen Sie nur leichte Mahlzeiten zu sich, vorzugsweise Kohlehydrate und möglichst wenig Fett und Eiweißstoffe.
(6) Nehmen Sie keine Beruhigungs- und Schlafmittel. Es bekommt dem Gehirn, das durch den Sauerstoffmangel ohnehin schon beeinträchtigt wird, gar nicht gut, wenn seine Funktionen durch derlei Medikamente noch weiter unterdrückt werden.

(7) Bei manchen Leuten bilden sich in den Beinen Blutgerinnsel (Thrombophlebitis = Venenentzündung mit Thrombenbildung), vor allem in sehr großen Höhen (über viertausendfünfhundert Meter). Frauen sollten mit der Pille aussetzen, wenn sie vorhaben, sich in derartige Höhen zu begeben.

(8) Wenn Sie es schon einmal mit Diamox probiert haben und trotzdem Beschwerden hatten, sollten Sie mit Ihrem Arzt besprechen, ob es angeraten ist, prophylaktisch geringe Mengen von Steroiden einzunehmen.

Dürfen sich nun bestimmte Leute auf keinen Fall in Höhen über zweitausendfünfhundert Meter begeben? Die Antwort ist: Ja. Wenn Sie derlei gemacht haben und nur knapp dem Tod entronnen sind, weil Sie ein Lungen- oder Gehirnödem bekamen, sollten Sie in Ihrem Urlaub lieber ans Meer fahren. Wenn Sie an einer Erkrankung der Herzkranzarterien und Angina pectoris leiden, die schon bei geringfügigen Anstrengungen oder bei jeder Aufregung manifest wird oder Sie des Nachts nicht schlafen läßt, sollten Sie lieber in einer Höhe bleiben, die in etwa dem Meeresspiegelniveau entspricht. Das gleiche gilt für Personen mit schweren Lungenerkrankungen, die zusätzlichen Sauerstoff benötigen oder schon wiederholt Thrombophlebitis hatten, sowie für Personen mit einem Herzfehler, bei dem es zu Blutstauungen kommt. Übergewichtige, die aufgrund ihrer Fettleibigkeit nicht richtig durchatmen können und folglich nicht genügend Sauerstoff bekommen, sollten erst einmal richtig abspecken, ehe sie einen Urlaub in den Alpen oder einem anderen Hochgebirge planen.

Nasenbluten muß nicht sein

Nasenbluten kann zu einem traumatischen Erlebnis werden, als würden Sie gegen eine Glastüre rennen, die Sie nicht gesehen haben, oder plötzlich einen unerwarteten Hieb bekommen. Oft tritt Nasenbluten ganz plötzlich und unerwartet auf. Sie sitzen beispielsweise nichtsahnend an Ihrem Schreibtisch, und plötzlich tröpfelt, fließt oder schießt Blut aus Ihrer Nase und/oder in Ihre Kehle. Fast jeder Mensch hat hin und wieder leichtes Nasenbluten, meistens als Folge von Nasenbohren oder weil man die Nasenschleimhaut auf eine andere Art und Weise gereizt hat. Manche Personen – jüngere wie auch ältere – haben jedoch aus ganz speziellen Gründen chronisches Nasenbluten – und gerade das ließe sich meistens vermeiden; in einigen Fällen tritt es nur dann auf, wenn man auf Reisen ist.

Aus eigener Erfahrung kenne ich einen der häufigsten Gründe für Nasenbluten, und zwar unabhängig vom Alter.

Vor ein paar Jahren gehörte ich einer amerikanischen Delegation an, die in die Sowjetunion reiste, um mit den Ärzten dort Probleme des plötzlichen Herztods zu diskutieren. Wir flogen zuerst nach London und dann, nach einem kurzen Zwischenaufenthalt, weiter nach Moskau. Es war Ende Oktober, und in Rußland war es sehr kalt. Die Luft in meinem Hotelzimmer war stickig und fürchterlich trocken, und bald war meine Nase völlig verkrustet. Drei Tage später besuchten wir einige Gegenden im asiatischen Teil der Sowjetunion. Tag für Tag verbrachte ich in der trockenen Luft entweder eines Flugzeugs oder eines überheizten Hotelzimmers. Am neunten Tag trafen wir in Jalta ein, und als ich im Hotel mit dem Fahrstuhl nach unten fuhr, schoß plötzlich ein Blutschwall aus meiner Nase. Ich setzte mich sofort hin, beugte mich nach vorne und preßte meine Nasenflügel mit Daumen und Zeigefinger zusammen. Nach fünf Minuten hörte die Blutung auf, und am nächsten Tag reisten wir weiter.

Vier Tage später machten wir uns auf den Rückflug nach Hause, mit einem kurzen Zwischenaufenthalt in Paris. Nachdem ich dort wunderbar geschlafen hatte, wachte ich frühmorgens auf – wiederum mit Nasenbluten, diesmal noch schlimmer als beim erstenmal. Es war Sonntag und daher unmöglich, einen Arzt zu konsultieren, denn in drei Stunden startete das Flugzeug zurück in die Staaten. Ich versuchte es also mit den gleichen Tricks wie in Jalta, und auch diesmal gelang es mir, die Blutung zu stoppen. Obwohl das reichlich riskant war, beschloß ich, den Flug über den Ozean zu wagen. Während der nächsten acht Stunden passierte überhaupt nichts. Ich hatte Glück gehabt, aber kaum war ich zu Hause, bekam ich schon in der ersten Nacht wieder Nasenbluten, diesmal wirklich schlimm. Aus beiden Nasenlöchern und sogar aus den Augenwinkeln schoß Blut, und ich konnte die Blutung einfach nicht zum Stillstand bringen. Noch heute erschaudere ich bei dem Gedanken, daß mir das während des Acht-Stunden-Fluges passiert wäre.

Ich wickelte mir also Handtücher um den Kopf, um das Blut aufzusaugen, und nahm ein Taxi zur nächstgelegenen Notaufnahmestation. Der diensthabende Arzt konnte die Blutung mit konventionellen Mitteln ebenfalls nicht zum Stillstand bringen. Da wahre Sturzbäche von Blut aus meiner Nase schossen, gelang es ihm auch nicht, die Stelle zu finden, wo es blutete; offensichtlich handelte es sich um eine Arterie und nicht um eine Vene. Schließlich legte er mir einen straffen Druckverband an, um die Blutung einigermaßen unter Kontrolle zu bringen – was äußerst unbequem war. Nachdem die Blutung aufgehört hatte, überprüfte er meinen Hämoglobinspiegel, um zu sehen, ob ich eine Bluttransfusion brauchte. Junge und/oder gesunde Leute können einen ziemlich starken Blutverlust verkraften; bei jemandem, der an einer Erkrankung der Herzkranzgefäße, anderen Gefäßkrankheiten oder sonstigen chronischen Krankheiten leidet, ist dies jedoch nicht immer der Fall. Obwohl es so aussah, als hätte ich Unmengen von Blut verloren, war mein Hämoglobinspiegel nur unwesentlich abgesunken; eine Bluttransfusion war also nicht notwendig.

Ich blieb vierundzwanzig Stunden im Krankenhaus, und als ich schließlich nach Hause durfte, hatte ich immer noch einen dicken Verband um meine Nase. Als dieser am nächsten Tag entfernt wurde, untersuchte der Arzt meine Nase und stellte fest, daß die Schleimhaut ganz trocken und verkrustet war. Offensichtlich hatte das viele Fliegen bei zu geringer Luftfeuchtigkeit in Verbindung mit den überheizten, trockenen Hotelzimmern die Nasenschleimhäute ausgetrocknet und rissig gemacht, und daraufhin hatten eine oder mehrere Arterien hinten in der Nase zu bluten begonnen.

Bei Kindern ist der häufigste Grund für Nasenbluten die schlechte Angewohnheit des Nasenbohrens. Es gibt tatsächlich Kinder, die mehr oder weniger ständig einen Finger vorne in der Nase haben, wo sich ein fein verästeltes Netz von Venen befindet. Wenn diese Blutgefäße gereizt werden, werden sie immer dünnwandiger und beginnen schließlich zu bluten. Hat das Kind noch andere Schwierigkeiten mit der Nase, tendiert es am ehesten dazu, ständig in der Nase zu bohren. Wenn beispielsweise das Septum, also die Nasenscheidewand, die die beiden Nasenflügel voneinander trennt, verbogen oder verwachsen ist, fällt es schwer, Luft zu bekommen. Wenn sich nun an dieser Stelle eine kleine Verkrustung bildet – die normalerweise nicht weiter störend wäre –, wird es schwierig, tief durchzuatmen, und das Kind gerät in Versuchung, diese Verkrustung mit dem Finger wegzukratzen. Auch Kinder, die eine Allergie haben und deren Nasenschleimhäute geschwollen und gereizt sind, werden oft zu »Nasenbohrern«, um besser durchatmen zu können. Wenn nun bei zu geringer Luftfeuchtigkeit die Nasenschleimhäute verkrusten und das Atmen immer schwieriger wird, versucht das Kind sich Erleichterung zu verschaffen, indem es, anstatt sich zu schneuzen, in der Nase bohrt.

Bei Erwachsenen ist oft ein Austrocknen der Nasenschleimhäute der Grund für wiederholtes Nasenbluten. Allerdings sollte man als mögliche Gründe auch Bluthochdruck, Geschwüre, bestimmte Medikationen, Antigerinnungsmittel und Unregelmäßigkeiten der Blutgerinnung in Betracht ziehen. Ein weiterer Faktor, den man heutzutage berücksichtigen muß, ist Kokain; bei regelmäßigem Schnupfen zerfrißt dieses Rauschgift die Nasenscheidewand.

Ehe ich näher darauf eingehe, wie man Nasenbluten vorbeugen kann, noch ein Wort dazu, was man in einem solchen Fall tun soll. Am häufigsten tritt die Blutung im vorderen Bereich der Nase auf, wo sich eine Unmenge von kleinen Venen befindet. Aber auch eine Arterie kann bluten, wie in meinem Fall. Es ist wichtig zu erkennen, ob es sich um eine Venen- oder aber um eine Arterienblutung handelt, da sie jeweils verschieden zu behandeln sind. Eine Venenblutung ist normalerweise nicht so stark und dauert auch nicht übermäßig lange an. Außerdem sprudelt aus einer Arterie das Blut heraus, während es aus einer Vene lediglich tröpfelt oder sickert. Bei einer venösen Blutung kommt das meiste Blut aus der Nase; nur wenig gelangt in die Kehle, vor allem wenn man den Kopf nach vorn beugt. Arterielle Blutungen hingegen sind im vorderen und hinteren Nasenbereich etwa gleich stark. In einem solchen Fall müssen Sie umgehend medizinisch versorgt werden.

Wenn das Blut lediglich tröpfelt oder sickert und nicht herausspritzt, kann man meistens selber damit fertig werden. Setzen Sie sich hin und beugen Sie sich nach vorne. (Die natürliche Reaktion ist zwar, daß man den Kopf in den Nacken legt, so daß kein Blut mehr aus der Nase kommt. Es ist jedoch in jedem Fall besser, wenn das Blut aus der Nase strömt, als wenn es in die Kehle gerät, von wo aus es in die Lunge gesaugt werden kann!) Schneuzen Sie anschließend vorsichtig beide Nasenflügel, damit kein Blutklumpen zurückbleibt, der die Blutgefäße erneut reizen könnte, und stekken Sie sich dann einen mit kaltem Wasser getränkten Wattebausch oder ein feuchtes Papiertaschentuch in beide Nasenlöcher, und zwar etwa einen Zentimeter weit. Nach ungefähr fünf Minuten müßte dann eigentlich alles vorbei sein, außer Sie neigen zu starken Blutungen, haben eine Infektion – oder es handelt sich um eine Arterienblutung. Wenn immer noch große Mengen Blut in die Kehle fließen, obwohl Sie den Kopf nach vorne neigen, ist die Wahrscheinlichkeit groß, daß es sich um eine Arterienblutung handelt, die ihren Ursprung sowohl vorne als auch weiter hinten in der Nase haben kann; in diesem Fall brauchen Sie höchstwahrscheinlich die Hilfe eines Arztes.

Wenn die Blutung aufgehört hat, sollte man 48 Stunden lang jede außergewöhnliche Anstrengung vermeiden.

Wie kann man dem Nasenbluten vorbeugen? Vor allem muß man eine zu geringe Luftfeuchtigkeit ausgleichen. Trinken Sie während eines Langstreckenfluges soviel Wasser wie nur möglich. Schmieren Sie, ehe Sie an Bord des Flugzeugs gehen, mit dem kleinen Finger ein etwa erbsengroßes Stück fetthaltigen Gels, beispielsweise Vaseline, in beide Nasenlöcher und massieren Sie die Nase ganz sanft von außen. Dadurch wird der Bereich, der am ehesten austrocknet und zu bluten beginnt, »geschmiert«. Wenn Sie keine Creme oder Salbe zur Hand haben, befeuchten Sie am besten jede Stunde ein Papiertaschentuch und stecken es sich für ein paar Minuten in beide Nasenlöcher.

Aber nicht nur in Flugzeugen oder in der Sowjetunion ist die Luft trocken. Die meisten von uns tendieren dazu, ihre Wohnung zu überheizen, wenn es draußen sehr kalt ist. Jeder, der schon des öfteren Nasenbluten hatte, sollte in den Räumen, in denen er oder sie sich die meiste Zeit aufhält, einen Verdampfungsapparat oder einen Wasserzerstäuber oder einen Luftbefeuchter aufstellen. Eine billigere Alternative besteht darin, einfach ein mit Wasser gefülltes Gefäß auf einen Heizkörper zu stellen, so daß das Wasser verdunstet. Zusätzlich sollten Sie vor dem Schlafengehen etwas Fettcreme in beide Nasenlöcher schmieren; das gilt vor allem, wenn man in den Wintermonaten zu Nasenbluten neigt.

Wenn chronisches Nasenbluten auf eine verkrümmte Nasenscheidewand zurückzuführen ist, wird unter Umständen ein operativer Eingriff erforderlich.

Alle, die an wiederholtem Nasenbluten leiden, sollten sich einer Untersuchung unterziehen, um bestimmte Ursachen auszuschließen, beispielsweise ein an der Oberfläche liegendes Blutgefäß, das man gegebenenfalls entfernen muß, oder sogar einen Tumor. Wenn man jedoch oft Nasenbluten hat und sich kein spezifischer Blutungsherd feststellen läßt, ist eine gründliche Untersuchung – inklusive der Gerinnfähigkeit des Blutes – erforderlich. Ich kenne einige Fälle von Leukämie und anderen schweren Blutkrankheiten, die sich als »grundloses« Nasenbluten äußerten.

Zusammenfassend läßt sich sagen: Wie auch immer Sie reisen – zu Lande, in der Luft oder auf dem Wasser –, die Schwierigkeiten, die dabei auftreten können, lassen sich meistens ebenso vermeiden wie eine Erkrankung in der ungewohnten Umgebung – wo auch immer das ist. Einfache, vom gesunden Menschenverstand diktierte Grundregeln tragen dazu bei, daß Sie keine Probleme mit Ihrem Kopf, dem Magendarmtrakt oder der Nase bekommen.

11. Ernährung, Hormone und Knochenbrüche – Osteoporose

Als Kolumbus vor fast 500 Jahren Amerika entdeckte, lag die durchschnittliche Lebenserwartung der Frauen bei 40 Jahren. Sie kannten keine Wechseljahre, sondern hatten bis zu ihrem Lebensende ihre Periode. Heutzutage aber hat ein neugeborenes Mädchen in den westlichen, hochindustrialisierten Ländern eine durchschnittliche Lebenserwartung von 78 Jahren, und mit etwa 50 Jahren kommen die Frauen in die Wechseljahre.

Die meisten modernen Frauen sind in den Wechseljahren und der Zeit danach mit einer Reihe »neuer« gesundheitlicher Probleme konfrontiert. Zu den am häufigsten auftretenden gehört die Osteoporose, ein anormaler Knochenschwund, der meist auf Kalziummangel zurückzuführen ist. Er rangiert mittlerweile an zweiter Stelle unter allen Knochenbeschwerden (an erster Stelle stehen nach wie vor Unfälle). Patienten mit Osteoporose haben Schmerzen in den Knochen; sie brechen sich oft ganz unerwartet einen oder mehrere Wirbelknochen (das gilt für 25 Prozent aller Frauen über 60); außerdem kommt es nicht selten zu Wirbelsäulenverkrümmungen. Jedes Jahr brechen sich circa 200000 Amerikanerinnen in fortgeschrittenem Alter bei einem Bagatellunfall die Hüfte oder andere Knochen. Männer sind zwar weniger anfällig gegen Osteoporose, aber auch sie sind nicht immun dagegen. Ich habe selber einige Patienten, die darunter leiden. Sie sind alle in ihren Sechzigern oder Siebzigern. Einige von ihnen sind an Knochenschwund erkrankt, weil sie aufgrund einer Nierenerkrankung mit dem Urin zuviel Kalzium absonderten; bei 10 bis 15 Prozent handelt es sich um Alkoholiker. Besonders gefährdet sind Männer, die exzessiv trinken und gleichzeitig aluminiumhaltige Antazide gegen Magengeschwüre oder eine Übersäuerung des Magens einnehmen. Die Kombination von Alkohol und diesen spezifischen Antaziden führt zu einem gravierenden Kalziummangel der Knochen. Wenn Sie – aus welchem Grund auch immer – solche Medikamente brauchen und relativ viel Alkohol trinken, empfehle ich ihnen Antazide, die anstelle von Aluminium Kalziumkarbonat enthalten.

Trotz aller ausgeklügelten neuen Techniken, die das Verheilen von Knochenbrüchen in Rekordzeit ermöglichen, ist ein Hüftbruch für ältere Leute oft eine Katastrophe – ein einschneidendes Erlebnis, das eine vormals gesunde, aktive Person zu einem hilflosen Krüppel machen kann. Mehr noch – in den USA sterben Jahr für Jahr 40000 Frauen wegen eines solchen Unfalls und der sich daraus ergebenden Komplikationen. Einer Osteoporose kann man jedoch vorbeugen (oder zumindest die Schwere der Erkrankung reduzieren), wenn man bestimmte Vorsichtsmaßnahmen ergreift – für die sich unglücklicherweise noch immer viel zu wenige Ärzte und Patienten interessieren.

Anhand der Krankengeschichte einer meiner Patientinnen will ich Ihnen einen typischen Fall von Osteoporose schildern.

Mrs. Martin war vierundsiebzig Jahre alt; ihr Mann war vor zwei Jahren gestorben. Seitdem versorgte sie sich selbst und lebte allein in einer »netten« Gegend in New York. Ihre drei Kinder, alle verheiratet, lebten im Umkreis von 100 Meilen und besuchten die alte Dame hin und wieder. Sie hatte viele Freunde und Bekannte, ging alle paar Wochen ins Theater und war in meinen Augen ein Paradebeispiel dafür, wie das Leben im Alter sein sollte – einigermaßen bequem und komfortabel und völlig unabhängig.

Ein- oder zweimal jährlich kam sie zu einer Generaluntersuchung in meine Praxis. Ihre Krankengeschichte war nicht weiter aufregend, und sie war bei guter Gesundheit. Bei ihrem letzten Besuch gestand sie mir allerdings, daß sie zwar nach wie vor einen »gesunden« Appetit hatte, ihr Speiseplan jedoch »weniger abwechslungsreich« und mehr dem Zufall überlassen war, seit ihr Mann nicht mehr lebte. Außerdem nahm sie seit Jahren keine Milch und keine Milchprodukte mehr zu sich, weil sie davon Blähungen und Krämpfe bekam. Ihr einziges »Laster« war, daß sie täglich eine Schachtel Zigaretten rauchte. Ihre Menopause hatte im Alter von 51 eingesetzt; allerdings hatte sie nie unter irgendwelchen Stimmungsschwankungen oder »fliegender Hitze« gelitten und nahm keinerlei weibliche Zusatzhormone, da sie das Gefühl hatte, derlei nicht zu brauchen.

Der Gesundheitszustand von Mrs. Martin war wie immer ganz normal, als sie eines Abends alleine ins Theater ging. Sie fuhr mit dem Bus; das war recht bequem, da die Busstation nur einen Block von ihrer Wohnung entfernt war. Gegen Viertel nach elf kam sie aus dem Theater zurück und wollte von der Bushaltestelle zu ihrer Wohnung gehen. Es dauerte nicht lange, bis sie den Portier ihres Apartmenthauses sah; sie war nicht mehr weit von ihm entfernt, und das vermittelte ihr ein Gefühl von Sicherheit. Plötzlich, »aus heiterem Himmel«, stürzte sich aus dem Dunkel eine Gestalt auf sie, entriß ihr die Umhängetasche und stieß sie dabei zu Boden. Sie sah ihren Angreifer nicht; er verschwand genauso schnell, wie er aufgetaucht war – mit ihrer Handtasche, in der zwölf Dollar sowie ein nicht eingelöster Scheck von der Sozialversicherung waren. Wie betäubt lag sie hilflos und verschreckt einen Augenblick lang reglos da; dann versuchte sie aufzustehen. Es ging nicht. Die Schmerzen in ihrem Bein waren unerträglich. Später erzählte sie mir, sie hätte ein klickendes oder knackendes Geräusch gehört, als sie zu Boden fiel; sie hatte sich die Hüfte gebrochen.

Der Rest der Geschichte ist schnell erzählt. Der Pförtner reagierte auf ihre Hilfeschreie und rief einen Krankenwagen, der sie in eine Klinik brachte. Die Röntgenaufnahmen zeigten einen komplizierten Bruch der linken Hüfte. Der notwendige chirurgische Eingriff hätte lediglich einen zweiwöchigen Klinikaufenthalt notwendig gemacht. Aber der Herzanfall, den sie am fünften Tag nach ihrer Operation erlitt, und die sich daraus ergebenden Komplikationen führten dazu, daß sie drei Monate lang in der Klinik bleiben mußte. Als man sie schließlich entließ, konnte die vorher so gesunde, vitale und lebensfrohe Frau sich nicht mehr selber versorgen. Bei einem ihrer Kinder zu leben lehnte sie rundweg ab; sie spürte, daß sie ihnen nur eine Last sein würde; schließlich »haben sie ihre eigenen Probleme«. Ein Sozialarbeiter der Klinik machte dann ein Pflegeheim für sie ausfindig. Sie gab ihre gesamten Ersparnisse für ihre Unterbringung in ihrer neuen Heimat aus, denn niemand glaubte im Ernst daran, daß sie je wieder nach Hause kommen würde. Das war dann auch der Fall. Wenige Monate später starb sie. Für die Gesellschaft war sie nichts weiter als eine von vielen älteren Damen gewesen, die im Schlaf eines »natürlichen« Todes gestorben war. Nur ihre Kinder und ich kannten die Wahrheit.

Das medizinische Problem bei Mrs. Martin war, daß sie an Osteoporose litt. Ihre Knochen waren dünn und brüchig und enthielten zuwenig Kalzium; es war also nahezu unvermeidlich, daß sie sich bei einem Sturz oder einem anderen Unfall etwas brechen würde. Ein jüngerer Mensch hätte sich unter den gleichen Umständen vermutlich nichts gebrochen.

Aber was waren die Gründe für Mrs. Martins spezielle Gefährdung? Was hätte man tun können, um diesen Hüftbruch zu verhindern oder zumindest das Risiko zu verringern? Was sollten all die Mrs. Martins unter uns machen, um selber einem ähnlichen Schicksal zu entgehen?

Die Krankengeschichte der alten Dame bietet uns mehrere Antworten auf diese Fragen. Sie war prädestiniert für einen solchen Unfall, und zwar aus folgenden Gründen:

(1) Ihr *Alter*. Obwohl man nicht genau weiß, welche Mechanismen letztendlich zu einer Osteoporose führen, steht doch fest, daß sie bei jüngeren, ansonsten gesunden Frauen vor der Menopause nur selten auftritt. Und dann gibt es andere Gründe dafür, daß die Knochen zuwenig Kalzium enthalten. Wenn man älter wird, nimmt die Fähigkeit des Magendarmtrakts ab, Kalzium zu absorbieren. Wann und in welchem Maße das geschieht, ist von Mensch zu Mensch verschieden. Fest steht nur: Je älter man wird, desto weniger Kalzium gelangt in die Knochen; folglich werden sie dünn, spröde und brüchig.

Zu einem Kalziummangel kann es in jedem Alter kommen, was unter anderem folgende Ursachen haben kann: Nebenschilddrüsentumor (im Kapitel über Nierensteine werde ich darauf näher eingehen), multiples Myelom (eine bösartige Erkrankung, die die Knochen und das Knochenmark befällt), regelmäßige Einnahme von Cortison (beispielsweise bei Leuten mit rheumatischer Arthritis oder schwerem Asthma), unbehandelte Hyperthyreose (Schilddrüsenüberfunktion), subtotale Magenresektion (in diesem Fall machen ein Magengeschwür oder Magenkrebs die Entfernung eines Großteils des Magens erforderlich, so daß nun nicht mehr soviel Gewebe vorhanden ist, von dem Kalzium absorbiert werden kann) sowie unzureichende Ausschüttung des männlichen Hormons (das passiert beispielsweise bei jungen Männern, die unter einer Drüsenfunktionsstörung leiden, bei der die Hoden in Mitleidenschaft gezogen werden).

(2) Der *Mangel an weiblichem Hormon* spielt bei der Entstehung von Osteoporose eine wesentliche Rolle. Mrs. Martin hatte die Wechseljahre bereits hinter sich, nahm aber keinerlei Ersatzöstrogen. Ich hatte dies der vierundsiebzigjährigen Dame auch nie nahegelegt, da sie nie über »fliegende Hitze«, Schmerzen beim Geschlechtsverkehr (weil die Schleimhäute in der Vagina austrocknen), Stimmungsschwankungen oder Schmerzen in den Knochen geklagt hatte. Hätte ich eine Röntgenaufnahme gemacht und gesehen, daß sie an Osteoporose litt, oder hätte sich bei der regelmäßigen Gewichtskontrolle gezeigt, daß sie aufgrund eines »heimlichen« Knochenzerfalls abnahm, hätte ich ihr selbstverständlich sofort Östrogen verschrieben.

Mittlerweile raten einige Ärzte zur Verhinderung von Osteoporose routinemäßig allen Patientinnen, kurz vor oder während der Menopause Östrogen einzunehmen, unabhängig davon, ob sie Beschwerden haben. Vielleicht ist das keine schlechte Idee, aber ich bin mir nicht sicher. Ich mache mir nach wie vor Sorgen, daß die möglichen Risiken schwerer wiegen als die Vorteile.

Allerdings stimmten alle Fachleute dahingehend überein, daß eine Frau nach den Wechseljahren, die an Osteoporose leidet, auf jeden Fall mit Östrogen behandelt werden sollte – je eher, desto besser. Normalerweise verschreibe ich zyklisch Presomen oder Progynon, d. h. das Medikament wird drei Wochen lang eingenommen; dann setzt man eine Woche aus. Da Östrogen das Risiko von Endometriumkrebs (Krebs der Gebärmutterschleimhaut) erhöht, sollte jede Frau, die Östrogen nimmt und deren Gebärmutter nicht entfernt wurde, mindestens drei- bis viermal pro Jahr einen Papanicolaou-Abstrich machen lassen und sofort ihren Gynäkologen konstultieren, wenn sie unregelmäßige Blutungen hat. Frauen, die Gebärmutter- oder Brustkrebs hatten, deren Blut zur Klumpenbildung neigt oder die einen Leberschaden haben, sollten kein Östrogen nehmen. Wenn Sie Schwierigkeiten mit der Gallenblase haben, besprechen Sie am besten mit Ihrem Arzt, ob Sie dieses Hormon nehmen sollen. Außerdem empfehle ich während der letzten zehn bis fünfzehn Tage des Östrogenzyklus 5 oder 10 mg Progesteron täglich, um das Risiko einer bösartigen Veränderung der Gebärmutterschleimhaut einzuschränken. Auf jeden Fall sollten Sie, falls Sie an Herz- oder Lebererkrankungen leiden, die Entscheidung sorgfältig abwägen, denn sonst könnte es sein, daß das Hormon eine gegenteilige Wirkung hat.

Es gibt mittlerweile Untersuchungsmethoden, um *vor* einem Unfall festzustellen, wer Gefahr läuft, an Osteoporose zu erkranken. Bei einem solchen Test, der sogenannten Photonenabsorptiometrie, wird ein Photonenstrahl mit niedriger Energie (auf diese Weise wird man nur einer geringen Strahlung ausgesetzt) verwendet, um die Dichte der Knochen zu bestimmen. Mit diesem Strahl werden die Knochen des Vorderarms oder des Handgelenks abgetastet; ein Strahlungsmesser registriert den Gehalt an Mineralien in diesen Knochen. Wenn man die ursprüngliche Knochendichte festgestellt hat und diesen Test alljährlich wiederholt und die Ergebnisse mit dem ursprünglichen vergleicht, kann man feststellen, ob eine Hormon- oder eine andere Therapie angezeigt ist.

(3) Mrs. Martin litt vermutlich an *Fehl- beziehungsweise Mangelernährung*. Seit dem Tod ihres Mannes hatte sie sich nicht mehr um eine ausgewogene Ernährung gekümmert. Sie erinnern sich vielleicht, daß sie mir erklärt hatte, sie vermeide Milch und Milchprodukte, weil sie davon Blähungen und Krämpfe bekomme. Wahrscheinlich litt sie unter einer Laktoseunverträglichkeit. Obwohl dies bei Personen jeden Alters und jeden Geschlechts auftreten kann (drei von mei-

nen vier Kindern leiden darunter), haben 65 Prozent aller Frauen mit Osteoporose mehr oder weniger große Probleme damit. Wenn jemand mit einem derartigen Defekt Laktose zu sich nimmt, kommt es zu Magenschmerzen, Blähungen und einem aufgedunsenen Bauch, weil der Milchzucker nicht richtig verdaut wird. Folglich meiden diese Personen Milch und Milchprodukte. Diese Nahrungsmittel enthalten jedoch viel Kalzium, und auf diese Weise kommt es, daß diese Patienten zuwenig Kalzium zu sich nehmen und ihre Knochen osteoporotisch und brüchig werden. Ich hatte seinerzeit Mrs. Martin Kalziumtabletten verschrieben, aber sie »machte sich nie die Mühe«, sie zu nehmen.

(4) Mrs. Martin war *Raucherin*. Man weiß mittlerweile, daß der Genuß von Tabak die Entstehung von Osteoporose begünstigt. Diese Krankheit tritt, zumindest statistisch gesehen, bei Raucherinnen viel häufiger auf, da Tabak die Wirkung von Östrogen beeinträchtigt. Raucherinnen verringern also ihren Östrogenspiegel noch mehr. Zudem verengt Nikotin die Arterien, die die Knochen versorgen; auf diese Weise wird die Menge an Kalzium, die dorthin gelangt, weiter reduziert. Schließlich führen Nikotin- und Tabakharze möglicherweise dazu, daß mehr Kalzium mit dem Urin ausgeschieden wird.

Was also tun?

Wie können Sie sich, wenn Sie die Wechseljahre bereits hinter sich haben, gegen Osteoporose schützen? Beginnen wir mit der Ernährung. Viele Leute halten eine Diät mit möglichst wenig Cholesterin ein, um auf diese Weise einer Arteriosklerose (Verhärtung der Arterien) vorzubeugen. (Mit dem Für und Wider einer solchen Diät werde ich mich an anderer Stelle eingehender befassen.) Was auch immer die Vorteile einer solchen Diät sein mögen – es handelt sich hier doch um eine Diät, bei der man Milch und Milchprodukte wie Käse und Sahne meidet, obwohl gerade sie zu den Nahrungsmitteln zählen, die viel Kalzium enthalten. Frauen, die in jungem

Alter immer wieder lange Abmagerungskuren gemacht haben, haben also zuwenig Kalzium zu sich genommen, weil viele kalziumhaltige Nahrungsmittel gleichzeitig reich an Kalorien sind. Da Kalziummangel – und zwar sowohl vor als auch nach dem Klimakterium – die Entwicklung einer Osteoporose fördert, muß jeder Erwachsene, vor allem aber jede Frau über 35, bei einer solchen Diät dem Körper zusätzlich Kalzium zuführen. Sonst programmiert man regelrecht eine Osteoporose.

Wieviel Kalzium jemand braucht, hängt vom Alter ab. Durchschnittlich benötigt man mindestens 1000 mg am Tag. Eine durchschnittliche Amerikanerin nimmt vermutlich pro Tag lediglich 450 bis 550 mg Kalzium zu sich. Und bei jemandem, der eine rigorose Diät mit möglichst wenig Cholesterin einhält, ist die Menge wahrscheinlich noch geringer. Jede Frau in den Wechseljahren sollte täglich mindestens 1500 mg Kalzium zu sich nehmen. Und jede Frau, die eindeutig an Osteoporose leidet, ist gut beraten, wenn sie täglich 2 bis 3 Gramm (2000 bis 3000 mg) Kalzium ißt.

Den jeweiligen Kalziumbedarf kann man auf unterschiedliche Weise decken. Beispielsweise genügt es, wenn man täglich vier Gläser Milch trinkt. (Sie können auch Magermilch nehmen, die weniger Fett enthält.) Circa 150 Gramm Hartkäse enthalten 1000 mg Kalzium. Für den Fall, daß Sie mit Ihrer Kost nicht genügend Kalzium zu sich nehmen, müssen Sie es in Tabletten- oder Drageeform schlucken. Ich verschreibe normalerweise Kalziumkarbonat. Sie sollten mit Ihrem Hausarzt besprechen, welches Präparat er für geeignet hält.

Noch eine Warnung: Wenn Sie unter schwerer Osteoporose leiden und pro Tag 2000 mg Kalzium oder mehr brauchen, sollten Sie von Zeit zu Zeit den Kalziumspiegel in Ihrem Blut und Ihrem Urin feststellen lassen, um sicherzugehen, daß sie nicht zuviel davon nehmen. Es hat keinen Sinn, auf diese Weise einen Nierenstein »heranzuzüchten«, nur weil Sie etwas gegen Osteoporose tun wollen.

Mit zunehmendem Alter nimmt die Fähigkeit der Darmschleimhäute ab, Kalzium zu absorbieren; es kann also durchaus vorkommen, daß nicht genügend Kalzium absorbiert wird, obwohl man es in ausreichenden Mengen zu sich nimmt. Man sollte daher dem Körper zusätzlich etwas Vitamin D zuführen, das die Absorption von Kalzium im Magendarmtrakt fördert. Normalerweise verschreibe ich nicht mehr als 400 Einheiten pro Tag; diese Menge ist in den meisten Multivitamin-Tabletten enthalten. Eine höhere Dosis kann sich schädlich auswirken. Diese Kombination von Kalzium und Vitamin D hat darüber hinaus noch einen unerwarteten Nebeneffekt. In neueren Untersuchungsberichten aus England wird die These vertreten, daß Frauen, die mit einer Kalzium/Vitamin-D-Diät das Risiko einer Osteoporose reduzieren wollen, seltener an Darmkrebs erkranken! Und in den Vereinigten Staaten haben Untersuchungen ergeben, daß das gleiche auch für Männer gilt.

Was kann man noch tun, um sich vor Osteoporose zu schützen? Ich habe bereits erwähnt, daß Zigaretten dieses Leiden offensichtlich verschlimmern. Das gleiche gilt für übermäßigen Alkoholgenuß, entweder weil dadurch das Skelett Kalzium verliert oder aber aufgrund von Mangel- oder Fehlernährung, die unter schweren Trinkern weit verbreitet sind.

Noch ein guter Rat zur Ernährung. Es ist zwar sehr wichtig, genügend Eiweiß- und Ballaststoffe zu sich zu nehmen; zuviel davon kann jedoch dem Körper Kalzium entziehen. Das gleiche gilt für zuviel Salz, Kaffee, Cola-Getränke, Vitamin A und Nahrungsmittel mit Phosphatzusätzen. Das bedeutet nun allerdings nicht, daß Sie derlei Substanzen strikt meiden müssen. Sie sollten sie nur nicht auf Kosten anderer Nahrungsmittel in Ihrem Ernährungsplan überbetonen.

Körperliche Betätigung reduziert das Risiko einer Osteoporose. Es hängt nicht zuletzt von der Knochenmasse ab, die eine Frau bis zum Alter von 35 Jahren aufgebaut hat, ob sie nach der Menopause Osteoporose bekommt oder nicht. Je mehr Knochenmasse vorhanden ist, desto unwahrscheinlicher ist dies. Die beste Möglichkeit, dafür zu sorgen, besteht – außer in einer ausgewogenen Ernährung – in einer regelmäßigen körperlichen Betätigung. Eine solche Belastung der Knochen fördert, wie dies auch bei den Muskeln der Fall ist, die permanente Absorption verbrauchter Zellen, die dann durch neue ersetzt werden.

Aber schießen Sie – was Art und Intensität Ihrer sportlichen Betätigung betrifft – nicht übers Ziel hinaus. Denken Sie praktisch. Bei einer alten Dame, deren Knochen bereits brüchig sind, ist die Wahrscheinlichkeit hoch, daß sie sich etwas bricht, wenn sie den falschen Sport betreibt oder »sich übernimmt«. Ich habe schon erlebt, daß solche Patientinnen sich eine oder mehrere Rippen gebrochen haben, nur weil sie husten mußten. Ich empfehle also täglich leichte Gymnastik sowie einen Spaziergang über 3 bis 5 Kilometer in zügigem Tempo.

Männer mit Osteoporose sollten sich ebenfalls an einen »Ernährungsfahrplan« halten und ihren Körper trainieren. Allerdings verschreibe ich in diesem Fall zusätzlich das männliche Hormon Testosteron, da es die Menge an Kalzium, die mit dem Urin ausgeschieden wird, reduziert. Eines muß man jedoch beachten: Jeder Mann, der über längere Zeit zusätzlich Testosteron einnimmt – ob zur Behandlung von Osteoporose oder, und das ist weit häufiger der Fall, zur Förderung von Libido und Potenz –, sollte sich regelmäßig von einem Urologen untersuchen lassen. Denn schon ein kleines, nicht diagnostiziertes Krebsgeschwür, das in der Prostatadrüse eingebettet ist und normalerweise zu keinerlei Beschwerden führen würde, kann durch das Testosteron aktiviert werden und sich weiter ausbreiten.

Seit etwa 1986 macht sich in Amerika der Trend bemerkbar, Natriumfluorid für die Behandlung und Vorbeugung von Osteoporose einzusetzen. Obwohl es von den Gesundheitsbehörden noch nicht in den Katalog empfehlenswerter Substanzen aufgenommen worden ist, verschreiben viele Ärzte es bereits. Eigentlich nehmen auch Sie es schon: Es ist in Ihrer Zahnpasta, im Trinkwasser und auch in einigen Kaugummisorten enthalten; man schreibt dieser Substanz sogar zu, die drastische Abnahme von Karies bewirkt zu haben. Möglicherweise schützt dieses Natriumfluorid unsere Kinder, die es seit Jahren nehmen, vor Osteoporose.

Normalerweise verschreibt man Osteoporosepatienten 40 bis 50 mg Fluorid pro Tag. In Ergänzung dazu empfehle ich 1000 mg reines Kalzium sowie 400 Einheiten Vitamin D täglich, und zwar in Verbindung mit Östrogen (außer es gibt Kontraindikationen). Die meisten Patienten vertragen Fluorid ohne weiteres; einige wenige klagen jedoch über Gelenkschmerzen und Erbrechen oder werden anämisch. Obwohl Röntgenaufnahmen von Leuten, die sich einer solchen Behandlung unterziehen, recht beeindruckend sind, sind bei weitem nicht alle Orthopäden überzeugt davon, daß das zusätzliche Kalzium tatsächlich zu einer Festigung der Knochen beiträgt.

Osteoporose kann man auch mit einem anderen Medikament unter Kontrolle bringen, nämlich mit Calcitonin. Es wird zwar aus dem Gewebe der Schilddrüse gewonnen, ist aber dennoch kein Schilddrüsenhormon. Der Hauptnachteil besteht darin, daß man es nicht oral applizieren kann, sondern injizieren muß. Aber es ist vielleicht nur eine Frage der Zeit, bis es auch in anderer Form erhältlich ist.

Zusammenfassend läßt sich sagen, daß Osteoporose zwar weit verbreitet, aber durchaus nicht unvermeidlich ist. Sie müssen jedoch gleich jetzt mit der Vorbeugung beginnen, unabhängig von Ihrem Alter.

12. Nieren- und Gallensteine – Prophylaxe und Therapie

Kompakte Partikel können sich in jeder Flüssigkeit bilden. Wenn sie miteinander verschmelzen und/oder mit dem bloßen Auge zu sehen sind, bezeichnet man sie als »Steine« oder »Konkremente«.

Steine bilden sich normalerweise in der Gallenblase, in der die Gallenflüssigkeit gespeichert wird, oder in den Nieren, in denen Urin entsteht. Zu einer Steinbildung kann es aber auch in bestimmten Drüsen kommen: in der Prostata (in diesem Fall kann der Arzt den Stein bei einer Rektumuntersuchung tasten), in der Parotis (Ohrspeicheldrüse; hier wird Speichel produziert) und in der Harnblase selbst. Allerdings ist bei Nieren- und Gallensteinen das Risiko am höchsten, daß es zu Koliken kommt.

So schmerzhaft wie eine Geburt

Wenn sich einmal in der Niere ein Stein gebildet hat, kann es durchaus passieren, daß er auf unbestimmte Zeit dort bleibt, falls er sehr groß ist, oder daß er, wenn er klein ist, durch den Harnleiter wandert (das ist die Verbindungsröhre, durch die der Urin aus der Niere in die Harnblase fließt) und schließlich ausgeschieden wird. Die Größe der Steine variiert; es gibt grieß- oder sedimentartige, aber auch daumengroße Steine. Steine, die in der Niere bleiben, können auf lange Sicht zu inneren Verletzungen führen, da sie das Abfließen des Urins aus diesem Organ verhindern oder doch erschweren. Die kleinen Steine hingegen, die man mit dem Urin ausscheidet, sind es, die schier unerträgliche Schmerzen hervorrufen. Sie sind an den sogenannten »Nierenkoliken« schuld. Patientinnen haben mir erzählt, das Ausscheiden eines Nierensteins sei genauso schmerzhaft wie eine Geburt. Männer, die diesen Vergleichsrahmen nicht haben, sagen ganz schlicht und einfach, es sei das Schlimmste, was sie je durchgemacht hätten.

Ich hatte einen Patienten, einen achtundvierzigjährigen, verheirateten Buchhalter; er war ein begeisterter Sportler. Als er das letzte Mal zu einer Routineuntersuchung in meine Praxis kam, war er völlig in Ordnung; seine bisherige Krankengeschichte war durch und durch unauffällig. Er hatte die üblichen Kinderkrankheiten durchgemacht, war noch nie im Krankenhaus gewesen, fühlte sich gesund, und seine Ernährung war »ausgewogen«. Seine Eltern waren um die 70; seine drei Brüder und seine Schwester hatten, soweit er wußte, keinerlei gesundheitliche Probleme.

Als ich ihm die Routinefrage stellte, ob er schon einmal Schwierigkeiten mit den Nieren gehabt habe, konnte er sich gar nicht vorstellen, wovon ich eigentlich sprach! Er entleerte seine Blase zwei- bis dreimal täglich, wie die meisten Männer seines Alters. Sobald er einmal eingeschlafen war, mußte er nie mitten in der Nacht aufstehen, um auf die Toilette zu gehen. Er hatte auch nie Schmerzen oder ein Brennen beim Wasserlassen gespürt. Blut im Urin? Um Himmels willen, nein! Er konnte kein Blut sehen – am allerwenigsten sein eigenes!

Eines Tages, kurz nachdem er bei mir in der Praxis gewesen war, spielte er Tennis. Es war sehr heiß, und er schwitzte ziemlich stark, aber nach dieser körperlichen Anstrengung fühlte er sich ausgesprochen wohl. Er fuhr nach Hause, genoß ein köstliches Abendessen, sah ein wenig fern, ging um 11 Uhr zu Bett und schlief sogleich ein.

Etwa zwei Stunden später hatte er einen fürchterlichen Alptraum. Ihm träumte, er sei von Indianern gefangengenommen worden, die ihm nun glühend heiße Eisen rechts in seinen Unterleib stießen. Sie ließen ihn ein paar Minuten in Ruhe, dann fingen sie wieder von neuem an. Die Schmerzen wurden so unerträglich, daß er aufwachte. Damit war sein Traum vorbei, aber nicht seine Schmerzen, denn alle paar Minuten verspürte er einen stechenden Schmerz rechts im Kreuz; dieser Schmerz strahlte über seinen ganzen Bauch und sogar bis zu den Geschlechtsteilen aus. Nach jedem Krampf war er schweißgebadet.

Nachdem er diese Tortur etwa eine halbe Stunde lang ertragen hatte, weckte er, wenn auch äußerst ungern, seine Frau. Sie war ganz sicher, daß er eine akute Blinddarmentzündung hatte (da die Schmerzen in der rechten Bauchpartie lokalisiert waren); also rief sie ein Taxi und brachte ihn schnellstens zur nächstgelegenen Notaufnahmestation. Dort stellte man, aufgrund seiner Krankengeschichte, einer eingehenden Untersuchung und der Tatsache, daß Blut in seinem Urin war, die Diagnose: Nierensteine. Die klinische Diagnose bestätigte sich, als man auf dem Röntgenfilm einen kleinen Stein im Harnleiter entdeckte.

Man verlegte den Patienten von der Notaufnahmestation in die Urologieabteilung. Es gab mehrere Gründe, warum man ihn im Krankenhaus behielt. Zum einen waren die Schmerzen so unerträglich, daß man ihm Morphium injizieren mußte. Zudem bestand die Möglichkeit, daß der Stein operativ entfernt werden mußte, obwohl wir eigentlich damit rechneten, daß er spontan abgehen würde. Außerdem mußten wir den Patienten intravenös ernähren, da er mittlerweile erbrach und keine Flüssigkeit mehr bei sich behalten konnte.

Gegen 8 Uhr morgens, etwa sieben Stunden nach Einsetzen der Kolik, hörten die Schmerzen plötzlich auf. Und zwei Stunden später sah der Patient, als er durch ein Filtriertuch Wasser ließ, einen winzigen Stein. Dieser wurde sofort ins Labor gebracht; das Ergebnis der Analyse war alles andere als überraschend. Die statistische Wahrscheinlichkeit hatte uns schon damit rechnen lassen, daß der Stein aus Kalziumoxalat bestand. Noch am gleichen Nachmittag konnte unser Sorgenkind wieder nach Hause.

Wasser, Wasser, immer nur Wasser...

In mindestens 50 Prozent aller Fälle kann man einer wiederholten Bildung von Nierensteinen vorbeugen. Trotzdem kümmern sich Ärzte wie auch Patienten meistens nicht darum, was man in dieser Hinsicht tun kann. Das ist um so überraschender, als fast 70 Prozent aller Patienten, die schon einmal eine Nierenkolik gehabt haben, mit einem erneuten Anfall rechnen müssen.

Wenn Sie zu diesem Personenkreis gehören, sollten Sie, um derlei in Zukunft zu verhindern, wissen, wie und warum Nierensteine sich bilden. Normaler Urin enthält unzählige verschiedene Substanzen – körpereigene Abfallprodukte, chemische Substanzen und Mineralien. Wenn man zu Nierensteinen neigt, enthält er darüber hinaus auch noch andere, »anormale« Stoffe. Im allgemeinen befinden sich alle Substanzen, aus denen der Urin sich zusammensetzt, in »aufgelöstem Zustand«. Ein Nierenstein bildet sich, wenn einer oder mehrere dieser Bestandteile, die eigentlich gelöst sein sollten, in festem Zustand bleibt.

Es gibt im wesentlichen zwei Gründe dafür, daß Kalzium, Harnsäure, Oxalat oder eine der anderen Substanzen sich plötzlich verdichten. Entweder gelangt zuviel davon in den Urin, so daß nicht alles aufgelöst werden kann, oder aber irgend etwas innerhalb der Harnblase verändert sich, so daß auch eine *normale* Konzentration dieses Stoffes auskristallisiert.

Wenn Ihr Arzt analysiert hat, woraus der Nierenstein besteht und welcher Mechanismus in Ihrem Fall zur Nierensteinbildung geführt hat und warum, dann können Sie etwas dagegen unternehmen. Wenn sich beispielsweise die Steine gebildet haben, weil Ihr Urin entweder zu sauer oder zu alkalisch ist, können Sie entsprechende Medikamente einnehmen, um die Balance wiederherzustellen. Wenn zuviel Harnsäure im Blut und im Urin ist (beispielsweise bei Gicht), so daß es häufig zur Bildung von Nierensteinen kommt, ist es unter Umständen notwendig, die Ernährungsweise zu ändern oder bestimmte Medikamente einzunehmen.

Falls Sie zu Nierensteinen neigen, müssen Sie – unabhängig davon, wie die Steine entstanden sind oder woraus sie sich zusammensetzen – vor allem auf eines achten, wenn Sie einen Rückfall verhindern wollen: Sie müssen immer dafür sorgen, daß der Urin in großer Menge vorhanden ist, leicht abgeht und sehr verdünnt und fast farblos ist. Das bedeutet aber nichts anderes, als daß Sie möglichst viel Flüssigkeit zu sich nehmen müssen. Wenn nämlich der Urin verdünnt ist, ist es für jede Substanz schwerer, auszukristallisieren. Andererseits begünstigt ein konzentrierter, »starker« Urin die Bildung von Steinen, da er im Verhältnis zu der vorhandenen Flüssigkeit zu viele Feststoffe enthält. Wenn Sie also Probleme mit Nierensteinen haben und nachts kein einziges Mal aufstehen müssen, um Wasser zu lassen, dann trinken Sie zuwenig! Es ist oft genug nachgewiesen worden, wie wichtig Wasser ist, wenn es darum geht, die Bildung von Nierensteinen zu verhindern. Kurz gesagt: Jeder ist betroffen, der übermäßig viel Flüssigkeit verliert und sie nicht ersetzt.

Unser Patient hatte Tennis gespielt und kräftig geschwitzt. Er sonderte aber nicht nur durch die Hautoberfläche Wasser ab, sondern auch mit seinem Atem, da er tief durchatmen mußte.Da er weder vor noch während oder nach dem Tennisspielen genügend Wasser getrunken hatte, stand ihm weniger Wasser zur Urinbildung zur Verfügung.

Außerdem ist Wasser nicht gleich Wasser. Wenn man beispielsweise in einer Gegend lebt, wo das Trinkwasser einen großen Anteil an Mineralien (vor allem Kalzium) enthält, und man zu Nierensteinen neigt, empfiehlt es sich, destilliertes Wasser zu trinken. Die gängigen Minieralwassersorten können aufgrund ihres hohen Kalziumsgehalts ebenfalls die Bildung von Steinen fördern. Das Kalzium kommt in diesem speziellen Fall aus dem Kalziumkarbonat, das in Kalkstein enthalten ist. Wenn Sie also in Gegenden reisen, in denen Sie in Flaschen abgefülltes Wasser trinken müssen, dann bestellen Sie sich nie natürliches kohlensäurenhaltiges Wasser.

Kalzium ist für alle, die zu Nierensteinbildung neigen, ein großes Problem. Zwar enthalten die meisten Nierensteine mehr als nur eine Substanz, aber 90 Prozent bestehen zumindest teilweise aus Kalzium. Wenn also aus irgendeinem Grund der Stein, der bei Ihnen ausgeschwemmt wurde, nicht analysiert worden ist, sollten Sie auf Nummer Sicher gehen und dafür sorgen, daß Sie nicht zuviel Kalzium zu sich nehmen.

Blut und Urin enthalten normalerweise immer etwas Kalzium. Warum bildet sich dann plötzlich ein Kalziumstein, obwohl man doch bislang völlig gesund war? Das kann daran liegen, daß der Kalziumgehalt im Blut und folglich im Urin angestiegen ist. Ein hoher Anteil von Kalzium im Blut kann beispielsweise darauf hinweisen, daß man einen Tumor in den Nebenschilddrüsen hat. Bei den Nebenschilddrüsen handelt es sich um erbsengroße Drüsen, die ganz versteckt neben der Schilddrüse liegen. Sie sind zu klein, um sie zu tasten, selbst wenn sie angeschwollen sind; sie produzieren ein Hormon, das den Kalziumgehalt des Blutes und in den Knochen reguliert, indem es dem Skelett unterschiedliche Mengen von Kalzium entzieht. Ein Nebenschilddrüsentumor führt dazu, daß zuviel von diesem Hormon produziert wird, das nun seinerseits den Knochen übermäßig viel Kalzium entzieht. Dieses Kalzium gelangt zunächst in das Blut und dann in den Urin, wo es sich zu Steinen verdichtet. Wenn man diesen Tumor operativ entfernt, werden keine Kalziumsteine mehr produziert. Etwa 5 bis 7 Prozent der Patienten mit Kalziumsteinen leiden an solch einem Nebenschilddrüsentumor.

Es können jedoch auch andere Faktoren im Spiel sein, wenn Blut und Urin plötzlich zuviel Kalzium enthalten. Beispielsweise kommt es vor, daß sich ein Krebs von irgendeiner Stelle des Körpers auf andere Körperpartien ausbreitet. Ein hoher Kalziumspiegel des Blutes kann auch die Folge einer Schilddrüsenüberfunktion, einer Sarkoidose (eine Krankheit unbekannter Genese, die das Skelett, die Augen, die Haut und die Lungen befällt) oder von zuviel Vitamin D sein. Wenn Ihre Nierensteine auf eine dieser Ursachen zurückzuführen sind, können Sie eine erneute Bildung von Steinen vermeiden, indem Sie die zugrundeliegenden Leiden behandeln – also die Schilddrüsenüberfunktion korrigieren, die Sarkoidose unter Kontrolle bringen oder weniger Vitamin D zu sich nehmen.

In den meisten Fällen ist bei zuviel Kalzium im Urin der Kalziumspiegel im Blut dennoch normal – man bezeichnet dieses Phänomen als idiopathische Hyperkalzurie. »Idiopathisch« ist ein medizinisches Kunstwort und wird von Ärzten verwendet, um damit zum Ausdruck zu bringen: »Ich weiß nicht, warum.« »Hyper« bedeutet soviel wie »zuviel«, und Kalzurie heißt: »Kalk im Urin«. Der häufigste Grund für einen überhöhten Kalziumspiegel des Urins ist also: »Ich weiß nicht, warum zuviel Kalzium im Urin ist«! In der Tat sind viele Nierensteine vermutlich die Folge einer Hyperkalzurie der Niere; die Nieren entziehen dem Blut mehr Kalzium, als sie eigentlich sollten. Dieses Kalzium gelangt in den Urin, und der Patient bekommt Nierensteine. In anderen Fällen absorbiert der Magendarmtrakt, ganz unabhängig davon, wieviel beziehungsweise wie wenig Kalzium man zu sich nimmt, zuviel Kalzium, so daß wiederum der Kalziumgehalt des Urins zu hoch ist.

Verallgemeinernd läßt sich sagen: Wenn – aus welchem Grund auch immer – der Kalziumgehalt in Ihrem Urin zu hoch ist, können

Sie das Risiko, daß es wiederholt zur Bildung von Nierensteinen kommt, verringern, indem Sie möglichst viel trinken – täglich zwei bis drei Liter, vor allem abends.

Zusätzlich können Sie harntreibende Medikamente einnehmen, die normalerweise für die Behandlung von Bluthochdruck und Flüssigkeitsretention verwendet werden. Sie reduzieren die Kalziumabsonderung in den Urin.

Soll man eine spezielle Diät einhalten, um Nierensteine zu vermeiden? Kann man nicht einfach, da in einem solchen Fall doch zuviel Kalzium im Urin enthalten ist, die Kalziumzufuhr einschränken? Das funktioniert nur, wenn Sie generell zuviel Kalzium zu sich nehmen (sehr viel Milch oder Milchprodukte oder Antazide, die Kalziumkarbonat enthalten, etwa Ultilac). Ansonsten hat die Ernährung keinen großen Einfluß auf die Entstehung von Kalziumsteinen. Viele Patienten halten ihr ganzes Leben lang eine kalziumarme Diät ein – vergeblich.

Was für Maßnahmen auch immer Sie ergreifen – Sie sollten sich davor hüten, aus lauter Angst vor Nierensteinen zuwenig Kalzium zu sich zu nehmen. Erst in neuerer Zeit hat sich gezeigt, daß Kalziummangel Hypertonie fördert. Noch wichtiger ist, daß ein solcher Mangel – vor allem bei Frauen kurz vor den Wechseljahren – eine Osteoporose fördert (vgl. Kapitel 11). Schließlich sieht es ganz so aus, daß der Darm, je weniger Kalzium man zu sich nimmt, desto mehr Oxalat absorbiert – und damit nimmt die Wahrscheinlichkeit zu, daß sich ein Gallenstein bildet.

Und wie sieht es mit anderen Arten von Nierensteinen aus? Wenn man beispielsweise zuviel Oxalat zu sich nimmt (ein Wirkstoff, der vor allem in Tee enthalten ist), ist das Risiko besonders groß, daß sich Oxalatsteine bilden. Normalerweise passiert dies vor allem bei Leuten, die Schwierigkeiten damit haben, Fett zu verdauen. Wenn dies der Fall ist, sollte man Oxalat möglichst vermeiden (d. h. weniger Schokolade, Fruchtsäfte und Tee).

Wenn Sie Gicht und daher zuviel Harnsäure im Blut (und folglich auch im Urin) haben, ist das Risiko eines Rückfalls ebenfalls groß – aber ganz leicht zu reduzieren. Nierensteine entstehen nur in stark übersäuertem Urin. Sie brauchen im Grunde nichts weiter zu tun, als eine solche Übersäuerung zu vermeiden, indem sie beispielsweise doppeltkohlensaures Natrium (Natron) schlucken.

Wenn Sie Gicht haben oder es, nachdem Sie ihren Urin alkalisch gemacht haben, nach wie vor zu Nierensteinbildung kommt, müssen Sie ein Anti-Gicht-Präparat (Zyloric) einnehmen. Dieses Medikament läßt den Körper weniger Harnsäure produzieren; der Harnsäurespiegel im Blut sinkt, und das Risiko einer Nierensteinbildung wird geringer. Zyloric verhindert nicht nur, daß sich immer wieder Nierensteine aus Harnsäure bilden, sondern kann auch bereits vorhandene Nierensteine auflösen. Aber vergessen Sie eines nicht: Zyloric ist keine Ausrede dafür, weniger zu trinken; reichlich Flüssigkeit, damit der Urin immer wäßrig bleibt, ist ein Muß.

Bei einigen Patienten, die zu chronischen Infektionen der Harnwege neigen, ist das Risiko einer Steinbildung besonders groß, da sich in ihrem Urin meistens Bakterien sowie andere schädliche Elemente befinden. In diesen Fällen besteht der Nierenstein immer aus Tripelphosphaten (Struvit). Ein Nierenstein aus Struvit weist fast mit Sicherheit auf eine Infektion hin. In diesem Fall muß man das entsprechende Antibiotikum nehmen.

Cystinsteine sind relativ selten und treten hauptsächlich bei Personen im Alter von zehn bis dreißig Jahren auf. Sie bilden sich aufgrund einer genetisch bedingten Anormalität, wenn nämlich die Nieren große Mengen von Cystin in den Urin gelangen lassen. Die Behandlung dieser Krankheit ist ziemlich kompliziert und sollte von einem Spezialisten vorgenommen werden.

Noch ein praktischer Hinweis, der gerade für Sie möglicherweise wichtig sein könnte. Häufig werden zur Behandlung von Bluthochdruck und Herzversagen zwei harntreibende Mittel verschrieben, nämlich Esidrix und Jatropur; sie bestehen aus den Wirkstoffen Hydrochlorothiazid und Triamteren. Bei Patienten, die eines dieser Medikamente einnehmen, bilden sich möglicherweise Triamterensteine. Auch wenn dies nicht oft passiert, sollten sie doch, falls Sie zur Bildung von Nierensteinen neigen, vorsorglich kein harntreibendes Mittel einnehmen, das Triamteren enthält.

Wenn Sie das Gefühl haben, jetzt besser zu wissen, um was es bei Nierensteinen geht, muß ich doch noch ein paar Worte zur Verteidigung des Arztes sagen, der Ihnen möglicherweise erklärt: »Ja, Sie haben Nierensteine, aber ich weiß nicht, warum.« Wenn Sie derlei gesagt bekommen, sollten Sie weder überrascht sein noch das Vertrauen zu dem Arzt verlieren. Trotz allem, was ich Ihnen erzählt habe, sind wir selbst nach einer wirklich gründlichen Untersuchung in etwa 20 Prozent aller Fälle nicht in der Lage, den tatsächlichen Grund für die Bildung von Nierensteinen festzustellen. Möglicherweise sind in den Nieren oder im Urin bestimmte, bisher nicht identifizierte Wirkstoffe vorhanden, und einige von ihnen verhindern, andere wiederum fördern die Bildung von Nierensteinen. Man kann entweder zuviel oder zuwenig dieser Wirkstoffe haben. Bei der Mehrzahl der Patienten, die zu Nierensteinen tendieren, helfen jedoch die oben beschriebenen Vorbeugungsmaßnahmen.

Gallensteine – behandeln kann man sie, aber nicht verhindern

Wie Sie gesehen haben, können Sie, auch wenn Sie noch nie einen Nierenstein hatten, das Risiko einer derartigen Krankheit verringern, indem Sie möglichst viel Wasser trinken, vor allem bei sehr warmem Wetter. Ich kann Ihnen jedoch keinerlei Ratschläge geben, wie Sie verhindern können, daß Sie Gallensteine bekommen. Hier beschränken sich die Möglichkeiten einer Vorbeugung darauf, wiederholte Koliken zu vermeiden, sobald sich einmal Gallensteine gebildet haben. Dazu muß man man verhindern, daß sie die Gallenblase, in der sie sich befinden, reizen oder infizieren, und außerdem vermeiden, daß sie in den Gang wandern, der die Gallenblase mit dem Darm verbindet, denn in diesem Fall kommt es zu einer Gallenkolik, die sehr schmerzhaft sein kann und auch nicht ungefährlich ist.

Die Krankheit tritt nur bei Erwachsenen auf; die Hauptbeschwerden sind Blähungen – es sei denn, daß ein kleiner Stein aus der Gallenblase in den Verbindungsgang zum Darm gewandert ist. In diesem Fall kommt es in der oberen rechten Partie des Bauches zu kolikartigen Schmerzen, die bis zur rechten Schulter oder über den ganzen Rücken ausstrahlen. Fieber kann auftreten, und je nachdem, wo der Stein sich befindet, bekommt man möglicherweise Gelbsucht. In vielen Fällen setzt der Stein seine Wanderung durch das Röhrensystem und bis in den Darm fort. Wenn dies der

Fall ist und der Stein den Gang nicht mehr versperrt, klingen die Schmerzen, die Gelbsucht und das Fieber bald wieder ab. Sobald der Gallenstein einmal in den Darm gelangt ist, macht er keine Schwierigkeiten mehr, es sei denn, er ist besonders groß.

So wie Nierensteine die Folge eines Kristallisierungsprozesses einiger Bestandteile des Urins sind, so sind Gallensteine das Ergebnis eines ähnlichen Vorgangs, der in der Gallenflüssigkeit abläuft. Die weitaus meisten Gallensteine bestehen daher aus dem Hauptbestandteil der Galle – Cholesterin.

Galle, die zur Verdauung von Fetten gebraucht wird, wird in der Leber produziert und durch den Hauptgang in den Darm transportiert, wo sie auf die Fette trifft, die in der Nahrung enthalten sind, und dazu beiträgt, diese zu emulgieren. Die Leber produziert diese Gallenflüssigkeit ununterbrochen, aber man nimmt nicht ununterbrochen Fett zu sich. Zur Speicherung dieser überflüssigen Gallenflüssigkeit gibt es einen Nebenzweig des Hauptganges, der von der Leber zur Gallenblase führt. Wenn nun die Galle aus dem Hauptgang kommt, sich im Darm aber kein Fett befindet, wird sie über den Gallenblasengang in die Gallenblase zurücktransportiert, wo sie gespeichert wird. Wenn Sie dann etwas Fettes essen und das Fett in den Darm gelangt, signalisiert dieser der Gallenblase, sie solle zusätzliche Gallenflüssigkeit hinunterschicken. Eine normale Gallenblase zieht sich daraufhin zusammen und preßt die notwendige Menge Galle, um das Fett zu verdauen, in den Darm. Wenn jedoch die Gallenblase voller kleiner Steine ist, kann es passieren, daß einer dieser Steine bei einer solchen Kontraktion hinausgleitet. Aus eben diesem Grund besteht eine der wichtigsten Vorbeugungsmaßnahmen gegen eine Gallenkolik darin, kein Fett in den Darm gelangen zu lassen, das heißt aber, daß man nichts Fettes oder Gebratenes ißt.

Noch vor nicht allzu langer Zeit hat man allen Patienten, bei denen Gallensteine diagnostiziert wurden, geraten, die Gallenblase operativ entfernen zu lassen. Neuere Untersuchungen haben jedoch gezeigt, daß in den meisten Fällen eine solche Operation nicht nötig ist. Nur wenn man wiederholt Gallenkoliken und damit verbunden Fieber und Gelbsucht hat, gibt es keine andere Möglichkeit.

Vielleicht haben Sie schon von der Möglichkeit gehört, die Gallensteine mit Hilfe bestimmter Wirkstoffe aufzulösen. Ich persönlich rate dies nur Patienten, bei denen eine Operation zu riskant wäre, denn trotz der anfänglichen Begeisterung angesichts der Entdeckung, daß bestimmte chemische Substanzen (Chenodesoxychol- und Ursedoloxycholsäure) Gallensteine auflösen können, haben spätere Untersuchungen gezeigt, daß dies nur bei einem geringen Prozentsatz der Fälle auch wirklich funktioniert.

Zudem kommt es in der Hälfte aller Fälle, bei denen die Gallensteine tatsächlich aufgelöst wurden, innerhalb von fünf Jahren zu einer erneuten Bildung von Gallensteinen.

Vielleicht wundern Sie sich, daß ich bis jetzt kein Wort über einen möglichen Zusammenhang zwischen Diät und Gallensteinen geäußert habe. Das war kein Versehen und keine Vergeßlichkeit, vielmehr geschah dies ganz bewußt. Früher hat man Patienten mit Gallensteinen eine fettarme Kost empfohlen. Dem liegt folgende Überlegung zugrunde: Wenn Fett in den Darm gelangt, stimuliert dies die Gallenblase, sich zusammenzuziehen, um die zusätzliche Gallenflüssigkeit abzusondern, die erforderlich ist, um das Fett abzubauen. Wenn nun die Gallenblase diese zusätzliche Galle absondert, gelangen möglicherweise kleine Steine in die Gallenblasengänge und verstopfen sie; dies führt zu Koliken und Gelbsucht. Neuere Studien haben jedoch ergeben, daß dies dem Zufall überlassen und unabhängig davon ist, was man ißt. Ich persönlich jedoch rate allen Betroffenen, auf Nummer Sicher zu gehen. Vermeiden Sie auch weiterhin fette Speisen und warten Sie ab, ob diese neue Theorie sich bestätigt.

13. AIDS – Die Geißel unserer Zeit

Ich bin mit einem praktischen Arzt befreundet, dem Prototyp einer aussterbenden Spezies: mit Leib und Seele Arzt, verfügt er über einen reichen Schatz an Erfahrung und – er denkt sehr praktisch. Er weiß, wann er jemand anderen hinzuziehen muß, das heißt: »Wann es mir über den Kopf wächst.«

Anfang 1982 rief er mich eines Tages an: »Ich habe hier den verdammt kompliziertesten Fall von Lungenentzündung, der mir je untergekommen ist. Es geht um einen jungen Mann, dreißig Jahre alt, alleinstehend; er ist Friseur. Vor ungefähr zwei Wochen hat er mich angerufen und um einen Termin gebeten – ›so bald es geht‹. Er fühlte sich seit zwei, drei Wochen miserabel; seiner Meinung nach war ein Virus schuld. Er hatte leicht erhöhte Temperatur, Atembeschwerden, einen trockenen Husten, der einfach nicht besser wurde; außerdem hatte er, ohne zu fasten, acht oder neun Pfund abgenommen und war die ganze Zeit über so müde, daß er kaum noch seine Arbeit erledigen konnte.

Als ich ihn vor ein paar Tagen zum erstenmal untersuchte, lag seine Temperatur bei 38,8 °Celsius. Die Drüsen in beiden Achselhöhlen und im Nacken waren zum Teil geschwollen, und mit dem Stethoskop konnte ich feststellen, daß mit seiner Lunge etwas nicht in Ordnung war. Meine Diagnose lautete: irgendein Virus, der die Atemwege angreift. Die üblichen Labortests in meiner Praxis ergaben nichts Aufregendes. Er hatte eine leichte Anämie; derlei hätte ich bei jeder chronischen Infektion erwartet. Was mir jedoch Sorgen machte, waren der Gewichtsverlust und die Lungengeräusche; ich machte also eine Röntgenaufnahme. Das Ergebnis: doppelseitige Pneumonie. Ich bat ihn, etwas Sputum auszuspucken, um es in einem Labor genauer untersuchen zu lassen.

Ich wollte keine Antibiotika verschreiben, ohne zu wissen, ob es sich um ein Bakterium oder um ein Virus handelte.

Ich machte in meinem Labor einen Abstrich und sah ihn mir unter dem Mikroskop an. Da war zwar etwas, aber ich konnte nicht genau sagen, was es war. Der komischste Organismus, den ich je gesehen habe. Ich schickte also den Abstrich in ein bakteriologisches Labor. Die nannten das Ding *Pneumocystis carinii*. Ich habe noch nie einen Fall von Pneumocysten-Pneumonie gesehen – Sie vielleicht? Ich habe also in meinen klugen Büchern nachgeschaut, und da steht, daß es sich hier weder um ein Bakterium noch um ein Virus handelt, sondern um einen Parasiten. Der kommt meist bei Patienten vor, die an irgendeiner bösartigen Krankheit leiden oder deren Immunsystem durch zuviel Röntgenstrahlung oder bestimmte hemmende Medikamente geschwächt ist. Aber der Junge hatte diese Lungenentzündung ganz plötzlich bekommen! Ich konnte weder Krebs noch eine andere bösartige Krankheit feststellen, noch nahm er irgendwelche Medikamente; er war auch nicht bestrahlt worden. Jedenfalls versuchte ich es, da sein Zustand sich rapide verschlechterte, mit ein paar Antibiotika. Aber das Fieber verschwand nicht. Ich sage Ihnen, da ist etwas Merkwürdiges im Busch, und ich habe keine Ahnung, was es ist. Ich schätze, er gehört in ein Krankenhaus.«

Dem konnte ich nur zustimmen. Weitere Tests in der Klinik lieferten auch keine klarere Diagnose. Wiederholte Sputumanalysen bestätigten, daß es sich um *Pneumocystis carinii* handelte. Das Fieber war mittlerweile auf 39 °C gestiegen, und das Atmen fiel ihm jetzt wirklich schwer. Zuerst brauchte er Sauerstoff und dann ein Beatmungsgerät, um überhaupt Luft zu bekommen. Nach den zehn frustrierendsten Tagen, die ich je durchgemacht habe und in deren Verlauf wir ihm alle Antibiotika verabreichten, die wir uns nur denken konnten, starb dieser vormals gesunde junge Mann – und wir wußten nicht, woran.

Einer meiner Kollegen in der Klinik erzählte mir, er habe vor kurzem einen Artikel gelesen, der über eine neue Krankheit berichtete; sie wurde als *A*cquired *I*mmune *D*eficiency *S*yndrom (= AIDS = erworbenes Immundefektsyndrom) bezeichnet, und unser Patient schien in das Schema zu passen. Unsere Spezialisten für Infektionskrankheiten waren der gleichen Ansicht. Die meisten der Ärzte, die mit dem Fall befaßt gewesen waren, meinten jedoch, diese Diagnose sei etwas zu weit hergeholt. Ihrer Meinung nach war der Patient an einem seltenen letalen und unbekannten Virus gestorben.

Im nachhinein weiß ich natürlich, daß es sich hier um einen typischen Fall von AIDS handelte. Interessant ist, daß in der sechzig Seiten umfassenden Krankenakte, die wir über diesen Patienten anlegten, an keiner Stelle auf seine sexuellen Gewohnheiten Bezug genommen wurde. Jeder, der mit dem Fall zu tun hatte, wußte, daß er homosexuell war – na und? Was hatte das mit Lungenentzündung zu tun? Und wir hatten alle das Gefühl, daß es ihm ohnehin schlecht genug ging – warum also ihn zusätzlich mit derlei delikaten Fragen quälen, noch dazu wenn diese Informationen offensichtlich irrelevant waren?

Und jetzt betrachten Sie einmal die Einzelheiten bei einem zweiten Fall, mit dem wir es drei Jahre später zu tun hatten, zu einem Zeitpunkt also, da wir uns dieser teuflischen Krankheit schon sehr bewußt waren.

Es handelte sich bei diesem Patienten um einen Buchhalter Ende zwanzig. Seine Beschwerden waren denen unseres ersten Patienten sehr ähnlich. Allerdings stellten wir in diesem Fall noch etwas fest, und zwar etwas sehr Wichtiges. Wir entdeckten auf seiner Haut kleine, angeschwollene purpurrote Flecken; sie bereiteten ihm keine Schmerzen und juckten auch nicht. Diesmal stellte ich die Diagnose AIDS, noch bevor ich ihn in ein Krankenhaus überwies – ohne irgendwelche ausgefallenen Tests zu machen.

Auch die persönliche Geschichte dieses jungen Mannes war weit aufschußreicher als bei unserem ersten Fall. Sein Krankenblatt enthielt folgende Information – die er uns übrigens, als wir ihn danach fragten, freimütig gegeben hatte: Ja, er war homosexuell. Promiskuität? Natürlich. Er hatte in seinem Leben schon Dutzende von Liebhabern gehabt. Er genoß den Analverkehr und war normalerweise der »passive« Partner. Vor zwei Jahren hatte er sich eine leichte Hepatitis B zugezogen. Vorher war er im großen und ganzen immer gesund gewesen und hatte sogar des öfteren Blut gespendet, weil er das Geld gut gebrauchen konnte.

Eingehende Untersuchungen ergaben, daß er eine Lungenentzündung hatte, und das Sputum enthielt wiederum *Pneumocystis-*

carinii-Organismen. Mittlerweile wußten wir, was das bedeutete und warum sie bei diesem Patienten nachzuweisen waren. (Dieser Parasit gedeiht immer dann, wenn aus irgendeinem Grund das Immunsystem nicht richtig funktioniert.) Eine Biopsie der Flecken auf der Haut bestätigte die Diagnose Kaposi-Sarkom, eine Form von Krebs, die nicht nur die Haut, sondern auch die Lymphdrüsen und gelegentlich sogar Organe im Unterleib befällt. Es handelt sich dabei um eine schleichende Krankheit, die jahrelang schwelen kann, und zwar auch bei Patienten, die nicht AIDS-infiziert sind.

Da wir mittlerweile etwas mehr Erfahrung mit dieser Krankheit hatten, verabreichten wir dem Patienten Bactrim. (Es handelt sich dabei um ein Antibiotikum, das vor allem bei Infektionen der Harn- sowie der Atmungswege und auch bei der Tropenkrankheit eingesetzt wird.) Nach etwa zehn Tagen sprach er auf diese Therapie an, und ein paar Wochen später war die Lungenentzündung abgeklungen. Er wurde entlassen, und wir arrangierten eine ambulante Behandlung des Kaposi-Sarkoms. Seine Aussichten? Die Chancen, länger als zwei Jahre zu überleben, sind äußerst gering – außer wir entdecken in der Zwischenzeit eine effektive Therapie. Die Pneumocysten-Lungenentzündung und das Kaposi-Sarkom sind Begleiterscheinungen und nicht die Ursache von AIDS.

Gerade Homosexuelle laufen Gefahr, sich bestimmte schwere Krankheiten zuzuziehen, die zum Großteil durch sexuelle Aktivitäten übertragen werden. Die neueste, erst seit relativ kurzer Zeit bekannte und gefährlichste Infektion, der sie ausgesetzt sind, ist AIDS. 1981 trat sie in den USA zum erstenmal auf. Die Symptome sind die Folgen eines spezifischen Defekts im Immunsystem des Patienten. Man kann diese Anormalität anhand von Bluttests nachweisen, noch ehe es zu Beschwerden kommt. Aus diesem Grund ist es oft möglich, Risikopersonen zu identifizieren, noch ehe die Krankheit tatsächlich auftritt.

Die Immunschwäche AIDS betrifft in erster Linie weiße Blutkörperchen, die man als Lymphozyten bezeichnet; sie sind von wesentlicher Bedeutung für die Widerstandskraft eines Menschen. Es gibt zwei Arten Lymphozyten – »Helfer«-T-Zellen und »Suppressor«-T-Zellen; beide spielen eine jeweils spezifische Rolle im Immunprozeß. Personen, die AIDS haben oder dafür anfällig sind, haben zuwenig »Helfer«-T-Zellen. Man ist allgemein der Ansicht, daß der erst vor kurzem identifizierte HTLV-III-Virus (Human-T-Zellen-Leukämie-Virus Typ 3) in den Körper des AIDS-Patienten eindringt und die »Helfer«-T-Zellen hinausdrängt. Der Patient verliert dann die Fähigkeit, Abwehrkräfte gegen bestimmte Infektionen und bösartige Krankheiten zu mobilisieren, und stirbt schließlich. Zu den »opportunistischen« Erregern, die diese Krankheiten hervorrufen, gehören unter anderem *Pneumocystis carinii* (dieser Keim führt zu Lungenentzündung), bestimmte Pilze sowie verschiedene Herpes- und verwandte Viren. Zusätzlich kann sich ein Kaposi-Sarkom entwickeln.

Eine Untersuchung von 14000 Personen mit AIDS in den USA legt die Schlußfolgerung nahe, daß folgende »Risikogruppen« besonders gefährdet sind: Homo- und Bisexuelle (sie stellen den größten Anteil, nämlich 71 Prozent), Drogenabhängige, die das Rauschgift intravenös spritzen (etwa 17 Prozent), Kinder von Müttern, die entweder diese Krankheit haben oder aber infiziert sind, jedoch noch keine Symptome zeigen, Hämophile (Bluter; 1 Prozent), Personen, die an einer Blutkrankheit leiden und häufig Bluttransfusionen brauchen, sowie Prostituierte. Alarmierend ist für die Forscher die Tatsache, daß bei der letzten statistischen Erhebung mindestens 6 Prozent der AIDS-Kranken heterosexuell waren und auch keine der anderen Indikationen zutraf; es handelte sich um Personen, bei denen niemand auf die Idee gekommen wäre, daß sie gefährdet sind. Und ihre Zahl wächst.

Die meisten Wissenschaftler, die sich mit diesem Problem auseinandersetzen, sind der Ansicht, daß der unmittelbar verantwortliche Erreger, der so verheerende Folgen hat und die »Helfer«-T-Zellen dezimiert, nahezu mit Sicherheit das HTLV-III-Virus ist (französische Wissenschaftler, die diesen Erreger völlig unabhängig – und zur gleichen Zeit – entdeckt haben, bezeichnen ihn als LAV-Virus = Lymphadenopathieassoziiertes Virus). Man hat bei Patienten, die an AIDS erkrankt sind, bei Risikopersonen und sogar bei einigen »Normalen« Antikörper gegen dieses Virus identifiziert.

Es ist immer noch nicht ganz klar, wie das AIDS-Virus tatsächlich übertragen wird. Man hat es in praktisch allen Körperflüssigkeiten gefunden – im Blut, im Speichel, im Sperma und sogar in Tränen. Trotzdem ist man allgemein der Auffassung, daß man sich wahrscheinlich nicht ansteckt, wenn einem ein AIDS-Infizierter direkt ins Gesicht hustet oder niest. Da das Virus auch im Speichel nachgewiesen wurde, ist es durchaus möglich, daß die Infektion auch schon durch einen Zungenkuß übertragen werden kann; bewiesen wurde dies allerdings nie. Das Virus kann durch den Mund, den Anus und möglicherweise auch über die Vagina in den Körper eindringen. In jedem Fall gelangt das Virus schließlich in den Blutkreislauf – und zwar geschieht dies vor allem bei Transfusionen, bei Analverkehr und durch infizierte Nadeln.

Das Grundgebot: Vorbeugung

Wie kann man eine AIDS-Infektion vermeiden? Am sichersten ist es, keinen Intim- oder Sexualkontakt mit jemandem zu haben, der an dieser Krankheit leidet oder einer der Risikogruppen angehört. Dazu gehören nicht nur Homosexuelle, sondern ebenso Prostituierte und Drogenabhängige. Homosexuelle sollten »vorläufig« – das heißt, bis man eine wirksame Therapie gegen AIDS oder einen geeigneten Impfstoff gefunden hat – jeglichen Analverkehr vermeiden. Wenn man Drogen nimmt, dann ist das allein schon schlimm genug. Man sollte es nicht noch schlimmer machen, indem man die gleiche Nadel benutzt.

Die Frage ist nun, wie sich Ärzte, Krankenschwestern und all die anderen, die im Gesundheitswesen tätig sind und mit AIDS-Kranken in Berührung kommen, davor schützen können, diese Krankheit zu »erwischen«. Die Anzahl der Fälle nimmt dramatisch zu. Allein im Lauf des letzten Jahres erkrankten vier meiner Patienten, die ich wegen Herzkrankheiten behandle, an AIDS. Diese Kranken müssen versorgt werden und brauchen jemanden, der sich um sie kümmert. Glücklicherweise sind bislang nur vereinzelt Fälle bekannt geworden, daß Personen, die in der Krankenpflege tätig sind, sich angesteckt haben. Ich bin nicht der Ansicht, daß AIDS-Kranke isoliert werden müssen. Um mich selbst vor einer Ansteckung zu schützen, trage ich immer Gummihandschuhe, wenn ich mit den Körperflüssigkeiten von AIDS-Kranken in Berührung komme. Und im Umgang mit Spritzen, die ich bei ihrer Behandlung verwende, bin ich äußerst vorsichtig. Zudem versteht sich wohl von selbst, daß ich nie das gleiche Geschirr oder andere Gebrauchsgegenstände benutze wie sie. Allerdings setze ich keine Gesichtsmaske auf, wenn ich sie untersuche, und ich zögere nicht, dies mit »bloßen Händen« zu tun. Ich ziehe mir auch keinen speziellen Kittel an, wenn ich zu ihnen in ihr Zimmer gehe, wie manche andere Ärzte dies tun. Schwangere sollten AIDS-Kranken nicht zu nahe kommen, da sie sich mit einem der »opportunistischen« Erreger infizieren könnten, die AIDS-Patienten regelrecht horten.

Bis vor kurzem stellten Bluttransfusionen ein großes Problem dar. Wir machten uns Sorgen, welche Konsequenzen es haben könnte, wenn ein Patient, der beispielsweise bei einer größeren Operation viel Blut verloren hat, Ersatzblut braucht. Es besteht kein Zweifel, daß AIDS durch Blut von Spendern übertragen worden ist, die diese Krankheit haben oder Virusträger sind – Infizierte, die selber keine Symptome zeigen. Laut einem umfassenden Bericht der amerikanischen Gesundheitsbehörden, in dem alle verfügbaren Informationen über die Krankheit zusammengestellt waren, hatten 28 Prozent jener AIDS-Kranken, die an sich nicht zu den besonders gefährdeten Personen gehörten, im Lauf der letzten fünf Jahre fremdes Blut bekommen. In einigen dieser Fälle gelang es, hochgradig Gefährdete als Spender zu identifizieren. Allerdings brauchen wir uns mittlerweile hinsichtlich der Bluttransfusionen kaum mehr Sorgen zu machen, da inzwischen Spenderblut auf das Vorhandensein von Antikörpern gegen den HTLV-III-Virus untersucht werden kann. Die Überprüfung ist sogar gesetzlich vorgeschrieben, und alle positiven Proben werden zurückgewiesen. Das sollte das Risiko, AIDS mittels Bluttransfusionen zu übertragen, drastisch reduzieren oder sogar ganz ausschalten.

Das klingt alles sehr einfach, ist es aber nicht. Der große Fortschritt auf diesem Gebiet hat auch seine Kehrseiten, und zwar aufgrund der hohen Wahrscheinlichkeit, daß bei einigen Tests zum Nachweis von Antikörpern »fälschlich positive« Reaktionen sehr häufig sind. (Eine »fälschlich positive« Reaktion ist ein Testergebnis, das irrtümlich »anormal« ausfällt.) Es ist schon passiert, daß Personen, die völlig gesund waren, nach dem Spenden von Blut benachrichtigt wurden, ihr Blut enthalte Antikörper!

Die beiden am häufigsten angewandten Tests zum Nachweis dieser Antikörper werden als ELISA-Test (enzym-linked immunosorbent assay) und Western-Blot-Test bezeichnet. Ersterer ist weniger kostspielig, aber einige der dabei erzielten »positiven« Ergebnisse sind mit hoher Wahrscheinlichkeit falsch. Die meisten Blutbanken wiederholen einen ELISA-Test mindestens einmal. Wenn das Ergebnis auch beim zweiten Mal positiv ist, versucht man es mit dem anderen Test. Er ist nicht so differenziert, aber die Ergebnisse sind spezifischer als beim ELISA-Test. Das bedeutet, daß man zwar nicht so viele positive Reaktionen feststellen kann, aber wenn es doch der Fall ist, kann man sich auf das Ergebnis verlassen. Wenn also eine Blutprobe bei dem ELISA-Test zweimal positiv ausfällt und dieses Ergebnis durch einen Western-Blot-Test bestätigt wird, kann man davon ausgehen, daß das Blut tatsächlich HTLV-III-Antikörper enthält. Auch bei »normalen« Patienten sind die Ergebnisse hin und wieder positiv, bei Personen also, die weder besonders gefährdet sind noch die Symptome der Krankheit zeigen. Wenn allerdings bei eindeutig gefährdeten Personen, die anscheinend bei bester Gesundheit sind, der Test positiv ausfällt, ist Vorsicht geboten. So wurden beispielsweise im Rahmen bestimmter Testreihen bei 65 Prozent »gesunder« Homosexueller, 87 Prozent Drogenabhängiger, die das Rauschgift intravenös spritzen, 72 Prozent der Patienten, die unter Hämophilie A leiden, und bei 35 Prozent der Frauen, deren Sexualpartner AIDS hatten, diese Antikörper festgestellt.

Was soll man diesen Personen sagen, und wie sollen sie sich verhalten? Meiner Ansicht nach sind alle Personen, bei denen – trotz aller möglichen Fehlerquellen – mehrere Male Antikörper nachgewiesen wurden, Virusträger, oder aber es besteht die Wahrscheinlichkeit, daß die Krankheit zu einem späteren Zeitpunkt manifest wird. Bei dem HTLV-III-Virus handelt es sich nämlich um ein Retrovirus; das bedeutet, daß dieser Erreger jahrelang im Körper vorhanden sein kann, ohne daß die entsprechenden Symptome auftreten. Studien belegen, daß bis zu 19 Prozent der symptomfreien Homosexuellen mit positivem Testergebnis später die klassischen AIDS-Symptome entwickelten; bei 25 Prozent von ihnen verlief die Krankheit allerdings weniger dramatisch.

Was tun?

Personen, die in diese Kategorie fallen, empfehle ich folgendes: Sie dürfen nicht nur an sich selber denken, sondern müssen auch die anderen schützen. Informieren Sie Ihren Arzt und Ihren Zahnarzt, damit Sie sie nicht infizieren können. Zudem wird dann Ihr Arzt genauer auf erste Anzeichen von AIDS achten; wenn die Krankheit in einem *sehr* frühen Stadium auftritt, sind die Chancen größer, daß man auf eine Behandlung anspricht. Auf folgende Warnsignale sollten Sie besonders achten: unerklärliches Fieber, Diarrhoe, Kopfschmerzen, merkwürdige Flecken auf der Haut oder im Mund (vor allem braune und purpurfarbene), Husten, Atemnot, Gewichtsverlust und geschwollene Drüsen. Benützen Sie bei jedem Sexualkontakt ein Kondom, und unterlassen Sie Zungenküsse. Verwenden Sie nicht die gleichen Spritzen, Zahnbürsten oder andere Utensilien, an denen Blut haften könnte. Vielleicht gibt es, falls Sie tatsächlich mit AIDS infiziert sind, zu dem Zeitpunkt, wenn die Krankheit manifest wird, ein Gegenmittel.

Ich persönlich bin überzeugt davon, daß bald ein Durchbruch gelingen wird. Aber ehe ein Impfstoff oder ein Medikament entdeckt sind, werden viele von uns ihre sexuellen Praktiken und persönlichen Gewohnheiten überdenken müssen; darüber hinaus bleibt nur das Prinzip Hoffnung.

14. Wandernde Blutgerinnsel – Wenn Rattengift zum Lebensretter wird

Jetzt habe ich schlechte Nachrichten für Sie. Tausende von Leuten gehen tagtäglich ihren Geschäften nach und wissen nicht, daß ständig ein Damoklesschwert über ihnen schwebt. Denn in jedem Augenblick kann es zur Katastrophe kommen – in Form eines wandernden Blutgerinnsels, das heißt einer Embolie. Zu einer Embolie kann es in folgenden Körperteilen kommen: im Gehirn (die Folge ist ein Schlaganfall), in der Lunge (dadurch wird dieses Organ schwer geschädigt), in den Nieren, den Beinen, der Milz, den Augen – praktisch in jedem Teil des Körpers, der mit Blut versorgt wird. Aber jetzt die gute Nachricht: Vor solchen Embolien kann man sich weitgehend schützen, und genau davon handelt dieses Kapitel.

Die folgenden Beispiele sollen Ihnen eine Vorstellung davon vermitteln, wie derlei passieren und wie man dem vorbeugen kann.

Mary war siebenunddreißig und eine richtige Karrierefrau; sie war Chefredakteurin einer sehr angesehenen Modezeitschrift. Sie lebte mit einem erfolgreichen Rechtsanwalt zusammen und war alles in allem recht glücklich und zufrieden. Und sie nahm die Pille. Abgesehen von ein paar Krampfadern, die sie aber mit Hilfe von farbigen Strümpfen und einem geeigneten Make-up recht geschickt verbarg, war sie rundherum gesund. Sie kam einmal jährlich in meine Praxis, und auch das tat sie nur, weil ihr Chef darauf bestand. Jedesmal legte ich ihr eindringlich nahe, das Rauchen aufzugeben; sie weigerte sich jedoch mit der Begründung, das Rauchen verhindere, daß sie »übergewichtig« werde.

Eines Vormittags rief Mary mich an; sie klang ziemlich besorgt. »Doktor, irgend etwas ist da nicht in Ordnung. Ich glaube, es ist am besten, wenn Sie mich so bald wie möglich untersuchen. Seit dem Frühstück durchzuckt jedesmal ein Schmerz meine rechte Seite, wenn ich tief einatme. Ansonsten fühle ich mich ganz gesund. Ich habe kein Fieber und bin auch nicht erkältet, aber seit ein paar Stunden habe ich einen trockenen Husten. Was, glauben Sie, hat das alles zu bedeuten?« Ich bat sie, gleich bei mir vorbeizukommen, denn plötzlich auftretende Schmerzen in der Brust, die beim Durchatmen schlimmer werden, in Verbindung mit Husten, und das bei jemandem mit Krampfadern – all das erhöht die Wahrscheinlichkeit, daß ein Blutgerinnsel in die Lunge gewandert ist.

Sie hatte kein Fieber, und sie sah auch nicht sonderlich krank aus. Als ich sie untersuchte, schien mit ihrer Lunge alles in Ordnung zu sein, selbst an der Stelle, wo sie die Schmerzen hatte. Ich stellte jedoch fest, daß eine Vene in ihrem linken Fuß entzündet war (Phlebitis). Die Röntgenaufnahme der Brust und das Elektrokardiogramm waren normal. Da die Symptome jedoch mit großer Wahrscheinlichkeit auf ein Blutgerinnsel schließen ließen, schickte ich sie zu einem Spezialisten, um ein Lungenszintigramm machen zu lassen. Dabei stellte sich heraus, daß sie in der rechten Lunge einen Embolus hatte; ich wies sie also ins Krankenhaus ein. Glücklicherweise handelte es sich lediglich um ein kleines Blutgerinnsel, und Bettruhe sowie die Verabreichung von Antikoagulantien (Gerinnungshemmer) reichten aus, um sie zu kurieren. Schon nach wenigen Tagen konnte sie wieder nach Hause und nahm ihre Arbeit wieder auf; leider hörte sie auch jetzt nicht mit dem Rauchen auf, aber immerhin setzte sie das orale Verhütungsmittel ab und benützte jetzt ein Pessar.

Worauf es mir bei dieser Geschichte, wie Sie wahrscheinlich gemerkt haben, ankommt, ist die Kombination von »Pille« und Zigaretten, die vor allem bei einer Frau Mitte dreißig ziemlich gefährlich ist. Diese Frauen sind besonders anfällig dafür, daß sich bei ihnen Blutgerinnsel bilden, die zu einem Schlaganfall oder sogar zu einem Herzanfall oder aber zu einer Venenentzündung führen können (vor allem, wenn die Patientin Krampfadern hat). Letzteres war bei Mary der Fall.

Bei Phlebitis handelt es sich um eine Entzündung der Venen, meistens in den Beinen; es ist eine weit verbreitete Krankheit. Normalerweise bilden sich dabei Blutgerinnsel. Wenn dann ein

Stückchen von dem Blutpfropfen abbricht, wandert es unter Umständen durch das Bein hinauf, durch das Venensystem im Unterleib bis in das Herz oder die Lunge, wo es sich einnistet. Wenn es in einem der Lungenflügel ein großes Blutgefäß blockiert, kann der Schaden am Lungengewebe lebensgefährlich werden.

Was kann man aus diesem Beispiel lernen? Wenn Sie fünfunddreißig oder älter sind, sollten Sie lieber ein anderes Verhütungsmittel verwenden als die Pille – etwa ein Pessar. Wenn Sie jedoch keinesfalls auf die Pille verzichten wollen, müssen Sie das Rauchen aufgeben. Beides zusammen geht nicht, wenn Sie Blutgerinnsel vermeiden wollen – sei es in den Venen, sei es in den Arterien.

Der zweite Fall ist ebenfalls ein sehr aufschlußreiches Beispiel dafür, wie man einer schweren Erkrankung, für die viele von uns anfällig sind, vorbeugen kann.

Max war ein vierundfünfzigjähriger Spezialist für Diamanten. Abgesehen von seinem Übergewicht (er war 1,67 Meter groß und wog etwa 85 Kilo) war er bei guter Gesundheit. Er hatte ebenfalls ziemlich große Krampfadern und vor drei Jahren schon einmal eine Venenentzündung in seinem linken Bein gehabt. Glücklicherweise war sie harmlos verlaufen, da kein Blutgerinnsel in die Lunge gewandert war.

Max mußte oft geschäftlich nach Europa reisen. Ganz zweifelsohne sind im Lauf der letzten Jahre die Sitzreihen in den Flugzeugen immer enger geworden, so daß die Füße praktisch keinen Spielraum mehr haben. Auf einem solchen Siebeneinhalb- oder Acht-Stunden-Flug (es war ein Nachtflug nach Deutschland) schreckte Max so sehr davor zurück, diese »Tortur« ertragen zu müssen, daß er zu Beginn eine Schlaftablette nahm. Kurz nach dem Start bat Max die Stewardeß, ihn nicht zu wecken, wenn der Film begann oder das Essen serviert wurde; er stopfte sich Ohropax in die Ohren, streifte eine Augenmaske über und schlief augenblicklich ein. Vier Stunden später wachte er auf, weil seine Blase sich meldete, aber er hatte das Gefühl, er könne jetzt nicht aufstehen, da nun die beiden Passagiere neben ihm friedlich schliefen. Also saß er noch etwa eine Stunde lang reglos auf seinem Sitz, während sich seine Blase immer deutlicher bemerkbar machte. Erst eine Dreiviertelstunde vor der Landung konnte er endlich auf die Toilette gehen.

Zwei Tage später, als er gerade in Hamburg seine Geschäfte abwickelte, spürte Max plötzlich einen Schmerz in der linken Brustseite; wenn er tief Atem holte, wurde es noch schlimmer. Am gleichen Abend bekam er leichtes Fieber. Kurz und gut – er hatte eine Venenentzündung im rechten Bein, und ein Blutgerinnsel war in die Lunge gewandert. Man brachte ihn in ein Krankenhaus; ein Szintigramm bestätigte die Diagnose. Man behandelte ihn mit Antigerinnungsmitteln; diese Therapie wurde nach seiner Entlassung aus dem Krankenhaus drei Monate lang fortgesetzt. Die Phlebitis verschwand, und der Blutpfropfen in der Lunge löste sich auf.

Max' Krampfadern waren der Grund dafür, daß er für eine Lungenembolie anfällig war. Auch sein Übergewicht trug dazu bei sowie die Tatsache, daß er während des Fluges so lange stillgesessen hatte. Aber er hätte das Risiko eines Blutgerinnsels ohne weiteres verringern oder ganz ausschließen können, wenn er die notwendigen Vorkehrungen getroffen hätte.

Max aber machte alles falsch. Erstens hätte er von vorneherein erster Klasse fliegen sollen, und sei es nur, damit seine Füße genügend Bewegungsspielraum haben. Außerdem hätte er einen Sitz beim Mittelgang nehmen sollen, dann hätte er zumindest ab und zu seine Beine ausstrecken können. Und er hätte keine Schlaftablette nehmen sollen, sondern etwa alle Dreiviertelstunden aufstehen und ein bißchen herumspazieren sollen, damit das Blut in seinen Krampfadern in Bewegung geblieben wäre. Hätte er sich – zumindest teilweise – an diese Vorsichtsmaßnahmen gehalten, hätte er wahrscheinlich die Phlebitis wie auch das Blutgerinnsel in der Lunge vermeiden können.

Geradewegs vom Herzen

Im folgenden will ich eine andere Veranlagung beschreiben, die ebenfalls sehr viele Menschen für Embolien anfällig macht, und zwar nicht in den Venen, wie bei Mary und Max, sondern in den Arterien. Die Folgen können lebensgefährlich sein. Das Leiden, auf das ich anspiele, ist eine Herzrhythmusstörung, die man als *Vorhofflimmern* bezeichnet – eine absolut unregelmäßige Herztätigkeit. Die meisten Menschen spüren hin und wieder, daß ihr

Herz einen »Extraschlag« macht. Bei Vorhofflimmern hingegen hat es den Anschein, als sei jeder Herzschlag »extra«. Es gibt kein vorhersagbares Muster, keinen bestimmten Rhythmus der Herzkontraktionen. Solange wir die Geschwindigkeit, mit der ein Herz schlägt, in einem einigermaßen vernünftigen Rahmen halten können, reagieren die meisten Patienten mit Vorhofflimmern einigermaßen normal, trotz ihres unregelmäßigen Herzrhythmus.

Vorhofflimmern ist sehr weit verbreitet und muß nicht unbedingt auf eine Krankheit hinweisen. Ich habe selber einige Patienten, die ständig Vorhofflimmern haben, sich aber völlig gesund fühlen. Zudem habe ich erlebt, daß bei manchen Leuten diese Rhythmusstörung nur gelegentlich auftritt, in Zeiträumen von einigen Minuten bis zu mehreren Tagen; es handelt sich dabei um ansonsten völlig gesunde Menschen, die nur zuviel Kaffee trinken, zuviel rauchen oder aber sehr hohe Dosen von Schilddrüsenmedikamenten einnehmen müssen. Allerdings tritt Vorhofflimmern bei älteren Menschen häufiger auf; bei ihnen läßt es in den meisten Fällen auf eine zugrundeliegende Krankheit schließen, und zwar nicht immer auf eine Herzkrankheit. Es kann beispielsweise die Folge einer Schilddrüsenüberfunktion, einer Sklerose der Herzkranzarterien oder einer Anormalität im Herzen – hauptsächlich der Mitralklappe – sein.

Um welches Grundleiden es sich auch handelt und trotz der Tatsache, daß der Patient in vielen Fällen auch mit dieser Rhythmusstörung ganz gut zurechtkommt (nicht wenige Patienten sind sich dessen gar nicht einmal bewußt), weiß man mittlerweile, daß bei chronischem Vorhofflimmern immer die Gefahr besteht, daß sich ein Blutpfropfen loslöst. Da die meisten Blutgerinnsel sich links vom Herzen bilden, von wo aus alle Teile des Körpers mit Blut versorgt werden (nur die Lunge nicht; sie erhält Blut von der rechten Seite des Herzens), kann so ein Gerinnsel ins Gehirn gelangen und zu einem Schlaganfall führen; in die Arterien der Beine, so daß hier die Blutzirkulation unterbrochen wird; in die Nieren, wo es ebenfalls beträchtlichen Schaden anrichten kann, und so weiter. Wenn Sie nicht aus irgendeinem Grund keine Blutverdünnungsmittel nehmen dürfen (beispielsweise aufgrund eines blutenden Geschwürs, wegen anderer Probleme mit der Blutgerinnung, einer Lebererkrankung oder wenn Sie an sehr hohem Blutdruck leiden), sollten Sie im Prinzip ständig Antikoagulantien einnehmen, zumindest aber so lange, wie das Vorhofflimmern andauert. Das gängigste Antigerinnungsmittel ist Coumadin. Wenn man es einnimmt, sollte man alle drei bis vier Wochen einen Bluttest machen lassen, um sicherzugehen, daß man nicht zuviel oder zuwenig davon nimmt. Es ist wirklich interessant – Coumadin wird als Rattengift verwendet; es tötet die Nager, indem es bei ihnen Blutungen auslöst.

Noch einige andere Faktoren können für Embolien anfällig machen, selbst wenn der Herzrhythmus völlig in Ordnung ist. Dazu gehört beispielsweise Mitralstenose. Bei dieser Unregelmäßigkeit, die meistens Folge eines rheumatischen Fiebers ist, öffnet sich die Mitralklappe im Herzen nicht ganz. Das behindert den Blutstrom aus dem linken Vorhof. Die Folge ist, daß die Vorkammer sich nicht ganz entleeren kann und infolgedessen immer größer wird. In dieser erweiterten Vorkammer bilden sich dann Blutgerinnsel, brechen ab und wandern durch den ganzen Körper. Aus diesem Grund verschreiben manche Ärzte Patienten mit Mitralstenose Antikoagulantien, auch wenn ihr Herzrhythmus völlig regelmäßig ist.

Patienten, bei denen eine oder mehrere kranke Herzklappen durch künstliche ersetzt worden sind, erhalten fast in jedem Fall Antigerinnungsmittel, und zwar ihr ganzes Leben lang. Der Grund dafür wurde sehr dramatisch an einigen Patienten demonstriert, die ein künstliches Herz eingesetzt bekamen. Kleine Gerinnsel, die sich irgendwo innerhalb dieses künstlichen Hilfsmittels gebildet hatten, brachen ab, wanderten ins Gehirn und führten zu einer Reihe von Schlaganfällen. Genau das gleiche kann auch bei einer Herzklappenprothese passieren. Wenn es sich jedoch bei der neuen Herzklappe um eine biologische handelt – das heißt um eine, die aus Körpergewebe und nicht aus Metall oder Plastik besteht –, ist ein Antigerinnungsmittel unter Umständen nicht notwendig. (Der klassische Fall einer biologischen Herzklappe sind die sehr oft verwendeten Herzklappen von Schweinen.) Aber selbst in einem solchen Fall sollte man nach der Operation mindestens noch drei Monate lang Antikoagulantien nehmen.

Und wenn man ein schwaches Herz hat?

Es gibt noch zwei weitere Situationen, in denen lebensbedrohende Blutgerinnsel im Herz entstehen können – trotz eines normalen Herzrhythmus. Im ersten Fall handelt es sich um die Kardiomyopathie. (So nennt man ein Leiden, bei dem der Herzmuskel nicht richtig funktioniert – kurz gesagt: ein schwaches Herz.) Zu einer Kardiomyopathie kann es auf verschiedene Weise kommen. So kann das Herz beispielsweise durch übermäßigen Alkoholgenuß »vergiftet« sein (alkoholbedingte Kardiomyopathie); durch ein Virus, das vielleicht anfangs harmlos zu sein schien (Viruskardiomyopathie) – es genügt, wenn Sie einmal eine schlimme Erkältung hatten –, das aber dennoch den Herzmuskel angegriffen hat; aufgrund einer langwierigen Erkrankung der Herzkranzarterien, die dazu führte, daß der Herzmuskel nicht genügend Nährstoffe erhielt (muskelischämische Kardiomyopathie); durch eine chronische Infektion; aufgrund von Bluthochdruck, wodurch der Herzmuskel jahrelang überstrapaziert wurde (hypertonische Kardiomyopathie), oder durch das Eindringen bestimmter Körperchemikalien in das Herz (Amyloidose). Was auch immer der Grund ist, der Herzmuskel bewegt sich kraftlos, wie ein alter, ausgeleierter Sack, anstatt sich kräftig zusammenzuziehen, um das Blut aus der Herzhöhle zu pumpen. Aufgrund dieser schwachen Herztätigkeit strömt das Blut in der Herzhöhle nicht schnell hinein und hinaus, sondern bildet Strudel und Wirbel, so daß kleine Gerinnsel entstehen können. Wenn eines von ihnen aus dem Herzen gelangt, kann man nicht voraussagen, wohin es wandern wird. Aus diesem Grund ist es meines Erachtens vernünftig, allen Patienten mit Kardiomyopathie Antigerinnungsmittel zu verordnen, um das Risiko einer Klumpenbildung von vorneherein zu reduzieren.

Das Heimtückische an Kardiomyopathie ist, daß Patienten, die daran leiden, dies nicht immer wissen. Vor kurzem kam ein achtundfünfzig Jahre alter Patient zu mir, der über Herzklopfen klagte (er spürte seinen Herzschlag, ohne daß es dafür eine einleuchtende Erklärung gab). Er war Lehrer und nicht besonders sportlich. Die körperliche Untersuchung brachte keinerlei Ergebnisse: Blutdruck normal, keine Herzgeräusche. Auch das Elektrokardiogramm war in Ordnung. Auf der Röntgenaufnahme seines

Brustkastens war jedoch zu erkennen, daß sein Herz ziemlich vergrößert war (wie fast immer bei einer Kardiomyopathie). Aber erst mit Hilfe eines Echokardiogramms konnte ich die endgültige Diagnose stellen, weil ich sehen konnte, daß der schlaffe Muskel sich kaum mehr zusammenzog. Der Mann war ernstlich krank, aber es gab absolut keinen Hinweis darauf – außer dem Herzklopfen –, daß etwas nicht in Ordnung war.

Schließlich gibt es noch eine weitere Gruppe von Betroffenen; sie leiden unter einem Ventrikelwandaneurysma, und zumindest einige von ihnen sollten Antikoagulantien einnehmen, um einer lebensgefährlichen Embolie vorzubeugen. Der Mechanismus, der sie so anfällig macht, ist dem bei einer Kardiomyopathie sehr ähnlich, aber dieses Leiden hat eine andere Ursache. Nach einem schweren Herzanfall, vor allem wenn dabei der vordere Teil des Herzens in Mitleidenschaft gezogen wurde (Vorderwandinfarkt), wölbt sich die verletzte Wandung bei jeder Kontraktion des Herzens nach außen. In diesem Sack (Aneurysma) können sich Gerinnsel bilden, auf ganz ähnliche Weise wie bei einer Kardiomyopathie; man kann sie in der Tat auf einem Echokardiogramm »sehen«. Auch für solche Patienten haben Antikoagulantien eine vorbeugende und schützende Funktion.

Würde jeder, der für Embolien anfällig ist. Antigerinnungsmittel nehmen, könnten Tausende Todesfälle und viele Behinderungen vermieden werden.

15. Der Prozeß des Alterns – Es ist nie zu früh, etwas dagegen zu tun

Können Sie sich noch an Ihre Reaktion erinnern, als Sie das erste graue Haar entdeckten? Waren Sie vielleicht anfangs etwas neugierig und ein bißchen amüsiert, machten sich dann aber allmählich Sorgen, als es immer mehr wurden? Oder wissen Sie noch, was Sie früher von Schönheitsoperationen gehalten haben? Wahrscheinlich hatten Sie volles Verständnis dafür, wenn jemand sich eine Hasenscharte oder eine krumme Nase operativ korrigieren ließ, aber einfach an sich »herumschnipseln« zu lassen, nur um jünger zu wirken, das leuchtete Ihnen vermutlich absolut nicht ein. Eines Tages jedoch standen Sie dann vor dem Spiegel und versuchten die Falten auf Ihrer Stirn und die Furchen in den Wangen, die Tränensäcke unter Ihren Augen und das Doppelkinn glattzustreichen – nur um zu sehen... Und dann überlegten Sie... vielleicht, wirklich nur vielleicht. Plötzlich war der Gedanke an plastische Chirurgie gar nicht mehr so abwegig. Oder wann ist Ihnen zum erstenmal aufgefallen, daß Sie sich nicht mehr so ohne weiteres die Namen von Leuten merken können und im Theater oder bei geschäftlichen Besprechungen nicht mehr alles genau behalten? Oder wie sind Sie damit fertig geworden, als die Perioden allmählich schwächer wurden und schließlich ganz ausblieben, oder als Golfspielen Ihnen auf einmal wichtiger war als Sex? Das sind nur einige wenige Beispiele, die Ihnen bewußtgemacht haben – oder es Ihnen bewußtmachen werden –, daß nicht nur die anderen älter werden.

Jeder einzelne von uns reagiert anders auf das Älterwerden. Einige stellen sich eben darauf ein. Sie schmieden Pläne für die »goldenen Jahre« und akzeptieren, daß ein Nachlassen der Vitalität unvermeidlich ist. Andere hingegen wollen es einfach nicht wahrhaben. Sie versuchen ihr Erscheinungsbild zu verändern, indem sie Make-up auflegen, sich die Haare färben lassen oder es mit plastischer Chirurgie probieren. Die meisten versuchen es mit Kräutern, Vitaminen und irgendwelchen Wundertränken, die ihnen ewige Jugend verleihen sollen.

Altern ist keine Krankheit

Wenn Patienten mich fragen, wie sie mit dem Älterwerden fertig werden sollen, rate ich ihnen zumeist folgendes:

(1) *Rauchen Sie nicht.* Rauchen verkürzt Ihr Leben, da es zu Erkrankungen des Herzens, Emphysemen, Krebs und allen nur denkbaren Krankheiten führen kann.

(2) *Achten Sie auf eine ausgewogene Ernährung, und versuchen Sie Ihr Idealgewicht zu halten.* Diese beiden Punkte sind besonders wichtig, weil Sie sich dann besser fühlen und weil beide die Prozesse beeinflussen, die in jeder einzelnen Ihrer Körperzellen ablaufen, wenn dieser Körper älter wird; beides trägt dazu bei, eine ganze Reihe von Krankheiten zu vermeiden.

(3) *Treiben Sie regelmäßig Sport.* Körperliche Fitneß macht Sie widerstandsfähiger gegen Krankheiten. Zudem ist körperliche Bewegung das beste Entspannungsmittel, das es überhaupt gibt.

(4) *Lassen Sie sich regelmäßig ärztlich untersuchen. Gehen Sie zum Arzt, sobald Sie merken, daß etwas nicht in Ordnung ist, und befolgen Sie seine Ratschläge, besonders was Medikamente betrifft.* Wenn man eine Krankheit schon nicht vermeiden kann, sollte man zumindest möglichst früh etwas dagegen unternehmen. Sobald eine Krankheit erst einmal diagnostiziert ist, hängen Krankheitsverlauf und Heilungsprozeß weitgehend davon ab, wie genau Sie sich an die Anweisungen Ihres Arztes halten.

(5) *Halten Sie den Kontakt mit Ihrer Familie und Ihren Freunden und Bekannten aufrecht und ziehen Sie sich nicht früher als nötig aus dem aktiven Leben zurück.* Gerade ältere Men-

schen leiden häufig unter Depressionen; die Hauptgründe dafür sind Einsamkeit und das Gefühl, nicht mehr zu wissen, wofür man eigentlich lebt. Jeder braucht am Morgen, wenn er aufwacht, das Gefühl, daß etwas ihn erwartet. Wenn das fehlt, ist das einzige, worauf Sie noch warten – der Tod. Bleiben Sie also weiterhin aktiv, und wenn Sie nicht mehr arbeiten, dann beschäftigen Sie sich mit ihren Hobbys, betreiben Sie aktive Freizeitgestaltung oder engagieren Sie sich im gesellschaftlichen Leben.

(6) *Schließen Sie Bekanntschaft mit Menschen aller Altersgruppen.* Schränken Sie Ihre sozialen Kontakte nicht auf Leute Ihres Alters ein. Junge Menschen können von den älteren lernen. Und Ältere bekommen von den Jungen immer wieder neue Anregungen. Sie denken dann positiver, ernähren sich besser und fühlen sich zufrieden.

(7) *Nehmen Sie sich genügend Zeit für Ruhe und Entspannung, und zwar sowohl vor wie auch nach Ihrer Pensionierung.*

(8) *Schlafen Sie genug,* sei es nachts, sei es ein kleines Nickerchen untertags.

(9) *Trinken Sie, wenn überhaupt, nicht zuviel Alkohol und fahren Sie nie selber Auto, wenn Sie etwas getrunken haben.* Wenn man älter wird, lassen Seh- und Hörvermögen allmählich nach, und auch die Reflexe funktionieren nicht mehr so gut. Wenn dann noch der Einfluß des Alkohols hinzukommt, der in jedem Alter die Koordinationsfähigkeit und das Reaktionsvermögen beeinträchtigt, wirkt sich dies bei älteren Menschen weit stärker aus.

(10) *Schnallen Sie sich beim Autofahren immer an.* Es macht schließlich keinen Sinn, Krebs oder eine Herzkrankheit zu bekämpfen, wenn Sie in der Statistik als Opfer eines tödlichen Verkehrsunfalls auftauchen, weil Sie sich nicht angeschnallt hatten und deshalb durch die Windschutzscheibe geschleudert wurden.

(11) *Setzen Sie sich nicht zu lange der prallen Sonne oder extremer Kälte aus.* Je älter man wird, desto empfindlicher reagiert man auf übermäßige Hitze oder Kälte, da der Körper sich den Temperaturschwankungen nicht mehr so leicht anpassen kann.

(12) *Sorgen Sie für Sicherheit bei sich zu Hause.* Stürze und Brände kosten viele ältere Menschen das Leben, weil einerseits ihre Knochen leichter brechen, sie sich andererseits nicht mehr so schnell in Sicherheit bringen können, wenn tatsächlich im Haus ein Unglück passiert.

(13) *Sorgen Sie für finanzielle Absicherung.* Viele Krankheiten im Alter sind auf Fehl- oder Mangelernährung zurückzuführen, und der Grund dafür ist nicht selten Geldmangel. Zudem ist es wichtig, daß man sich die bestmögliche Pflege leisten kann, bei der man möglichst unabhängig und selbständig bleibt, falls man wirklich erkrankt.

(14) *Bewahren Sie sich eine optimistische Lebenseinstellung und rechnen Sie einfach damit, daß Sie lange leben werden.* Lebensqualität und Lebensdauer hängen in hohem Maße von Ihrer Einstellung gegenüber Krankheit beziehungsweise Gesundheit ab.

(15) *Der letzte und vielleicht wichtigste Punkt: Überlegen Sie sich, was Ihnen wirklich Spaß macht, und tun Sie das dann auch.* Zufriedenheit und Freude (auch am Sex, der einfach zu schön ist, um ihn völlig den Jungen zu überlassen) tragen zu Gesundheit und einem langen Leben genausoviel bei wie Pillen und Medikamente.

Die meisten Menschen nehmen keinen dieser Ratschläge wirklich ernst. Statt dessen wollen meine Patienten wissen, was ich von allen möglichen Vitaminen, Zusatzhormonen und Kräutertränken halte, und – ob Sie es nun glauben oder nicht – manche fragen mich sogar, ob eine Transplantation von Affendrüsen etwas bringen würde. Meiner Ansicht nach kommt nichts von alldem an die Grundregeln heran, die ich aufgezählt habe.

Der derzeitige Forschungsstand auf dem Gebiet der »Altersprophylaxe«

Es gibt in der Tat weltweit ernstzunehmende wissenschaftliche Bemühungen, das Tor zur Unsterblichkeit aufzuschließen, um realistische Antworten auf die mit dem Alterungsprozeß verbundenen

Probleme zu finden und nicht nur Scheinlösungen. Ein interessantes Beispiel ist die Erforschung der roten Blutkörperchen, deren Funktion es ist, alle Organe und Gewebe des Körpers mit Sauerstoff zu versorgen. Diese Zellen werden im Knochenmark gebildet und leben genau 120 Tage lang; während dieser Zeit zirkulieren sie in und durch alle Winkel und Spalten des Körpers. Vor dem 120. Tag passiert das rote Blutkörperchen die Milz, wie alle anderen Organe auch, ohne daß es dabei Probleme gibt. Wenn es jedoch am 120. Tag erneut durch dieses Organ kommt, wird es ausgefiltert, von den Millionen anderer roter Blutkörperchen isoliert, in deren Strom es dahintreibt, und zerstört. Aus diesem Grund wird die Milz der »Friedhof der roten Blutkörperchen« genannt. Eisen sowie andere Pigmente und Substanzen, die in dieser Zelle enthalten sind, werden wieder in den Kreislauf eingeschleust und in neue rote Blutkörperchen integriert, die ständig im Knochenmark entstehen. Wissenschaftler haben herauszufinden versucht, wieso die Milz weiß, daß sie das rote Blutkörperchen am 120. Tag »aus dem Verkehr ziehen« muß, und warum sie das macht – warum also die Zelle zu genau diesem Zeitpunkt »überfällig« ist. Wenn es gelingt, eine Antwort auf diese Fragen zu finden, werden wir möglicherweise den Alterungsprozeß und die Grenzen, die dem menschlichen Leben gesetzt sind, besser verstehen.

Ich könnte ein ganzes Buch darüber schreiben, wie viele wissenschaftliche Forschungsprojekte über Altern und Tod derzeit laufen. Es gibt zwar noch keinen nennenswerten Durchbruch auf diesem Gebiet, aber man weiß mittlerweile doch Genaueres über den Prozeß des Alterns. Beispielsweise wissen wir, daß alle Zellen sich mit der Zeit »abnutzen« und nicht ersetzt werden. Ältere Leute werden normalerweise dünner und verlieren an Gewicht, und zwar eben aus dem Grund, weil die Anzahl der Zellen im Körper abnimmt. Zudem werden die Zellen nicht nur weniger, die noch vorhandenen funktionieren auch nicht mehr so gut wie früher, als sie noch jung waren. Die Zellen im Magen verdauen nicht mehr so effizient; die Lungenzellen entziehen der Luft nicht mehr soviel Sauerstoff wie früher, und die Fähigkeit der Nierenzellen, Urin zu produzieren, läßt nach. Der Grund für diese allgemeine Abnahme der Funktionsfähigkeit ist vermutlich ein Nachlassen der Aktivität der Enzyme in diesen Zellen. (Enzyme sind Proteine, die energetische Prozesse beschleunigen.)

Ein normales Funktionieren der Enzyme hängt von einer ausreichenden Versorgung mit Vitaminen und Spurenelementen in der Nahrung ab. Nicht selten haben ältere Menschen zuwenig von diesen Substanzen, und zwar aufgrund einer Fehl- oder Mangelernährung, die wiederum alle möglichen Gründe haben können: das kann sich nachteilig auf die Zellen und das Gewebe auswirken und die Symptome des Alterungsprozesses beschleunigen. Viele dieser Symptome verschwinden, wenn die Ernährung verbessert wird. Zusätzliche Richtmengen an Multivitaminen und Spurenelementen sind daher sehr wichtig, um Alterserscheinungen vorzubeugen, und zwar bei jedermann, gleich welchen Alters, bei dem die Gefahr besteht, daß er einen Mangel an diesen Substanzen hat. Aber denken Sie daran: Derlei Zusatzmedikationen bedeuten nicht, daß man nun gleich Riesenmengen davon schluckt. Es gibt keinerlei Beweis dafür, daß Überdosierungen von Vitaminen, Mineralien oder anderen Nährstoffen den Gesundheitszustand verbessern oder das Leben verlängern.

Radikale – frei und gefährlich

Es gibt eine recht populäre Theorie des Alterns, die die Ernährung betrifft und bei der von »freien Radikalen« die Rede ist – sie sind ein chemisches Nebenprodukt jeglichen Zellstoffwechsels. Freie Radikale entstehen bei energetischen Prozessen, bei denen Sauerstoff mit ins Spiel kommt. Man vermutet, daß sie den Alterungsprozeß beschleunigen und auch bei der Entstehung von Krebs, Bluthochdruck, Senilität und Störungen des Immunsystems (Schwächung der Abwehrkräfte) eine Rolle spielen. Wenn man bei kleinen Versuchstieren über die Ernährung die Anzahl der freien Radikalen vermindert, passiert dreierlei: Ihre durchschnittliche Lebenserwartung steigt, ihre allgemeine Abwehrkraft wird besser und bestimmte Krebsarten treten nicht auf. Die Diät, die eine solch segensreiche Wirkung hat, enthält nur minimale Mengen von mehrfach ungesättigten Fetten und so wenig Kalorien, daß das Körpergewicht herabgesetzt wird. Auch Selenium, ein Spurenelement, das immer wieder in der Literatur über die Verhinderung von Krebs auftaucht, scheint – diesen Schluß legen zumindest die Tierversuche nahe – den Schaden, den die freien Radikalen anrichten, einzudämmen.

Es wäre folglich durchaus möglich, daß Personen, die eine ähnliche Diät einhalten, deren Nahrung also einen genügend hohen Anteil an lebenswichtigen Nährstoffen, aber wenig Kalorien und wenig mehrfach ungesättigte Fette enthält und die unter Umständen zusätzlich 50 bis 100 mg Selenium pro Tag zu sich nehmen, länger leben, als es derzeit der Fall ist.

Noch ein paar Worte zu oxydationshemmenden Stoffen, da auch sie in das Schema der freien Radikalen gehören. Die bekanntesten Antioxydantien, Vitamin E und Vitamin C, schwächen bei Versuchstieren die negativen Auswirkungen der freien Radikalen ab. Man könnte diese beiden Vitamine als »Ausspüler« von freien Radikalen bezeichnen. Sie entfernen diese unerwünschten Nebenprodukte des Zellstoffwechsels aus dem Körper.

Was bedeutet nun all dies für uns? Sollten wir zusätzlich zu unserer normalen Kost Vitamin E und C zu uns nehmen, und wenn ja, in welcher Dosierung? Es gibt keine auf wissenschaftlichen Experimenten am Menschen basierende Antwort auf diese Frage, aber ausgehend von der *anzunehmenden* Wirkung verschreibe ich fast allen meinen Patienten 200 bis 400 mg Vitamin E und mindestens 500 mg Vitamin C pro Tag, und zwar in Ergänzung zu der täglichen Dosis an Multivitamin. In dieser Dosierung können sie keinen Schaden anrichten, dafür aber auf lange Sicht möglicherweise eine vorbeugende Wirkung haben.

Andere Wissenschaftler warten mit folgender Theorie auf, die sie als »Unterernährung ohne Mangelernährung« bezeichnen: Je weniger Protein einer Zelle zur Verfügung steht, desto geringer ist die Gefahr, daß sie sich verändert und nachteilige genetische Informationen übermittelt. Es ist also durchaus für uns alle, gleichgültig welchen Alters, zu empfehlen, die Kalorienzufuhr über einen Zeitraum von fünf Jahren auf 60 Prozent der jetzigen Menge zu reduzieren. Allerdings muß sichergestellt sein, daß die jeweilige Kost alle wesentlichen Nährstoffe und Aminosäuren enthält. Kinder sollten jedoch ausreichend Proteine zu sich nehmen, damit das Wachstum normal verläuft. Das gleiche gilt für schwangere

Frauen; in diesem Fall geht es darum, daß der Fötus genügend Nährstoffe erhält. Wenn man in mittlerem Alter ist, sollte man hauptsächlich Kohlehydrate und möglichst wenig Protein und Fett zu sich nehmen.

Offensichtlich ist eine solche kalorienarme, kohlehydratreiche sowie fett- und eiweißarme Kost vor allem aus dem Grund nützlich, weil auf diese Weise weniger »schlechte« freie Radikale produziert werden.

Wenn einen der eigene Körper im Stich läßt – Störungen des Immunsystems

Um besser zu verstehen, was es mit dem Phänomen des Alterns auf sich hat, sollten Sie auch ein wenig darüber wissen, wie das Immunsystem funktioniert. Es handelt sich dabei um einen komplizierten biologischen Mechanismus, dessen Funktion darin besteht, den Körper gegen feindliche Elemente zu verteidigen, die von außen in ihn eindringen (Bakterien, Viren, Pilze und so weiter) oder ihn von innen her bedrohen (dahintreibende Krebszellen, denen es »verboten« wird, sich festzusetzen und sich zu vermehren). Wenn wir älter werden, nimmt die Effizienz des Immunsystems allmählich ab. Es kann dann möglicherweise nicht mehr zwischen Zellen und Proteinen, die normale Bestandteile des Körpers sind (»körpereigen«), und solchen, die Fremdkörper sind (»nicht körpereigen«), unterscheiden. Infolgedessen produziert es Antikörper, die das normale Körpergewebe zerstören. Dieser Vorgang, den man als Autoimmunität bezeichnet, wirkt sich negativ aus. In einem alternden Immunsystem läuft also zweierlei schief. Erstens bekämpft das Immunsystem Eindringlinge oder giftige Substanzen bei weitem nicht mehr so wirksam wie in jüngerem Alter. Gleichzeitig schlägt es einen »selbstzerstörerischen« Kurs ein. Die Wissenschaft ist überzeugt davon, daß bestimmte diätetische Maßnahmen, insbesondere eine Einschränkung der Proteinzufuhr sowie spezielle Zusatzsubstanzen, an denen möglicherweise ein Mangel besteht, diesen beiden Trends entgegenwirken und uns schützen, wenn wir älter werden.

Von daher liegt nun der Schluß nahe, daß es durchaus sinnvoll ist, weniger Fett und Proteine (und das bedeutet: weniger Fleisch und Fisch) und möglichst viele Kohlehydrate zu sich zu nehmen und dies durch genügend Vitamine und Mineralien zu ergänzen, damit es nicht zu Mangelerscheinungen kommt.

Noch eine abschließende Bemerkung, was den Zusammenhang zwischen Ernährung und Altern betrifft. Ich möchte Sie dringlich vor den diversen »Kräutertränken« warnen, die Gesundheit verheißen. In den meisten Fällen schaden sie zwar nicht, aber ich bin all den »Kräuter«-Produkten gegenüber sehr mißtrauisch, deren Ingredienzien ein Geheimnis sind.

Sport – ja oder nein?

Gibt es außer einer vernünftigen Ernährung noch andere Mittel, um den Folgen des Alterungsprozesses entgegenzuwirken? Wie steht es mit sportlicher Betätigung und/oder körperlicher Fitneß?

Am besten ist es natürlich, wenn man möglichst früh mit einem regelmäßigen Training beginnt, und zwar ehe die Körperfunktionen allmählich nachlassen (das beginnt in den frühen Dreißigern), aber eigentlich ist es nie zu spät. Ich bin überzeugt, daß ein ständiges Training, bei dem die Knochen belastet werden, so daß sie nicht so leicht Kalzium verlieren, und die Muskeln gestärkt werden, was Ausdauer, Koordinierung und Beweglichkeit verbessert, viele Begleiterscheinungen und Alterungsprozesse abmildern kann. Das gilt beispielsweise für die Atmung. Körperliche Fitneß hat einen großen, meßbaren Einfluß auf die Lungenfunktion. Etwa ab dreißig nimmt die Fähigkeit des Körpers, der eingeatmeten Luft Sauerstoff zu entziehen, pro Jahr um etwa 1 Prozent ab. Jemand, der durchtrainiert ist – gleichgültig welchen Alters –, kann jedoch besser Sauerstoff entziehen als jemand, der überhaupt keinen Sport treibt. Trotz dieser Abnahme um 1 Prozent können Sie also, wenn Sie siebzig und körperlich fit sind, mehr Sauerstoff in die Lunge bringen als ein Dreißigjähriger, der sich nie sportlich betätigt.

Regelmäßige körperliche Ertüchtigung verbessert auch die Herzfunktion und trägt dazu bei, der Bildung gefährlicher Blutgerinnsel vorzubeugen; dabei wird nämlich der Cholesterinspiegel gesenkt und der Anteil an Lipoproteinen hoher Dichte steigt; darüber hinaus hat man festgestellt, daß die Streßhormone abnehmen und der Blutdruck sinkt. Auch einer Versteifung der Gelenke, die mit dem Alter zunimmt, kann man auf diese Weise entgegenwirken. Auf das Nervensystem hat eine regelmäßige sportliche Betätigung ebenfalls einen positiven Einfluß. Körperlich aktive Menschen haben meistens bessere Reflexe als Personen, die körperlich nicht besonders fit sind. Die Fähigkeit, schnell zu reagieren, kann in einer gefährlichen Situation über Leben und Tod entscheiden. Es steht zudem fest, daß diejenigen meiner älteren Patienten, die körperlich aktiv sind, eine höhere Angstschwelle und weniger Depressionen haben; sie sind nicht so nervös und leiden weniger unter Schlafstörungen, verfügen über eine größere emotionale und psychische Stabilität und über mehr Selbstsicherheit als diejenigen, die keinerlei Sport treiben. Kurz gesagt: Sie haben mehr vom Leben.

Außerdem übt sportliche Betätigung einen schützenden Einfluß auf die Hypophyse und die Nebennierendrüsen aus. Diese Drüsen produzieren Hormone, die dazu beitragen, mit Streßsituationen besser fertig zu werden – sowohl physisch als auch psychisch. Wenn Sie plötzlich mit einer ungewöhnlichen oder unerwarteten Konfliktsituation konfrontiert werden, werden Sie besser damit fertig werden, wenn Sie »in Form« sind. Wenn hingegen Ihr Drüsen- oder endokrines System »geschlafen« hat, weil Sie sich die ganze Zeit über kaum körperlich betätigt haben, sondert es unter Umständen nicht genügend Hormone ab, um es mit der jeweiligen Herausforderung aufnehmen zu können.

Darüber hinaus bedingt körperliche *Inaktivität* etliche schwere Folgeerscheinungen des Alterns. Beispielsweise besteht bei älteren Personen, die sich jahrelang körperlich nicht betätigt haben und nicht »fit« sind, die Gefahr, daß der Blutdruck sinkt; die Folge ist, daß ihnen schwindlig wird und sie nur noch verschwommen sehen, wenn sie plötzlich schnell aufstehen – etwas, worüber ältere Menschen häufig klagen. Bei Patienten mit einem erhöhten Zukkerspiegel baut der untrainierte Körper den Zucker nicht so gut ab. Diese Leute scheiden außerdem zu große Mengen an Kalzium mit dem Urin aus. All dies verstärkt viele *Begleiterscheinungen* des Alterungsprozesses.

Alles bisher Gesagte bezog sich auf körperliche Fitneß. Aber wie sieht es mit der »geistigen« Fitneß aus? Das wichtigste ist in dieser Hinsicht, schon möglichst früh im Leben bestimmte intellektuelle Gewohnheiten einzuüben, damit man auch im Alter geistig und psychisch beweglich bleibt. Beispielsweise ist Lesen sehr wichtig, nicht nur, um sich zu informieren, sondern weil die geistigen Fähigkeiten um so besser ausgebildet werden, je mehr man sie beansprucht. Es ist höchst sinnvoll, sich im Alter immer wieder einmal für Kurse über Themen einzuschreiben, die interessant und neu für einen sind und eine Herausforderung darstellen. Wenn Sie Ihr ganzes Leben lang flexibel und für neue Erfahrungen offen bleiben, haben Sie gute Aussichten, auch im Alter geistig auf der Höhe zu sein. Das Gefühl, alles um einen herum unter Kontrolle zu haben und fast alles zu schaffen, wenn man sich nur darum bemüht, kommt einem im Alter sehr zustatten. Die Apathie vieler älterer Menschen ist nicht eine Folge davon, daß das Gehirn »abgenutzt« ist; der Grund dafür ist eher ein Mangel an Motivation. Ältere Menschen verlieren das Interesse. Es ist ihnen einfach »alles egal«. In Wirklichkeit aber entfalten sich bei gesunden Menschen viele Fähigkeiten gerade im Alter. Die Art, wie Sie in Ihrer Jugend und in mittlerem Alter mit Ihrem geistigen »Apparat« umgehen, kann ganz entscheidend dafür sein, wie er später im Alter funktioniert.

Gegenüber all den Theorien, Tricks und Hausmittelchen gegen das Altern ist nach wie vor eine positive Lebenseinstellung die sicherste Methode, auf angenehme Art und Weise alt zu werden. Tun Sie das, was Ihnen Spaß macht, schaffen Sie sich einen großen Freundes- und Bekanntenkreis, treiben Sie regelmäßig Sport und sorgen Sie für eine Ernährung, die wenig Fett und Protein, aber alle wichtigen Nährstoffe, Vitamine und Mineralien enthält – nicht in Riesenmengen, aber genügend, um den täglichen Bedarf daran zu decken.

Eines der wichtigsten Anzeichen für das Altern ist die Beschaffenheit der Haut. Das ist ein Punkt, wo es mit gesundem Menschenverstand und wenn man sich an bestimmte Grundregeln hält, gelingt, zumindest jünger *auszusehen*.

Wie kann man die Haut jung erhalten?

Die Haut ist mehr als eine simple, intakte Hülle, die lediglich die Einzelteile des Körpers zusammenhält. Sie reicht vom Kopf bis zu den Zehenspitzen und kleidet jede noch so winzige Spalte und Öffnung aus; sie ist in der Tat das größte Organ des Körpers – ein lebendiges, atmendes Gewebe, in dem ständig Stoffwechselprozesse ablaufen und das immer wieder ausgebessert und erneuert wird. Es trägt dazu bei, die Körpertemperatur zu regulieren, indem es die Blutgefäße an der Oberfläche veranlaßt, sich zu erweitern oder aber sich zusammenzuziehen, und steuert die Schweißabsonderung, es bestimmt den Wassergehalt und die Mineralienkonzentration und spiegelt praktisch jede Krankheit im Körperinneren wider. Aber die Haut ist auch etwas sehr Verletzliches und kann selber krank werden.

Sollte ich in zwei Worten ausdrücken, was das größte Problem für eine alternde Haut ist, würde ich sagen: »Sonne meiden«. Wenn man sich übermäßig der Sonnenstrahlung aussetzt, beschleunigt dies den Alterungsprozeß der Haut, besonders bei hellhäutigen, blonden und rothaarigen Personen. Wenn Sie einen eher dunklen Teint haben, ist die Sonne nicht so schädlich für Ihre Haut, da die einzelnen Zellen einen größeren Anteil eines schützenden Pigments enthalten, das Melanin heißt und vor Schäden durch Sonneneinstrahlung schützt. Allerdings nimmt die Anzahl der Zellen, die dieses Pigment enthalten, mit jeder Dekade um etwa 10 Prozent ab. Folglich wird es mit zunehmendem Alter immer gefährlicher, sich lange in der prallen Sonne aufzuhalten. Dennoch kommt es jeden Winter zu einem Massenexodus meist älterer Menschen aus den kälteren Ländern in den Süden. Sie sehnen sich nicht nur nach der Wärme der Sonne, sondern lassen sich regelrecht von ihr rösten, obwohl die Haut dadurch ihre Straffheit und Elastizität einbüßt. Eine solche Haut wird nach einer gewissen Zeit unweigerlich so schrumpelig werden wie ein Waschbrett – ganz zu schweigen von den gesundheitlichen Schäden.

Viele, die es sich nicht leisten können, in den Süden zu reisen oder lange genug dort zu bleiben, um richtig schön braun zu werden, lassen sich in den in Mode gekommenen Sonnenstudios bräunen. Man sollte jedoch immer daran denken, daß diese Ersatzbräunung genauso riskant sein kann wie eine ständige intensive Sonnenbestrahlung.

Wenn Sie ein vorzeitiges Altern Ihrer Haut verhindern wollen, sollten Sie sich möglichst nicht in der prallen Sonne aufhalten. Wenn es sich nicht vermeiden läßt, tragen Sie ein Sonnenschutzmittel mit einem möglichst hohen Sonnenschutzfaktor auf. Diese Salben und Cremes schützen vor den schädlichen ultravioletten Strahlen. Die gebräuchlichsten Mittel enthalten Aminobenzoesäure (PABA = Para-Aminobenzoesäure). Tragen Sie das Sonnenschutzmittel zwanzig bis dreißig Minuten, bevor Sie in die Sonne gehen, auf, und cremen Sie sich jedesmal, wenn Sie vom Schwimmen kommen, erneut damit ein.

Wenn Sie eine solche Sonnencreme benutzen, bedeutet das nicht, daß Sie von Ihrem wundervollen Urlaub im Süden ganz blaß zurückkommen. Ein Teil der Sonnenstrahlen dringt trotzdem auf Ihre Haut durch, aber nicht soviel, daß sie geschädigt wird. Um ehrlich zu sein, ich finde eine leichte Tönung der Haut ohnehin weit interessanter und eleganter, als wenn man ganz braungebrannt ist, abgesehen davon, daß es sehr viel gesünder ist.

16. Magendarmgeschwüre – Nicht nur eine Sache der Ernährung

Vor ein paar Wochen lud mich einer meiner Freunde zu seiner Geburtstagsfeier ein. Seine Frau, eine exzellente Köchin, servierte ein besonders köstliches Essen, um den Anlaß gebührend zu feiern. Das ganze Fest war hinreißend, aber irgendwie fühlte ich mich unbehaglich und schuldig, und zwar wegen eines Mannes Mitte vierzig, der mir gegenüber saß. Er rührte keine der Vorspeisen an, und während wir anderen uns an dem Hauptgericht delektierten, wurde ihm eine langweilige Eierspeise serviert. Sein Nachtisch bestand aus einem einfachen Joghurt. Und er trank keinen einzigen Tropfen Wein.

Als wir nach dem Essen unseren Kaffee tranken, steckte unser »Faster« sich eine Zigarette an. Kurz darauf nahm er neben mir Platz und zündete sich die nächste an. Wenn man Arzt ist, fragen einen bei solchen gesellschaftlichen Anlässen die Leute meistens über medizinische Probleme aus, die sie haben; ich war daher nicht weiter überrascht, als dieser Herr nach der üblichen Vorrede, wie peinlich es ihm sei, mir solche Umstände zu machen, fortfuhr: »Haben Sie gesehen, was ich vorhin gegessen habe? Das ist vielleicht ein Leben, hm? Was hätte ich nicht dafür gegeben, um ein bißchen von dem Kaviar oder den Crêpes zu kosten. Aber ich kann nicht – ich darf nicht.«

»Warum denn nicht?« fragte ich.

Halb seufzend, halb den Rauch inhalierend, der dann durch seine Nasenlöcher tief aus der Lunge kam, antwortete er: »Magengeschwür. Seit drei Jahren geht das schon so. Ich war früher einmal ein großer Feinschmecker. Jetzt darf ich nur noch Babynahrung essen. Und trotzdem, auch wenn ich ganz tapfer meine Diät einhalte und trotz all der Pillen, die ich einnehme, jeden Frühling oder Herbst habe ich Schwierigkeiten mit meinem Magen. Diese ganzen Pillen machen die Schmerzen etwas erträglicher, und die Anfälle dauern nicht mehr so lange, aber zumindest in meinem Fall können die Medikamente nicht dafür garantieren, daß ich keinen Rückfall mehr bekomme. Was meinen Sie denn dazu?« fragte er und zündete sich die dritte Zigarette innerhalb einer Stunde an.

Ich bin sicher, einige von Ihnen können nachfühlen, wie es diesem Unglücklichen zumute war, denn schließlich leiden Tausende an chronischen Magengeschwüren. In vielen Fällen kommt es, trotz Medikamenten und Diät, immer wieder zu einem solchen Geschwür. Was kann man tun, um dem vorzubeugen, und warum hatte unser Freund solches Pech, obwohl er sich doch an alles hielt, was man in einem solchen Fall tun sollte?

Wie und warum bilden sich Geschwüre?

Um zu verstehen, wie man Geschwüren vorbeugen kann, muß man wissen, was ein Geschwür ist und warum es sich bildet. Das Grundproblem ist die Magensäure. Jeder gesunde Mensch hat immer etwas Magensäure; Patienten mit Magenkrebs interessanterweise jedoch nicht. Leute mit Magengeschwüren können eine normale Menge an Magensäure haben oder aber zuviel davon. Bei einem Patienten mit Magendarmgeschwür zerfrißt diese Magensäure die Auskleidung des Magens oder des Duodenums (das ist der Teil des Dünndarms, der dort anfängt, wo der Magen aufhört) und hinterläßt eine Art Aushöhlung, eben ein Geschwür. Man weiß nicht genau, warum das passiert. Möglicherweise hängt es mit der Beschaffenheit der Schleimschicht zusammen, die die Auskleidung des Magens bedeckt und sie vor der zersetzenden Wirkung der Magensäure schützen soll. Bei Patienten mit Geschwüren erfolgt dies nicht in ausreichendem Maße. Vielmehr durchdringt in diesem Fall die Säure die Schleimschicht und zerfrißt die darunterliegende Magenauskleidung. Das geschieht unabhängig davon, wieviel Magensäure abgesondert wird. Mit anderen Worten: Nicht die Magensäure als solche führt zu einem Geschwür, sondern irgendein Defekt in der Schleimschicht.

Der Begriff »Magendarm-« bezieht sich sowohl auf den Magen als auch auf das Duodenum (Zwölffingerdarm). Zwölffingerdarmgeschwüre sind nie bösartig, können aber dennoch zu gefährlichen Komplikationen führen. Beispielsweise können sie Blutungen auslösen; die Aushöhlung der Auskleidung breitet sich möglicherweise über die gesamte Wandung des Magendarmtrakts aus, so daß es zu einem Magendurchbruch kommt; das passiert vor allem bei älteren Patienten; zudem besteht die Gefahr, daß das Geschwür die Wandung des Zwölffingerdarms perforiert und auch die unmittelbar dahinter liegende Bauchspeicheldrüse in Mitleidenschaft zieht. Magen-»Geschwüre« »werden« nicht bösartig. Was wie ein Geschwür *aussieht*, ist in Wirklichkeit oft Krebs. Wenn man solch einen Magenkrebs irrtümlicherweise für ein Magengeschwür hält, geht wertvolle Zeit verloren, indem man versucht, mit entsprechenden Medikamenten die Schmerzen zu lindern, anstatt sich sofort der Operation zu unterziehen, die notwendig ist, um die bösartige Krankheit zu heilen.

Die Häufigkeit von Magendarmgeschwüren bezüglich Alter und Geschlecht entspricht in etwa der bei koronarer Herzkrankheit. Beispielsweise erkranken Frauen vor der Menopause nur selten an Arteriosklerose – und Magengeschwüren. Männer in ihren Vierzigern (aber auch jünger) können an beidem erkranken. Aber nach dem Klimakterium ist die Häufigkeit bei beiden Geschlechtern gleich.

Das klassische Symptom für ein Magengeschwür ist ein nagender Schmerz im Oberbauch, gerade so als hätte man Hunger; diese Schmerzen lassen nach, wenn man etwas ißt oder ein Antisäuremittel einnimmt. Die Schmerzen bei Magenkrebs hingegen werden normalerweise durch Essen nicht besser, sondern schlimmer. Aber verlassen Sie sich nicht auf diese Beobachtung, um selber eine Diagnose zu stellen.

Die Beschwerden bei einem Magengeschwür können den Symptomen anderer Krankheiten ähneln; am häufigsten ist dies bei Angina pectoris der Fall. So kann es durchaus passieren, daß man die Beschwerden bei einer Herzkrankheit einem Magengeschwür zuschreibt; wenn dann nach einem Herzanfall der Tod eintritt, führt man ihn auf »Störungen im Magendarmtrakt« zurück. Zwar können Schmerzen in der Magengrube sehr wohl von einem Magengeschwür herrühren, sie können aber auch die Folge von Störungen in der Gallenblase, eines Hiatusbruchs, eines Bandscheibenschadens und sogar einer Herzkrankheit sein. Es ist daher äußerst wichtig, rechtzeitig die richtige Diagose zu stellen und mit der entsprechenden Behandlung zu beginnen.

Neuere Behandlungsmethoden bei Magendarmgeschwüren

Wenn Sie ein Magendarmgeschwür haben und bei einem »altmodischen« Arzt in Behandlung sind, wird er Ihnen eine strenge Diät verordnen. In Wirklichkeit spielt es jedoch bei der Behandlung von Geschwüren in der Mehrzahl der Fälle kaum eine Rolle, was Sie essen. Es gibt allerdings vier Ausnahmen: (1) Alkohol, (2) Koffein, (3) Zigaretten und (4) Aspirin und verwandte Medikamente. All dies sollte man während der Behandlung in der akuten Phase und vielleicht sogar für immer meiden. Ansonsten können Sie jedoch alles essen und trinken, worauf Sie Lust haben, einschließlich Fruchtsäfte, Fleisch und sogar Gewürze.

Im Laufe der letzten Jahre wurden, abgesehen von einem besseren Verständnis der Bedeutung, die einer richtigen Ernährung zukommt, beachtliche Fortschritte in der Behandlung von Magendarmgeschwüren erzielt. Das bewährteste Mittel sind natürlich nach wie vor Antisäuremittel, von denen es eine ganze Reihe gibt. Sie neutralisieren die Magensäure. Einige Präparate enthalten ziemlich viel Salz; beachten Sie also die Hinweise auf dem Etikett, wenn sie einen zu hohen Blutdruck oder Herzbeschwerden haben. Von anderen bekommt man unter Umständen Durchfall oder Verstopfung; in diesem Fall muß man es mit einem anderen Präparat probieren. Jedenfalls sind Antazide immer noch das wirksamste Mittel. Das Problem dabei ist lediglich, daß man sie regelmäßig einnehmen muß. Die meisten Patienten sind zu beschäftigt oder vergessen einfach, alle zwei Stunden einen Löffel voll zu schlucken oder eine der Tabletten zu kauen – das ist jedoch notwendig, wenn man die Behandlung eines Magengeschwürs auf Antisäuremittel beschränken will. Aus diesem Grund verschreiben mittlerweile viele Ärzte den Patienten einen Histamin-II-Blocker, bekannt als

»Antirezeptor« – Tagamet oder Zantac. Diese Wirkstoffe hindern die Magenzellen daran, Säure zu produzieren.

Zwar trinken seit jeher Leute mit Magengeschwüren gerne Milch, um die Schmerzen zu lindern, aber sie täten besser daran, ein Antisäuremittel zu nehmen. Zuviel Milch macht zu dick und kann den Cholesterinspiegel erhöhen. Vor allem aber regt das in der Milch enthaltene Protein möglicherweise die Produktion von noch mehr Säure an, und das bedeutet, daß die Schmerzen schlimmer werden und nicht geringer. Spät abends sollten Sie nichts mehr essen (auch keinen kleinen Imbiß), denn das führt ebenfalls zu einer verstärkten Säurebildung, während Sie schlafen. Lassen Sie die Finger von speziellen Reizstoffen wie Aspirin und allen steroidfreien Wirkstoffen gegen Entzündungen, die man gegen chronische Schmerzen einnimmt. Statt dessen empfehle ich Ihnen gegen nicht allzu schlimme Schmerzen Aminophenazon.

Angenommen also, Sie haben im Oberbauch Schmerzen und konsultieren Ihren Arzt; er macht die üblichen Untersuchungen und stellt die Diagnose: Magendarmgeschwür. Er wird Ihnen dann eines oder mehrere Medikamente verschreiben. Innerhalb weniger Tage verschwinden wie durch ein Wunder die Schmerzen. Sie nehmen noch mehrere Monate lang Ihre Medikamente. Da man sich über die Langzeitnebenwirkungen all dieser Histamin-II-Blocker noch nicht im klaren ist, reduzieren Sie nach einiger Zeit die Dosis allmählich und setzen die Medikamente drei bis sechs Monate, nachdem das Geschwür ausgeheilt ist, ab. Würden Sie sich nun einer Röntgenuntersuchung des oberen Intestinaltrakts unterziehen (wozu allerdings keinerlei Anlaß besteht, wenn das Geschwür im Zölffingerdarm lokalisiert war), dann würde das Ergebnis aller Wahrscheinlichkeit nach normal ausfallen, abgesehen von der Narbe an der Stelle, wo das Geschwür war. Wie können Sie nun vermeiden, daß es zu einem Rückfall kommt?

Vorbeugungsmaßnahmen gegen einen Rückfall

Viele Patienten glauben, um einen Rückfall zu vermeiden genüge es, eine strenge Diät einzuhalten und/oder unbegrenzte Zeit Medikamente zu schlucken. Bei jenem Herrn auf der Geburtstagsfeier hatte dies überhaupt nichts geholfen, und das gleiche kann auch Ihnen passieren. Denn was Sie essen, hat wenig Einfluß auf ein Magendarmgeschwür.

Ein wichtiger Faktor bei der Entstehung von Magengeschwüren ist das Rauchen, da es eine verstärkte Säurebildung anregt. Man wußte zwar schon lange, daß ein Zusammenhang zwischen Tabak und Magengeschwüren besteht, aber erst seit relativ kurzer Zeit steht fest, daß es sich dabei um einen *kausalen* Zusammenhang handelt. Beispielsweise leiden dreimal so viele Raucher an Magengeschwüren als Nichtraucher. Mir erscheint die Schlußfolgerung unumgänglich, daß *die wichtigste Einzelmaßnahme zur Verhinderung eines erneuten Auftretens von Magengeschwüren ist, mit dem Rauchen aufzuhören – wichtiger als Diät und Medikamente.* Die Chancen, kein Magengeschwür mehr zu bekommen, sind am besten, wenn Sie aufhören zu rauchen und die entsprechenden Medikamente einnehmen, und zwar so lange, wie Ihr Arzt dies für richtig hält.

Im Grunde weiß niemand mit Sicherheit, warum bestimmte Leute zu Magengeschwüren neigen und andere nicht. Früher war in diesem Zusammenhang viel von verschiedenen Persönlichkeitstypen die Rede. Ich vermute, daß die psychische Veranlagung in der Tat eine gewisse Rolle spielt, aber das ist mit Sicherheit nicht die ganze Wahrheit. Es gibt auch keinen bestimmten Beruf, in dem diese Krankheit besonders häufig auftritt. Allerdings scheint es einen Zusammenhang mit der Veranlagung innerhalb einer Familie zu geben. Wenn ein naher Blutsverwandter von Ihnen an Magengeschwüren leidet, ist die Wahrscheinlichkeit relativ groß, daß auch Sie eines bekommen. Unter diesen Voraussetzungen ist es besonders wichtig, das Rauchen zu unterlassen.

17. Erkrankungen des Herzens – Wie man einem langsamen oder plötzlichen Tod vorbeugen kann

Koronare Herzkrankheit ist die Haupttodesursache in unserem und den meisten anderen »entwickelten« Ländern (bemerkenswerterweise macht Japan eine Ausnahme; hier ist die Todesursache Nummer eins der Schlaganfall). Wenn also ein Krankenwagen mit heulender Sirene Richtung Krankenhaus rast, handelt es sich, statistisch gesehen, mit größter Wahrscheinlichkeit um einen Patienten, der einen Herzinfarkt hatte.

Wie jeder einzelne mit diesem enormen Problem fertig wird, hängt davon ab, ob es bei ihm bereits Hinweise auf eine Erkrankung gibt oder nicht. Personen, bei denen die entsprechenden Symptome auftreten, müssen medikamentös behandelt werden – mit Digitalis, Beta-Blockern, Diuretika (harntreibenden Mitteln) und Nitroglyzerin, um nur einige zu nennen. Jedes Jahr müssen sich eine wachsende Anzahl von Menschen einer Bypass-Operation unterziehen. Einigen wenigen wird ein Spenderherz, ein künstliches oder sogar das Herz eines Pavians eingepflanzt.

Diejenigen, die allem Anschein nach ein gesundes Herz haben und wollen, daß dies so bleibt, versuchen die Risikofaktoren unter Kontrolle zu bringen, die in diesem Zusammenhang eine Rolle spielen. Zusätzlich absolvieren sie alle möglichen Programme, bei denen sie das Gefühl haben, sie könnten eine prophylaktische Wirkung haben; allerdings sind die Meinungen zu dieser Frage kontrovers. Wenn Sie beispielsweise in einem Park spazierengehen – am frühen Morgen, in der Mittagspause oder wenn es dämmert –, begegnen Sie mit großer Wahrscheinlichkeit einer ganzen Reihe von Frauen und Männern jeglichen Alters, die joggen oder einen Langlauf absolvieren. Meistens tragen sie Shorts und sind schweißgebadet; ihre Gesichter sind verzerrt von Anstrengung und Schmerzen. Oder Sie treffen im Reformhaus auf Menschen, die gerade einen Großeinkauf hinter sich haben – Lecithin, Vitamin E, ein starkes Multivitaminpräparat sowie vielleicht noch norwegische Lachsölkapseln – und die dafür einen stolzen Betrag hinblättern.

Und noch eine kleine Geschichte, wie Sie sie ähnlich wahrscheinlich auch schon erlebt haben. Letzten Sommer waren meine Frau und ich zu einer Gartenparty eingeladen. Unser Gastgeber legte ein zehn Zentimeter dickes Riesenstück Rindfleisch auf den Holzkohlengrill. Außerdem kochte er einige zarte, frische Maiskolben in siedendem Wasser. Als das Steak serviert wurde, war es außen knusprig und innen noch rosafarben; die Maiskolben übergoß er mit zerlassener Butter. Salz konnte jeder sich nach Belieben nehmen, für den Fall, daß jemand mit zu hohem Blutdruck unter den Gästen war. Neben mir saß ein Herr, der offensichtlich ganz entsetzt war angesichts einer solchen Mahlzeit. »Sie sind doch Kardiologe, nicht wahr? Könnten Sie nicht Fred [das war unser Gastgeber] sagen, wie gefährlich es ist, Rindfleisch und Butter zu essen; das treibt den Cholesterinspiegel in die Höhe und führt zu Herzkrankheit, und wenn das Fleisch auch noch über Holzkohle gegrillt wird, kann man davon doch Magenkrebs bekommen. Er wäre sicherlich beleidigt, wenn ich etwas sage, weil ich eben kein Arzt bin, aber bei Ihnen wäre das etwas anderes. Seit einigen Monaten halte ich eine strikte Diät ein. Ich fühle mich großartig, und ich möchte mir das alles nicht an einem einzigen Tag verderben. Was soll ich denn nur machen?«

»Kosten Sie ein bißchen davon«, schlug ich ihm vor, »nur aus Höflichkeit. *Eine* solche Mahlzeit bringt Sie nicht um. Schneiden Sie von dem Fleisch alles Fett weg, und das nächste Mal laden Sie ihn *zu sich* ein.« Er kämpfte sich durch ein Stückchen Fleisch hindurch und fand einen Maiskolben, der noch nicht mit Butter bestrichen war. Das Salz rührte er selbstverständlich nicht an.

Das sind nur einige Beispiele dafür, wie die Leute versuchen, das Risiko einer vorzeitigen Herzerkrankung möglichst niedrig zu halten – Sport, zusätzliche Vitamine und dergleichen sowie strenge Diät. (Der Ausdruck »vorzeitig« ist natürlich ein Witz. Kennen Sie vielleicht jemanden, gleich welchen Alters, der einen Herzinfarkt hatte und nicht der Ansicht ist, daß das zu früh passiert ist?) Welche dieser Versuche sind nun vernünftig und erprobt und welche nicht?

Um diese Frage zu beantworten, muß ich zuerst einmal den Begriff »Herzkrankheit« näher erläutern. Was genau ist es, das wir alle vermeiden wollen?

Die vielen Gesichter der Herzkrankheit

Das Herz kann auf verschiedene Weise angegriffen sein. Methoden der Vorbeugung, die gegen eine bestimmte Herzstörung helfen, nützen überhaupt nichts bei anderen Herzerkrankungen. Wenn man beispielsweise einer Arterienverkalkung (dabei verengen sich die Koronararterien in zunehmendem Maße) vorbeugen will, muß man sich an ganz andere Regeln halten, als wenn man die Infektion einer Herzklappe verhindern will.

Es beginnt bei der Geburt

In dem breiten Spektrum der Herzerkrankungen ist die früheste Erscheinungsform dadurch bestimmt, mit was für einem Herzen man geboren wird – beispielsweise kann das Herz ein Loch haben, eine Herzklappe kann defekt sein oder ein bestimmtes Teil fehlt entweder oder befindet sich an der falschen Stelle. Eine werdende Mutter kann viele dieser »angeborenen« Anormalitäten von vorneherein vermeiden. Die entsprechenden Vorbeugungsmaßnahmen werden in Kapitel 24 (Geburtsfehler) eingehender beschrieben. Zu diesen Maßnahmen gehört, daß die Schwangere sich impfen läßt (allerdings fast nie mit einem lebenden Organismus) und sich soweit als möglich vor Infektionen aller Art schützt – dazu gehören vor allem Röteln, Toxoplasmose (die oft von Katzen übertragen wird), Syphilis, Zytomegalievireninfektion (Speicheldrüsenvirenkrankheit), Herpes und seit neuestem auch durch Chlamydien hervorgerufene Infektionen.

Aber infizierende Organismen sind nicht die einzigen Ursachen für angeborene Herzfehler. Auch eine Reihe von Medikamenten und andere Substanzen, die die werdende Mutter einnimmt, können daran schuld sein, beispielsweise Antiepileptika, bestimmte Antibiotika, Alkohol, Tabak, »die Pille« und sogar Aspirin.

Manchmal bringen Frauen, die während der Schwangerschaft auch nicht die geringste Infektion hatten und peinlichst genau darauf geachtet haben, nichts zu sich zu nehmen, was dem Ungeborenen schaden könnte, dennoch ein Kind mit einem Herzfehler zur Welt. In manchen Familien treten diese tragischen Fehler gehäuft auf. Es ist von größter Bedeutung, anhand des Familienstammbaums das Muster der Übertragung jeglicher Art von angeborener Krankheit festzustellen. Dies ermöglicht eine entsprechende genetische Beratung, so daß Sie die statistische Wahrscheinlichkeit abschätzen können, ob Sie ein geschädigtes Kind zur Welt bringen werden. Wenn Sie alle Faktoren gegeneinander abwägen, können Sie sich entscheiden, ob Sie das Risiko eingehen wollen oder nicht. Immer mehr »Defekte«, einschließlich einer zweizipfeligen Aortenklappe, können schließlich heutzutage auch operativ korrigiert werden.

Das durch eine Infektion geschädigte Herz

Wenn man mit einem gesunden Herz zur Welt kommt, ist die nächste Hürde Kindheit und Jugend, eine Zeit, in der man besonders anfällig für die verschiedensten Infektionen des Herzens ist. Die schlimmste, aber vermeidbare, ist akutes rheumatisches Fieber. Es fängt mit einer Halsentzündung (Streptokokkenangina) an; die Mandeln sind tiefrot und mit einem weißen Film überzogen, und es ist äußerst schmerzhaft. Da auch andere Organismen diese Symptome hervorrufen können, legt man normalerweise eine Kultur an, um den Erreger eindeutig identifizieren zu können. Mit Penicillin läßt sich eine solche Mandelentzündung rasch kurieren.

Das Penicillin bewirkt sogar noch mehr als die sofortige Heilung der Infektion. Es verhindert auch Spätfolgen. Denn selbst wenn es *den Anschein hat*, als hätten die Streptokokken nur die Mandeln befallen, können sie sich doch auch auf andere Körperteile auswirken, beispielsweise auf die Gelenke. Dies ist sehr häufig der Fall und führt zu akuter Arthritis. Wird das Gehirn in Mitleidenschaft gezogen, dann leidet der Patient unter Chorea (unfreiwillige Zukkungen der Gliedmaßen, volkstümlich als »Veitstanz« bezeichnet); sind die Nieren beeinträchtigt, kann es später zu einer Glomerulonephritis kommen (die zu Bluthochdruck sowie Nierenschäden führt). Und wenn die Streptokokken das Herz befallen, ist die Folge ein rheumatisches Fieber.

Streptokokkenangina ist sehr weit verbreitet. In manchen Fällen wird diese Infektion nicht diagnostiziert und nicht rechtzeitig Penicillin verabreicht. Trotzdem kommt es lediglich bei 2 Prozent aller unbehandelten Fälle von Streptokokkenangina zu rheumatischem Fieber. Dennoch muß jeder, der diese Infektion hat, mit Penicillin behandelt werden, da wir – zumindest zum jetzigen Zeitpunkt – nicht vorhersagen können, wer zu diesen 2 Prozent gehören wird.

Streptokokkenangina und das Herz

Im folgenden schildere ich Ihnen den typischen Verlauf, wie eine Streptokokkenangina zu rheumatischem Fieber führen kann. Der Patient ist normalerweise zwischen vier und achtzehn Jahre alt. Er oder sie hat plötzlich Schluckbeschwerden, die Drüsen am Hals sind ganz weich und geschwollen, und in vielen Fällen hat der Patient leichtes Fieber. Wenn kein Penicillin verabreicht wird, entwickelt sich unter Umständen innerhalb von zwei Wochen ein neues, sehr schwaches Herzgeräusch, das manchmal kaum zu hören ist. Da das Auftreten dieses Herzgeräusches normalerweise mit keinerlei Beschwerden verbunden ist und möglicherweise sogar der Arzt es überhört, kann es passieren, daß man zu diesem Zeitpunkt gar nicht merkt, daß das Herz in Mitleidenschaft gezogen wurde. Die Mandelentzündung klingt ab, der Patient fühlt sich wieder besser, und es besteht eigentlich kein Anlaß, noch einmal den Arzt zu konsultieren. Jahrelang treten keinerlei Herzbeschwerden auf. Wenn dann der Patient später, als Teenager oder junger Erwachsener, bei einer Routineuntersuchung erfährt, daß er oder sie ein anormales oder »organisches« Herzgeräusch hat, ist er oder sie natürlich völlig überrascht. Ein solches Herzgeräusch ist vermutlich auf die Entzündung und anschließende Vernarbung zurückzuführen, die Folgen der ursprünglichen Infektion. Möglicherweise kommt es auch zu einer chronischen Überempfindlichkeit des Herzgewebes gegen Bestandteile des Streptokokkus. Man weiß im Grunde nicht genau, wie das vor sich geht.

Warum hat eine Herzklappenerkrankung so große Bedeutung? Der Grund ist, daß die Herzklappen eine Schlüsselrolle im Herzkreislauf spielen. Sie lenken den Blutstrom aus einer Herzkammer in eine andere und/oder in den allgemeinen Blutkreislauf. Wenn nun eine Herzklappe durch rheumatisches Fieber geschädigt wurde, kleben entweder die Segel der Klappen zusammen und verlieren ihre Biegsamkeit, so daß das Blut nicht mehr ungehindert hindurchströmen kann, oder aber sie schließen sich nicht mehr richtig, wenn sie es eigentlich sollten. In letzterem Fall fließt durch die »untaugliche« Klappe Blut in die Kammer des Herzens zurück, aus der das Blut herausgepreßt wurde. Nach einer gewissen Zeit dehnen sich bestimmte Kammern des rheumatischen Herzens aus, um sich diesem Überschuß an Blut anzupassen. Wenn die Herzklappe nicht ausgewechselt wird, wird in der Folge das Herz immer größer, und ab einem bestimmten Zeitpunkt kommt es zu einer »Dekompensationsstörung« – auf gut deutsch: es versagt. Darüber hinaus wird in vielen Fällen der Herzrhythmus unregelmäßig, wenn das Herz sich vergrößert; dadurch erhöht sich das Risiko, daß sich Blutgerinnsel oder Emboli bilden (vgl. Kapitel 14).

Wenn bei einem Patienten mit rheumatischem Herzen bestimmte Syptome auftreten (Schwächegefühl, Erschöpfungszustände, Kurzatmigkeit – zuerst nur bei Anstrengungen, später auch im Zustand der Ruhe –, angeschwollene Beine, Lungenanschoppung), ist eine medikamentöse Behandlung angezeigt. Man verschreibt Digitalis gegen den unregelmäßigen Herzrhythmus, Antigerinnungsmittel, um zu verhindern, daß sich in dem erweiterten Herz Blutgerinnsel bilden und von da aus in den Blutkreislauf gelangen, sowie harntreibende Mittel gegen die Flüssigkeitsretention, die bei einer solchen Herzinsuffizienz auftritt. Vor allem jedoch muß man eine Entscheidung treffen, ob und wann die kranke(n) Herzklappe(n) ersetzt werden soll(en). Die entsprechenden Operationen gehören mittlerweile zum klinischen Alltag, und wenn sie rechtzeitig durchgeführt werden, sind die Erfolgschancen sehr gut.

Zwar nimmt die Häufigkeit von rheumatischem Fieber ständig ab – zumindest in unserem Kulturkreis –, und zwar vor allem, weil Penicillin in ausreichender Menge zur Verfügung steht und auch häufig angewandt wird, aber es ist immer noch eine ernstzunehmende Krankheit. Ein bis zwei Prozent aller schulpflichtigen Kinder in den Vereinigten Staaten haben Herzgeräusche, die die Folge eines rheumatischen Fiebers sind, und noch 1975 litt die Hälfte aller Rekruten, die bei der Musterung aufgrund einer Herzkreislauferkrankung für nicht tauglich befunden wurden, an einer rheumatischen Herzerkrankung. Das wichtigste bei der Vorbeugung ist die Verabreichung von Penicillin, sobald bei Kindern mit Mandelentzündung eine Streptokokkeninfektion vermutet wird oder nachgewiesen werden kann.

Arteriosklerose – die Hauptursache der koronaren Herzkrankheit

Aber all diese Jogger, Marathonläufer und Vegetarier, diese Personen, die eine strenge Diät einhalten, sich mit Vitaminen vollstopfen, auf ihr Gewicht achten, mit dem Rauchen aufhören, Nikotinkaugummi kauen und zu Fitneßaposteln werden, machen sich nicht wegen des rheumatischen Fiebers die ganze Mühe. Ihre Sorge gilt der Arteriosklerose – der Prozeß, in dessen Verlauf die Arterien einrosten, sich verengen und schließlich ganz blockiert sind. Sie ist die Todesursache Nummer eins. Jährlich sterben in den Vereinigten Staaten fast 600000 Menschen an einem Herzinfarkt (auch »Koronar«- oder »Myokardial«-Infarkt genannt).

Arteriosklerose greift den Herzmuskel nicht direkt an. Sie richtet vielmehr so enormen Schaden an, weil die Koronararterien, die das Herz mit Blut versorgen und es am Schlagen halten, verengt und blockiert werden. Da die Menge an Blut, die diese Arterien befördern können, allmählich abnimmt, »schreit« der Herzmuskel nach mehr Sauerstoff. Dieser Aufschrei ist der Schmerz, den man Angina pectoris nennt. Anfangs macht sich Angina pectoris nur bemerkbar, wenn man sich körperlich anstrengt, das Herz also mehr Blut (Sauerstoff) braucht, aber nicht bekommt. Wenn die Verengung schlimmer wird, hat man auch im Zustand der Ruhe

Schmerzen. Wenn die Arterie schließlich völlig blockiert ist, so daß ein Teil des Herzens überhaupt nicht mehr mit Blut versorgt werden kann, ist die Folge im allgemeinen ein Herzinfarkt.

Wie kann man einer arteriosklerotischen Herzkrankheit vorbeugen? Die Antwort auf diese Frage ist alles andere als einfach, weil man die eigentlichen Gründe dafür nicht kennt. Es wurden schon viele Theorien formuliert, wie und warum die Arterien sich verengen. Nach der gängigsten ist Cholesterin der Hauptschuldige. Nun trifft es zwar zu, daß Menschen mit hohem Cholesterinspiegel eher zu Arteriosklerose neigen als solche, deren Cholesterinwert niedriger ist, aber dennoch können auch letztere daran erkranken – während dies bei vielen aus der erstgenannten Gruppe nicht der Fall ist. Ein weiterer wichtiger Faktor ist ganz eindeutig das Rauchen. Aber wiederum gilt, daß zwar Zigarettenrauchen zweifelsohne anfälliger für eine koronare Herzkrankheit macht und man das Risiko reduzieren kann, indem man mit dem Rauchen aufhört, Tatsache ist jedoch auch, daß viele Nichtraucher Arteriosklerose haben, viele Raucher hingegen nicht. Bluthochdruck beschleunigt den Prozeß der Arteriosklerose, und es ist besser für Sie, wenn Sie einen normalen oder sogar niedrigen Blutdruck haben, aber viele Menschen, vor allem Frauen, die schon seit langem einen zu hohen Blutdruck haben, bekommen keinen Herzanfall. Es ist modern, schlank zu sein (zumindest in unserem Kulturkreis), und die meisten Ärzte ermahnen ihre Patienten: »Achten Sie auf Ihr Gewicht!«, aber viele fettleibige Menschen haben bis ins hohe Alter nie Probleme mit dem Herzen. Man kann sich seine Vorfahren nicht aussuchen, aber wenn einige Ihrer Familienangehörigen Herzinfarkte hatten, noch bevor sie ein Alter von sechzig Jahren erreichten, ist das Risiko groß, daß auch Sie einen bekommen. Andererseits sind nicht selten die Eltern von Patienten in den Vierzigern oder Fünfzigern über achtzig Jahre alt. Überall trifft man auf Jogger. Viele von ihnen werden sich eines langen Lebens erfreuen, aber das gleiche gilt für die große Mehrheit derjenigen, die keinen Sport treiben. Personen des sogenannten Persönlichkeitstypus A, für die Rücksichtslosigkeit, Feindseligkeit und Zeit-Bewußtheit (diejenigen, die immer sagen: »Zeit ist Geld!«) charakteristisch sind, scheinen anfälliger dafür zu sein, diese Herzkrankheit zu bekommen, aber viele, die zu dieser Kategorie gehören, ziehen sich mit phantastischen Pensionen aus dem aktiven Berufsleben zurück und erreichen ein hohes Alter. Andererseits sind die friedlichen, nicht nur am Konkurrenzdenken orientierten B-Typen durchaus nicht immun gegen Arteriosklerose.

Das gleiche gilt für alle anderen Risikofaktoren, die derzeit im Gespräch sind. Was hat nun dies alles zu bedeuten? Soll man sich mit der Tatsache abfinden, daß man schon »sein Teil« abbekommt, unabhängig davon, was man macht, und das Leben genießen, solange man das kann, und es einfach darauf ankommen lassen? Natürlich nicht. Solange man den speziellen Wirkstoff, der Arteriosklerose auslöst, oder die Wirkstoffe nicht kennt, ist unsere einzige Chance, daß wir die bislang bekannten Risikofaktoren so gut wie möglich unter Kontrolle bringen. Auch wenn sie wahrscheinlich nicht die eigentlichen Gründe für diese Störung sind, spielen sie doch zumindest eine wesentliche Rolle, indem sie diesen Prozeß beschleunigen. Angesichts des derzeitigen Wissenstandes bedeutet Prophylaxe gegen Arteriosklerose folglich eine Verringerung oder Ausschaltung dieser Risikofaktoren.

Die hauptsächlichen Risikofaktoren

Beginnen wir mit *Cholesterin*, einem körpereigenem Fett, das sehr in Verruf geraten ist. Aber haben Sie gewußt, daß es auch sehr nützlich ist? Beispielsweise enthalten unsere Sexualhormone Cholesterin, wie im übrigen praktisch alle Körperzellen. Auch wenn wir uns darum bemühen, den Anteil an Cholesterin in unserer Nahrung zu verringern, wird doch der überwiegende Teil des Cholesterins von der Leber produziert; es ist folglich durchaus möglich, daß man ständig einen erhöhten Cholesterinspiegel hat, auch wenn man die Cholesterinzufuhr von außen noch so drastisch reduziert. Jahrelang tobte ein erbitterter Streit, wer den Cholesteringehalt in seiner Nahrung einschränken sollte – wenn überhaupt.

Mitte der achtziger Jahre veröffentlichte Forschungsergebnisse haben die Kontroverse etwas abgemildert. Es scheint nun mit an Sicherheit grenzender Wahrscheinlichkeit festzustehen, daß der jeweilige Cholesterinspiegel durchaus von Bedeutung ist. Beispielsweise konnte gezeigt werden, daß bei Patienten, deren Oberschenkelarterien (die dicken Adern, die zu den Beinen führen) durch arteriosklerotische Plättchen verstopft sind – man kann dies anhand eines Angiogramms (Arteriogramms) messen und sichtbar machen –, durch eine Senkung ihres Cholesterinspiegels über einen bestimmten Zeitraum hinweg diese Blockierung nicht schlimmer wurde und in einigen wenigen Fällen sogar zurückging. Das ist doch sehr beeindruckend. Bei Kranzarterien konnte man ähnliche Beobachtungen machen.

Wenn man also davon ausgeht, daß bei Personen, die bereits an einer Gefäßkrankheit leiden, eine Senkung des Cholesterinspiegels einen positiven Einfluß darauf hat, was kann man dann tun, um einer solchen Krankheit von vorneherein vorzubeugen? Es geht also um Schutzmaßnahmen für diejenigen, deren Gefäße noch nicht beeinträchtigt sind. Auch in dieser Hinsicht gibt es vielversprechende neue Forschungsergebnisse. In einer auf fünf Jahre angelegten Studie wurde einigen hundert Männern mit erhöhtem Cholesterinspiegel – die jedoch allem Anschein nach nicht herzkrank waren – ein Medikament verabreicht, um den Cholesteringehalt zu senken. Diese Ergebnisse wurden dann mit denen bei einer ähnlichen Gruppe verglichen, gegen deren hohen Cholesterinspiegel nichts unternommen worden war. Die Zahlen waren beeindrukkend. Auf jeweils 1 Prozent Absinken des Cholesterinwerts kam eine zweiprozentige Reduzierung der Herzanfälle. In diesem speziellen Fall handelte es sich um das Medikament Cholestyramin, das in der Bundesrepublik unter dem Namen Quantalan im Handel ist. Obwohl die Wissenschaftler, die diese Untersuchung durchgeführt haben, sowohl von der zuverlässigen Wirkung als auch von der guten Verträglichkeit des Cholestyramin sehr beeindruckt waren, klagen viele meiner Patienten über Blutungen, Krämpfe, Durchfall oder Verstopfung und wollen das Medikament wieder absetzen.

In der Folge dieser neuen Forschungsergebnisse, daß nämlich eine Reduzierung des Cholesterins die Wahrscheinlichkeit eines Herzanfalls verringert, ist die Begeisterung für derartige Behandlungsmethoden neu erwacht. Jetzt stellt man sich folgende Fragen: (a) Ab welchem Cholesterinwert soll man eingreifen? (b) Wie lange sollte man es nur mit einer Diät versuchen? (c) Welche der heute verfügbaren Medikamente sind die sichersten und wirksamsten? (d) Wie hoch darf der Cholesterinspiegel sein?

Die Antworten auf diese vier grundlegenden Fragen sind sehr unterschiedlich. Die im folgenden aufgelisteten Ratschläge spiegeln meine ganz persönliche Meinung, meine Erfahrung und die Auswertung der zur Zeit zugänglichen Literatur zu diesem Thema wider.

Wieviel Cholesterin ist zuviel? Viele Labors gehen nach wie vor von einem »normalen« Cholesterinspiegel von 180 bis 300 mg pro Deziliter (dl) aus. Man hält diesen Cholesterinspiegel deshalb für »normal«, weil die Tausende von Personen, bei denen diese Werte gemessen wurden, als »gesund« gelten. Mittlerweile weiß man jedoch, daß jemand zwar durchaus gesund *scheinen* mag, der einen Cholesterinspiegel von 300 mg hat, daß aber seine Chancen, in fünf, zehn oder fünfzehn Jahren immer noch gesund zu sein, geringer sind als bei einem Cholesterinwert von 200 mg oder weniger.

Die meisten Ärzte haben sich nun das Ziel gesetzt, bei ihren Patienten einen Cholesterinwert unter 200 mg zu erreichen. Meine Idealvorstellung liegt bei 180 mg/dl bei Personen unter dreißig und bei nicht mehr als 200 mg/dl bei über Dreißigjährigen.

In letzter Zeit war viel die Rede davon, daß nicht nur ein zu hoher Cholesterinspiegel, sondern auch andere anormale Blutwerte Zeichen einer Anfälligkeit für Arteriosklerose seien. Am bekanntesten sind die HDL-, die LDL- sowie die Apolipoproteinwerte. Was bedeutet all dies?

Bei HDL (Lipoprotein hoher Dichte) und LDL (Lipoprotein niedriger Dichte) handelt es sich um Proteine im Blut, an die das Cholesterin sich bindet. Ihre Funktion ist es, das jeweilige Cholesterinmolekül in den Blutkreislauf zu bringen. Man kann sie sich als kleine Boote vorstellen, in denen der Cholesterin-»Passagier« sitzt. Der Cholesterinwert des Blutes schließt sowohl die HDL als auch die LDL ein. Also, HDL ist gut für Sie. Je mehr Sie davon haben, desto besser. Für LDL gilt genau das Gegenteil. Wenn sich ein HDL-Kanu mit seinem Cholesterin-»Passagier« der Wandung einer Arterie nähert, darf es nicht landen. Der »Passagier« kann also nicht aussteigen. Mit anderen Worten, das Cholesterin bleibt in gelöstem Zustand im Blut. Und solange es nicht in die Wandung der Arterie eindringt, kann es auch keinen Schaden anrichten. Außerdem hält das HDL nicht nur das Cholesterin fest, sondern es entzieht möglicherweise sogar Cholesterin, das bereits in die Wandung der Arterie eingedrungen ist, und verkleinert – zumindest theoretisch – auf diese Weise das Plättchen. Es ist also durchaus möglich, daß zwar der Gesamtgehalt an Cholesterin in Ihrem Blut zu hoch ist, Sie aber dennoch keinerlei Probleme haben, solange auch das HDL erhöht ist. Wirklich wichtig ist das Verhältnis Cholesterin/HDL, das nicht mehr als 5 zu 1 betragen sollte. Je niedriger diese Zahl ist, desto besser. Wenn beispielsweise jemand einen Cholesterinspiegel von 270 mg/dl (das ist viel zu hoch), aber einen HDL-Wert von 90 hat, dann ist das Verhältnis zwischen beiden 270/90 beziehungsweise 3. Ein Cholesterinspiegel von 220 und ein HDL-Wert von 22 hingegen ergeben ein Verhältnis von 10, und das ist viel zu hoch. Geht man von einem idealen Cholesterinwert von 200 mg aus, dann sollten die HDL-Werte über 40 liegen.

Im Gegensatz dazu läßt das LDL-Kanu seinen Cholesterin-»Passagier« ohne weiteres aussteigen und in die Arterienwandung eindringen, wo es dann seinen Teil zur Entstehung von Plättchen und zur Verengung der Ader beiträgt. Je mehr LDL Sie haben, desto schlechter ist das folglich für Sie. Und jetzt ein paar Worte zu dem Apolipoprotein B (Apo B), dem vielleicht wichtigsten – erst seit relativ kurzer Zeit bekannten – Hinweis auf eine Anfälligkeit für Arteriosklerose – genauer als der Cholesterinspiegel und möglicherweise sogar von größerem diagnostischem Wert als der HDL-Spiegel. Apo B ist ein Protein, das sich in der Hülle des »schlechten« Lipoproteins befindet. Mit den gängigen Methoden, mit denen man die HDL- und LDL-Werte sowie das Gesamtcholesterin mißt, läßt es sich nicht identifizieren. Vielleicht kann, auf lange Sicht, das Phänomen des Apo B die Erklärung dafür liefern, warum so viele Leute mit normalem oder sogar niedrigem Cholesterinspiegel an einer arteriosklerotischen Herzerkrankung leiden, andere hingegen, die einen hohen Cholesterinwert haben, nicht. Möglicherweise haben wir die ganze Zeit nach dem falschen Indikator Ausschau gehalten! Neuere Studien haben nämlich gezeigt, daß sich bei Personen mit einem hohen Apo-B-Wert das Risiko, einen Herzanfall zu bekommen, voraussagen läßt, und zwar ganz unabhängig von den anderen Lipiden einschließlich Cholesterin. Wenn eine kostengünstige und genaue Methode zur Messung des Apo-B-Wertes zur Verfügung steht, wird man möglicherweise diese Analyse zur Routineuntersuchung machen und nicht mehr den Gehalt an Cholesterin und all den anderen Lipiden messen.

»Eressen« Sie sich einen niedrigen Cholesterinwert

Angenommen, Sie haben einen Cholesterinwert von 270 und Ihr HDL-Wert liegt bei 45, dann beträgt das Verhältnis zwischen beiden 6. Das ist zu hoch. Zufällig sind Sie mit einem Fachmann befreundet, der sich mit Lipiden beschäftigt und bei Ihnen eine Apo-B-Analyse macht. Dieser Wert ist ebenfalls zu hoch. Sie sind also anfällig. Was sollen Sie jetzt tun?

Beginnen wir mit der Ernährung. Wenn Sie Ihren Cholesterinspiegel auf diese Weise senken wollen, müssen Sie sich sehr konsequent und ausdauernd darum bemühen. Cholesterin ist hauptsächlich in Nahrungsmitteln tierischer Herkunft enthalten, insbesondere in Eiern, rotem Fleisch, Fett und Innereien wie Leber, Niere oder Hirn. Je weniger Rindfleisch und Lammfleisch, Schinken und Schweinefleisch Sie essen, desto besser ist es folglich für Sie. Streichen Sie Eier aus Ihrem Ernährungsplan. Trinken Sie Magermilch. Essen Sie nur solche Käsesorten und Eiscremes, die aus Magermilch oder Tofu hergestellt werden. Lassen Sie, wenn Sie Kuchen oder Brot backen, den Eidotter weg und verwenden Sie lediglich das Eiweiß.

Gesättigte Fette enthalten jede Menge Cholesterin. Sie sind meist tierischen Ursprungs, wie beispielsweise Butter, Rahm, Vollmilch und Käse, der aus Vollmilch hergestellt wird. Allerdings finden sich diese »schlechten« Fette auch in Nahrungsmitteln, die nicht tierischen Ursprungs sind, wie etwa Kokosöl und Palmöl, sowie in der Kakaobutter, die zur Herstellung von Schokolade verwendet wird. Margarine aus ungesättigten Pflanzenölen (Mais- oder Distelöl) ist bei Personen, die ihren Cholesterinspiegel niedrig halten wollen, ein beliebter Ersatz für Butter.

Noch eine Warnung: Es ist gar nicht so lange her, da haben Ärzte ihren Patienten nicht nur empfohlen, möglichst keine gesättigten Fette zu sich zu nehmen, sondern ihnen auch geraten, statt dessen *zusätzlich* möglichst viele mehrfach ungesättigte Fette pflanzlichen Ursprungs zu essen; man glaubte, diese würden vor Arteriosklerose schützen. Es gibt jedoch mittlerweile Hinweise darauf, daß *übermäßig viel Fett jeglicher Art mit hoher Wahrscheinlichkeit das Krebsrisiko erhöht.*

Was dürfen Sie nun anstelle all dieser »verbotenen« Dinge, die viel Cholesterin enthalten, essen? Nahrungsmittel pflanzlichen Ursprungs, etwa Hülsenfrüchte, Gemüse und Obst. Essen Sie anstelle von Rindfleisch, Hammel, Schinken und Schweinefleisch lieber Fisch, Geflügel und Kalbfleisch. Hummer ist erlaubt, ebenso Muscheln, Krabben und Austern, aber nicht mehr als etwa ein halbes Pfund pro Tag. Verzichten Sie auf Garnelen und Kaviar, auch wenn Sie es sich leisten könnten. Das Fleisch, das Sie essen, sollte mager sein – nur Muskeln, kein sichtbares Fett. Huhn sollte man ohne die Haut verzehren. Wenn Sie gerne Hamburger essen, dann nehmen Sie nicht das übliche Hackfleisch. Verwenden Sie nur fettarmes Fleisch, etwa mageres Rindfleisch.

Fleisch, Fisch und Geflügel können Sie grillen, braten oder sogar schmoren. Verwenden Sie, wenn Sie Fleisch grillen oder im Backrohr braten, einen Rost, so daß das Fett abtropfen kann. Damit das Ganze nicht zu trocken wird, wollen Sie wahrscheinlich mit Bratensauce aufgießen. Es hat keinen Sinn, mit dem aus dem Fleisch abgetropften Fett eine Sauce zuzubereiten. Lassen Sie am besten diesen Saft abkühlen. Dabei bildet das Fett eine Schicht und trennt sich vom übrigen Bratensaft. Entfernen Sie die Fettschicht und verwenden Sie den Rest des Bratenfonds. Wenn das nicht für eine gute Sauce genügt, können sie pro 100 Gramm Fleisch bis zu 30 Gramm Pflanzenöl hinzufügen.

Was sollen Sie sonst noch vermeiden, und was dürfen Sie essen, wenn Sie eine cholesterinarme Diät einhalten wollen? Gewürzte Kekse wie Kartoffel- oder Maischips sowie Käsecracker sind verboten. Sie werden also beim Fernsehen irgend etwas anderes knabbern müssen. Jegliches Gebäck, das Sie nicht selber gebacken haben – etwa Waffeln, Krapfen, Hörnchen und dergleichen – müssen Sie vergessen. Aber Grahamkekse und -brot, etwa Vollkornbrot, Pumpernickel, Brot und Kekse aus Roggen- und Hafermehl sowie Teekuchen sind erlaubt. Trinken dürfen Sie alles, was Sie wollen, außer Vollmich, Malzgetränken und Milchshakes. Getreideflocken sind großartig, nicht aber Eiernudeln. Essen Sie alle

Obstsorten, die Ihr Herz begehrt. Auch Gemüse ist gut, aber es sollte weder mit Rahm noch mit Butter zubereitet und auch nicht gebraten werden. Auch fast alle Nüsse sind erlaubt, außer Cashewkernen und Paranüssen, allerdings dürfen sie nie eine Schokoladenglasur haben. Wenn Sie keine Probleme mit Ihrem Gewicht haben, können Sie ohne weiteres Pfefferminzbonbons sowie alle Bonbons, Marmeladen, Gelees, Gummibonbons und so weiter aus reinem Zucker und auch Honig naschen – aber nichts, was Schokolade oder Fett enthält.

Wenn Sie gerne Suppen essen, sollten Sie darauf achten, daß diese fettfrei sind. Beschränken Sie sich auf Bouillon, klare Brühe, dehydrierte Päckchensuppen – oder auf Suppen, die Sie selber zubereiten.

Meiner Erfahrung nach können die meisten Menschen mit und nach einer solchen Diät leben, wenn sie nur ausreichend motiviert sind, und viele tun dies auch. Wie streng Sie dabei sich selber gegenüber sind, hängt davon ab, wie überhöht Ihre Blutfette sind. Durch die strikte Einhaltung einer solchen Diät kann man den Cholesterinspiegel um bis zu 30 Prozent senken.

Viele Ärzte bestimmen auch den *Triglyzerid*spiegel. Bei den Triglyzeriden handelt es sich um »neutrale« Fette, die im Blut zirkulieren. Die durchschnittliche Obergrenze liegt bei etwa 150 mg, aber man muß bei der Auswertung der Ergebnisse einer Analyse sehr vorsichtig sein.

Wenn nun Ihre Werte für die Triglyzeride *und* für Cholesterin zu hoch sind, müssen Sie noch mehr Einschränkungen in Kauf nehmen. In diesem Fall ist es notwendig, auch die Zufuhr von Kohlehydraten einzuschränken, das heißt von Zucker und Stärke. Keine Desserts und Süßspeisen mehr, und pro Tag sind höchstens ein Gläschen Schnaps, trockener Tafelwein oder Bier erlaubt. (Wenn Ihre Triglyzeride erhöht sind, das heißt, bei etwa 400 mg/dl oder mehr liegen, ist es am besten, wenn Sie überhaupt keinen Alkohol trinken.) An Gemüsen können Sie praktisch alles essen, was Ihnen schmeckt, aber bei Obst müssen Sie sich mit einer halben Schale ungesüßten Obstsalats begnügen. Was bleibt dann noch als Nachtisch? Außer den ungesüßten Früchten Gelatinepudding, leichtes Gebäck oder Fruchteis ohne Zucker.

Medikamente zur Senkung des Cholesterinspiegels

Wenn Sie die für Sie geeignete Diät nicht einhalten können oder wollen, aber dennoch den Cholesterinspiegel senken möchten, müssen Sie entsprechende Medikamente einnehmen. Dazu gehören neben dem bereits erwähnten Cholestyramin (Quantalan) beispielsweise Gemfibrozil, Colestid, Lurselle, Nikotinsäure, Regelan und Neomycin (für diesen speziellen Zweck noch im experimentellen Stadium). Meiner Erfahrung nach am sichersten und wirksamsten ist eine Kombination von Cholestyramin und Nikotinsäure.

Die Pritikin-Therapie

Nathan Pritikin war Ernährungswissenschaftler, kein Arzt. 1958 wurde bei ihm ein bösartiges Lymphom (ein Krebs im Lymphdrüsensystem) diagnostiziert. Zudem ergab eine routinemäßige Belastungs-Elektrokardiographie anormale Werte. Ansonsten waren seine Herzkreislaufwerte nicht weiter auffällig, außer daß er einen Cholesterinspiegel von 280 mg/dl hatte. In den darauffolgenden Jahren, bis zu seinem Tod im Jahre 1985, war Mr. Pritikin wegen seines Lymphoms in Behandlung. Berühmt wurde er vor allem durch das kombinierte Ernährungs-/Fitneß-Programm, das er ausarbeitete und das heute noch den Lebensstil vieler Amerikaner prägt.

Man kann die Pritikin-Diät sehr wohl durchhalten. Aber es ist hart. Die gesamte Fettzufuhr macht 10 Prozent aus, die gesamte Cholesterinzufuhr beträgt weniger als 100 mg pro Tag, das Protein soll weniger als 15 Prozent ausmachen, und der Anteil an Kohlehydraten liegt bei über 75 Prozent. Darüber hinaus darf man bei der Pritikin-Diät höchstens drei Gramm Salz zu sich nehmen.

Man beginnt mit einer strengen »Regressions«-Diät; wenn dann bestimmte biochemische Standards, bestimmte Werte für den Blutdruck, den Blutzucker und das Gewicht erreicht sind, geht man allmählich zu einer etwas abgemilderten Form über; diese Diät soll man dann immer beibehalten. Sie nehmen dabei täglich acht kalorienarme Mahlzeiten zu sich, die hauptsächlich aus Getreideflocken, Obst, Salat, Kartoffeln, Suppe, Naturgetreide, getrockneten Bohnen, einer Vorspeise und einer Nachspeise bestehen. Pro Tag ist ein Glas Wein erlaubt, wenn es ganz ohne Alkohol nicht geht. Daß Rauchen grundsätzlich verboten ist, versteht sich von selbst.

Wenn Sie sich konsequent an diese Diätvorschriften halten, können Sie mit Sicherheit Ihren Cholesterin- und Blutzuckerspiegel, Ihr Gewicht und den Blutdruck reduzieren – und möglicherweise auch Ihre Freude am Leben.

Eines allerdings werden Sie im Überfluß haben: Luft. Da Sie bei dieser kohlehydratreichen Kost derart viele Ballaststoffe zu sich nehmen, werden Sie sich ein paar Wochen lang wie aufgeblasen vorkommen. Aber letztendlich werden Sie sich, wie auch die Leute in Ihrer Umgebung, daran gewöhnen.

Von den etwa fünfundvierzig meiner Patienten, die es versucht haben, haben es nur einige wenige geschafft, die »Regressions«-Diät länger als ein paar Wochen oder vielleicht Monate durchzuhalten. Aber die meisten von ihnen halten sich zumindest an die grundsätzlichen Empfehlungen. Sie essen weniger Rindfleisch, und nehmen auch nicht mehr soviel Geflügel und Fisch zu sich, sondern sind praktisch Vegetarier. Die meisten fühlen sich dabei besser als zuvor. Der Blutdruck wird in fast allen Fällen niedriger, vor allem bei den Personen, die abgenommen haben und dieses Gewicht jetzt halten. Auch die Zuckerwerte sind besser, und zwar ebenfalls aufgrund der Gewichtsabnahme (vor allem bei denjenigen, die kein Insulin brauchen) und weil die Patienten weniger Zucker essen, dafür aber mehr Ballaststoffe. Patienten, denen beim Gehen die Beine wehtun, können nun längere Strecken zurücklegen; allerdings ist es mir nicht gelungen, objektiv eine verbesserte Durchblutung der Beine zu messen. Bei Angina-pectoris-Patienten wurden die Beschwerden leichter – meiner Ansicht nach ebenfalls aufgrund des Abnehmens.

Nathan Pritikin hat das, was er predigte, selbst rigoros praktiziert. Als sein Cholesterinspiegel zum letzten Mal gemessen wurde – drei Monate vor seinem Tod –, lag er bei 94 mg/dl. Eine Autopsie ergab, daß seine Koronararterien bemerkenswerterweise kaum verkalkt waren.

Wann soll man mit einer gesundheitsbewußten Ernährung beginnen?

Lassen Sie mich Ihre nächste Frage gleich vorwegnehmen. Wenn tatsächlich Cholesterin Arteriosklerose fördert und ein Absenken des Cholesterinspiegels von so großer Bedeutung ist, wann sollten wir dann damit anfangen, auf unsere Ernährungsweise zu achten? Als Erwachsener oder schon in der Kindheit? Und in letzterem Falle, in welchem Alter? Sollen wir uns nur auf die Ernährung konzentrieren oder unseren Kindern zusätzlich cholesterinsenkende Mittel verabreichen?

Die American Heart Association empfiehlt, »gesunden« Kindern schon im Alter von zwei Jahren »gesunde Eßgewohnheiten« beizubringen, Kindern also viel frisches Obst und Gemüse, komplexe Kohlehydrate und mageres Fleisch sowie Fisch und Geflügel zu geben. 30 Prozent der Kalorienzufuhr sollten aus Fett bestehen, gleichmäßig verteilt auf einfach und mehrfach ungesättigte und gesättigte Fette, 55 Prozent auf komplexe Kohlehydrate und 15 Prozent auf Protein entfallen. Wie gesunde Erwachsene mit einem »normalem« Cholesterinspiegel sollten auch Kinder nicht mehr als 300 mg Cholesterin zu sich nehmen.

Einige Fachärzte für Kinderkrankheiten haben Bedenken, welche Langzeitwirkungen es für das Wachstum haben könnte, wenn unsere Kinder auf einmal nur noch entrahmte oder Magermilch trinken, nur das Weiße vom Ei essen und den Eidotter mit seinem konzentrierten Cholesterin stehenlassen. Und in der Tat hat die Amerikanische Akademie für Kinderheilkunde den Ernährungsplan der Heart Association für Kinder nicht empfohlen. Die Mitglieder der Akademie befürchten, daß diese Art der Ernährung Auswirkungen nicht nur auf das Wachstum, sondern auch auf die geistige Entwicklung hat.

Wenn ich das Für und Wider gegeneinander abwäge, ist meines Erachtens der Ernährungsplan der American Heart Association durchaus sinnvoll, sowohl für Erwachsene als auch für Kinder, und ich empfehle ihn meinen Patienten und ihren Angehörigen. Allerdings halte ich es für ausreichend, im Alter von zehn oder zwölf Jahren damit zu beginnen.

Eine interessante neue Cholesterin-Theorie

Es kommt des öfteren vor, daß Patienten von ihrem hohen Cholesterinspiegel einfach nicht herunterkommen, auch wenn sie sich noch so streng an die Diätvorschriften halten. Andere, die alles essen, worauf sie Lust haben, und sich in dieser Hinsicht in keiner Weise einschränken, haben immer einen normalen oder sogar niedrigen Cholesterinspiegel. Wissenschaftler der Rockefeller University in New York City haben nun eine Erklärung für dieses Phänomen zur Diskussion gestellt. Sie glauben, daß das Cholesterin, das wir mit der Nahrung zu uns nehmen, auf unterschiedliche Weise verarbeitet wird. So wie ich dies verstehe, gelangt das Cholesterin bei einigen Menschen vom Magen direkt in die Leber, die es dann über die Gallenblase in den Darm und aus dem Körper ausscheidet. Bei diesen Leuten bleibt also, ganz egal, was sie essen, der Cholesterinspiegel nahezu immer gleich, da sie nur sehr wenig zurückbehalten, und es gelangt kein Cholesterin in die Arterienwandungen. Wenn Sie zu den Glücklichen gehören, die in diese Kategorie fallen, ist alles in bester Ordnung. Die Leber, die auch ihr eigenes Cholesterin produziert, kann auf das Cholesterin, das man mit der Nahrung zu sich nimmt, aber auch so reagieren, daß sie die selber produzierte Menge verringert und so das Zuviel an Butter, Käse oder fettem Fleisch ausgeglichen wird. Auch in diesem Fall kommt es, aufs Ganze gesehen, nicht zu einem Ansteigen des Cholesterinspiegels. Hier gilt das gleiche: Wenn Ihr Körper auf diese Weise reagiert, können Sie praktisch alles essen, was Sie wollen. Aber dann gibt es da leider noch eine dritte Gruppe, die Personen nämlich, die Schwierigkeiten mit der Ernährung haben. Denn anstatt das Cholesterin in die Gallenblase auszuscheiden oder selber weniger zu produzieren, sondert die Leber das Cholesterin, das man mit der Nahrung zu sich nimmt, direkt in den Blutkreislauf ab, so daß es sich in den Arterienwandungen ansammeln und jene Plättchen bilden kann, die der Grund für einen Herzinfarkt sind. Schließlich produziert bei einigen Patienten die Leber auch weiterhin beträchtliche Mengen von Cholesterin, gleichgültig, was sie essen, so daß auch in diesem Fall eine Diät überhaupt nichts bringt.

Ausgehend von dieser Theorie wurde noch ein zweiter klinischer

Ansatz ausgearbeitet. Nehmen Sie einfach an, daß Sie nicht anfällig sind, und hören Sie mit der Diät auf (falls Sie im Moment eine einhalten). Essen Sie ein paar Wochen lang alles, was Ihr Herz begehrt, und lassen Sie dann Ihren Cholesterinspiegel bestimmen. Wenn er niedrig oder normal ist, besteht keinerlei Grund, eine Diät einzuhalten. Sie würden sich damit nur unnötig aller möglichen Gaumenfreuden berauben. Wenn die Werte jedoch hoch sind, sollten Sie sich für die nächsten sechs Wochen streng an eine cholesterinarme Diät halten und dann erneut den Cholesterinspiegel kontrollieren lassen. Wenn er deutlich niedriger geworden ist – sagen wir einmal, um mindestens 10 Prozent –, dann ist es in der Tat wichtig für Sie, eine Diät einzuhalten. Sind allerdings die Werte gleichgeblieben, dann hat es überhaupt keinen Sinn, sich selber zu quälen.

Soviel zur Ernährung. Was gibt es noch für Faktoren, die das Risiko einer Herzkrankheit erhöhen, die man jedoch möglicherweise ausschalten kann?

Tabak ist schädlich!

Kurz gesagt: Zigarettenrauchen ist wahrscheinlich die sicherste Methode, um einen Herzanfall zu bekommen beziehungsweise den Prozeß der Arterienverkalkung an einer beliebigen Stelle in Ihrem Körper zu beschleunigen. Ich glaube nicht, daß irgendwo jemand existiert, der lesen oder hören kann und nicht weiß, wie schädlich Rauchen ist. Aber so ist es nun einmal in der Politik: So groß ist die Macht der Lobbyisten, daß ein amerikanischer Präsident (Carter), dessen Gesundheitsminister höchstpersönlich eine nationale Kampagne gegen das Rauchen initiierte, seinerseits den Tabakpflanzern versicherte, er habe nicht die Absicht, einen Gesetzesantrag zu unterstützen, durch den ihre wirtschaftliche Situation beeinträchtigt würde. Man druckt den Hinweis auf Zigarettenschachteln, daß Rauchen zum frühzeitigen Tod führen kann, und subventioniert gleichzeitig die Tabakindustrie mit Steuergeldern!

Kein Mensch weiß wirklich, was an diesem Kraut eigentlich so schädlich ist – die Wärmeentwicklung des Rauchs, die Verbrennungsprodukte des Papiers, Teer, Harze, Kohlenmonoxyd, Nikotin, radioaktive Teilchen oder eines von den hundert anderen Teilchen, die im Tabakrauch enthalten sind. Aber was auch immer es ist, es kann zu einem Herzanfall führen, selbst bei Menschen, bei denen andere Risikofaktoren wegfallen.

Einigen Leuten scheint das Rauchen nicht zu schaden, aber das ist ein Schuß, der nach hinten losgeht, vor allem wenn noch andere Risikofaktoren mit ins Spiel kommen, etwa Bluthochdruck, ein zu hoher Cholesterinspiegel, anormale Blutfette, Übergewicht, Diabetes, zuwenig Bewegung oder wenn man zum Persönlichkeitstypus A gehört. Sie sollten sich auch nicht selber etwas vormachen mit »gesünderen« Zigaretten. Wenn Sie nikotinabhängig sind, dann braucht – und verlangt – Ihr Körper nach einer gewissen Menge pro Tag. Je weniger Nikotin die sogenannten »leichten« Zigaretten enthalten, desto öfter werden Sie daran ziehen, desto tiefer werden Sie inhalieren und desto mehr Zigaretten werden Sie rauchen, um Ihren Nikotinbedarf zu decken. Letztendlich nehmen Sie mit den »gesünderen« Zigaretten nicht weniger Nikotin auf, und da Sie jetzt mehr Zigaretten rauchen, inhalieren Sie auch mehr Teer, Harze und Kohlenmonoxyd.

Wenn Sie Raucher sind und damit aufhören wollen, dann versuchen Sie das nicht etappenweise. Ziehen Sie einen klaren Schlußstrich. Wenn Sie nur hin und wieder eine Zigarette rauchen, dürfte es Ihnen nicht weiter schwerfallen, abrupt damit aufzuhören. Und selbst wenn Sie wirklich süchtig sind, werden Sie zwar ein paar Tage lang unter Entzugserscheinungen leiden, aber dann haben Sie es geschafft. Die Alternative, allmählich aufzuhören und nach und nach weniger zu rauchen, bringt überhaupt nichts; Sie befinden sich dann lediglich permanent in einem chronischen Entziehungszustand, von dem Sie sich nie wieder erholen werden.

Bluthochdruck – der leise Killer

Ein hoher Blutdruck fördert Arteriosklerose, und zwar vor allem in den Arterien, die das Gehirn, die Augen, die Nieren und die Beine versorgen, und möglicherweise auch in denjenigen, die zum Herzen führen. Die meisten Ärzte stimmen darin überein, daß es sehr wichtig ist, einen erhöhten Blutdruck zu normalisieren, aber was heißt hoch? Und auf welche Weise kann man den Blutdruck am besten senken – durch Diät, Abnehmen, Sport, Medikamente – oder durch eine Kombination aller vier?

Beim Messen des Blutdrucks werden zwei Zahlen angegeben, ein höherer (der sogenannte systolische) und ein niedrigerer (der diastolische) Wert. Der systolische Wert gibt den Druck, mit dem das Blut durch die Arterien strömt, zu dem Zeitpunkt an, wo das Herz es durch seine Kontraktion hinauspreßt. Der arterielle Druck zwischen den einzelnen Herzschlägen, wenn das Herz »sich ausruht«, wird mit dem diastolischen Wert angegeben.

Die Aussagekraft dieser beiden Zahlen hängt vom jeweiligen Alter ab. Bei einem Mann oder einer Frau von sechzig Jahren mit einem Blutdruck von 160/90 ist unter Umständen eine Behandlung gar nicht erforderlich. Bei einem Dreißigjährigen hingegen ist in solch einem Fall eine Behandlung fast immer unumgänglich. Die »Höchstwerte« für ihn wären 140/90, aber auch diese Zahlen müssen jeweils individuell interpretiert werden.

Wenn Ihr Arzt Ihnen eröffnet, daß Sie überhöhte Werte haben, sollten Sie sicherstellen, daß dies nicht ein Ergebnis des »Weißkittel-Syndroms« ist. Ich habe etliche Patienten, deren Blutdruck mit 130/85 völlig normal ist, wenn ihr Ehepartner oder ein Freund ihn mißt, aber auf anormale 160/95 steigt, wenn ich das tue. Wenn Ihr Blutdruck nur dann zu hoch ist, sobald der Arzt ihn mißt oder Sie sich in einer Streßsituation befinden, sonst aber immer normal ist, brauchen Sie wahrscheinlich keine medikamentöse Behandlung, sondern sollten als erstes abnehmen, indem Sie die Kalorienzufuhr einschränken und Sport treiben.

Salz und Bluthochdruck

Die meisten Amerikaner nehmen zehn- bis zwanzigmal mehr *Salz* zu sich, als ihr Körper benötigt. Jahrelang war man der Überzeugung, dies sei einer der Hauptgründe für Bluthochdruck. Mittlerweile weiß man jedoch, daß jeder »normale« Mensch soviel Salz essen kann, wie er/sie will, ohne daß dies den Blutdruck beeinflußt, und selbst bei einigen Patienten mit Bluthochdruck spielt das Salz vermutlich keine Rolle. Bei anderen hingegen ist dies durchaus der Fall. Ich persönlich empfehle bei jedem Fall von Bluthochdruck zunächst eine sparsame Verwendung von Salz. Wenn ich dann nach ein paar Wochen feststelle, daß die salzarme Diät den Blutdruck nicht wesentlich gesenkt hat, erlaube ich soviel Salz, wie notwendig ist, damit das Essen nicht fad schmeckt. (Die einzige Ausnahme machen Patienten mit Herzinsuffizienz oder Flüssigkeitsretention.)

Der Blutdruck kann auch aufgrund eines Mangels an *Kalzium* zu hoch sein. Ironischerweise ist die Wahrscheinlichkeit dafür besonders groß, wenn man eine cholesterinarme Diät einhält, bei der praktisch keine Milchprodukte erlaubt sind – gerade diese enthalten nämlich viel Kalzium. Bei Personen, die aufgrund einer Laktoseunverträglichkeit keine Milch trinken und keine Milchprodukte essen, kann es passieren, daß sie schließlich zuwenig Kalzium haben und deshalb ihr Blutdruck steigt. Dieser Zusammenhang wird oft nicht ausreichend beachtet.

Ein weiterer Zusammenhang besteht zwischen Kalium- und Magnesiummangel und Bluthochdruck. Wenn man beispielsweise harntreibende Mittel einnehmen muß oder Durchfall hat, werden diese beide Substanzen mit ausgeschieden; Sie müssen sie also in ausreichender Menge wieder ersetzen.

Auch chronische Anspannung und Angstzustände können den Blutdruck in die Höhe treiben. Bevor man sich nun auf blutdrucksenkende Mittel stürzt, sollte man es in diesem Fall mit bestimmten Techniken der Entspannung oder einem Bio-feedbackprogramm versuchen, vor allem wenn man das Gefühl hat, mit Streßsituationen nicht angemessen umgehen zu können.

Wenn Sie Sport treiben, werden Sie sich bestimmt besser fühlen, aber ich glaube nicht, daß dies entscheidend zu einer Senkung des Blutdrucks beiträgt.

Wenn alle diese Maßnahmen (ohne Medikamente) keinen Erfolg zeitigen, verschreibe ich bestimmte Mittel. Und zwar beginne ich mit den leichtesten und in den niedrigsten Dosierungen, die ich erhöhe, wenn es mir notwendig erscheint, und durch zusätzliche andere Mittel ergänze, bis der Blutdruck des Patienten sich normalisiert hat.

Herzanfälle und Persönlichkeitstypus

Im Lauf der Jahre ist mir etwas aufgefallen: Wenn eine Frau einen Herzinfarkt hatte und dann später, mit ihrem Mann im Schlepptau, zu mir in die Sprechstunde kommt, unterhalten wir uns darüber, welche Medikamente sie nehmen muß, ob sie Sport treiben soll, welche Diät anzuraten ist – aber es ist selten, daß wir über ihr Verhalten und ihre »Lebenseinstellung« reden. Wenn jedoch der Mann einen Herzinfarkt hatte, ist das Hauptanliegen fast jeder Ehefrau, mir einzureden, ich müsse ihn »ändern«.

Ich muß gestehen, daß ich in all den Jahren meist mitspielte und die Bitte der jeweiligen Ehefrau, die mir ihr Leid geklagt hatte, erfüllte. Ich wusch dem Ehemann so richtig den Kopf und ermahnte ihn eindringlich, er müsse jetzt wirklich etwas kürzer treten. Vermutlich habe ich dies eher aus dem unbewußten Wunsch heraus getan, den Frauen einen Gefallen zu erweisen und das gute Verhältnis zwischen uns nicht zu trüben, als um dem Mann zu helfen. Aber neue Entwicklungen haben mich mittlerweile überzeugt, daß diese Frauen, die sich derartige Sorgen machen, tatsächlich recht haben.

In den sechziger Jahren beschrieben zwei Ärzte aus San Francisco den für »Herzkrankheit anfälligen« Persönlichkeitstypus und bezeichneten ihn als »Typus A«. Kennzeichnend für diese Menschen ist, daß sie aggressiv, ehrgeizig, reizbar und feindselig sind und mit ihrer Zeit geizen. Sie tendieren zu einem erhöhten Blutdruck. Ihr Lebensziel ist eher Erfolg als Zufriedenheit. Es gibt natürlich ein ganzes Spektrum entsprechender Verhaltensweisen. Ein ausgeprägter A-Typus ist selten zu einem echten Dialog fähig. Er spricht *zu*, nicht *mit* Ihnen. Er hört kaum auf das, was ein anderer zu sagen hat. Er redet sehr schnell und neigt dazu, an Ihrer Stelle einen Satz zu beenden, eben weil er es so eilig hat. Er hat immer eine Uhr bei sich, kommt nie zu spät und ist verärgert, wenn jemand anderer sich etwas verspätet. Er delegiert nur ungern Autorität, da er überzeugt ist, kein anderer könne diese Sache so gut erledigen wie er selber. Bei jeder Kleinigkeit geht er gleich in die Luft. Urlaub? Nur wenn es unumgänglich ist, und selbst dann nimmt er sich normalerweise etwas Arbeit mit oder verbindet das »Geschäftliche mit dem Angenehmen«. Ich könnte noch unendlich viele solche Beispiele aufzählen, aber meine Frau schaut mir über die Schulter und hat den Eindruck, daß ich gerade meine Autobiographie verfasse.

Menschen, die alles etwas gemächlicher angehen, weniger ehrgeizig sind und sich nicht so sehr unter Druck setzen lassen, die eher philosophisch eingestellt und weniger aggressiv, dafür aber zufriedener sind und, ob Sie es nun glauben oder nicht, auch nicht weniger Erfolg haben als der A-Typus, bezeichneten die beiden Ärzte als B-Typus.

Bei ihren psychologischen Untersuchungen an Hunderten von Männern, die einen Herzanfall erlitten hatten, stellten sie fest, daß die meisten von ihnen zum A-Typus gehörten. Sie erfüllten viele, manchmal sogar alle Kriterien. Die beiden Wissenschaftler sind überzeugt, daß die Zugehörigkeit zum Persönlichkeitstypus A ein unabhängiger Risikofaktor für Herzkrankheit ist, und zwar ein ganz wesentlicher, und daß es vor wie auch nach einem Herzinfarkt von ausschlaggebender Bedeutung ist, den jeweiligen Persönlichkeitstypus zu identifizieren. Vorher, damit man bestimmte Verhaltensänderungen initiieren kann, um es gar nicht erst zu einem solchen Infarkt kommen zu lassen. Nachher, um einen erneuten Infarkt zu vermeiden.

Ehrlich gesagt, viele Kardiologen, die im Prinzip dieser Theorie zustimmen – und dazu gehöre auch ich –, haben lange Zeit reine Lippenbekenntnisse abgelegt. Wir haben schon alle Hände voll damit zu tun, unsere Patienten dazu zu bringen, sich an die einfachen Grundregeln zu halten; wie sollen wir uns da auch noch an so ein schwieriges Unterfangen wagen, ihre Persönlichkeit zu verändern? Zudem behaupten manche sogar, die Forscher widerlegt zu haben.

Aber Dr. Friedman, einer der beiden Wissenschaftler, ließ sich nicht davon beirren. Mitte 1984 legte er einen Bericht mit neuen Erkenntnissen vor, nach dem er und seine Mitarbeiter den Krankheitsverlauf nach einem Herzinfarkt bei etwa neunhundert Männern des A-Typus beobachtet hatten. Sie teilten sie in zwei Gruppen auf. Die erste wurde auf herkömmliche Weise behandelt. Die Ärzte untersuchten ihre Patienten in regelmäßigen Abständen und berieten sie, wie sie die üblichen Risikofaktoren unter Kontrolle bringen könnten. Die Männer in der zweiten Gruppe wurden darüber hinaus auch psychologisch betreut. Als nach drei Jahren beide Gruppen miteinander verglichen wurden, kam man zu einigen – statistisch gesehen – sehr beeindruckenden Ergebnissen. Bei den Männern des A-Typus, deren Verhaltensmuster geändert werden konnte (und das war bei immerhin 75 Prozent der Fall), nahm die Häufigkeit eines Herzinfarkts um 50 Prozent ab. Das ist mehr, als bei dem Versuch mit einer cholesterinarmen Diät erreicht wurde! Friedman bekräftigt daher mit Nachdruck, daß Einstellungen und Verhaltensweisen geändert werden *können* und daß, wenn dies der Fall ist und alles andere gleichbleibt, das Risiko eines zweiten Herzinfarktes erheblich reduziert wird.

Einige Wissenschaftler sind der Ansicht, man könne einen A-Typus schneller und effektiver ändern, indem man den Patienten mit Beta-Blockern behandelt und nicht erst viel Zeit mit einer langen psychotherapeutischen Behandlung verliert. (Beta-Blocker – der Prototyp ist Dociton – senken den Blutdruck und verlangsamen den Pulsschlag.) Ich persönlich konnte das in meiner Praxis nicht nachweisen. Einige meiner Patienten, die aus einem anderen Grund Beta-Blocker einnehmen (Angina pectoris, Herzrhythmusstörungen, zu hoher Blutdruck), beklagen sich des öfteren, daß sie sich wie »Zombies« fühlen. Sie kommen sich »gebremst« vor, haben oft Alpträume, kalte Hände und Füße und sind impotent, aber selten zufriedener oder weniger aggressiv.

Gilt das spezielle, von Dr. Friedman beschriebene Verhaltensmuster auch für Frauen? Auch in diesem Fall gibt es keine Übereinstimmung. Laut einer anderen Studie war allerdings die Häufigkeit eines Herzinfarktes bei Frauen des A-Typus höher als bei solchen des B-Typus.

Welcher Mechanismus oder welche Mechanismen könnten dem zugrunde liegen, daß der Lebensstil des A-Typus letztendlich zu einem Herzanfall führt? Eine Theorie lautet, daß diese Personen ständig überdreht sind und sich verhalten, als wäre das Leben ein einziger Kampf. Im Lauf der Evolution gerieten Tiere und auch die ersten Menschen oft in *physische* Gefahrensituationen – wenn sie beispielsweise von einem Raubtier oder einem anderen Feind bedroht wurden. Wenn dies geschah, war es eine Frage von Leben oder Tod. Es gab nur zwei Möglichkeiten: Kampf oder Flucht. Wenn sie sich dafür entschieden, zu fliehen, verhalf ihr Adrenalin ihnen zu der im Augenblick notwendigen Energie, um dies schnell zu tun. Wenn es jedoch zu einem Kampf kam, war das größte Risiko, zu verbluten, wenn der Feind einen verletzte. Und jetzt überlegen Sie einmal, wie es war, als Ihnen zum letzten Mal ein Zahn gezogen wurde. Was hat Ihnen Ihr Zahnarzt in den Gaumen gespritzt, um die Blutung einzudämmen? Adrenalin, denn diese Substanz zieht die Blutgefäße zusammen. Die vermehrte Absonderung von Adrenalin in einer Notsituation ist der Mechanismus, wie die Natur das Tier, das sich in Gefahr befindet, vor dem Verbluten schützt.

Im Gegensatz dazu sind die Bedrohungen, denen der Mensch sich heutzutage ausgesetzt sieht – seien sie real oder nur eingebildet –, in den meisten Fällen emotionaler oder psychologischer Natur. Weder sind sie so eindeutig erkennbar, noch gehen sie so schnell vorbei wie die physischen Streßsituationen unserer Vorfahren. Der Körper kann da jedoch nicht differenzieren. Er reagiert, als wäre diese permanente Krisensituation, in der der A-Typus lebt, tatsächlich lebensbedrohend. Es werden daher einige komplizierte hormonelle Reaktionen ausgelöst – einschließlich einer vermehrten Ausschüttung von Adrenalin –, die praktisch die ganze Zeit über andauern. Letztlich bewirkt diese chronische Überversorgung mit Adrenalin, daß die Blutgefäße sich zusammenziehen und das Blut leichter gerinnt. Im Dschungel ist das durchaus von Vorteil, nicht aber heute und hierzulande, wo dieser Mechanismus den einzelnen für einen Herzinfarkt prädestiniert.

Da man nun seine Aufmerksamkeit hauptsächlich auf Verhaltensänderungen richtet, haben mich schon viele meiner Patienten gefragt, ob es denn das wert sei, »sich zu ändern«. Hartnäckig hält sich das Vorurteil, daß der B-Typus ein »Versager« sei, der es im Leben zu nichts bringe. Nun, das ist eine völlige Fehleinschätzung. Diejenigen, denen es gelungen ist, eine »Wertverschiebung« vorzunehmen und die Prioritäten richtig zu setzen, haben festgestellt, daß Erregbarkeit, Feindseligkeit und das ständige Gefühl, unter Druck zu stehen – die wesentlichen Charakteristika des A-Typus –, eben keine Voraussetzungen dafür sind, Erfolg zu haben. Diese »neuen« B-Typen, die psychologisch aus der Tretmühle ausgebrochen sind, sind jetzt nicht weniger »erfolgreich« als vorher – aber weit glücklicher.

Und das ist die Quintessenz des Ganzen: Was auch immer Sie für sich und Ihre Gesundheit *nach* einem Herzinfarkt tun, ist doppelt soviel wert, wenn Sie es machen, *ehe* Sie erkranken. Wenn es Ihnen jetzt noch gut geht, warum nicht gleich derlei Schwierigkeiten vorbeugen?

Sport – ja oder nein?

In den letzten Jahren spaltete eine heftige Kontroverse die Vereinigten Staaten in zwei Lager. Es ging um den *Sport*. Sollen wir, oder sollen wir nicht? Ärzte, Wissenschaftler, aber auch Laien vertreten mit Nachdruck entgegengesetzte Standpunkte in dieser Frage. Sportfans verweisen auf die zahllosen Bücher, Zeitschriftenartikel und Studien, in denen die positiven Auswirkungen des Sports dokumentiert werden. Auf der anderen Seite berufen sich die Befürworter eines eher gemächlichen Lebens auf eine Vielzahl genauso überzeugender Schlußfolgerungen diverser Untersuchungen, daß Sport nicht dazu beiträgt, das Leben zu verlängern, und daß Übertreibungen eher schaden und sogar zu einem vorzeitigen Tod führen können.

Selbst in diesem Moment, wo ich so dasitze und aus dem Fenster schaue, sehe ich eine schier endlose Prozession von Langläufern und Joggern. Die ganze Debatte über dieses Thema hat also im Grunde nichts verändert; die Sportbegeisterten werden auch weiterhin ihre Runden drehen, und wir anderen werden gelegentlich einen Spaziergang machen, wenn uns gerade danach zumute ist.

Die Frage ist also: Wer hat recht? Sollten wir regelmäßig Sport treiben? Kann sportliche Betätigung wirklich einen Herzinfarkt verhindern und/oder das Leben verlängern?

Wollte man all die Für und Wider auflisten, würde man zu dem Ergebnis kommen, daß die meisten Untersuchungsergebnisse für eine sportliche Betätigung sprechen. Eine völlig ablehnende Einstellung ist sehr selten, auch wenn man sie nicht einfach abtun sollte.

Aber selbst von denjenigen, die für eine sportliche Betätigung sind, behaupten nur wenige, daß dies einen Herzinfarkt verhindert und den Zeitpunkt des Todes hinausschiebt. Es macht ihnen einfach Spaß, Sport zu treiben, und sie fühlen sich großartig dabei. Für sie ist dies die beste Art, sich zu entspannen. Sie haben festgestellt, daß körperliche Anstrengung die Widerstandskraft des Körpers verbessert.

Regelmäßiges Training treibt den HDL-Spiegel in die Höhe (den Anteil an »gutem« Cholesterin, das vermutlich vor koronarer Herzkrankheit schützt). Menschen, die sich fit halten, leben oft recht gesundheitsbewußt; aus diesem Grund kommt ihr Gewicht den Idealwerten meist näher, als das bei den Personen der Fall ist, die sich nur sehr wenig bewegen. Zudem sind sie in den meisten Fällen Nichtraucher. Sport trägt auch dazu bei, einer Osteoporose vorzubeugen. Wenn man »in Form« ist, sind die Chancen, einen Herzinfarkt zu überleben, um einiges besser, als wenn man schlapp und übergewichtig ist. Wenn Ihr Arzt Sie nach einem Herzinfarkt aufgefordert hat, sich mehr zu bewegen und körperbewußt zu leben, besteht gute Aussicht, daß Ihre psychische Verfassung und Ihr Bild von sich selber weit positiver sind, als wenn Sie zu Hause herumsitzen und auf die nächsten Schmerzen oder Krämpfe in der Brust warten. Die Entscheidung, etwas für sein eigenes Wohlergehen zu tun – ganz unabhängig von Arbeit und Beruf, dem persönlichen Ehrgeiz oder der täglichen Plackerei –, ist als solche schon viel wert.

Trotz allem bisher Gesagten kann ich Ihnen nicht beweisen, daß regelmäßiges Training die Plättchen in Ihren Arterien verkleinert, sie auflöst oder zumindest verhindert, daß es noch mehr werden, oder aber ob es dazu beiträgt, die Art kollateraler Zirkulation zu entwickeln, die notwendig ist, um länger zu leben. Wir wissen zum gegenwärtigen Zeitpunkt einfach nicht, ob das alles auch wirklich zutrifft. Es ist durchaus möglich, daß Sport diese positiven Wirkungen hat – und warum sollte man nicht daran glauben, wenn man Sport treibt? Aber Sie sollten es nicht einzig und allein aus diesem Grund tun.

Kann Sport schädlich sein? Selbstverständlich, wenn man sich zuviel zumutet; dies gilt vor allem, wenn man Probleme mit dem Herzen hat. Allen Leuten über fünfundsechzig sowie jedem, der an einer chronischen Krankheit – des Herzens, der Nieren, der Leber oder sonstiger Organe – leidet, sollte sportliche Betätigung »verschrieben« werden, denn man muß damit genauso vorsichtig umgehen wie mit einem starken Medikament. Ihr Arzt kann – alleine oder zusammen mit einem Heilgymnastiker – entscheiden, wieviel und welche Art von Sport für Sie angemessen und am risikofreiesten ist.

Wenn Sie sich jetzt über Ihre Einstellung zum Sport immer noch nicht sicher sind, dann vergleichen Sie das Ganze einmal mit Sex. Die meisten Leute machen beides, weil sie Freude daran haben, und nicht, um länger zu leben. Man fühlt sich einfach besser. Und keines von beiden sollten Sie tun, wenn Ihnen nicht danach zumute ist. Weder Sex noch Sport können einen Menschen befriedigen, wenn ein Zwang dahintersteht. Für welche Sportart Sie sich entscheiden, hängt von den persönlichen Vorlieben ab – wie auch beim Sex. Allerdings gibt es Zeiten und äußere Umstände, da man beides zumindest vorläufig einschränken oder sogar ganz unterlassen muß. Wenn Sie dann wieder damit anfangen, ist die Frage nach Häufigkeit, Intensität und nach dem Wie ein Problem, über das Sie und Ihr Arzt beziehungsweise beim Sex Ihr Partner und Sie gemeinsam entscheiden müssen.

Schadet Fett der Gesundheit?

In Amerika gilt: dünn ist schön. Fettleibigkeit bedeutet, daß man entweder häßlich oder krank oder beides ist. In anderen Kulturkreisen gibt es jedoch ganz andere Präferenzen; je stattlicher und beleibter ein Mann, desto höher sein sozialer Rang; und eine pralle, rundliche Frau ist begehrenswerter, sexy und attraktiver (das jiddische Wort »*zaftig*« faßt all diese Eigenschaften zusammen). Aber ganz abgesehen von ästhetischen Vorlieben – ist es schlecht für das Herz, wenn man zu dick ist?

Offiziell hielt man Übergewicht im allgemeinen für einen eher »kleinen« Risikofaktor, d. h. statistisch gesehen für bei weitem nicht so gefährlich wie die Hauptrisikofaktoren Zigarettenrauchen, überhöhter Blutdruck und hoher Cholesterinspiegel. Neuere Forschungen ergaben jedoch, daß Personen, deren Gewicht 20 Prozent oder mehr über dem »Idealgewicht« liegt, anfällig sind für vorzeitigen Tod und schwere Krankheiten wie Altersdiabetes, koronare Herzkrankheit, Arthritis, Atmungsprobleme,

Erkrankungen der Gallenblase, Menstruationsstörungen und Bluthochdruck. Zudem haben sie überhöhte Cholesterinwerte. Schon fünf bis zehn Pfund Übergewicht stellen ein Gesundheitsrisiko dar.

Wie können Sie feststellen, ob Sie ein optimales beziehungsweise ideales Gewicht haben? Vom Ästhetischen her ist das eine durch und durch subjektive Angelegenheit. Aber der beste objektive Maßstab sind wissenschaftliche Tabellen. Ich halte sie für ganz praktisch, um meinen Patienten zu helfen, ihr Idealgewicht zu erreichen. Die im folgenden (S. 214f.) abgedruckte Tabelle kann als Orientierungshilfe dienen.

Sobald man sein Idealgewicht kennt, besteht das Problem oft darin, dieses Gewicht zu ereichen und auch zu halten. Bei den Personen mit schwerer Fettleibigkeit ist dies unter Umständen gar nicht möglich. Ein derart hohes Übergewicht – 115 Kilogramm und darüber – ist nicht einfach eine Folge von chronischem Sich-Überessen. Es ist eine Krankheit – eine Krankheit, die wir in den meisten Fällen weder richtig verstehen noch mit Erfolg behandeln können: weder Diät noch Pillen, noch sportliche Betätigung zeitigen eine Wirkung. Je weniger ein solcher Patient ißt, oder je mehr Kalorien er oder sie verbraucht, desto weniger Kalorien verbrennt der Körper. Mit anderen Worten: Wenn man fastet, sinken Energiebedarf und Energieverbrauch; es hat fast den Anschein, als tue der Körper sein Bestes, um das Übergewicht aufrechtzuerhalten. Mehr noch: Wenn solche Patienten mit Übergewicht genauestens untersucht werden, fallen die meisten gängigen Blutanalysen »normal« aus.

Die einzigen Fälle, von denen ich weiß, daß sehr dicke Personen wirklich abgenommen haben und das neue Gewicht dann auch halten konnten, waren Patienten, bei denen ein operativer Nebenschluß oder eine entsprechende Klammerung vorgenommen worden war. Am erfolgversprechendsten ist eine Operation, bei der der Endteil des Magens am vorderen Teil des Dickdarms befestigt wird. Auf diese Weise umgeht man den Dünndarm, in dem ein Großteil der aufgenommenen Nahrung absorbiert wird. Dies hat zur Folge, daß man bedeutend weniger Kalorien aufnimmt. Es ist eine dramatische Therapie für eine schwere Krankheit. Unglücklicherweise kommen nur etwa 50 Prozent der so Operierten mit den Folgen dieses Eingriffs zurecht; bei den übrigen führen chirurgische Komplikationen zu Verwachsungen und manchmal sogar zum Tod.

Wenn Sie also unter schwerer Fettleibigkeit leiden und normalerweise mehr als 115 Kilogramm wiegen, dann verschwenden Sie nicht Zeit, Geld und Hoffnung mit irgendwelchen modischen Abmagerungskuren, zytotoxischen Analysen, obskuren Schlankheitsfarmen und teuren »Gewichts«-Ärzten. Versuchen Sie selber soviel wie möglich zu tun. Sie sollten beispielsweise andere Risikofaktoren ausschalten, die unter Umständen Ihren Gesundheitszustand beeinträchtigen, etwa Bluthochdruck, Zigarettenrauchen und hohe Cholesterinwerte.

Anders als bei der – unter Umständen tödlich verlaufenden – Krankheit Fettleibigkeit gelingt es den meisten »Dicken« häufig, ein Gewicht zu erreichen, das ihrem Idealgewicht nahezu entspricht, und dies auch zu halten, obwohl gewisse Gewichtsschwankungen fast unvermeidlich sind. Das erfordert aber, daß man sein Leben lang ständig darauf achtet, was man ißt, und man es sich jedesmal überlegen muß, ob man ein bestimmtes Dessert essen darf; darüber hinaus muß man den Genuß von Alkohol einschränken, den Kaloriengehalt aller Nahrungsmittel kennen, feuchtfröhliche Feste meiden und täglich sein Gewicht kontrollieren, um es gegebenenfalls wieder auszugleichen, wenn man »gesündigt« hat. Auch sportliche Betätigung ist sehr wichtig, weil dabei überschüssige Kalorien verbrannt werden. All dies summiert sich zu einer »Verhaltensänderung«, und ich glaube, die meisten Menschen schaffen das alleine, ohne fremde Hilfe. Sobald man einmal weiß, was man essen darf, und zudem weniger davon ißt und diese Diät *sein Leben lang* einhält, wird man schlank bleiben. Wenn Sie es alleine nicht schaffen, sollten Sie sich von Fachleuten helfen lassen, beispielsweise in einer Klinik oder von Ärzten für Verhaltensänderungen. Bitten Sie Ihren Arzt, Sie dorthin zu überweisen.

Durchschnitts- und Idealgewicht Erwachsener

Größe (in Schuhen)	Durchschnittsgewicht[1] in Kilogramm (in Hauskleidern)								Idealgewicht[2] in Kilogramm (in Hauskleidern), 25 Jahre und älter		
cm	15–16 Jahre	17–19 Jahre	20–24 Jahre	25–29 Jahre	30–39 Jahre	40–49 Jahre	50–59 Jahre	60–69 Jahre	Leichter Körperbau	Mittelschwerer Körperbau	Schwerer Körperbau
Männer											
153	44,9	51,7	55,7	58,4	59,7	61,1	62,0	60,7			
154	45,6	52,1	56,2	58,9	60,3	61,6	62,5	61,2			
155	46,3	52,6	56,7	59,5	60,8	62,2	63,1	61,7			
156	47,2	53,2	57,2	60,0	61,3	62,7	63,6	62,2			
157	48,1	53,7	57,8	60,5	61,9	63,2	64,1	62,8	50,5–54,2	53,3–58,2	56,9–63,7
158	49,0	54,3	58,4	61,2	62,5	63,9	64,7	63,3	51,1–54,7	53,8–58,9	57,4–64,2
159	49,9	55,1	59,1	61,9	63,2	64,6	65,2	63,9	51,6–55,2	54,3–59,6	58,0–64,8
160	50,8	55,8	59,9	62,6	63,9	65,3	65,8	64,4	52,2–55,8	54,9–60,3	58,5–65,3
161	51,7	56,5	60,6	63,1	64,7	66,0	66,5	65,1	52,7–56,3	55,4–60,9	59,0–66,0
162	52,6	57,2	61,3	63,7	65,4	66,7	67,2	65,8	53,2–56,9	55,9–61,4	59,6–66,7
163	53,5	58,0	61,9	64,2	66,1	67,5	67,9	66,6	53,8–57,4	56,5–61,9	60,1–67,5
164	54,4	58,7	62,5	64,8	66,8	68,2	68,6	67,3	54,3–57,9	57,0–62,5	60,7–68,2
165	55,3	59,4	63,0	65,3	67,5	68,9	69,4	68,0	54,9–58,5	57,6–63,0	61,2–68,9
166	56,1	60,1	63,5	66,0	68,2	69,6	70,0	68,7	55,4–59,2	58,1–63,7	61,7–69,6
167	57,0	60,8	64,1	66,7	68,9	70,3	70,8	69,4	55,9–59,9	58,6–64,4	62,3–70,3
168	57,9	61,6	64,6	67,3	69,7	71,1	71,5	70,2	56,5–60,6	59,2–65,1	62,9–71,1
169	58,8	62,2	65,1	67,9	70,4	72,0	72,4	71,1	57,2–61,3	59,9–65,8	63,6–72,0
170	59,7	62,9	65,7	68,4	71,1	72,9	73,3	72,0	57,9–62,0	60,7–66,6	64,3–72,9
171	60,6	63,6	66,4	69,1	71,8	73,6	74,1	72,7	58,6–62,7	61,4–67,4	65,1–73,8
172	61,5	64,3	67,1	69,8	72,5	74,3	74,8	73,4	59,4–63,4	62,1–68,3	66,0–74,7
173	62,4	65,1	67,8	70,5	73,2	75,0	75,5	74,2	60,1–64,2	62,8–69,1	66,9–75,5
174	63,3	65,8	68,5	71,2	73,9	75,8	76,2	75,1	60,8–64,9	63,5–69,9	67,6–76,2
175	64,2	66,5	69,2	71,9	74,7	76,5	76,9	76,0	61,5–65,6	64,2–70,6	68,3–76,9
176	64,9	67,2	69,9	72,6	75,5	77,3	77,8	76,9	62,2–66,4	64,9–71,3	69,0–77,6
177	65,7	67,9	70,6	73,4	76,4	78,2	78,7	77,8	62,9–67,3	65,7–72,0	69,7–78,4
178	66,4	68,6	71,4	74,1	77,3	79,1	79,6	78,7	63,6–68,2	66,4–72,8	70,4–79,1
179	67,1	69,3	72,1	74,8	78,0	79,8	80,5	79,5	64,4–68,9	67,1–73,6	71,2–80,0
180	67,8	70,1	72,8	75,5	78,7	80,5	81,3	80,4	65,1–69,6	67,8–74,5	71,9–80,9
181	68,5	70,9	73,6	76,3	79,5	81,3	82,2	81,3	65,8–70,3	68,5–75,4	72,7–81,8
182	69,2	71,8	74,5	77,2	80,4	82,2	83,1	82,2	66,5–71,0	69,2–76,3	73,6–82,7
183	70,0	72,7	75,4	78,1	81,3	83,1	84,0	83,1	67,2–71,8	69,9–77,2	74,5–83,6
184	70,9	73,4	76,1	79,0	82,0	83,8	84,7	84,0	67,9–72,5	70,7–78,1	75,2–84,5
185	71,7	74,1	76,8	79,9	82,7	84,5	85,4	84,9	68,6–73,2	71,4–79,0	75,9–85,4
186	72,6	74,8	77,5	80,8	83,5	85,3	86,2	85,8	69,4–74,0	72,1–79,9	76,7–86,2
187	73,5	75,5	78,2	81,7	84,4	86,2	87,1	86,7	70,1–74,9	72,8–80,8	77,6–87,1
188	74,4	76,2	79,0	82,6	85,3	87,1	88,0	87,6	70,8–75,8	73,5–81,7	78,5–88,0
189	75,3	76,9	79,7	83,3	86,2	88,0	88,9	88,5	71,5–76,5	74,4–82,6	79,4–88,9
190	76,2	77,7	80,4	84,0	87,1	88,9	89,8	89,4	72,2–77,2	75,3–83,5	80,3–89,8
191	77,1	78,4	81,0	84,7	88,1	89,9	90,8	90,3	72,9–77,9	76,2–84,4	81,1–90,7
192	78,0	79,1	81,5	85,4	89,2	91,0	91,9	91,4	73,6–78,6	77,1–85,3	81,8–91,6
193	–	79,8	82,1	86,2	90,2	92,0	92,9	92,5	74,4–79,3	78,0–86,1	82,5–92,5
194	–	80,5	82,6	86,9	91,3	93,1	94,0	93,6	75,1–80,1	78,9–87,0	83,2–93,4
195	–	81,2	83,2	87,6	92,4	94,2	95,1	94,6	75,8–80,8	79,8–87,9	84,0–94,3

Quelle: Wissenschaftliche Tabellen (Documenta Geigy). Basel [7]1968, S. 701

Frauen

148	44,4	45,3	46,6	48,9	52,4	55,6	56,9	57,8	42,0–44,8	43,8–48,9	47,4–54,3
149	44,9	45,8	47,2	49,4	52,8	55,9	57,3	58,2	42,3–45,4	44,1–49,4	47,8–54,9
150	45,4	46,3	47,7	50,0	53,1	56,3	57,7	58,6	42,7–45,9	44,5–50,0	48,2–55,4
151	46,0	46,9	48,2	50,5	53,7	56,9	58,2	58,9	43,0–46,4	45,1–50,5	48,7–55,9
152	46,5	47,4	48,8	51,0	54,2	57,4	58,8	59,3	43,4–47,0	45,6–51,0	49,2–56,5
153	47,1	48,1	49,4	51,6	54,8	57,9	59,3	59,8	43,9–47,5	46,1–51,6	49,8–57,0
154	47,9	48,8	50,1	52,1	55,3	58,5	59,8	60,3	44,4–48,0	46,7–52,1	50,3–57,6
155	48,6	49,5	50,8	52,6	55,8	59,0	60,4	60,8	44,9–48,6	47,2–52,6	50,8–58,1
156	49,3	50,2	51,3	53,2	56,3	59,5	60,9	61,3	45,4–49,1	47,7–53,2	51,3–58,6
157	50,0	50,9	51,9	53,7	56,9	60,0	61,4	61,9	46,0–49,6	48,2–53,7	51,9–59,1
158	50,6	51,5	52,4	54,3	57,4	60,6	62,1	62,5	46,5–50,2	48,8–54,3	52,4–59,7
159	51,1	52,1	53,0	54,8	58,0	61,1	62,8	63,2	47,1–50,7	49,3–54,8	53,0–60,2
160	51,7	52,6	53,5	55,3	58,5	61,7	63,5	63,9	47,6–51,2	49,9–55,3	53,5–60,8
161	52,2	53,3	54,0	55,9	59,0	62,4	64,2	64,7	48,2–51,8	50,4–56,0	54,0–61,5
162	52,8	54,0	54,6	56,5	59,6	63,1	64,9	65,4	48,7–52,3	51,0–56,8	54,6–62,2
163	53,4	54,8	55,2	57,0	60,1	63,8	65,7	66,1	49,2–52,9	51,5–57,5	55,2–62,9
164	54,1	55,5	55,9	57,7	60,7	64,3	66,4	66,8	49,8–53,4	52,0–58,2	55,9–63,7
165	54,8	56,2	56,6	58,5	61,2	64,8	67,1	67,5	50,3–53,9	52,6–58,9	56,7–64,4
166	55,5	56,7	57,3	59,2	61,9	65,5	67,8	68,2	50,8–54,6	53,3–59,8	57,3–65,1
167	56,2	57,3	58,1	59,9	62,6	66,2	68,5	68,9	51,4–55,3	54,0–60,7	58,1–65,8
168	56,9	57,8	58,7	60,5	63,2	66,9	69,2	69,7	52,0–56,0	54,7–61,5	58,8–66,5
169	57,4	58,3	59,2	61,1	63,8	67,6	69,9	70,4	52,7–56,8	55,4–62,2	59,5–67,2
170	58,0	58,9	59,8	61,6	64,3	68,4	70,6	71,1	53,4–57,5	56,1–62,9	60,2–67,9
171	58,6	59,6	60,5	62,3	65,0	69,1	71,3	71,8	54,1–58,2	56,8–63,6	60,9–68,6
172	59,4	60,3	61,2	63,0	65,7	69,8	72,1	72,5	54,8–58,9	57,5–64,3	61,6–69,3
173	60,1	61,0	61,9	63,7	66,4	70,5	72,8	73,2	55,5–59,6	58,3–65,1	62,3–70,1
174	60,8	61,7	62,6	64,4	67,1	71,2	73,5	73,9	56,3–60,3	59,0–65,8	63,1–70,8
175	61,5	62,4	63,3	65,1	67,9	71,9	74,2	74,7	57,0–61,0	59,7–66,5	63,8–71,5
176	62,2	63,1	64,0	65,8	68,6	72,8	75,1	75,4	57,7–61,9	60,4–67,2	64,5–72,3
177	62,9	63,8	64,7	66,6	69,3	73,7	75,9	76,1	58,4–62,8	61,1–67,8	65,2–73,2
178	63,6	64,6	65,5	67,3	70,0	74,6	76,8	76,8	59,1–63,6	61,8–68,6	65,9–74,1
179	–	65,5	66,4	68,2	70,9	75,5	77,7	–	59,8–64,4	62,5–69,3	66,6–75,0
180	–	66,4	67,3	69,1	71,8	76,4	78,6	–	60,5–65,1	63,3–70,1	67,3–75,9
181	–	67,3	68,2	70,0	72,7	77,2	79,6	–	61,3–65,8	64,0–70,8	68,1–76,8
182	–	68,2	69,1	70,9	73,6	78,1	80,7	–	62,0–66,5	64,7–71,5	68,8–77,7
183	–	69,1	70,0	71,8	74,5	79,0	81,8	–	62,7–67,2	65,4–72,2	69,5–78,6
184	–	70,0	70,9	72,7	75,4	79,9	82,9	–	63,4–67,9	66,1–72,9	70,2–79,5
185	–	70,9	71,8	73,6	76,3	80,8	83,9	–	64,1–68,6	66,8–73,6	70,9–80,4

[1] Nach *Build and Blood Pressure Study*, Band 1, Society of Actuaries, Chicago, 1959, S. 16. Auf metrische Maße umgerechnet. [2] Nach *Statist. Bull. Metrop. Life Insur. Co.*, **40**, Nov.–Dez. (1959). Auf metrische Maße umgerechnet. – Idealgewicht: Gewicht mit der höchsten Lebenserwartung.

Schlankheitspillen – sicher und effektiv?

Früher haben die Ärzte sehr viel häufiger »Schlankheitspillen« verschrieben als heutzutage. Als sich herausstellte, daß die (zumindest kurzfristig) wirksamsten Mittel, die Amphetamine, einerseits abhängig machen und andererseits unter Umständen sogar gefährlich sein können, wurden derlei Medikamente als »Schlankmacher« gesetzlich verboten. An ihre Stelle trat eine Fülle von rezeptfreien Medikamenten, die man in beliebigen Mengen erhält und die als hochwirksame Appetithemmer angepriesen werden. Sie lassen sich in drei Gruppen unterteilen: Tabletten, die Phenylpropanolamin (PPA) enthalten; Pastillen, die Benzocain, ein leichtes Anästhetikum, enthalten; und – als neuester Appetithemmer – ein Nahrungsmittel: eine Faser, die aus der Konjawurzel (einer Art Schierlingsgewächs) gewonnen wird, die man in Japan anbaut.

PPA ist vom Chemischen her mit den Amphetaminen verwandt; es ist in vielen Medikamenten gegen Erkältungen und in Dekongestionsmittel (gegen Blutstauungen) enthalten. Sie wurden ursprünglich zur Behandlung einer laufenden und/oder verstopften Nase eingesetzt; dabei stellte sich heraus, daß diese Medikamente auch zu Appetitlosigkeit führen. Zwar bin ich der Ansicht, daß es kurzfristig (d. h. für vier bis sechs Wochen) tatsächlich eine, wenn auch geringe, Wirkung hat, aber wenn man es gegen Übergewicht einnimmt, entspricht dies in etwa dem Versuch, eine große Operationswunde mit einem Heftpflaster zu verschließen. Derlei Medikamente bringen im Endeffekt gar nichts, sondern lenken nur von dem eigentlichen Problem ab. Was aber noch schwerer ins Gewicht fällt: Millionen von Menschen, die diese Medikamente aufgrund der oben erwähnten Kontraindikationen nicht nehmen sollten, wissen nichts von ihrer jeweiligen Grundkrankheit.

Die Anaesthesin-Dragees üben angeblich eine leicht betäubende Wirkung auf den Mund und die Zunge aus, so daß man keinen besonders großen Appetit mehr hat. Meiner Ansicht nach sind diese Pastillen nicht weiter schädlich, aber sie zeitigen auch – zumindest meiner Erfahrung nach – nicht die gewünschte Wirkung. In der Bundesrepublik werden diese Dragees nur gegen Halsschmerzen verordnet.

Die aus der Konjawurzel gewonnenen Faserkapseln schließlich

schluckt man bei Hungergefühlen. Sie lösen sich im Magen auf, absorbieren Wasser und bilden eine breiförmige Substanz. Dadurch bläht sich der Magen auf und »täuscht« Ihren Körper, indem er ihm das Gefühl vermittelt, bereits gegessen zu haben. Auf diese Weise werden Hungersymptome unterdrückt. Obwohl es so aussieht, als sei dieses Mittel ungefährlich, habe ich doch den Verdacht, daß die Fermentierung durch die Magendarmbakterien, wenn diese Ballaststoffe durch den Darm und aus dem Körper befördert werden, Blähungen und möglicherweise sogar Krämpfe hervorruft. Darüber hinaus könnte eine regelmäßige Einnahme dieser Substanz – auf Kosten einer normalen, ausgewogenen Ernährung – dazu führen, daß man zuwenig Zink, Eisen und andere Spurenelemente zu sich nimmt.

Gibt es eine spezielle Diät, die es einem leichter macht, auf Dauer abzunehmen? Hunderttausende Menschen sind überzeugt davon, daß eine ausgewogene, kalorienarme Ernährung, wie sie die meisten Ärzte verschreiben, nichts nützt. Zudem bezweifeln sie, daß Ärzte tatsächlich über Diät, Vitamine und Ernährung Bescheid wissen. Andererseits sind sie durchaus willens, die Ratschläge unzähliger »Kapazitäten« zu befolgen, die dutzendweise Bücher über eine richtige Ernährung und Abmagerungskuren schreiben. Meist haben sie dabei für die Dauer von ein paar Tagen oder Wochen Gewicht verloren – aber schon kurz danach wogen sie wieder genausoviel wie zuvor.

Einige meiner Patienten haben es mit diversen »Schlankheitsfarmen« versucht. Sie schafften es tatsächlich, mit einer Kombination aus Sport und Hungern zwischen zehn und fünfzehn Pfund abzunehmen. Abgesehen von denjenigen, die auch ihr Verhalten änderten, hatte jeder einzelne von ihnen innerhalb von drei Monaten wieder das gleiche Gewicht wie vorher.

Und wie ist es mit Ärzten, die auf Abmagerungskuren spezialisiert sind? Einige können Ihnen helfen, vor allem indem sie Sie erziehen, Sie motivieren und Ihnen beibringen, wie man sich richtig ernährt. Unglücklicherweise leiten viele dieser Ärzte jedoch »Fabriken« und nicht Kliniken. Einige von ihnen arbeiten mit fragwürdigen oder sogar betrügerischen Methoden. Wenn Sie sich also von einem solchen »Abmagerungsarzt« behandeln lassen wollen, dann suchen Sie ihn zusammen mit Ihrem Arzt aus. Es tut mir leid, sagen zu müsssen, daß es eine Menge Quacksalber gibt, die man jedoch juristisch nicht belangen kann.

Laut einigen Forschern auf diesem Gebiet hängt die Neigung des einzelnen zu Fettleibigkeit und dazu, wie leicht beziehungsweise schwer es einem fällt, abzunehmen, von der Anzahl der Fettzellen im Körper ab. Jedem, der zuviel davon hat, wird es schwerfallen abzunehmen. Und wenn es ihm oder ihr dennoch gelingt, ist es – unabhängig davon, wie lange das Abnehmen gedauert hat – sehr schwierig, dieses Gewicht beizubehalten, da diese Zellen über eine schier unbegrenzte Fähigkeit verfügen, erneut Fett anzusammeln. Wenn man diese Fettzellen einmal hat, wird man sie nie wieder los. Sie sind jedoch das Ergebnis davon, daß man zuviel ißt. Die Anfälligkeit beginnt bereits in der Kindheit und setzt sich das ganze Leben hindurch fort. Wir können eine spätere Fettleibigkeit bei unseren Kindern verhindern, indem wir sie nicht überfüttern. Je mehr wir in sie hineinstopfen, um so größer wird die Anzahl der Fettzellen und um so schwieriger wird es für sie in Zukunft sein, wieder abzunehmen.

Die Anzahl der Fettzellen wird jedoch nicht nur im Säuglings- und Kindheitsalter bestimmt. Es handelt sich anscheinend um einen permanenten Prozeß, der die Art der Ernährung auch im Erwachsenenalter widerspiegelt. Wenn Sie sich nie um die Kalorienmenge Ihrer Nahrung gekümmert haben und folglich immer dicker geworden sind, können Sie zumindest verhindern, daß es noch schlimmer wird, indem Sie Ihre Eßgewohnheiten auf der Stelle ändern, damit sich nicht noch mehr Fettzellen ansammeln, als Sie ohnehin schon haben.

Aufregende Neuigkeiten über Fisch

Erstmals wurde die Aufmerksamkeit auf mögliche günstige Wirkungen ölhaltiger Salzwasserfische (Lachs, Sardinen, Schellfisch und Makrelen) gelenkt, als bekannt wurde, daß bei Bevölkerungsgruppen, deren Nahrung hohe Anteile an solchen Fischen enthielt, erstaunlich selten koronare Herzkrankheiten auftraten. Beispielsweise beträgt die Sterblichkeitsrate aufgrund koronarer Herzkrankheit bei Grönlandeskimos nur 3,5 Prozent gegenüber

50 Prozent bei den benachbarten Dänen. Untersucht man die Ernährungsgewohnheiten dieser beiden Bevölkerungsgruppen, so stellt man fest, daß die Dänen (wie wir auch) täglich weniger als 1 Gramm der mehrfach ungesättigten Fettsäuren zu sich nehmen, die in ölreichen Salzwasserfischen enthalten sind; die Eskimos hingegen nehmen täglich zwischen 5 und 8 Gramm zu sich. Die Blutfettverteilung ist bei den Eskimos ebenfalls weit günstiger: ihr Cholesterin- und Triglyzeridspiegel ist niedriger, und ihre HDL-Werte liegen höher; die Gerinnungsneigung ihres Blutes ist geringer, und darüber hinaus ist sogar ihr Blutdruck etwas niedriger. All das ist den mehrfach ungesättigten Fetten zuzuschreiben, die die Eskimos zu sich nehmen – wir hingegen nicht.

Entsprechend der jeweiligen Molekularstruktur unterscheidet man mehrere Gruppen mehrfach ungesättigter Fette. Die meisten der in unserer Nahrung enthaltenen gehören zur Omega-6-Gruppe und stammen hauptsächlich aus pflanzlichen Ölen. Im Gegensatz dazu sind die mehrfach ungesättigten Fettsäuren bei Fischen der Omega-3-Gruppe zuzuordnen; sie haben eine andere Struktur und andere biochemische Eigenschaften. Es gibt zwei Formen: EPA (Eikosapentaenoinsäure) und – zu einem geringeren Teil – DHA (Dokosahexaenoinsäure).

Auf der Grundlage dieser Erkenntnisse stellte sich den Wissenschaftlern die Frage, welche Auswirkungen eine an Omega-3-Fettsäuren reiche Ernährung auf Bewohner der westlichen Welt haben würde. Sie kamen zu dem Ergebnis, daß Zusätze von EPA und DHA zu niedrigeren Cholesterin- und Triglyzeridwerten und zu einer Erhöhung des HDL-Spiegels führen. Das ist aber noch nicht alles: Durch die Einwirkung der Omega-3-Fette auf die Blutplättchen wurde auch das Blut von Bewohnern der westlichen Welt – so wie es bei den Eskimos der Fall war – »dünnflüssiger«. Einige Wissenschaftler halten den »Hemmeffekt gegen Thrombozytenansammlung« für den wichtigsten Wirkungsmechanismus der Omega-3-Fettsäuren. Eine normale Blutgerinnung ist ein sehr wichtiger Schutz vor dem Verbluten infolge einer Verletzung. Eine solchermaßen erhöhte Gerinnungsneigung ist jedoch von Nachteil, wenn dadurch Blutgefäße verstopft werden. EPA und DHA haben im Grunde die gleiche Wirkung auf die Blutplättchen wie Aspirin. Sie verzögern die Bildung von Blutgerinnseln und tragen so zu einer Vorbeugung von Herzinfarkt und Schlaganfall bei gefährdeten Patienten bei. Eine weitere positive Wirkung der Omega-3-Fettsäuren ist die Senkung des Blutdrucks.

Die jüngsten Ergebnisse über Fisch als Bestandteil der Ernährung wurden Mitte 1985 veröffentlicht. Eine auf zwanzig Jahre angelegte Untersuchung, mit der man 1960 begonnen hatte und die 850 holländische Männer mittleren Alters erfaßte, führte zu dem Ergebnis, daß bei denjenigen, die täglich mindestens 30 Gramm Fisch aßen (dies entspricht etwa einem halben Pfund wöchentlich), die Sterberate infolge koronarer Herzkrankheit um über 50 Prozent niedriger lag als bei denen, die dies nicht taten.

Soll man also diese Omega-3-Fettsäuren in den Ernährungsplan aufnehmen oder nicht? Ich stelle dies denjenigen meiner Patienten frei, die sich einer guten Gesundheit erfreuen, deren Cholesterinspiegel unter 200 und deren HDL-Wert über 50 liegt und die keine Probleme mit dem Blutdruck haben. All denen, bei denen bereits eine Herzkrankheit – sei es nun Angina pectoris oder ein Herzinfarkt – aufgetreten ist oder bei denen Risikofaktoren vorliegen, rate ich sogar zu.

Es besteht jedoch der Verdacht, daß ein Zuviel an Fett – sei es einfach ungesättigt, mehrfach ungesättigt, gesättigt, Omega-3- oder Omega-6-Gruppe, tierischen oder pflanzlichen Ursprungs beziehungsweise aus Fisch –, wenn es nur lange genug zugeführt wird, zu einer Erhöhung des Krebsrisikos (insbesondere der Brust und des Darms) führen kann. Darüber hinaus kommt es bei Eskimos und Japanern (die ebenfalls viel Fisch essen und ähnlich günstige Statistiken aufweisen, was Herzerkrankungen betrifft) trotz des selteneren Auftretens der koronaren Herzkrankheit sehr oft zu gefäßbedingten Hirnerkrankungen. Die Häufigkeit blutungsbedingter Schlaganfälle ist in beiden Gruppen größer als bei uns.

Es gibt noch eine Reihe weiterer Zusatzsubstanzen und Mineralien, denen man eine positive Wirkung bei der Vorbeugung von Herzerkrankungen zuschreibt.

Beispielsweise war das Spurenelement Magnesium in den letzten Jahren Gegenstand intensiver Untersuchungen. So hat man die Entwicklung der koronaren Herzkrankheit unter anderem einem Mangel an Magnesium zugeschrieben. Seit langem ist bekannt, daß bei Menschen, die in Gebieten mit »hartem« Wasser leben, koronare Herzkrankheiten seltener auftreten als bei denen in Gegenden mit »weichem« Wasser. Dies ist möglicherweise auf den höheren Magnesiumgehalt harten Wassers zurückzuführen. Magnesium spielt immerhin bei dreihundert enzymatischen Prozessen, die im menschlichen Körper ablaufen, eine große Rolle. Niedrige Werte können zu einem hohen Blutdruck beitragen, und es hat sich gezeigt, daß durch einen Zusatz zur Nahrung bei Hypertonikern eine Besserung ermittelt wurde.

Wie soll man sich nun angesichts dieser Erkenntnisse verhalten? Wenn Sie vermuten, daß Ihr Magnesiumspiegel zu niedrig ist (weil Ihr Trinkwasser weich ist oder Sie harntreibende Mittel einnehmen und daher mit dem Urin Magnesium verlieren oder weil Sie Aminoglykosidantibiotika nehmen), dann lassen Sie die Konzentration in Ihrem Blut bestimmen. Ist sie niedrig, sollten Sie zusätzlich Magnesium zu sich nehmen; es ist in Tablettenform erhältlich. Denken Sie auch daran, daß bestimmte Nahrungsbestandteile wie beispielsweise Fett, Zucker, Natrium, Phosphate und Vitamin D Ihren Magnesiumbedarf erhöhen. Regelmäßiger und exzessiver Alkoholgenuß kann ebenfalls zu einem Magnesiumverlust über den Urin führen. Sollten Sie also zu einer dieser Gruppen gehören, sind zusätzliche Dosen an Magnesium sicherlich keine schlechte Idee.

Ich erinnere mich, daß meine Mutter mir, als ich noch klein war, erzählte, wie gesund es sei, viel Knoblauch und Zwiebeln zu essen. Diese beiden Gemüsesorten gelten in der volkstümlichen Überlieferung zahlreicher unterschiedlicher Kulturkreise als der Inbegriff von Gesundheit und langem Leben. Lange Zeit gab es keinerlei wissenschaftliche Bestätigung für die Richtigkeit dieser Annahme. Kürzlich hat man jedoch entdeckt, daß Zwiebeln Bestandteile enthalten, die den Blutdruck senken und die Gerinnungsneigung des Bluts in den Arterien verringern. Auch Knoblauch vermindert nachweislich die Thrombosierungsneigung, indem es auf die Blutplättchen einwirkt. Darüber hinaus bewirkt der Verzehr von Knoblauch eine Anhebung des HDL-Wertes – und zwar ohne daß Sie dabei Gefahr laufen, von Ihren Mitmenschen gemieden zu werden: man kann Knoblauchpillen kaufen, die Ihren Atem nicht beeinträchtigen und die zu keiner Geruchsbelästigung Ihrer näheren Umgebung führen.

Vor einigen Jahren hat man herausgefunden, daß bei Abstinenzlern die koronare Herzkrankheit häufiger auftritt als bei Personen mit mäßigem Alkoholkonsum. Sollte allerdings Ihr Triglyzeridspiegel (unabhängig vom Cholesterinwert) sehr hoch sein, sollten Sie Alkohol in jedem Fall meiden, da er einen weiteren Anstieg der Triglyzeride verursacht. Ich habe allerdings eher gemischte Gefühle bei der Empfehlung von Alkohol als Herztherapeutikum. Bei vielen Patienten führen selbst kleine Mengen zu einer Verschlechterung der Herzfunktion und zu einer Erhöhung des Blutdrucks. Andere reagieren mit Rhythmusstörungen. Und bei einigen kann es sogar das Ende bedeuten.

Sollten Sie zu der Gruppe von Frauen gehören, die die Wechseljahre bereits hinter sich haben, dann sind Sie sich vielleicht nicht sicher, ob in Ihrem Fall Östrogene vor der koronaren Herzkrankheit schützen oder aber Ihre Anfälligkeit erhöhen. Einem vor kurzen veröffentlichten Bericht zufolge trat bei Frauen, die nach dem Klimakterium Östrogene eingenommen hatten, die koronare Herzkrankheit seltener auf als bei jenen, die dies nicht getan hatten, vor allem wenn zuvor die Eierstöcke operativ entfernt worden waren. Eine noch aktuellere Untersuchung berichtet allerdings von einer 50prozentigen Zunahme der Gefäßerkrankungen bei einer vergleichbaren Gruppe von Frauen. Wie lassen sich diese widersprüchlichen Ergebnisse in Einklang bringen? Bei sehr sorgfältiger Auswertung der Ergebnisse stellte sich heraus, daß die Östrogenbehandlung der Frauen, bei denen sie eine schützende Wirkung gezeitigt hatte, im Alter von vierzig Jahren begonnen worden war. Bei der Gruppe von Frauen jedoch, bei denen das Risiko einer Herzerkrankung sich erhöht hatte, wurde mit der Hormonbehandlung erst im Alter von fünfzig Jahren angefangen. Es liegt also der Schluß nahe, daß bei jüngeren Frauen, deren Menopause das Ergebnis einer operativen Entfernung der Eierstöcke ist, eine zusätzliche Einnahme von Östrogen von Vorteil ist, bei Frauen, deren Menopause »natürlich« bedingt ist, hingegen offenbar nicht.

Wie kann man einen zweiten Herzinfarkt vermeiden?

Wenden wir uns nun der »Sekundärprävention« zu. Gerade hier ist Vorbeugen wichtiger denn je. Das bedeutet, sein Leben entsprechend einzurichten und all jene Risikofaktoren in den Griff zu bekommen, über die wir uns bereits unterhalten haben, also Zigarettenrauchen, hoher Blutdruck, Cholesterin und Übergewicht.

Aber gibt es darüber hinaus nichts, das man dafür tun kann, Medikamente, die man einnehmen kann, um dadurch seine Chancen zu verbessern, bei gutem Befinden ein hohes Alter zu erreichen? Sicher. Jedes Medikament, das die Gerinnungsneigung Ihres Blutes durch Hemmung der Thrombozytenansammlung vermindert, wird vermutlich dazu beitragen, dem neuerlichen Auftreten eines Herzinfarkts vorzubeugen. Zu diesen Blutplättchenhemmstoffen gehören (1) Aspirin, (2) Dipyridamol (Persantin), (3) Anturano und – mit geringerer Wirkung – (4) Betablocker, (5) Kalziumantagonisten, (6) Vitamin B 6 (allerdings nicht in sehr hoher Dosierung), (7) Zwiebeln, (8) Knoblauch und (9) die Omega-3 mehrfach ungesättigten Fischöle.

Vergewissern Sie sich, daß es bei Ihnen keine Gegenanzeigen gibt, ehe Sie sich einer Langzeitbehandlung mit Aspirin unterziehen. Dazu zählen beispielsweise Bronchialasthma, blutende Magen- beziehungsweise Zwölffingerdarmgeschwüre oder eine Schwangerschaft; in diesen Fällen sollte man kein Aspirin nehmen. Selbst wenn Ihr Arzt Ihnen grünes Licht gegeben hat – nehmen Sie nicht zuviel. Je niedriger die Dosierung, desto besser sind die Ergebnisse, was den Zustand der Gefäße betrifft. Bei früheren Untersuchungen über die Wirksamkeit von Aspirin zur Vorbeugung der koronaren Herzkrankheit, bei denen keine positive Wirkung nachgewiesen werden konnte, war die Dosis zu hoch. Aspirin übt also zwei einander entgegengesetzte Wirkungen auf die Blutgerinnung aus: eine hemmende und eine fördernde. Je mehr Aspirin Sie einnehmen, umso stärker ist der gegenteilige Effekt.

Persantin (Dipyridamol) beeinflußt ebenfalls die Fähigkeit der Blutplättchen, Blutgerinnsel zu bilden, allerdings auf andere Weise. Die Verträglichkeit ist sehr gut, und obwohl einige Ärzte der Ansicht sind, Aspirin allein genüge, verordnen doch die meisten beide Wirkstoffe gleichzeitig.

Auch bei Anturano, das zur Vorbeugung von Gicht eingesetzt wird, konnte nachgewiesen werden, daß es die Sterberate bei Patienten senkte, die es auch nach einem Herzinfarkt weiterhin einnahmen. Seine Wirkungsweise ist bislang ungeklärt, vermutlich spielt ein Hemmeffekt gegen eine Ansammlung von Blutplättchen eine Rolle dabei.

Der Wert von Betablockern *nach* einem Herzinfarkt ist allgemein anerkannt. Es sind mehrere Substanzen erhältlich, und jede hat spezielle Eigenschaften. Bestimmte Haupteigenschaften sind ihnen jedoch gemeinsam. Beispielsweise lindern sie die Beschwerden bei Angina pectoris, senken erhöhten Blutdruck, verringern die Herzfrequenz, dienen der Vorbeugung von Migräneanfällen, unterdrücken Extrasystolen (»Herzstolpern«), beseitigen weitgehend die Symptome einer Schilddrüsenüberfunktion und vermindern den Augeninnendruck beim Glaukom (grüner Star). Zudem gibt es Hinweise darauf, daß das Risiko, im Laufe der nächsten zwei Jahre zu sterben, nahezu halbiert wird, wenn innerhalb von drei Wochen nach einem Herzinfarkt mit der Einnahme eines dieser Betablocker begonnen wird. Betablocker bringen jedoch auch Probleme mit sich. Sie wirken ausgezeichnet, solange der Herzmuskel leistungsfähig ist. Wenn es aber zu Herzschwäche und Herzversagen kommt, können sie diese verschlimmern. Zudem können sie Bronchialasthma hervorrufen oder ein vorhandenes verstärken, die Anzeichen einer Insulinreaktion bei Diabetikern verschleiern, die Pulsfrequenz extrem herabsetzen und Impotenz, Müdigkeit und kalte Gliedmaßen verursachen.

Die *aortokoronare Bypass-Operation* ist heutzutage ein sehr häufig durchgeführter operativer Eingriff. Sie wird im allgemeinen zur Beseitigung einer Angina pectoris eingesetzt. Der verstopfte Abschnitt einer oder mehrerer Herzkranzarterien wird überbrückt, indem ein Teil einer Beinvene (oder einer Arterie, die aus der inneren Brustwand entnommen wird) an einer Stelle oberhalb und unterhalb des Verschlusses eingesetzt wird. Wirkt eine solche Operation auch vorbeugend, d. h. wird dadurch ein Herzinfarkt verhindert oder das Sterberisiko verringert? Dies ist tatsächlich der Fall, allerdings nur unter bestimmten Voraussetzungen. Um diese verstehen zu können, müssen Sie etwas über den Koronarkreislauf wissen. Das Herz wird über drei Arterien mit Blut versorgt. Eine davon, die rechte Kranzarterie, ist ein einzelnes Gefäß. Die anderen beiden (die LAD = Ramus interventricularis und die Circumflexa = Ramus circumflexus) entspringen einem gemeinsamen Stamm, der als linker Hauptstamm bezeichnet wird. Eine starke Verengung dieser Arterie ist – unabhängig vom Schweregrad der begleitenden Symptome – lebensbedrohlich; in diesem Fall kann eine Bypass-Operation lebensrettend sein. Die zuverlässige Diagnose einer Verengung des linken Hauptstammes ist nur mit Hilfe einer Koronarangiographie möglich. (Dabei wird ein Kontrastmittel in den Koronarkreislauf eingespritzt, um die Kranzarterien sichtbar zu machen.)

Es gibt zahlreiche mögliche Kombinationen von Erkrankungen der Herzkranzgefäße: so können ein, zwei oder drei Gefäße verengt sein. Die Verengung kann proximal, d. h. abgangsnah beziehungsweise weit oben lokalisiert sein; in einem solchen Fall ist der größte Teil des Gefäßes und der ganze Herzmuskelanteil, der von ihm versorgt wird, von der Blutversorgung abgeschnitten. Oder aber sie liegt weiter unten (distaler Erkrankungstypus) oder im Bereich der Verzweigung eines der Äste. Als Faustregel gilt: Je größer das betroffene Gefäß ist, je weiter proximal (oder abgangsnah) sich die krankhaften Veränderungen befinden, desto deutlicher wirken sie sich aus und desto schwerer sind die Symptome.

Unsere Einstellung gegenüber der Bypass-Operation, ihrem Wert und wann sie vorgenommen werden soll, hat sich im Laufe der Jahre gewandelt. Kurz nach der Einführung dieses Verfahrens waren die Kardiologen sehr zurückhaltend mit einer Empfehlung. Es wurden nur diejenigen Patienten ausgewählt, deren Brustschmerzen man mit antipektanginösen Medikamenten nicht lindern konnte. Aber mit wachsendem handwerklichen Geschick und zunehmender Erfahrung der Operateure schlug das Pendel in die andere Richtung aus. Immer mehr Patienten, bei denen die Koronarangiographie auf Verengungen zweier oder dreier Kranzarterien schließen ließ, wurden – ungeachtet der Symptome – einer Bypass-Operation unterzogen. Gegenwärtig haben wir unseren Standpunkt erneut modifiziert, so daß derzeit die meisten Kardiologen eine Operation nur bei Patienten mit einer Verengung des linken Hauptstamms oder Verengungen von zwei und mehr Kranzarterien empfehlen, *deren Symptome trotz optimaler medikamentöser Behandlung anhalten*.

Im Lauf der letzten fünfzehn Jahre setzten sich mehrere Studien mit der Wirksamkeit der Bypass-Chirurgie auseinander. Sie haben zu zwiespältigen Ergebnissen geführt. Ich persönlich empfehle eine Bypass-Operation nicht zur Verbesserung der Lebenserwartung (außer im Fall einer Verengung des linken Hauptstammes), sondern um die Symptome unter Kontrolle zu bekommen und die Lebensqualität zu verbessern.

Oftmals ist es schwer, die Belastung durch einen operativen Eingriff wie die Bypass-Operation bei einem Gesundheitszustand abzuschätzen, dessen weitere Entwicklung ebensowenig vorherzusagen ist wie der Verlauf der koronaren Herzkrankheit selbst. Man muß also sehr vorsichtig damit sein, ausgehend von einem Einzelfall oder auch von einigen wenigen Fällen über die Wirksamkeit bestimmter Maßnahmen Vermutungen anzustellen. Tatsache ist, daß die Mehrzahl der Patienten mit leichter bis mittelschwerer Angina pectoris einen günstigen Krankheitsverlauf zeigt, unabhängig davon, ob man sich für die medikamentöse oder die chirurgische Therapie entscheidet.

Selbst Patienten, bei denen die Angiographie einen katastrophalen Befund mit anscheinend hochgradigen Verengungen in allen Abschnitten der Arterien ergibt, leben häufig noch viele Jahre mit nur geringfügigen Beschwerden. Dies ist vermutlich auf die Entwicklung eines Kollateralkreislaufs zurückzuführen; dabei handelt es sich um ein Netzwerk winziger Gefäße, das die Versorgung durch die größeren, krankhaft veränderten Gefäße teilweise ersetzt.

Meiner Ansicht nach wird in den kommenden Jahren die Koronar-Bypass-Operation zunehmend durch raffiniertere, weniger rigorose Verfahren verdrängt werden. Beispielsweise nimmt unsere Erfahrung in der Anwendung des Ballondilatationskatheters, mit dem wir jetzt die Kranzarterien erreichen und die blockierenden Plättchen zusammenpressen können, rasch zu; zudem werden gegenwärtig Laser-Verfahren zur Auflösung dieser Plättchen entwickelt. Wir sind heute in der Lage, Substanzen herzustellen, mit denen sich die frischen Blutgerinnsel auflösen lassen, die den akuten Herzinfarkt verursachen. Weitere Fortschritte auf diesem Gebiet werden mit Sicherheit zu einem Rückgang der Bypass-Operationen führen. Zum jetzigen Zeitpunkt allerdings ist diese Operation für die meisten Patienten, deren koronare Herzkrankheit auf medikamentöse Behandlung nicht anspricht, das Beste, was für sie zur Verfügung steht.

Der plötzliche Herztod – eine großartige Weise zu sterben?

Ein plötzlicher Herztod ist das schwerwiegendste Problem im öffentlichen Gesundheitswesen der westlichen Welt. Allein in Amerika sterben jedes Jahr mindestens 350000 Menschen ganz plötzlich, ohne jegliche Vorwarnung. Entscheidend ist, was in den ersten Minuten nach dem Auftreten der Symptome oder dem Eintritt des klinischen Todes geschieht. Erfolgt auf der Stelle eine adäquate Behandlung, so daß man es noch bis in die Klinik schafft, stehen die Aussichten zehn zu eins, daß man überlebt.

Lawrence S. war ein achtundvierzigjähriger Anwalt. Mit einundvierzig hatte er einen kleineren Herzinfarkt erlitten, von dem er sich wieder vollkommen erholt hatte. Im folgenden Jahr hatte er seine Lebensweise von Grund auf geändert. Er gab den Aufgabenbereich seiner Kanzlei auf, der es notwendig machte, vor Gericht Plädoyers zu halten – die Belastung war einfach zu groß für ihn. Er hörte mit dem Rauchen auf, betätigte sich regelmäßig körperlich und achtete sorgfältig darauf, was und wieviel er aß. Kurz gesagt, er gab sich wirklich Mühe, alles richtig zu machen. In all den Jahren war er ohne Beschwerden und nahm keinerlei Herzmedikamente, die bei ihm auch nicht erforderlich waren.

An einem Maitag wurde Lawrence von seiner Tochter mit dem ersten Enkelkind beglückt. Das war für ihn eine ungeheure Freude. An einem herrlichen Samstagnachmittag kaufte er einen Blumenstrauß und ging zum Krankenhaus, um Mutter und Kind einen Besuch abzustatten. Als er die Eingangshalle betrat, brach er unvermittelt zusammen. Lawrence war klinisch tot: kein fühlbarer Puls, keine erkennbaren Atembewegungen. Die Telefonistin alarmierte das Notteam, während zwei Ärzte bereits mit der Reanimation (HLW = Herzlungenwiederbelebung) begannen.

Kurze Zeit später trafen die übrigen Mitglieder des Teams ein. Der Patient wurde intubiert, d. h. ein kleiner Gummischlauch wurde in die obere Luftröhre geschoben und die Beatmung maschinell fortgesetzt. Das Elektrokardiogramm zeigte »Kammerflimmern« – einen Zustand, bei dem das Herz, anstatt sich richtig zusammenzuziehen, lediglich zuckt wie ein Beutel voller Würmer. Es ist daher nicht in der Lage, eine nennenswerte Menge Blut zu pumpen; der Effekt ist im Grunde der gleiche, als wenn es einfach aufhören würde zu schlagen. Auf der Brust von Lawrence wurden Elektroden angebracht. Mit einem tragbaren Defibrillator wurde dem flimmernden Herzmuskel ein Elektroschock versetzt. Keine Reaktion. Dann noch ein zweiter Stromstoß. Sekunden später war der Herzrhythmus wieder normal, kurz darauf konnte man den Blutdruck messen, und Lawrence »erwachte« im wahrsten Sinne des Wortes vom Tode. Er erholte sich wieder, ohne daß es zu Komplikationen kam, und konnte drei Wochen später das Krankenhaus verlassen. Das war vor zwanzig Jahren. Heute ist er achtundsechzig Jahre alt, hat in der Folgezeit niemals wieder Probleme mit dem Herzen gehabt, und das Enkelkind, das er damals besuchen wollte, ist inzwischen angehender Mediziner.

Andy war achtzehn – er besuchte die letzte Klasse der Highschool und war sehr athletisch gebaut. Er spielte mit Begeisterung Football und galt als *der* Mann seines Teams. Das war sein Glück, denn er benötigte ein Sportstipendium, um das College besuchen zu können. Andy war niemals ernstlich krank gewesen, brauchte nur selten einen Arzt und verfügte über schier unerschöpfliche Energie. Als er, der Form halber, vom Schularzt untersucht wurde, der ihm die Eignung für die Football-Mannschaft zu bescheinigen hatte, fragte ihn dieser, ob er jemals an rheumatischem Fieber, Wachstumsbeschwerden oder einer schweren Kinderkrankheit gelitten habe. Das war nicht der Fall. Hatte irgendwann einmal ein Arzt oder seine Mutter ihn darauf aufmerksam gemacht, daß bei ihm ein Herzgeräusch zu hören sei? Nein, warum auch? Andy wunderte sich, warum ihm all diese Fragen gestellt wurden. Der Arzt sagte, daß bei Andy ein »funktionelles« Herzgeräusch vorliege. Er erklärte ihm, daß Herzgeräusche in »funktionelle« und »organische« eingeteilt werden. Die »funktionellen« sind harmlos und keine Folge einer Erkrankung. Sie entstehen durch Verwirbelungen des Bluts innerhalb des Herzens oder über einer bestimmten Klappe. Bei Kindern sind sie häufig zu hören, doch in der Regel »wachsen sie sich aus«. Ein »organisches« Herzgeräusch hingegen läßt auf krankhafte Veränderungen innerhalb des Herzens schließen – eine Klappe, die nicht richtig funktioniert, oder – bei Kindern – eine angeborene Mißbildung, beispielsweise ein Defekt der Herzscheidewand. »Kann ich denn trotz dieses funktionellen Geräuschs in die Mannschaft aufgenommen werden?« fragte Andy; die Medizin interessierte ihn nicht weiter, aber er spielte leidenschaftlich gern Football.

»Natürlich. Ich dachte nur, es sei besser, dieses Herzgeräusch zu erwähnen, für den Fall, daß in der Zukunft ein anderer Arzt dir davon erzählt und dich damit unnötigerweise beunruhigt.«

Abends erzählte Andy seinen Eltern und seinem jüngeren Bruder von seinem funktionellen Herzgeräusch. »Weißt du«, meinte seine Mutter, »wenn ich jetzt so darüber nachdenke, glaube ich mich daran zu erinnern, daß dein Kinderarzt bei deiner Geburt ein Herzgeräusch erwähnte. Er meinte, es sei kein Grund zur Sorge, aber man solle es von Zeit zu Zeit kontrollieren lassen.«

»Na ja, auf jeden Fall bin ich froh, daß das nichts Neues ist und ich weiter Football spielen kann.«

Kurz vor der Abschlußprüfung, beim letzten Spiel der Saison, dessen Ausgang auf des Messers Schneide stand, fing Andy einen Paß auf seiner 30-Yard-Linie ab und rannte, so schnell er konnte, um das zu schaffen, was – wenn es gelingen würde – ein geradezu unglaublicher Treffer geworden wäre. An der 20-Yard-Linie des gegnerischen Teams hatte er freies Spiel. Die Schlachtenbummler hielt es nicht länger auf ihren Sitzen, und sie jubelten hysterisch. »Los, Andy, lauf!« Bei fünfzehn Yard strauchelte er, bei zehn Yard fiel er zu Boden. Er war tot.

Irgendwann im Lauf des Jahres 1961 wurde eine achtundzwanzigjährige Frau zu mir überwiesen, und zwar wegen quälenden Herzklopfens. Sie beschrieb diese »Anfälle« so, daß sie in der Brust rasche, kräftige Schläge spüre, und konnte keinerlei Hinweise auf einen möglichen Auslöser geben. Jedenfalls dauerten die Anfälle bis zu einer oder sogar zwei Stunden und hörten dann ebenso plötzlich auf, wie sie begonnen hatten. Hatten diese Palpitationen einmal angefangen, waren sie durch nichts zu beeinflussen, mit welchen Mitteln sie es auch versuchte. Auf meine Fragen hin erklärte die Patientin, niemals das Bewußtsein verloren zu haben; während dieser Anfälle von Herzjagen verspürte sie nichts, was sie als »Schmerzen« in der Brust bezeichnen würde (wenngleich sie von Zeit zu Zeit etwas kurzatmig wurde); ihr war auch nicht bekannt, daß in ihrer Familie jemals ein Fall frühzeitiger koronarer Herzkrankheit aufgetreten war.

Als ihre Symptome etwa zwei Jahre zuvor begonnen hatten, hatte sie den Genuß von Kaffee und Tabak vollständig aufgegeben und trank auch nur gelegentlich einmal ein Glas Alkohol. Diese Veränderungen ihrer Lebensweise hatten jedoch keinerlei Einfluß auf die Häufigkeit der Anfälle. Ihrem Ehemann vertraute sie an, daß es wohl besser sei, mit einem Kind zu warten, bis die Ursache ihres Herzjagens gefunden sei. Er bestand darauf, daß ihr behandelnder Arzt noch eine andere Stellungnahme einholen solle, und so kam es, daß sie sich bei mir in der Praxis meldete.

Genau wie die vier oder fünf anderen Kardiologen vor mir konnte auch ich keine krankhaften Veränderungen feststellen. Es waren keinerlei Herzgeräusche zu hören, und ihr Blutdruck war in Ordnung. Während der Untersuchung in meiner Praxis betrug die Herzfrequenz niemals mehr als achtzig Schläge pro Minute, und der Rhythmus war die ganze Zeit über völlig regelmäßig. Es war mir nicht möglich, auch nur einen einzigen Extraschlag festzustellen! Das Elektrokardiogramm war unauffällig. Die Röntgenaufnahme des Thorax zeigte weder eine Herzvergrößerung noch eine krankhafte Verformung. Zur weiteren Abklärung nahm ich zusätzliche Blutanalysen vor – Cholesterinbestimmung, Schilddrüsenfunktionstests (eine Schilddrüsenüberfunktion kann häufig zu Herzklopfen führen), Nierenstatus und Leberfunktion. Sämtliche Ergebnisse waren unauffällig.

Ich sah mir noch einmal die zahlreichen früheren Elektrokardiogramme sowie die anderen Befunde an, die sich im Lauf der Jahre angesammelt hatten. Es gelang mir nicht, einen Anhaltspunkt für eine Diagnose zu finden.

Bei einem Patienten, noch dazu bei einer jungen Frau, mit schwer faßbaren Symptomen, für die sich keine Erklärung finden läßt und bei der alle Untersuchungen »normal« ausfallen, neigen Ärzte leider oft zu dem Schluß, daß das Problem psychischen Ursprungs ist. Auch in diesem Fall hatten mehrere Herzspezialisten ihr geraten, einen Psychiater aufzusuchen, und sie beinahe schon überzeugt.

»Also, was halten Sie davon?« fragte Dr. C., der mich anrief, um mit mir diesen Fall zu erörtern.

»Ich kann Ihnen leider auch nicht weiterhelfen. Keine Ahnung, was ihr fehlt, aber ich habe das Gefühl, daß sie es sich – was auch immer es ist – nicht nur einbildet.«

»Das ist ja alles gut und schön, aber was sollen wir ihr sagen?«

»Genau das ist der springende Punkt. Fügen Sie dem Schaden nicht auch noch den Spott hinzu, indem Sie ihr einreden, das alles existiere nur in ihrer Einbildung. Behalten Sie sie im Auge. Ich wette, eines Tages werden wir dahinterkommen, was es ist. Und dringen Sie auch nicht zu sehr darauf, daß sie ein normales Leben führen soll. Überlassen Sie es ihr selbst, was sie sich zumuten möchte.«

Ungefähr sechs Jahre später rief Dr. C. mich an und teilte mir mit, seine Patientin sei plötzlich gestorben, als sie gerade ausgehen wollte. Zeit ihres Lebens war bei ihr keine Diagnose gestellt worden.

Diese hier geschilderten Fälle – und es ließen sich allein aus meiner Praxis etliche andere Beispiele von alten wie von jungen Menschen anführen – sind Beispiele für bestimmte Gruppen von Menschen, die ganz unvermittelt sterben. Wie Sie sehen, kann es jeden von uns treffen; alles liegt in Gottes Hand. Bei betagten »Gesunden« z. B. ist es sehr schwierig, einen plötzlichen Herztod vorherzusehen und ihm vorzubeugen. Irgendwann muß schließlich jeder sterben. Für einen bis zum letzten Moment vitalen alten Menschen kann der plötzliche Tod durch Herzinfarkt das jähe Ende eines erfüllten Lebens sein. Damit bleiben ihm vielleicht Krankentransport, Operationen, die vielen Medikamente und der unvermeidliche, durch einen Klinikaufenthalt bedingte Verlust an Würde erspart. Wenn jemand, der immer gesund gewesen ist, plötzlich stirbt, sollte man zwar trotzdem nichts unversucht lassen, dieses Leben zu verlängern. Aber sein Tod ist keine Tragödie, außer für diejenigen, die ihn kannten und liebten.

Der plötzliche Herztod eines Fünfundachtzigjährigen ist nicht das Problem. Was uns hier beschäftigt, ist der vorzeitige Tod anscheinend gesunder Menschen in ihrem zweiten, dritten oder auch sechsten und siebten Lebensjahrzehnt. Warum sterben solche Menschen ganz plötzlich? Normalerweise – jedoch nicht immer – erliegen sie einem Herzinfarkt. Manchmal allerdings spielt ein Herz auf einmal verrückt – indem es in einem Rhythmus, den man als Kammerflimmern bezeichnet, so schnell und ungleichmäßig schlägt, daß es nicht imstande ist, den Körper ausreichend mit Blut zu versorgen.

Lawrence, der Mann, bei dem es zu einem Herzkreislaufstillstand kam und der viele Jahre zuvor einen Herzinfarkt erlitten hatte, war gefährdet. Jeder, der einen Herzinfarkt hinter sich hat oder aktuell unter Angina-pectoris-Anfällen oder Herzrhythmusstörungen leidet, die in das tödliche Kammerflimmern übergehen können, gehört ebenso zu den Risikogruppen wie diejenigen mit mittelgradigem bis schwerem Bluthochdruck. Präventionsversuche sind hier eher *sekundär* als primär. Obwohl man weiterhin versuchen sollte, Risikofaktoren der Herzkrankheit, vor allem erhöhten Blutdruck, Zigarettenrauchen und eine Erhöhung des Cholesterinspiegels, in den Griff zu bekommen, ist das doch bei weitem nicht so wichtig wie das Aufspüren bestimmter kardialer Störungen, die solche Patienten für einen plötzlichen Herztod prädestinieren.

Früher waren wir nicht in der Lage, derlei charakteristische Anzeichen mit der gleichen Zuverlässigkeit zu bestimmen wie heute, und wir konnten auch nichts unternehmen, wenn sie einmal aufgespürt waren. Glücklicherweise sind in diesem Bereich mittlerweile einige Fortschritte erzielt worden.

Wer wird einen plötzlichen Tod erleiden?

Kandidaten für einen plötzlichen Herztod versucht man heutzutage mit folgenden Methoden zu ermitteln:

(1) Der Arzt sollte in kurzen Abständen die Patienten eingehend befragen und sie auffordern, das Auftreten jeglicher Symptome anzugeben, die auf eine »Herzkreislaufstörung« hinweisen. Beispielsweise können eine Verschlechterung der Angina pectoris oder quälendes Herzklopfen, das Auftreten von Schwindelgefüh-

len oder Benommenheit wie auch ein plötzlich undeutliches Sprechen Anzeichen von Veränderungen des Herzrhythmus sein, und damit mögliche Vorboten eines plötzlichen Todes.

(2) Bei solchen Patienten muß ein Belastungstest durchgeführt werden (Fahrrad-Ergometrie oder eine andere überwachte Belastungsprüfung), um zu sehen, ob durch die dem Herzen zugemutete Belastung – wenn auch unter Umständen nur kurzfristig zu beobachtende – Herzrhythmusstörungen hervorgerufen werden, die auf eine Anfälligkeit für Kammerflimmern schließen lassen.

(3) Man führt ein Langzeit-EKG durch. Dabei trägt der Patient ein kleines EKG-Gerät, das mit einer Vorrichtung für Magnetbandaufzeichnungen verbunden ist; an dieses sind auf der Brust befestigte Elektroden angeschlossen. Dieser Apparat zeichnet vierundzwanzig Stunden lang kontinuierlich das Elektrokardiogramm auf und erfaßt auf diese Weise ein breites Tätigkeitsspektrum – Arbeit, Spiel, Essen, Geschlechtsverkehr, Sport, Schlafen und so weiter. Auch in diesem Fall ist auf Anzeichen einer kardialen Irritabilität – die dem Patienten selber möglicherweise gar nicht bewußt sind – zu achten, da diese zu lebensgefährlichen Rhythmusstörungen führen kann.

Diese beiden Untersuchungen sollten mindestens einmal pro Jahr routinemäßig durchgeführt werden, und zwar bei allen Patienten, bei denen man eine Herzkrankheit festgestellt hat, unabhängig davon, ob Symptome auftreten oder nicht. Wer gerade einen Herzinfarkt erlitten hat, sollte vor der Entlassung aus der Klinik ebenfalls auf diese Weise untersucht werden. Wenn sich dabei positive Befunde ergeben, sollten die weiter unten geschilderten Vorsorgemaßnahmen noch vor der Entlassung eingeleitet werden.

Wurde einmal eine erhöhte Anfälligkeit festgestellt, sollte man die Patienten dazu veranlassen, anregende Genußmittel wie Kaffee, Alkohol, epinephrinhaltige Verbindungen (häufig Bestandteil von Hustensäften und Mitteln zur Abschwellung der Nasenschleimhäute) und – natürlich – Nikotin zu vermeiden.

Es gibt auch spezielle Medikamente, um die lebensbedrohliche Störanfälligkeit des Herzens zu verringern. Leider haben viele der gegenwärtig erhältlichen Substanzen selbst ein beträchtliches Potential an schweren Nebenwirkungen; ihr Einsatz erfordert eine sorgfältige Überwachung durch einen erfahrenen Arzt.

Was kann man unternehmen, um die Gefahr eines plötzlichen Todes zu verringern, nachdem man sich von einem Herzinfarkt erholt hat, selbst wenn keine der speziellen Untersuchungen Hinweise auf eine erhöhte Anfälligkeit gibt? Unter dieser Fragestellung verordne ich allen meinen Patienten, die einen Herzinfarkt erlitten haben, folgenden Behandlungsplan:

(1) Einnahme eines Betablockers. Es gibt Hinweise darauf, daß eine derartige Behandlung nach einem Herzinfarkt das Risiko, einen zweiten Infarkt zu erleiden und daran zu sterben, um nahezu 50 Prozent verringert. Ich rate dazu, den Betablocker mindestens drei Jahre lang einzunehmen, natürlich unter der Voraussetzung, daß keine Gegenanzeigen vorliegen (Asthma, Herzinsuffizienz, sehr langsamer Puls, kalte Gliedmaßen, Impotenz, Müdigkeit und labiler Diabetes, bei dem Insulin verabreicht werden muß).

(2) Aspirin. Nehmen Sie, wenn Sie einen Herzinfarkt hinter sich haben, täglich 80 mg, sofern nichts dagegen spricht. Dies wäre beispielsweise der Fall, wenn Sie darauf allergisch reagieren, besonders wenn Sie Asthmatiker sind; oder auch, wenn Sie Probleme mit der Blutgerinnung haben, unter Magengeschwüren leiden oder aber andere gerinnungshemmende Medikamente einnehmen.

(3) Kürzlich veröffentlichte Studien haben ergeben, daß Sulfinpyrazon (Anturano), ein Medikament, das zur Vorsorge gegen Gicht angewandt wird, die Häufigkeit des Auftretens eines plötzlichen Herztodes verringert, wenn es nach bestimmten Formen von Herzinfarkten (vor allem jenen, die die Herzinnenschicht betreffen) verabreicht wird. Dieser Wirkstoff beeinflußt die Blutplättchen auf die gleiche Weise wie Aspirin und macht das Blut »dünnflüssiger«. Allem Anschein nach vermindert er auch die Irritabilität des Herzens.

Hin und wieder liest man auch von anscheinend gesunden jungen Menschen, die plötzlich zusammenbrechen und an einem Herzanfall sterben. In der Regel handelt es sich hier um Sportler, anscheinend in Hochform, die im ersten, zweiten oder dritten Lebensjahrzehnt stehen, keine Herzbeschwerden haben und bei denen es in der Vorgeschichte keinerlei Hinweis auf irgendwelche Herzkreislaufprobleme gibt – und die bei einer sportlichen Höchstleistung sterben. Was ist an ihrem Tod schuld? Diese Jungen und Mädchen sterben im allgemeinen nicht an Arteriosklerose, die in diesem Alter nur sehr selten auftritt, sondern infolge einer angeborenen Herzerkrankung, die niemals diagnostiziert wurde. Bei der Autopsie stellt man oft eine Verdickung der Muskelfasern der Herzscheidewand fest, jener Wand, die die rechte Seite von der linken trennt. Diese Erscheinung – als asymmetrische Septumhypertrophie bezeichnet – kann mit tödlichen Herzrhythmusstörungen verbunden sein. Ein schon bei der Geburt vorhandenes Herzgeräusch ist ein Anzeichen dafür. Wenn man diese Diagnose vermutet, läßt sie sich mittels eines Echokardiogramms (UKG) leicht verifizieren – schmerzlos, ohne Eingriff und gefahrlos.

Jedes verdächtige Herzgeräusch sollte sorgfältig abgeklärt werden, ehe man eine Beteiligung am Hochleistungssport erlaubt. Liegt ein Befund vor, über den sich der Arzt – insbesondere wenn er kein Kardiologe ist – nicht ganz sicher ist, sollte der Patient so lange keinen Leistungssport treiben, bis die Diagnose geklärt ist.

Der letzte tragische Fall, die junge Frau mit dem Herzklopfen, die Jahre später plötzlich starb, ohne daß eine Diagnose gestellt worden wäre, war aus medizinischer Sicht faszinierend. Es wurde eine rechtsmedizinische Untersuchung durchgeführt, weil sie auf offener Straße gestorben war. Die Autopsie ergab, daß sie statt der üblichen drei Kranzarterien nur zwei hatte. Ihre rechte Herzkranzarterie fehlte von Geburt an. Dies hatte zur Folge, daß die Blutversorgung des Herzens nicht ausreichend war. Dieser Umstand hat es vermutlich »irritierbar« und anfällig für eine lebensbedrohliche Rhythmusstörung gemacht. Damals, in den frühen sechziger Jahren, gab es noch keine Möglichkeit, diese Diagnose zu stellen. Man kann dies nur mit Hilfe einer Koronarangiographie, eines Verfahrens, das zu jener Zeit nicht routinemäßig eingesetzt werden konnte. Auch wenn wir diese Diagnose gestellt hätten – es gab keine Behandlungsmöglichkeiten, die wir hätten einsetzen können. Allerdings hätten wir zumindest eine Erklärung für die Symptome der Patientin gehabt – ein schwacher Trost für sie. Was kann man heute machen, wenn eine Koronararterie fehlt? Man hat es mit einer plastischen Rekonstruktion des Koronarkreislaufsystems versucht; die Erfolgsaussichten sind jedoch äußerst gering.

Schließlich gebe ich Familien, in denen eines der Mitglieder in hohem Maße von einem plötzlichen Herztod bedroht ist, den Rat, daß eines oder mehrere der Familienmitglieder sich in Wiederbelebungsmaßnahmen ausbilden lassen sollen. Man weiß schließlich nie, wann man es einmal brauchen wird. Fragen Sie Ihren Hausarzt oder die örtliche Gesundheitsbehörde, wo man eine entsprechende Ausbildung absolvieren kann.

Kürzlich las ich einige sehr beeindruckende Statistiken über Wiederbelebung außerhalb der Klinik. Mindestens 60 Prozent der auf der Straße oder auf öffentlichen Plätzen »Wiederbelebten« überlebten Zeitspannen bis zu 105 Monaten nach dem »tödlichen« Zwischenfall. Unter ihnen waren auch einige meiner eigenen Patienten.

Welche zukünftigen Entwicklungen sind bei der Prävention des plötzlichen Herztodes abzusehen? Zusätzlich zu einer Reihe arhythmisch wirkender Medikamente, die die anfälligen Herde innerhalb des Herzens – die Auslöser des tödlichen Rhythmus – unterdrücken können, gibt es auch elektronische Vorrichtungen, um das Kammerflimmern zu beenden. Diese werden wie ein gewöhnlicher Herzschrittmacher in die Brustwand eingepflanzt. Herkömmliche Schrittmacher werden eingesetzt, um das Herz vor einem tatsächlichen Stillstand zu bewahren, einer Erscheinung, die als Herzblock oder Asystolie bezeichnet wird. Wenn das Herz in einer derartigen Situation zu schlagen aufhört, leitet der Herzschrittmacher einen elektrischen Impuls in den Herzmuskel, um auf diese Weise eine Kontraktion zu stimulieren. In ähnlicher Weise verfügt der implantierte Defibrillator über eine Sensorelektrode, die das Auftreten eines tödlichen Kammerflimmerns sofort aufspürt und anzeigt. Schockelektroden innerhalb des Herzens bringen den Herzmuskel in einen regelmäßigen Rhythmus; sie sind im wesentlichen den außen aufgesetzten, schaufelförmigen Elektroden vergleichbar, wie Sie sie vielleicht schon einmal bei den Geräten in der Wiederbelebungsabteilung eines Krankenhauses gesehen haben. Dieser implantierte Ventrikelschrittmacher ist lebensrettend für die Patienten, die – selbst wenn sie zuvor keinen Herzinfarkt erlitten haben – Gefahr laufen, daß es zu einem Kammerflimmern kommt. Diese Menschen leben unter einem Damoklesschwert. Sollten also Sie oder ein Mitglied Ihrer Familie mit diesem Problem konfrontiert sein (primäres Kammerflimmern), so erkundigen Sie sich nach dem implantierbaren Defibrillator.

18. Sengende Hitze und klirrende Kälte – Erfrierungen und Hitzschlag

Wenn es kalt wird...

Man braucht das Wort »Erfrierungen« nur zu erwähnen, und schon beschwört dies bei den meisten Menschen Schreckensbilder von verirrten Bergsteigern, verunglückten Skifahrern oder Überlebenden einer Flugzeugkatastrophe herauf, die in bitterer Kälte irgendwo in den Bergen, in unzugänglichem Gelände, im tiefen Schnee begraben liegen. Glaubt man den Medien, ist der Retter normalerweise ein freundlicher Bernhardiner mit einem Schnapsfläschchen um den Hals. In der Realität aber erfrieren Menschen unter Umständen, die auch nicht annähernd so exotisch oder »romantisch« sind. Zu Erfrierungen kommt es entweder an einem exponierten Körperteil, etwa der Nase, den Füßen oder den Händen, oder aber die Körpertemperatur sinkt, so daß alle Lebensfunktionen beeinträchtigt werden.

Als ich vor vielen Jahren mein Praktikum als Assistenzarzt absolvierte, wurden die jeweils gerade erst mit ihrer Ausbildung fertigen Ärzte für den ambulanten Notdienst eingeteilt. Heutzutage werden dafür speziell ausgebildete Rettungssanitäter eingesetzt. Jedesmal wenn ich in einem solchen Notfall unterwegs war, begleitete mich ein älterer Herr, der nur für zweierlei zuständig war – er mußte den Rettungswagen chauffieren und mir beim Tragen der Krankenbahre helfen. Von Medizin oder Erster Hilfe hatte er keine Ahnung. Damals hatten wir keinerlei Geräte zur Einleitung von Wiederbelebungsmaßnahmen oder wenigstens phantastische Medikamente dabei – lediglich ein paar Sauerstoffflaschen, schmerzstillende Mittel und ein paar Schienen. Sooft ich in dem Rettungswagen saß und wir zur Unfallstelle rasten, machte ich mir

Sorgen, ob ich mit den Problemen, die jetzt auf mich zukamen, fertig werden würde – und das mit gutem Grund. Würde ich es schaffen, eine Blutung zu stillen? Könnte ich ein Baby in Steißlage entbinden? Würde es mir gelingen, einen Bruch so zu schienen, daß der Patient beim Transport keine allzu großen Schmerzen hatte?

Ich absolvierte meine Assistentenzeit in Montreal; die Stadt liegt inmitten einer gebirgigen Gegend, und die sanft geschwungenen Hänge locken an den Wochenenden viele Skifahrer an. Unter der Woche sind die Pisten jedoch menschenleer; es kann also durchaus passieren, daß jemand nach einem Unfall stundenlang allein und verlassen daliegt, ehe man ihn findet. Im Winter kann es in Montreal genauso kalt sein wie in Alaska; ich kann mich an -33 °C und jede Menge Schnee erinnern.

An einem solchen Wochentag im Winter – ein heftiger Nordwind machte die Kälte fast unerträglich – erhielt ich einen Notruf; ich sollte einen »verletzten« Skifahrer vom Mount Royal abholen. Weitere Einzelheiten wurden mir nicht mitgeteilt. Da das Krankenhaus ganz in der Nähe des Skigeländes lag, brauchten wir nicht einmal fünf Minuten, um dorthin zu kommen. Als wir ankamen, lag der Patient auf dem Boden; er war mit einer Decke aus dem Polizeiwagen zugedeckt. Das linke Bein war verdreht und offensichtlich gebrochen. Aber das war nicht das eigentliche Problem. Der Körper des Mannes – er war schätzungsweise Ende fünfzig – war starr und kalt; die Lippen waren blau verfärbt. Ich konnte keinen Puls fühlen, und er atmete auch nicht. Als ich die Decke zurückzog, um zu kontrollieren, ob sein Herz noch schlug, war ich einigermaßen erstaunt, daß der Anorak und das Hemd aufgeknöpft waren – als wäre es dem Patienten in dieser arktischen Kälte zu heiß gewesen. Schon war ich drauf und dran, den Polizisten zu erklären, daß der Patient tot sei, als ich plötzlich ein schwaches Keuchen hörte. Nach fünfzehn Sekunden dann noch eines. Ich fühlte erneut den Puls und zählte dreißig sehr schwache Schläge pro Minute (normalerweise sind es sechzig bis neunzig). Ich hätte also beinahe einen lebendigen, wenn auch stark unterkühlten Menschen für tot erklärt! Jetzt verlor ich keine Zeit mehr. Ich wickelte den Mann in mehrere Decken, wir hoben ihn eiligst in den warmen Rettungswagen und rasten Richtung Krankenhaus.

Kaum waren wir in der Klinik, wurde der Patient der bei Unterkühlung üblichen Wärmebehandlung unterzogen; zugleich leiteten wir weitere Notmaßnahmen ein, wie sie bei der Wiederbelebung von Opfern einer Unterkühlung durchgeführt werden.

Die Geschichte nahm ein gutes Ende, denn der Patient überlebte, aber ich habe diesen Vorfall bis heute nicht vergessen. Seitdem habe ich immer – sei es bei einem Notruf, beim Dienst in der Notaufnahme einer Klinik oder als praktizierender Arzt –, wenn ich einen älteren Menschen »tot« in einem ungeheizten Apartment vorfand oder ich zu einem Skifahrer, der reglos in einer Schneewehe, oder zu einem »Stockbesoffenen«, der bei kaltem Wetter auf der Straße lag, gerufen wurde, die Möglichkeit einer Unterkühlung in Betracht gezogen.

Der nächste Fall ist eine weitere Variation des Themas Unterkühlung; auch daraus kann man eine Menge lernen.

Jack war Handlungsreisender im Nordosten. Das Gebiet, für das er zuständig war, umfaßte einige hundert Quadratkilometer, so daß er viel mit dem Auto unterwegs war. An einem kalten Wintertag kam ein Schneesturm auf; Jack war klar, daß die normalen Reifen das nicht schaffen würden. Er lenkte also den Wagen an den Straßenrand, holte die Schneeketten aus dem Kofferraum und kniete sich hin, um sie an den Rädern zu befestigen. Er trug nur einen leichten Anzug, und binnen kurzem waren seine Knie kalt und naß. Er machte sich jedoch deswegen keine großen Sorgen, schließlich würde er gleich wieder in seinem warmen Auto sitzen. Allerdings mußte er auch seine Handschuhe ausziehen, um die Schneeketten anlegen zu können. Das Ganze dauerte länger, als er gedacht hatte, und als er wieder in seinen Wagen stieg, sprang der nicht an. Da stand Jack nun, bei –18 °C; seine Knie waren feucht und kalt, seine Hose durchnäßt und seine Hände eiskalt – und er konnte die Heizung nicht anstellen. Er stellte sich in dem schneidend kalten Wind an die Straße und versuchte, eines der vorbeifahrenden Autos anzuhalten. Nur wenige Menschen waren unterwegs, und keiner hielt an.

Jack wußte nicht mehr ein noch aus. Er hatte sonst nichts zum Anziehen dabei. Anfangs schmerzten seine Knie und Hände und brannten, aber die Schmerzen ließen bald nach. Seine Gliedmaßen wurden ganz steif, weiß, kalt und taub. Da erinnerte er sich daran, vor Jahren einmal aufgeschnappt zu haben, daß man unterkühlte Körperteile mit Schnee einreiben soll. Aber das machte alles nur noch schlimmer. Etwa eine Stunde später kam schließlich ein Streifenwagen vorbei, und der Fahrer brachte Jack ins nächstgelegene Krankenhaus. Unterwegs bat Jack den Polizisten um etwas zu trinken. Zu seiner großen Freude gab dieser ihm einen Schluck Kognak. Der freundliche Polizist bot ihm auch eine Zigarette an, aber mit seinen klammen Fingern konnte Jack sie nicht halten.

In dem warmen Straßenkreuzer begannen Jacks steife Hände und Knie zuerst zu kribbeln und dann zu brennen, und er verspürte pochende Schmerzen. Er taute wieder auf! In der Notaufnahmestation der Klinik tauchte eine Krankenschwester seine Knie und Hände in warmes Wasser (etwa Körpertemperatur, also 36,7 °C). Er blieb einige Stunden unter Beobachtung und durfte dann nach Hause. Er hatte Glück gehabt, daß jemand ihm gerade noch rechtzeitig geholfen hatte. Hätte er noch eine Weile in der Kälte gestanden, wären ihm möglicherweise die Hände und unter Umständen sogar seine Füße abgefroren. Trotzdem war ich alles andere als erstaunt, als ich einige Jahre später erfuhr, daß Jack mittlerweile an Arthritis litt. Das passiert oft bei Leuten, deren Gliedmaßen einmal stark unterkühlt waren.

Ich könnte Ihnen noch mehr Geschichten von Personen mit Unterkühlung erzählen – und es trifft nicht nur Kranke, Alte und Verletzte, sondern beispielsweise auch Sportler, die während eines Trainings bei sehr kaltem Wetter plötzlich zusammenbrechen. Den meisten gesundheitlichen Problemen, deren Ursache extrem niedrige Temperaturen sind, kann man vorbeugen. Dazu gebe ich Ihnen einige Hinweise, die Sie sich merken sollten.

Bei einem Temperaturabfall erhöhen die jeweilige Windstärke und Luftfeuchtigkeit das Risiko einer Unterkühlung zusätzlich. Je höher die Windgeschwindigkeit, desto stärker beeinflußt sie die »Kälte« (und zwar gilt dies für eine Windstärke bis zu fünfundsechzig Kilometern pro Stunde; darüber hinaus macht es keinen Unterschied mehr). Wenn es beispielsweise angenehme 10 °C hat und die Windgeschwindigkeit fünfundfünfzig Stundenkilometer beträgt, wirkt das wie eine Temperatur von −2 °C. Wenn Sie sich also überlegen, was Sie in einer bestimmten Situation am besten anziehen sollen, dann wiegen Sie sich nicht in falscher Sicherheit, nur weil die Temperatur, die das Thermometer anzeigt, nicht allzu niedrig ist.

Diese Werte für die »Abkühlungsgröße« gelten allerdings nur für den Fall, daß Sie selber trocken sind. Wenn Ihre Kleidung durchnäßt oder Ihr Körper feucht ist (durch Schwitzen, etwa beim Langlauf, oder durch Wasser, Schnee und Eis), erhöht sich die Gefahr von Erfrierungen oder Unterkühlungen dramatisch.

Andere Faktoren, die die Kälteempfindlichkeit verstärken, sind Erschöpfung, Hunger, Mangelernährung, Flüssigkeitsverlust (all das bringt die körpereigenen Mechanismen des Temperaturausgleichs durcheinander) sowie der Genuß von Tabak und Alkohol. Als er in Sicherheit war, hätte Jack keinen Alkohol trinken sollen, und der Polizist hätte es besser wissen und ihm keinen anbieten dürfen. Gegen ein warmes nichtalkoholisches Getränk wäre nichts einzuwenden gewesen, aber Alkohol erweitert die Blutgefäße in der Haut, so daß Blut aus den lebensnotwendigen Körperbereichen abgezogen wird. Zudem hatte Jack Glück, daß er mit seinen steifen Fingern die Zigarette nicht halten konnte. Tabak verengt nämlich die Blutgefäße, so daß ohnehin schon unterkühlten Gliedmaßen potentielle Wärme entzogen wird. Auf keinen Fall sollten Betäubungsmittel verabreicht werden, da das Gehirn eines unterkühlten Patienten nicht immer so gut funktioniert, wie es eigentlich sollte; Narkotika beeinträchtigen das Urteilsvermögen und die Fähigkeit, das Richtige zu tun, noch zusätzlich. Bestimmte Medikamente senken die Körpertemperatur. Die verbreitetsten sind Valium, Librium, Barbiturate und Tranquilizer der Phenothiazin-Gruppe. Einige Krankheiten machen einen auch kälteempfindlicher; das ist beispielsweise bei Schilddrüsenunterfunktion, Diabetes, der mit Insulin behandelt werden muß, Nierenerkrankungen und bestimmten Drüsenfehlfunktionen der Fall.

Wenn Sie wissen, daß Sie demnächst niedrigen Temperaturen ausgesetzt sein werden, sollten Sie einige Regeln zum Schutz Ihrer Gesundheit beachten:

Ziehen Sie sich warm und dem Anlaß entsprechend an. Verlassen Sie sich dabei nicht auf dicke, enganliegende Überbekleidung. Ihre Kleidung sollte Ihnen zwar eine ausreichende Isolierung bieten, damit Ihnen nicht kalt wird, andererseits aber dennoch das

Verdunsten von Schweißabsonderungen zulassen. Eine Bekleidung, die aus mehreren lockeren, leichten Lagen besteht, gewährleistet sowohl die Isolierung als auch die Verdunstung. Zwischen den einzelnen Schichten oder Lagen staut sich Luft; dies trägt dazu bei, die Körperwärme zurückzuhalten, und erlaubt gleichzeitig eine Verdunstung und Durchlüftung. Am besten gehen Sie folgendermaßen vor: (1) Die Unterwäsche sollte aus Wolle oder synthetischem Propylen angefertigt sein (und nicht aus Baumwolle). (2) Tragen Sie eine zweite Garnitur aus Wolle oder Propylen zwischen Unter- und Oberbekleidung. (3) Ziehen Sie keine Jacken oder Mäntel aus wasserfestem Material an. Sie verhindern eine Verdampfung der Feuchtigkeit, die Ihr Körper absondert. Statt dessen sind *wasserabstoßende* und windfeste Materialien zu empfehlen. (4) Wenn Sie gerne unter einer Steppdecke schlafen, verwenden Sie lieber ein synthetisches Material und keine Gänse- oder Entendaunen, da diese die Feuchtigkeit speichern, wenn Sie oder das Bettzeug feucht werden. (5) Bedecken Sie Ihren Kopf (vor allem wenn Sie eine Glatze haben), Ihr Gesicht und andere exponierte Teile Ihres Körpers gut; dadurch verhindern Sie, daß Sie auf diesem Weg Wärme abgeben. (6) Tragen Sie Fäustlinge, keine Fingerhandschuhe. So können die Finger sich gegenseitig warmhalten. Wenn Sie damit rechnen, Ihre Finger zu benötigen – wie Jack, als er die Schneeketten anbringen wollte –, sollten Sie unter den Fäustlingen Handschuhe aus Baumwolle tragen. (7) Wenn Sie vermutlich durch Schnee gehen müssen, sollten Sie keine Halbschuhe tragen. Ziehen Sie Stiefel an – je höher der Schaft ist, desto besser; auf jeden Fall sollten sie mindestens bis zum Knöchel reichen. (8) Socken sollten nicht aus Baumwolle, sondern aus Wolle sein – und ziehen Sie lieber zwei Paar an, wenn es richtig kalt wird. (9) Wenn Sie in einen Schneesturm geraten, bleiben Sie in Ihrem Auto, vor allem wenn Sie nicht mehr der Jüngste sind. Stellen Sie die Heizung an, lassen Sie den Motor laufen und öffnen Sie die Fenster einen Spalt. (10) Berühren Sie keine kalten Metallteile mit der bloßen Hand. Dabei würden Sie nur noch mehr Wärme abgeben. Vermeiden Sie auch, daß Ihre Haut mit Benzin in Berührung kommt (die Haut gleicht ihre Temperatur der der Umgebung an).

Sobald die Unterkühlung einsetzt, nehmen die betroffenen Körperpartien (Nasenspitze, Wangen, Hände, Füße, Ohren) zuerst eine gesunde, rosige Farbe an, da der Körper versucht, sie durch Blutzufuhr warmzuhalten – und sie tun weh. Wenn man jedoch längere Zeit der Kälte ausgesetzt ist, wird die Haut weiß, und die Schmerzen lassen nach, da die unterkühlten Partien taub werden. Diese Taubheit resultiert daraus, daß die die Haut versorgenden Blutgefäße sich zusammenkrampfen; im übrigen ist Kälte ein hervorragendes Anästhetikum. Manchmal schwillt die betroffene Partie an, und es bilden sich Blasen. Wenn das passiert, müssen Sie versuchen, so schnell wie möglich wieder ins Warme zu kommen. Jede Verzögerung kann zu irreparablen Schäden der exponierten Körperpartie führen. Wenn Sie sich später wieder aufwärmen und auftauen, wird die Taubheit einem brennenden, pochenden Schmerz weichen.

Nun noch ein paar Hinweise, was man unbedingt unterlassen sollte:

1. Reiben Sie die betroffene Körperpartie nie mit Schnee ein, um sie »aufzuwärmen«. Genau das hat man uns zwar eingeschärft, als ich noch ein kleiner Junge war, aber wer auch immer dieses Gerücht in die Welt gesetzt hat – er irrte sich. Wenn die Nase oder die Ohren oder die Finger unterkühlt sind, ist ein Einreiben mit Schnee die sicherste Methode, Ihnen einen irreversiblen Schaden zuzufügen.
2. Halten Sie auf gar keinen Fall den betroffenen Körperteil in die beheizte Bratröhre eines Ofens. Sie glauben, ich scherze? Wer so lange wie ich in der Notaufnahme einer Klinik gearbeitet hat, hat alle nur erdenklichen, bizarren Methoden kennengelernt, wie die Leute versuchen, etwas gegen Unterkühlung zu tun – und das ist eine davon.
3. Falls sich an der betroffenen Körperpartie Blasen bilden, sollte man nicht versuchen, diese zu öffnen oder zu verbinden. Dekken Sie sie lediglich ab, um sie vor der Kälte zu schützen. Den betroffenen Körperteil sollten Sie dann so bald wie möglich in warmes Wasser tauchen (zwischen 30 °C und 40 °C, auf keinen Fall jedoch wärmer). Wenn allerdings – und das ist sehr wichtig – auch nur die geringste Gefahr besteht, daß dieser Körperteil noch einmal der Kälte ausgesetzt wird, sollte man mit dem Auf-

tauen warten, da die beim Aufwärmen freigesetzte Feuchtigkeit alles noch schlimmer macht, wenn sie gefriert.

Unterkühlung ist eine ernstzunehmende Angelegenheit. Ich habe erlebt, daß Patienten deswegen Wochen oder sogar Monate stationär behandelt werden mußten. Einige von ihnen haben in der Folge Teile ihrer Gliedmaßen verloren, und diejenigen, denen dies erspart blieb, laufen Gefahr, sich später Arthritis oder die Raynaud-Krankheit zuzuziehen (bei letzterer werden die Arterien überempfindlich gegen Kälte, so daß sie sich schon bei einem geringfügigen Absinken der Temperaturen zusammenziehen und Schmerzen in den Fingern und Zehen hervorrufen). Bei Kindern, deren Beingelenke betroffen sind, kann es zu Wachstumsstörungen kommen.

Die generelle Unterkühlung, die ich während meiner Tätigkeit in der Notaufnahmestation kennengelernt und hier beschrieben habe, ist lebensgefährlich – sie erfordert eine sorgfältige, peinlich genaue klinische Behandlung durch Experten. Wenn diese Patienten sterben, ist der Grund dafür meist eine Form von Herzstillstand. Sollten Sie einmal jemanden vor sich haben, der die entsprechenden Symptome aufweist, dann denken Sie daran, daß (1) er oder sie nicht notwendigerweise tot ist, selbst wenn es den Anschein hat. (2) Sie sollten ihn oder sie so schnell wie möglich aufwärmen. Wenn sie nicht genügend Decken zur Hand haben, dann tun Sie das mit Ihrem eigenen Körper. (3) Das allerwichtigste ist, den Patienten so schnell wie möglich in eine Klinik zu bringen. (4) Wenn der Patient noch atmet – gleichgültig, wie schwach –, sollte man keine Wiederbelebungsmaßnahmen einleiten, selbst wenn man keinen Puls fühlen kann. Das Herz schlägt in diesem Fall schon so schnell, wie diese niedrige Temperatur es erlaubt. Ein gutgemeintes Pressen der Brust bringt überhaupt nichts – außer vielleicht ein paar zerbrochene Rippen und zusätzliche Herzbeschwerden.

Alles, was Sie bisher gelesen haben, gilt im Grunde genommen nur für Leute, die unter mehr oder weniger normalen Umständen extremer Kälte ausgesetzt sind. Es gibt jedoch andere Situationen, die zu Kälteschäden führen können – wenn beispielsweise jemand nach Kentern oder Sinken eines Bootes lange im eiskalten Wasser treibt. Eine andere derartige Situation ist – vor allem heutzutage – bei extremem Langlauf gegeben. Diese sportliche Betätigung kann zu einem erheblichen Wärmeverlust führen, da man über einen langen Zeitraum hinweg stark transpiriert. Selbst bei einer Außentemperatur von immerhin 8 °C bis 10 °C ist die Abkühlung so massiv, daß es zu einer Unterkühlung und unter Umständen sogar zu einer Bewußtlosigkeit kommt.

Wahrscheinlich haben Sie sich vorhin gefragt, warum der Skifahrer am Mount Royal versucht hatte, seine Jacke aufzuknöpfen, obwohl er doch fast erfror. Wenn der Körper längere Zeit der Kälte ausgesetzt ist, ziehen sich die kleinen Blutgefäße, die die Haut versorgen, zusammen, um der kalten Oberfläche Blut zu entziehen und es ins Körperinnere zu transportieren, damit es dort die für das Überleben wesentlichen Organe (Herz, Nieren, Leber und Intestinaltrakt) mit Nährstoffen versorgen und warmhalten kann. Diese Umleitung des Blutes von der Körperoberfläche weg ist auch der Grund, weshalb die Haut an den von der Unterkühlung betroffenen Stellen kalt, weiß und hart wird. Wenn das Blut nun ins Körperinnere strömt, kann es passieren, daß dadurch dem Gehirn ein Signal übermittelt wird, es bestehe kein Grund zur Besorgnis – so kalt sei es schließlich auch wieder nicht. Es ist daher durchaus möglich, daß der Patient »das Gefühl hat«, es sei ihm zu heiß, obwohl doch seine Extremitäten und der übrige Körper unterkühlt sind. Dieses trügerische Wärmeempfinden kann ein »paradoxes Entkleiden« zur Folge haben (und genau das hatte der Mann auf dem Mount Royal getan, ehe er ins Koma fiel).

Ein herrlicher Sommer – und die Gefahr eines Hitzschlags

Diese Ausführungen über Unterkühlung haben wohl genügt, um jedermann frösteln zu lassen. Sehen wir uns nun also das andere Ende des Spektrums an und überlegen uns, was man tun kann, um die Folge zu großer Hitzeeinwirkung (Hyperthermie oder passive Überwärmung) zu vermeiden. Am gefährdetsten sind, wie bei Unterkühlung auch, Alte, Kranke, Kleinkinder und Sportler. Probleme bekommt man meist dann, wenn man sich intensiv körperlich betätigt, da 75 Prozent der Energie, die man bei einer körperlichen Anstrengung erzeugt, in Wärme verwandelt werden. Diese Wärme wird normalerweise durch verschiedene Kanäle abgeleitet. Zuerst dehnen sich die Blutgefäße in der Haut aus und lassen warmes Blut an die Körperoberfläche strömen, wo dann ein Teil der Hitze durch *Radiation* (Ausstrahlung) verlorengeht. An windigen Tagen ist *Konvektion* (Wärmetransport oder Wärmeableitung) der Grund für eine zusätzliche Abkühlung – der Wind bläst sozusagen die Wärme weg. Wenn es angenehm warm oder frisch ist, sind diese beiden Mechanismen, Radiation und Konvektion, die beiden wichtigsten Vorgänge, durch die der Körper mit der überschüssigen Wärme fertig wird. Wenn es jedoch immer heißer wird und die Außentemperatur sich einem Wert über der Körpertemperatur nähert, wird *Schwitzen* die effektivste Methode zur Abkühlung.

Normalerweise kann der Körper seine Eigentemperatur recht gut regulieren. Die komplizierten Mechanismen, die selbst unter extremen Bedingungen eine konstante Körpertemperatur von 36,7 °C bis 37 °C aufrechterhalten, können jedoch unter folgenden Umständen versagen: (1) Wenn die Temperatur außerhalb des Körpers die des Blutes, das zur Hautoberfläche transportiert wird, übersteigt. Da in diesem Fall keine Wärme mehr durch Abstrahlung verlorengeht, fällt einer der drei Abkühlungsmechanismen aus. Wenn dann auch noch die Sonne scheint, *absorbiert* der Körper Wärme, anstatt sie abzustrahlen. (2) Wenn auch die Luftfeuchtigkeit ansteigt, beeinträchtigt dies die Schweißabsonderung. Wenn man unter diesen Voraussetzungen nicht genügend Flüssigkeit zu sich nimmt, bekommt man ernstlich Schwierigkeiten. Der Körper hat dann nichts, das er ausschwitzen könnte; folglich nimmt der Anteil an Wärme, den er über die Haut ableiten kann, drastisch ab. *Um Hitzeschäden zu vermeiden, ist es also von ausschlaggebender Bedeutung, eine Dehydrierung (Flüssigkeitsmangel) zu verhindern.* (3) Je mehr Kleidung Sie tragen, desto schneller wird Ihnen natürlich warm. (4) Bei älteren Menschen arbeitet manchmal der für die Regulierung der Temperatur zuständige Mechanismus im Gehirn nicht mehr so effizient (das gilt im übrigen auch für andere Körperfunktionen). Wenn sie übermäßiger Hitze ausgesetzt sind, kommen die Signale, die Schwitzen, Blutabzug und Flüssigkeitsverteilung auslösen, verspätet oder aber sind nicht deutlich genug. Aus diesem Grund müssen ältere Menschen an sehr heißen Tagen besonders vorsichtig sein. Säuglinge und Kleinkinder sind ebenfalls sehr empfindlich gegen lang andauernde, übermäßige Hitze, da ihre Körperoberfläche im Verhältnis zu ihrem Gewicht viel größer ist und sie daher mehr Wärme absorbieren als Erwachsene. (5) Wie bestimmte Medikamente die Körpertemperatur senken und daher bei extremer Kälte gefährlich werden können, so gibt es auch Wirkstoffe, die die Empfindlichkeit gegen übermäßige Hitze verstärken. Dazu zählen (a) Substanzen, die die Fähigkeit des Gehirns beeinträchtigen, die Körpertemperatur zu regulieren (es handelt sich dabei um Phenothiazine, die einige Patienten in psychiatrischer Behandlung ziemlich regelmäßig einnehmen); (b) Medikamente, die die Schweißabsonderung hemmen (hier ist die Liste sehr lang; dazu gehören Antihistamine, bestimmte Medikamente zur Behandlung der Parkinson-Krankheit, eine ganze Reihe von krampflösenden Mitteln gegen Verdauungsbeschwerden (Belladonna) sowie zahlreiche Substanzen, die in der Psychiatrie eingesetzt werden; (c) Medikamente, die unmittelbar die Erzeugung von Wärme fördern, etwa Amphetamine und Kokain; und schließlich (d) Entwässerungsmittel, die dem Körper Flüssigkeit entziehen – vor allem während einer Hitzeperiode soll aber genau das vermieden werden. Alkohol fördert die Produktion von Körperwärme; man sollte also an heißen Tagen möglichst keinen trinken. Bestimmte Krankheiten wie Diabetes und Herzleiden beeinträchtigen die Fähigkeit des Körpers, Wärme abzugeben. Schließlich gelangt, wenn das Herz schwach ist und nicht genügend Blut pumpen kann, weniger Blut in die Haut, über die Wärme abgeleitet wird.

Da Sie jetzt wissen, wie und warum übermäßige Hitze problematisch werden kann, wollen wir uns der Frage zuwenden, was in einem derartigen Fall passieren kann und wie man dem vorbeugt.

Wie bei Unterkühlung die Folgen vom Erfrieren eines Fingers oder einer Zehe bis zu einer vollständigen Unterkühlung des ganzen Körpers variieren können, so kann die Schwere einer Hyperthermie von einfachen Hitzekrämpfen über Bewußtlosigkeit und hitzebedingte Erschöpfungszustände bis zum Hitzschlag reichen.

Bei *Hitzekrämpfen* handelt es sich um Spasmen, die Sportler in den am stärksten beanspruchten Muskeln bekommen. Um die Krämpfe zu lindern, genügt es normalerweise, sich auszuruhen, Eispackungen aufzulegen und den betroffenen Muskel vorsichtig zu dehnen. Aber wie kann man solchen Krämpfen vorbeugen? Indem man genügend Flüssigkeit zu sich nimmt, und zwar vor, während und nach der jeweiligen sportlichen Betätigung. Viele meiner Patienten glauben, an den Krämpfen sei ein Salzmangel schuld, und nehmen daher Salztabletten, ehe sie sich einer größeren körperlichen Anstrengung unterziehen. Das ist jedoch nicht notwendig, wenn man mit den Mahlzeiten eine ausreichende Menge Salz zu sich nimmt.

Wenn es heiß wird, sollte jeder Sportler seine Leistungen über ein paar Tage hinweg nur ganz allmählich steigern und so dem Körper Gelegenheit geben, seine Mechanismen der Temperaturregulierung dem Wetter anzupassen. Darüber hinaus ist anzuraten, lieber früh am Morgen und am späten Nachmittag oder frühen Abend Sport zu treiben, bevor es also zu heiß wird oder nachdem die Sonne untergegangen ist.

Schlimmer als Hitzekrämpfe sind *hitzebedingte Erschöpfungszustände*. Sie treten nicht nur bei Sportlern auf, die bei einem anstrengenden Training zuviel Wärme produzieren, sondern bei jedermann – vor allem bei alten Leuten, die in ihrer Wohnung keine Klima- oder zumindest Belüftungsanlage haben, und bei Säuglingen und Kleinkindern. Die Symptome eines hitzebedingten Erschöpfungszustands sind Übelkeit und Erbrechen, Muskelkrämpfe, Ohnmacht und ein rasender, aber schwacher Puls. Zu den Vorbeugungsmaßnahmen gehört, daß man die Körpertemperatur niedrig hält, kalte Kompressen auflegt und große Mengen Flüssigkeit zu sich nimmt. Zusätzliche Salzgaben sind nicht erforderlich; Patienten, die an einer Herzkrankheit oder zu hohem Blutdruck leiden, dürfen dies natürlich auf keinen Fall tun.

Der schlimmste Hitzeschaden ist ein *Hitzschlag*. Dazu kommt es normalerweise dann, wenn die Außentemperatur sehr hoch ist (im allgemeinen über 35 °C) und zudem die Luftfeuchtigkeit stark ansteigt; vor allem gilt dies, wenn man sich in der prallen Sonne aufhält. Der Hitzschlag selbst erfolgt meist ganz plötzlich und ist das Ergebnis eines völligen Zusammenbrechens der körpereigenen Mechanismen des Wärmeausgleichs. Als erstes hört der Betreffende auf zu schwitzen, bevor Verwirrungszustände einsetzen, die in Koma und Delirien übergehen. Die Körpertemperatur, die bei einem hitzebedingten Erschöpfungszustand nahezu normal bleibt, schnellt bei einem Hitzschlag auf über 40 °C hoch. Es handelt sich hier um einen wirklich dringenden Notfall, und wenn man nicht möglichst schnell mit der entsprechenden Behandlung beginnt, stirbt der Patient. Bei der Behandlung ist alles erlaubt, was dazu beiträgt, den Patienten abzukühlen. Im Krankenhaus wird man ihm dann die entsprechenden Flüssigkeiten intravenös verabreichen und ihn möglicherweise in eine mit Eiswürfeln gefüllte Wanne legen, Kompressen machen oder mit einem Ventilator lauwarmen Wasserdampf auf den Körper sprühen.

Was können wir, alles in allem, tun, um an extrem heißen Tagen die Folgen zu großer Hitzezufuhr zu vermeiden? Wenn Sie Sportler sind, sollten Sie (1) ganz allmählich Ihre Kondition verbessern, ehe Sie Höchstleistungen anstreben; (2) versuchen, frühmorgens oder am späten Nachmittag Sport zu treiben; (3) nicht laufen oder rennen, wenn die Feuchttemperatur mehr als 28,5 °C beträgt (die Feuchttemperatur berechnet man ausgehend von der Außentemperatur, der Luftfeuchtigkeit und der Strahlungswärme der Sonne); (4) vor und – in kurzen Abständen – während der körperlichen Anstrengung jeweils ein bis zwei Tassen Flüssigkeit trinken; (5) sich möglichst oft mit Wasser besprühen oder übergießen; (6) helle, lockere, kurze Kleidung tragen; (7) am allerbesten bei sehr heißem Wetter das Spiel oder den Wettkampf verschieben.

19. Sehen und Hören – zwei unschätzbare Gaben

Die Vorbeugung einer Erblindung

Obwohl in den Vereinigten Staaten jährlich dreißig Millionen Patienten einen Augenspezialisten konsultieren, erblindet dort alle elf Minuten ein Mensch. Nach offiziellen Angaben sind fünfhunderttausend Amerikaner blind, 3,5 Millionen können nur auf einem Auge sehen und zwölf Millionen haben »Sehstörungen«; von diesen können wiederum 1,5 Millionen auch mit der stärksten Brille nicht Zeitung lesen. Bei jedem fünften Blinden ist diese Störung angeboren oder ererbt.

Die Lösung dieses Problems liegt im wesentlichen in der Vorbeugung. Wenn wir uns unsere Eltern aussuchen könnten, wäre alles in Ordnung, denn es hängt weitgehend von den Erbanlagen ab, wer welche Schwierigkeiten mit seinen Augen bekommen wird – und wann. Aber bis man soweit ist, genetisches Material manipulieren zu können, müssen wir uns auf eine pragmatische Lösung dieser Frage konzentrieren. Glücklicherweise ist es bei einer ganzen Reihe von Augenkrankheiten möglich, durch eine rechtzeitige Behandlung eine Erblindung zu verhindern.

Das Glaukom – der Weg zur Blindheit

Hauptursache für die Erblindung Erwachsener ist in den Vereinigten Staaten das *Glaukom* (auch »grüner Star« genannt). Auch wenn man der Krankheit selbst nicht vorbeugen kann, besteht doch die Möglichkeit, eine Erblindung zu verhindern, indem man früh genug mit der entsprechenden Therapie beginnt. Man kann bei rechtzeitiger Diagnose jedem siebten Fall von Erblindung vorbeugen.

Ein Glaukom entwickelt sich, wenn der Druck der Flüssigkeit im Augapfel zunimmt. Dadurch wird die Retina (Netzhaut) zusammengepreßt, deren Funktion es ist, die in das Auge eindringenden Lichtstrahlen dem Gehirn zu übermitteln. Wenn der Augeninnendruck steigt, werden die Nervenzellen und -fasern in der Netzhaut immer stärker zusammengepreßt, und das Sehvermögen nimmt ab. Das kann ganz unvermittelt geschehen; man verspürt plötzlich einen Schmerz in den Augen und sieht auf einmal nur noch verschwommen; in den meisten Fällen handelt es sich jedoch um einen sehr langsam ablaufenden Prozeß.

Wenn ein Glaukom nicht behandelt wird, nimmt das Sehvermögen kontinuierlich ab. Charakteristischerweise fällt es diesen Patienten schwer, sich auf die Sichtverhältnisse in einem dunklen Raum einzustellen, beispielsweise wenn sie aus dem Sonnenlicht in ein Kino treten. Strahlend helle Lichter sind für sie manchmal mit einer regenbogenfarbigen Aura umgeben, und die einzelnen Bilder sind unscharf und verschwommen. Im nächsten Stadium nimmt die Fähigkeit zum Randsehen ab; man kann nur noch das sehen, was sich unmittelbar vor den Augen abspielt. (Das Randsehen verschwindet zuerst, da der erhöhte Augeninnendruck anfangs die Nervenzellen und -fasern beeinträchtigt, die für das periphere beziehungsweise Randsehen zuständig sind.) Wenn später auch das zentrale Sehen beeinflußt wird, kommt es zur vollständigen Erblindung.

Daneben gibt es noch das »iatrogene«, d. h. durch ärztliche Einwirkung entstandene Glaukom, das bei Patienten auftreten kann, die wegen gefährlicher Augenentzündungen oder akuter allergischer Reaktionen mit Steroiden behandelt werden. Das Risiko eines Glaukoms ist allerdings nicht so groß, wenn man die Steroide nicht lokal anwendet, sondern einnimmt. Dennoch sollten Sie, wenn Sie sich einer Langzeittherapie mit Steroiden unterziehen müssen, unbedingt den Augeninnendruck häufig und sehr sorgfältig überprüfen lassen.

Sie können das Risiko einer Erblindung aufgrund eines Glaukoms vermindern, wenn Sie genauestens auf erste Anzeichen achten. Nur dann sind eine frühe Diagnose und sofortige Behandlung möglich. Die Fälle von Glaukom bei unter Fünfunddreißigjährigen sind eher selten; am größten ist die Wahrscheinlichkeit in den vierziger bis sechziger Jahren. Jeder, bei dem diese Krankheit »in der Familie liegt«, ist gefährdet (das Glaukom ist in hohem Maße erblich); zudem tritt sie oft in Zusammenhang mit Diabetes und Myopie (Kurzsichtigkeit) auf. Denken Sie daran – Blindheit ist irreversibel. Sie sollten also, wenn Sie älter als fünfunddreißig, kurzsichtig und außerdem zuckerkrank sind oder wenn in Ihrer Familie schon des öfteren Fälle von Glaukom aufgetreten sind, Ihre Augen *alle zwei Jahre* untersuchen lassen.

Wenn sich nun herausstellt, daß der Augeninnendruck zu groß ist, wird man Ihnen wahrscheinlich zuerst einmal Augentropfen verordnen. Wenn das nichts hilft, ist unter Umständen ein chirurgischer Eingriff erforderlich.

Das neueste Medikament für die Behandlung dieser Krankheit ist ein Betablocker, der als Timolol bezeichnet wird (Handelsname: Temserin). Wie alle Betablocker kann Temserin den Puls verlangsamen und den Blutdruck senken. Bei empfindlichen Patienten kann es ein Herzleiden verschlimmern und Asthmaanfälle auslösen. Wenn also Ihr Arzt Ihnen zur Behandlung eines Glaukoms dieses Medikament verordnet, müssen Sie ihn unbedingt darauf hinweisen, wenn Sie unter Asthma oder einer Herzkrankheit leiden.

Es gibt einige recht gebräuchliche Medikamente, die bei Patienten mit Glaukom den Augeninnendruck noch verstärken können. Sie rufen also das Glaukom nicht hervor, wie Steroide, aber sie verschlimmern es. Zu diesen Wirkstoffen zählen Antihistamine, Nitrate (zur Behandlung von Angina pectoris) sowie krampflösende Mittel (bei einer nervösen Blase oder einem überempfindlichen Magendarmtrakt). Wenn Sie an einem Glaukom leiden, sollten Sie dafür sorgen, daß Sie, Ihr Augenarzt und jeder andere Arzt, der Sie wegen anderer Beschwerden behandelt, in regelmäßiger Verbindung miteinander stehen.

Altersbedingte Macula-Degeneration

Der zweithäufigste Grund für eine Erblindung (einer von neun Fällen in den USA) ist die altersbedingte Macula-Degeneration; jährlich sind dort etwa dreitausend neue Fälle darauf zurückzuführen. Diese Krankheit tritt fast ausschließlich bei älteren Menschen auf, aber es gibt auch eine erbliche Spielart, die bisweilen bei jungen Leuten auftritt.

Zu einer durch Macula-Degeneration bedingten Sehschwäche kommt es, wenn die Macula, jener Bezirk der Netzhaut, der für das scharfe, zentrale Sehen zuständig ist, beschädigt wird. Der Schaden ist in diesem Fall jedoch gefäßbedingt und hat nichts mit dem Augeninnendruck zu tun. Die winzigen Blutgefäße, die die Retina versorgen, werden krank, platzen oder sondern Flüssigkeit ab. Die Folge ist eine Unterversorgung der Retina mit Blut und Sauerstoff. Der typische Krankheitsverlauf sieht etwa so aus: Ein Mann oder eine Frau, fast immer älter als fünfundsechzig – am höchsten ist die Wahrscheinlichkeit bei über Siebzigjährigen –, bemerkt im Zentrum seines oder ihres Gesichtsfeldes einen dunklen Fleck. Da diese Macula nicht einmal stecknadelkopfgroß ist, wird die übrige Retina anfangs nicht in Mitleidenschaft gezogen. Diese Leute können daher eigentlich alles sehen – außer dem, was sich direkt vor ihren Augen befindet. Das Randsehen wird – ganz anders als beim Glaukom – erst sehr viel später beeinträchtigt.

Abgesehen von ihrem Sehproblem erfreuen sich viele Patienten mit altersbedingter Macula-Degeneration einer guten Gesundheit. Diese Behinderung ist also keineswegs ein Teilaspekt eines allgemeinen Leidens. In manchen Fällen hatte der Patient einmal eine Augenverletzung oder war gleißendem Licht ausgesetzt; normalerweise ist dies jedoch nicht der Fall.

Unglücklicherweise kann man einer Macula-Degeneration nicht vorbeugen und sie auch, zumindest in den meisten Fällen, nicht heilen. Allerdings erfolgt das Nachlassen der Sehkraft sehr langsam. Die meisten Patienten können noch Jahre, nachdem die ersten Symptome aufgetreten sind, so gut sehen, daß sie einigermaßen zurechtkommen. Mit verschiedenen »Sehhilfen« kann man ihre Situation erleichtern; dazu gehören Vergrößerungsgläser, die teilweise mit sehr starken Lämpchen ausgestattet sind, und sogar teleskopische Linsen. Ihr Augenarzt muß entscheiden, was für Sie in dem jeweiligen Stadium der Krankheit am besten geeignet ist.

In jüngerer Zeit habe ich einige meiner Patienten mit Macula-Degeneration an Spezialisten überwiesen, um eine Krypton-Laser-Bestrahlung vornehmen zu lassen: Ein stark gebündelter Lichtstrahl, der auf das kranke Blutgefäß gerichtet wird, kann die Blutung zum Stillstand bringen. Wenn man diese Laser-Therapie früh genug – und bei dafür geeigneten Patienten – durchführt, kann sie unter Umständen eine völlige Erblindung verhindern oder zumindest hinauszögern.

Katarakte – den Zeitpunkt müssen Sie bestimmen

Die dritte relativ häufige – und vermeidbare – Ursache für Erblindung ist die Katarakt-Bildung (auch »grauer Star« oder Linsentrübung genannt). Bei der Behandlung dieses Leidens sind die Wahl des Zeitpunkts (das ist Ihre Sache) und das Können (Ihres Arztes) von entscheidender Bedeutung.

Das Bild, das Sie sehen, wird von der Linse gebündelt, dann zur Netzhaut und von dort zum Gehirn »transportiert«. Wenn die Linse hinter der Pupille trübe wird, hat man eine Katarakt. Da die Entstehung einer Katarakt die Übertragung des Lichtstrahls durch die Linse stört, wird das Sehvermögen beeinträchtigt. Die Gegenstände erscheinen verschwommen, eine neue Brille hilft auch nicht viel, es scheint nie hell genug zu sein, um richtig lesen zu können, und selbst wenn man sich die Augen reibt, bleibt dieser »Film« oder »Schleier«.

Man weiß nicht genau, welche chemischen Veränderungen dieser Linsentrübung zugrunde liegen. Zwar neigen Diabetiker eher zu einer Katarakt-Bildung als Patienten mit normalem Zuckerstoffwechsel, aber die meisten, die unter einer Linsentrübung leiden, sind ansonsten offensichtlich gesund. Wie die Macula-Degeneration ist auch die Katarakt-Bildung normalerweise ein altersbedingtes Leiden. Allerdings können bestimmte Erbanlagen oder eine Rötel- oder Herpesinfektion der Mutter im Verlauf der Schwangerschaft zu einer Katarakt-Bildung schon in jungem Alter führen.

Im Gegensatz zum Glaukom, bei dem eine möglichst frühe Diagnose und eine sofortige Behandlung notwendig sind, um eine Erblindung zu verhindern, liegt in diesem Fall im allgemeinen die Entscheidung, ob und wann die Katarakt entfernt werden soll, *beim Patienten selbst*. Durch eine Operation kann das Sehvermögen wiederhergestellt werden. Eine »reife« Katarakt bedeutet, daß sie entfernt werden *kann*, nicht aber, daß sie entfernt werden *muß*. Wenn Sie *Ihrem Empfinden nach* ausreichend sehen, schadet es normalerweise nicht, wenn Sie erst einmal abwarten.

Bei der operativen Entfernung einer Katarakt wird die kranke Linse herausgenommen und ersetzt. Dabei ist es sehr wichtig, wodurch sie ersetzt wird. So gibt es heutzutage Kontaktlinsen, die dem Auge genau angepaßt werden. Die modernsten sind gasdurchlässig, so daß Sauerstoff zu der Hornhaut durchdringen und das Auge »atmen« kann. Es kann jedoch passieren, daß ältere Leute sich schwertun, jeden Tag oder zumindest jeden zweiten Tag die Linse herauszunehmen und später wieder einzusetzen. Für sie gibt es jetzt die gasdurchlässigen Langzeit-Linsen, die man bis zu drei Monaten im Auge lassen kann; erst dann muß sie entweder der Patient selbst oder der Arzt auswechseln.

Der revolutionärste Fortschritt in der Linsentechnologie ist eine Linse, die der Chirurg bei der Operation einpflanzt. Nach einer solchen Operation ist das Sehvermögen wieder hervorragend, und Sie brauchen sich nie mehr mit dem Einsetzen Ihrer Kontaktlinsen abzumühen. Anfangs gab es ernste Probleme mit diesen implantierten Linsen, da die Gefahr einer Infektion beziehungsweise Abstoßung bestand, aber die meisten fähigen Augenchirurgen erzielen mittlerweile exzellente Ergebnisse. Wenn Sie also eine Katarakt-Operation vornehmen lassen wollen, fragen Sie von vorneherein nach der implantierbaren Linse.

Bei Patienten mit einer Linsentrübung kann man also eine Erblindung verhindern, indem man die kranke Linse entfernt. Die Frage ist nun, ob es eine Möglichkeit gibt, von vorneherein einer Katarakt-Bildung vorzubeugen. Einige Forscher auf diesem Gebiet glauben, daß – welche chemischen Veränderungen auch immer für die Trübung der Linsen verantwortlich sind – dieser Prozeß durch Aspirin in kleinen Dosierungen verlangsamt werden kann. Diese Theorie hat allerdings nicht viele Anhänger. L-Tryptophan (wie auch Kalma), eine Aminosäure, die ein wichtiger Bestandteil von Milch ist und auch als mildes Schlafmittel sowie als Antidepressivum verordnet wird, beschleunigt hingegen nach Ansicht einiger Forscher eine Katarakt-Bildung.

Personen, die sich oft und lange in der Sonne aufhalten, sind etwas gefährdeter. Auch bei Menschen, die ultraviolettem Licht ausgesetzt sind, kommt es häufiger zu einer Katarakt-Bildung; zu diesem Personenkreis gehören beispielsweise Chemiker, Banknotenprüfer, Zahnärzte und Dermatologen. Bei ihnen sind die Katarakte wahrscheinlich darauf zurückzuführen, daß das langwellige ultraviolette Licht auf das im Körper enthaltene L-Tryptophan einwirkt. Falls Sie einen solchen Beruf ausüben, sollten Sie Speziallinsen verwenden, die die gefährlichen Strahlen herausfiltern.

Schon eine ionisierte Strahlung von lediglich 200 Rad (egal welchen Ursprungs) kann zu einer Linsentrübung führen, und zwar Jahre, nachdem man dieser Strahlung ausgesetzt war. Häufige niedrige Dosen können genausoviel Schaden anrichten wie eine einmalige hohe Dosierung. Jeder, der über längere Zeiträume hinweg Röntgenstrahlen ausgesetzt ist – hauptsächlich Techniker, Radiologen und Wissenschaftler –, sollte seine Augen mit einer Brille schützen, deren Gläser Blei enthalten.

Es gibt bestimmte Medikamente, die zur Bildung von Katarakten führen können. Dazu gehören Augentropfen, die bei Kurzsichtigkeit angewandt werden, und Steroide. Jeder, der ein Jahr lang täglich 10 mg Prednison (oder Decortin oder Hostacortin) genommen hat – es wird meist zur Behandlung von Arthritis oder bei chronischen Lungenkrankheiten verordnet –, sollte sich auf eine mögliche Katarakt-Bildung untersuchen lassen.

Diabetes und Sehschwäche

»Pathie« bedeutet im medizinischen Sprachgebrauch »Krankheit« oder »Störung, Beeinträchtigung«. Diabetische Retinopathie bezeichnet folglich eine »Erkrankung der Retina bei Diabetikern«. Diabetische Retinopathie ist eine der Hauptursachen für neue Fälle von Sehschwäche beziehungsweise Erblindung, und zwar in allen Altersstufen. Sie kann jeden Diabetiker treffen.

Bei einem Zuckerkranken schwellen die kleinen Blutgefäße, die die Retina im Augenhintergrund versorgen, an, platzen und lassen Flüssigkeit austreten. Das Blut und die Flüssigkeit, die sich in der Retina ansammeln, zerreißen diese, lösen sie ab und führen zu einer Narbenbildung. Die leckenden Blutgefäße können auch in den Glaskörper (die geleeartige Flüssigkeit im Augapfel) eindringen, so daß das Sehvermögen noch stärker beeinträchtigt wird. Es ist ein langsamer, aber erbarmungsloser Prozeß. Je länger Sie schon an Diabetes leiden, desto anfälliger sind Sie für diese schwere Augenerkrankung. In der Tat leidet ein Großteil der Patienten, die schon seit fünfzehn Jahren oder länger an Diabetes erkrankt sind, an mehr oder minder schwerer Retinopathie. Allerdings führt sie nur bei wenigen Personen zur Erblindung.

Hätte ich dieses Kapitel vor einigen Jahren geschrieben, hätte ich an dieser Stelle mit der Bemerkung geendet, daß man gegen diabetische Retinopathie nichts tun und ihr auch nicht vorbeugen kann. Das trifft jedoch nicht mehr zu, denn mittlerweile wurden auf diesem Gebiet große Fortschritte erzielt:

(1) Lichtkoagulation: Grelles, hochenergetisches Licht wird mittels Laserstrahlen auf die betroffenen Blutgefäße gelenkt; dadurch werden sie abgedichtet und ein weiteres Austreten von Flüssigkeit verhindert.
(2) Vitrektomie (Entfernung des Glaskörpers): Blutablagerungen und vernarbtes Gewebe im Glaskörper werden operativ entfernt. Es handelt sich dabei um eine komplizierte Operation: ehe Sie einem solchen Eingriff zustimmen, sollten Sie sich rückversichern, daß der Operateur über eine reiche Erfahrung auf diesem Gebiet verfügt.
(3) In der Forschung arbeitet man gerade an einem Medikament, das bereits im Erprobungsstadium ist und das möglicherweise eine Erkrankung der kleinen Blutgefäße bei Diabetikern verhindert. Ein Enzym namens Aldehydzucker- (Aldose-)Reduktase wirkt auf den – bei Diabetikern im Überschuß vorhandenen – Zucker ein und wandelt ihn in eine Substanz um, die die Wände der kleinen Blutgefäße schwächt. Wenn man nun den Körper daran hindert, dieses Enzym zu produzieren, kann man möglicherweise einer

diabetischen Retinopathie (und zugleich einigen anderen Beeinträchtigungen von Gefäßen und Nerven, die bei Diabetes mellitus auftreten) vorbeugen. Die bislang vorliegenden Forschungsberichte klingen recht vielversprechend.

Arteriitis der Riesenzellen

Bei älteren Menschen ist häufig eine Riesenzellen-Entzündung (= Arteriitis temporalis) die Ursache für Sehschwäche oder Erblindung. Lassen Sie mich den Fall einer Patientin schildern, die vor kurzem mit diesem Problem zu mir kam. Sie war siebenundsechzig Jahre alt und hatte sich zeit ihres Lebens einer guten Gesundheit erfreut. Etwa zwei Wochen, bevor sie mich aufsuchte, hatte sie leichtes Fieber bekommen; außerdem hatte ihr der ganze Körper weh getan. Sie war überzeugt, es handele sich nur um eine Grippe. Dann bekam sie Kopfschmerzen, ihre Muskeln taten weh, und plötzlich wurde ihre linke Schläfe druckempfindlich.

Als ich sie untersuchte, war der einzige physische Befund ein diffuser Muskelkater. Blutuntersuchungen ließen jedoch auf Anämie schließen – die bei Frauen dieses Alters relativ häufig auftritt; zudem war die Senkung außergewöhnlich hoch. (Bei einer Senkung handelt es sich um einen »unspezifischen« Test. Wenn sie zu hoch ist, weist dies darauf hin, daß etwas nicht in Ordnung ist, sagt aber nichts darüber aus, was es ist. Im Grunde genommen kann es alles sein – von einer Erkältung bis zu Krebs.) Jedenfalls stellte ich in diesem speziellen Fall die Diagnose Riesenzellen-Entzündung, eine Entzündung der großen Arterien im Bereich der Schläfen. In fast allen Fällen ist eine Biopsie (Gewebsuntersuchung) notwendig, um diese Diagnose zu bestätigen. Riesenzellen-Entzündung kann einen dramatischen Verlauf nehmen; wird sie nicht schnell und richtig behandelt, führt sie möglicherweise zu einer Erblindung. Zur Behandlung verabreicht man hohe Dosen von Steroiden. In manchen Fällen ist es angebracht, anschließend noch ein oder zwei Jahre lang Erhaltungsdosen zu verordnen.

Weitere Gefahren für die Augen

Neben den krankheitsbedingten Fällen ist die wichtigste Ursache für eine Erblindung ein Unfall – beim Spielen, in der Schule, zu Hause oder am Arbeitsplatz. In neun von zehn Fällen hätte man die Verletzung vermeiden können, wenn man die entsprechenden Sicherheitsvorkehrungen getroffen und einen Augenschutz getragen hätte. Jedes Jahr ziehen sich in den USA 160000 Kinder im Alter von fünf bis siebzehn Jahren Verletzungen der Augen zu; zwei Drittel dieser Unfälle passieren, während sie unbeaufsichtigt spielen. Am häufigsten geschieht derlei beim Hand-, Fuß- und Basketball oder bei Sportarten wie Tennis, Federball oder Squash. Wenn man bei diesen sportlichen Betätigungen einen Augenschutz oder einen Helm trägt, bedeutet das nicht, daß man wehleidig und überängstlich, sondern vielmehr, daß man gewitzt ist.

Jedes Jahr am 4. Juli, dem amerikanischen Unabhängigkeitstag, werden an die 1200 Kinder in Notaufnahmestationen gebracht, weil ein Feuerwerkskörper in oder nahe einem Auge explodiert ist. Viele von ihnen bleiben auf diesem Auge für immer blind. Pro Jahr entfernen Augenärzte in den USA Luftgewehrgeschosse aus den Augen von mehr als sechshundert Kindern; bei weiteren sechshundert sind es Pfeile, Wurfpfeile und Kugeln aus Schleudern. Genau das sind die Verletzungen, die besorgte und sorgsame Lehrer und Eltern verhindern können und sollen. Sie tun Ihren Kindern keinen Gefallen, wenn Sie ihnen Spielsachen schenken, mit denen sie noch nicht umgehen können. Warnen Sie sie lieber davor, wie gefährlich es ist, mit einem Bleistift oder einer Schere nach jemandem zu werfen, der sich auf der anderen Seite des Zimmers befindet.

Sind Sie zu Hause sicherer als an Ihrem Arbeitsplatz oder wenn Sie Sport treiben? Offenbar nicht. In den Vereinigten Staaten passieren fast die Hälfte aller Unfälle, bei denen ein Auge verletzt wird, im eigenen Reich.

Einem meiner Patienten machte es großen Spaß, in seiner Kellerwerkstatt Möbel zu schreinern. Eines Tages rieb er sich unachtsam ein wenig Leim, der an seinem Finger klebte, ins Auge. Nur mit Mühe konnte es gerettet werden. Andere Patienten erlitten durch Funkenflug beim Schweißen, durch Spritzer von geschmolzenem Metall oder Lötmetall, durch Säuren, Splitter, Metallstückchen, zerbrochene Werkzeuge, abgerutschte Nägel und Schrauben Verletzungen an den Augen. Tragen Sie also immer eine Schutzbrille, wenn Sie in Ihrer Werkstatt arbeiten. Das gilt z. B. auch für die Benutzung von Höhensonnen.

Gartenarbeit kann genauso gefährlich sein wie das Basteln im Hobbykeller. Splitter beim Holzhacken oder Sägen, ein Steinchen, das der Rasenmäher hochschleudert – all dies kann zu Augenverletzungen führen; giftige Chemikalien, Pestizide, Düngemittel und Herbizide können die Augen verätzen. Auch hier rate ich meinen Patienten immer zu einer Brille.

Im Berufsleben wären die meisten Augenverletzungen ebenfalls vermeidbar. Es genügt wohl zu sagen, daß 90 Prozent aller Unfälle im industriellen Bereich, bei denen die Augen in Mitleidenschaft gezogen werden, auf die Nichteinhaltung der gesetzlichen Sicherheitsvorschriften zurückzuführen sind.

Auch Personen mit Kontaktlinsen können ihre Augen verletzen, wenn sie sich schwertun, die Linsen ins Auge zu praktizieren. Das gilt vor allem für ältere Menschen, deren Koordination möglicherweise beeinträchtigt ist. Wenn Sie Schwierigkeiten damit haben, sollten Sie entweder eine normale Brille tragen oder sich bei Ihrem Augenarzt nach gasdurchlässigen Langzeitlinsen erkundigen, die dann *er* alle paar Wochen oder Monate herausnehmen und reinigen soll.

Falls Sie eine schädliche Substanz (und es gilt alles als schädlich, solange nicht das Gegenteil bewiesen ist) ins Auge bringen, müssen Sie sofort etwas unternehmen. *Auf gar keinen Fall dürfen Sie sich die Augen reiben*. Spülen Sie das verletzte Auge alle fünfzehn Minuten mit klarem Wasser, und gehen Sie so schnell wie möglich zur nächstgelegenen Ambulanz oder zur Praxis Ihres Arztes, falls er erreichbar ist. Machen Sie das Ganze nicht noch schlimmer, indem Sie »neutralisierende« chemische Substanzen auftragen.

Wenn ein festes Partikel in Ihr Auge gerät, ziehen Sie am besten das obere Lid nach vorne und stülpen es über das untere Lid, damit die Tränenflüssigkeit das Teilchen herausschwemmt. Wenn das nicht funktioniert, dürfen Sie auf keinen Fall reiben. Lassen Sie das Auge geschlossen, legen Sie einen leichten Verband an und suchen Sie so schnell wie möglich den nächsten Augenarzt auf oder gehen Sie zu einer Unfallstation.

Ich hoffe, diese Hinweise haben dazu geführt, daß Sie jetzt etwas nachdenklich – und möglicherweise auch ein wenig besorgt und, hoffentlich, vorsichtiger – geworden sind, was Ihr kostbares Sehvermögen betrifft.

Schwerhörigkeit und Taubheit – Diät, Drogen, Dezibel und andere Faktoren

Die amerikanische Schriftstellerin Helen Keller, selbst blind und taub, hat einmal diese beiden Behinderungen folgendermaßen verglichen: »Blindheit«, so sagte sie, »trennt den Menschen von den Dingen, Taubheit aber trennt den Menschen vom Menschen.« In den Vereinigten Staaten gibt es schätzungsweise zweiunddreißig Millionen Menschen, die nicht mehr richtig hören können; es handelt sich hier um die verbreitetste gesundheitliche Störung überhaupt. Viele sind sich dessen gar nicht bewußt, daß ihr Hörvermögen nachgelassen hat – oder aber sie wollen es nicht zugeben. Einem Kind, das nicht normal hört, werden möglicherweise »Lernunfähigkeit« oder »Verhaltensstörungen« unterstellt. Bei älteren Menschen kann Schwerhörigkeit dazu führen, daß sie übertrieben argwöhnisch, paranoid oder depressiv werden und sich ganz auf sich selbst zurückziehen, so daß man den Eindruck hat, sie litten an Senilität.

Die Fähigkeit zu hören ist das Ergebnis verschiedener komplizierter Mechanismen, die durch Schallwellen ausgelöst werden. Zu den organischen Strukturen, die an diesem Prozeß beteiligt sind, gehört unter anderem der Gehörgang, der den Schall zum Mittelohr beziehungsweise zum Trommelfell transportiert. Dieses reagiert mit Schwingungen und läßt auf diese Weise drei kleine Knöchelchen, die sich hinter dem Trommelfell befinden, beben und vibrieren. Dies wiederum stimuliert die Haarzellen im Innenohr, die dann den Impuls zu speziellen Hörnerven leiten. Diese transportieren ihrerseits den Impuls in spezifische Bereiche des Gehirns, in denen er als eine Botschaft mit einem bestimmten Sinn entschlüsselt wird.

Schwerhörigkeit kann durch Störungen an jeder Stelle entlang dieses Weges verursacht werden. Beispielsweise kann das Hörvermögen beeinträchtigt sein, weil die Gehörgänge mit Ohrenschmalz (Zerumen) verstopft sind. Da Kauen die Bildung und Ansammlung von Zerumen verlangsamt, passiert es vor allem bei älteren Personen, deren Gebiß nicht mehr sonderlich gut ist und die daher hauptsächlich weiche und breiige Nahrung zu sich nehmen, daß sich in den äußeren Gehörgängen Ohrenschmalz ansammelt. Zu Schwerhörigkeit kann es auch kommen, wenn – aufgrund einer früheren Infektion – die Elastizität und Vibrierfähigkeit des Trommelfells nachläßt, wenn die Ohrknöchelchen miteinander verwachsen, so daß sie auf die Vibrationen nicht mehr angemessen reagieren können, wenn die Nerven, die die Schallwellen zum Gehirn transportieren, beschädigt sind oder das Gehirn selbst verletzt ist.

Das Nachlassen des Hörvermögens kann zeitlich begrenzt sein (etwa wenn Sie eine Erkältung haben und sich zu heftig schneuzen), oder aber es wird zu einem Dauerzustand (wenn beispielsweise die Nerven, die vom Ohr zum Gehirn verlaufen, durch einen giftigen Wirkstoff geschädigt wurden). Es kann ganz plötzlich dazu kommen (wenn jemand dicht neben Ihrem Ohr eine Pistole abfeuert) oder aber sich allmählich vollziehen (weil Sie gerne zum Schießplatz gehen und Ihr Gewehr zu oft zu nahe an Ihrem Ohr abfeuern); Schwerhörigkeit kann angeboren (weil Ihre Mutter während der Schwangerschaft Röteln hatte) oder aber erworben sein (aufgrund des Lärms, dem Sie in Ihrem Beruf als Nieter ausgesetzt sind).

Eine der verbreitetsten, wichtigsten und *vermeidbaren* Formen von Schwerhörigkeit ist Presbyakusis (Altersschwerhörigkeit). Als erstes nimmt man die hohen Töne nicht mehr wahr, dann die tiefen. Man hat Schwierigkeiten, die Stimmen von Frauen zu verstehen, und Musik erfährt man nicht mehr so voll und klingend wie früher; es wird zunehmend schwierig, Zischlaute wie *s, f* und *sch* zu unterscheiden, vor allem wenn ihnen Niederfrequenzvokale wie *i* folgen.

Anders als bei durch andere Ursachen bedingter Schwerhörigkeit – wo oft eine Operation helfen kann – gibt es beim gegenwärtigen Stand der Forschung keine wirklich effektive Therapie der

Altersschwerhörigkeit. Hörgeräte können sie etwas abmildern, aber sie machen oft mehr Umstände, als der ganze Aufwand wert ist. Allerdings werden diese Apparate immer kleiner und fallen kaum mehr auf. Ich muß Ihnen die Geschichte von einem Mann erzählen, der einem Freund voller Begeisterung schilderte, wie gut doch sein Hörgerät funktioniere: »Tut mir verdammt leid, daß ich so lange so eitel war«, meinte er. »Ich hätte mir schon vor Jahren ein solches Ding zulegen sollen. Einfach phantastisch, wie gut ich jetzt hören kann. Sieh nur, wie klein das Hörgerät ist. Es fällt wirklich nicht auf, oder?«

»Nein«, stimmte sein Freund zu, »eigentlich nicht. Welche Marke ist es?«

»Sechs Uhr dreißig«, erwiderte der andere und sah auf seine Uhr.

Auch für das Problem Altersschwerhörigkeit heißt die Lösung Vorbeugen. Man war früher allgemein der Ansicht, das Nachlassen des Hörvermögens sei eine unvermeidliche Folge des Alterungsprozesses. Bis zu einem gewissen Grad trifft dies durchaus zu, aber man kann diesen Vorgang abschwächen und hinausschieben. Von wesentlicher Bedeutung sind dabei die drei D – Diät, Drogen (das heißt Medikamente) und Dezibel.

Diät: Die Mabaan, ein erst kürzlich im südöstlichen Sudan »entdeckter« primitiver Stamm, hören selbst in hohem Alter noch sehr gut, und zwar aus verschiedenen Gründen. Sie leben in einer – zumindest nach unseren Standards – sehr ruhigen Umgebung; sie haben einen niedrigen Blutdruck, und ihre Nahrung enthält, anders als die unsrige, nur sehr wenig gesättigtes Fett.

Normalerweise denken wir bei gesättigten Fetten – die in durchwachsenem Fleisch, Butter, Eigelb, Milchprodukten und bestimmten Schalentieren enthalten sind – daran, daß sie Arteriosklerose und bestimmte Krebsarten fördern. Wissenschaftler, die sich mit dem Phänomen des Hörens befassen, sind mittlerweile jedoch überzeugt davon, daß eine fettreiche Ernährung auch die Entwicklung von Altersschwerhörigkeit beschleunigt. Da man mittlerweile weiß, wie heilsam es für Herz und Kreislauf ist, wenn man weniger Fett zu sich nimmt, scheint es durchaus vernünftig, die gleiche Ernährungsweise auch zu dem Zweck zu empfehlen, das Risiko der Schwerhörigkeit einzuschränken.

Drogen (beziehungsweise Medikamente), die zu Hörstörungen führen können: Eine große Anzahl von Wirkstoffen können eine »ototoxische« Wirkung haben. Vor Jahren hatte ich in der Klinik ein junges Mädchen als Patientin, das Schwierigkeiten mit dem Herzen hatte. Wir verabreichten ihr verschiedene Medikamente, um das Herz zu kräftigen und es dazu zu bringen, regelmäßig zu schlagen. Eines Morgens fragte ich sie bei der Visite, wie sie sich fühle. Sie sah mich zweifelnd an. »Was haben Sie gesagt? Ich kann Sie nicht verstehen, bei dem schrecklichen Baulärm da draußen. Es dürfte wirklich nicht erlaubt sein, daß in der Nähe von Krankenhäusern die Bauarbeiten sogar nachts weitergehen. Ich habe kein Auge zugetan.« Im Prinzip stimmte ich ihr durchaus zu – außer daß ich nichts von dem Hämmern oder Dröhnen hören konnte, über das sie sich beklagte. Der Lärm, den das Mädchen hörte, und ihre Schwerhörigkeit waren im wahrsten Sinn des Wortes in ihrem Kopf angesiedelt – und schuld daran war das Chinidin, das sie wegen ihrer Herzbeschwerden bekam. Als wir das Medikament absetzten, verschwanden die Symptome. Sie hatte Glück gehabt, denn bei ihr war die Schwerhörigkeit reversibel, und sie hatte uns sofort darauf aufmerksam gemacht. Unter anderen Voraussetzungen entwickelt sich eine durch Medikamente bedingte Schwerhörigkeit jedoch ganz allmählich und schleichend; sie wird oft gar nicht als solche diagnostiziert und bleibt gelegentlich für immer bestehen.

Ich habe schon Patienten behandelt, die – in den meisten Fällen nur vorübergehend, manchmal aber auch für immer – nicht oder nur mehr mit Mühe hören konnten, nachdem sie Aspirin genommen hatten. Auch einige Antibiotika können das Hörvermögen beeinträchtigen; dasselbe gilt für einige Entwässerungsmittel, für Chinin und einige steroidfreie Medikamente gegen Entzündungen.

Wenn Sie also Medikamente einnehmen und feststellen, daß sich Ihr Hörvermögen verändert, oder wenn Sie ein summendes, sirrendes, hämmerndes, pfeifendes oder krachendes Geräusch in Ihrem Kopf vernehmen, dann fragen Sie Ihren Arzt, ob eines der Medikamente, das er Ihnen verordnet hat, möglicherweise ototoxisch ist; das ist vor allem dann wichtig, wenn Sie über sechzig sind und/oder Probleme mit den Nieren haben. Und vergessen Sie nicht zu überprüfen, welche rezeptfreien Medikamente Sie möglicherweise noch zusätzlich einnehmen.

Dezibel: So wichtig eine vernünftige Ernährung und Medikamente sind, die Hauptursache für Schwerhörigkeit ist und bleibt in unserer Gesellschaft der Lärm. Jeder einzelne von uns ist nahezu täglich – für einen unterschiedlich langen Zeitraum – einem Lärmpegel ausgesetzt, der gesundheitsschädlich ist. Zwar bekommt primär der Gehörapparat die volle Wucht dieses Angriffs zu spüren, aber die Lärmverseuchung schadet dem gesamten Organismus.

Wir sind so konditioniert, daß wir auf bestimmte Reize abwehrend reagieren. Wenn ein lauter, unerwarteter Lärm Angstzustände hervorruft, kommen bestimmte natürliche Abwehrmechanismen, einschließlich hormoneller und chemischer Reaktionen, ins Spiel. Wenn keine Gefahr mehr droht, hören auch die physiologischen Reaktionen auf, und das Gefühl der »Überrumpelung« legt sich wieder. Wenn jedoch die Bedrohung (oder der Lärm) nicht nachläßt, hören auch diese Reaktionen nicht auf. Die Folgen eines dauernd oder häufig aktivierten Alarmmechanismus, der beispielsweise durch lauten Lärm ausgelöst wird, sind erhöhter Blutdruck, beschleunigter Puls, Muskelkrämpfe und Anfälligkeit für bestimmte Krankheiten, einschließlich Schwerhörigkeit. Ob diese Folgeerscheinungen schwach ausgeprägt oder wirklich ernst, vorübergehend oder von Dauer sind, hängt von der Intensität des Geräusches und davon ab, wie lange und wie oft man ihm ausgesetzt ist. Die amerikanische Behörde für Umweltschutz schätzt, daß etwa die Hälfte von uns einem Lärmpegel ausgesetzt ist, der gefährliche Auswirkungen hat. Man braucht auch kein Dezibelmeter, um festzustellen, wann dies der Fall ist. Wenn man seine Stimme erheben muß, um sich vor dem Hintergrundlärm Gehör zu verschaffen, dann ist es eindeutig zu laut.

Wieviel Lärm kann man ertragen, ohne Schaden zu nehmen? Das amerikanische Amt für Sicherheit und Gesundheit am Arbeitsplatz erklärt, daß 85 bis 90 Dezibel (dB) über einen Zeitraum von acht Stunden pro Tag nicht schädlich sind; 115 Dezibel hingegen kann man nur fünfzehn Minuten lang aushalten, ohne daß es zu schädlichen Auswirkungen kommt. Vermutlich kann jeder von uns ein konstantes Lärmniveau von etwa 80 Dezibel ertragen; dabei ist die Hörschwelle allerdings gleich Null. Im folgenden eine

Übersicht, wie viele Dezibel einige ganz alltägliche Geräusche haben:

Leises Flüstern	25 dB
Fahren in einem offenen Kabriolet auf der Autobahn	95 dB
Normale Unterhaltung	60 dB
Dröhnen eines Motorrads	90–100 dB
Motorrasenmäher	106 dB
Discolärm	100–140 dB
Motorenlärm eines Jets in 30 Meter Höhe	140 dB
Mischmaschinen	93 dB
Rockkonzert live	90–130 dB
New Yorker U-Bahn, die in eine Kurve fährt	104 dB

Wenn Sie diese Arten von Lärmbelästigung nicht vermeiden können, weil sie zu Ihrer Arbeit gehören, können Wattepfropfen in den Ohren oder Ohrenschützer die Intensität des Lärms um etwa 25 dB verringern, so daß die meisten Geräusche im unschädlichen Bereich liegen (weniger als 90 dB).

Aber offensichtlich wollen wir uns selber quälen. Wir setzen uns ganz bewußt Geräuschen aus, die *vermeidbar* wären. Wie viele Leute, ob jung oder alt, lassen stundenlang das Transistorradio oder tragbare Tonbandgeräte mit einer Lautstärke von bis zu 130 dB laufen und setzen dabei auch noch Kopfhörer auf? Ich kann mich nicht erinnern, je auf einer großen Party oder Feier gewesen zu sein, bei der man nicht einem schier unerträglichen Lärm von verstärkter Musik ausgesetzt war, entweder live oder vom Band. Unsere Kinder schaffen mit ihren Spielzeugpistolen, Knallfröschen, Stereoanlagen und ihrer Leidenschaft für Discos die besten Voraussetzungen dafür, schon viel früher an Altersschwerhörigkeit zu erkranken als vorangegangene Generationen.

Tabak: Es ist interessant, daß die hauptsächlichen Risikofaktoren für Herzkrankheiten (erhöhter Blutdruck, anormale Blutfette und Zigaretten) alle auf die eine oder andere Weise mit Schwerhörigkeit in Verbindung gebracht wurden. Laut einer Studie, in deren Rahmen das Hörvermögen von 150 Rauchern und 150 Nichtrauchern verglichen wurde, stellte sich heraus, daß 83 Prozent der Nichtraucher normal hörten, während dies bei den Rauchern nur zu 30 Prozent der Fall war. Aus diesem Grund gebe ich Personen, die Schwierigkeiten mit dem Hören haben, den gleichen Rat wie den Patienten, die an einer Herzkrankheit leiden, einen Schlaganfall hinter sich haben oder deren Arterien in den Beinen verstopft sind: Gewöhnen Sie sich das Rauchen gar nicht erst an. Und wenn Sie rauchen, dann ist es nie zu spät, damit aufzuhören.

Fliegen: Veränderungen des atmosphärischen Drucks in Flugzeugen können Ihr Hörvermögen beeinträchtigen, vor allem wenn Sie gerade eine Erkältung haben. Meist ist es nicht weiter schlimm und geht schnell vorbei, gelegentlich aber kann es zu einer ernstzunehmenden, andauernden Schwerhörigkeit führen. Um derlei Komplikationen zu vermeiden, sollten Sie folgendes beachten: 1. Buchen Sie nie einen Flug, wenn Sie an einer Infektion der oberen Atemwege leiden oder wenn Ihre Nase läuft oder verstopft ist; 2. Wenn Sie trotzdem unter solchen Bedingungen fliegen müssen, sollten Sie ein Dekongestationsmittel für die Nase, am besten in Form von Nasentropfen, nehmen, und zwar eine halbe Stunde vor dem Start und eine halbe Stunde vor der Landung; 3. Schlucken oder Kaugummikauen kann die negativen Auswirkungen der Druckänderungen auf Ihre Ohren abmildern, wenn das Flugzeug an Höhe verliert.

Taubheit ist das Endergebnis vieler verschiedener Umstände, die sich vom vorgeburtlichen Stadium bis ins hohe Alter hinein auswirken. Schadstoffe in unserer Umwelt – was wir essen, welche Medikamente wir nehmen, welchen Beruf wir ausüben, was wir in unserer Freizeit tun, welche »Geräusche« wir zu unserem Vergnügen hören oder welchen Geräuschen wir bei der Arbeit ausgesetzt sind – wirken auf den äußerst empfindlichen Gehörmechanismus ein. Wenn man die vermeidbaren Ursachen kennt und sich entsprechend verhält, kann man die zunehmende Wahrscheinlichkeit, schwerhörig zu werden, effektiv reduzieren.

20. Vorbeugung des Schlaganfalls – Wir sind auf dem richtigen Weg

Ein Schlaganfall ist – entgegen landläufiger Meinung – kein Herzinfarkt. Der Begriff bezeichnet vielmehr die Schädigung eines Teils des Gehirns. Jeder Vorgang, der die Blutversorgung des Gehirns beeinträchtigt oder unterbricht, kann zu einem Schlaganfall führen. Nervengewebe ist äußerst empfindlich und verlangt eine konstante Versorgung, die über ein Arteriengeflecht erfolgt, das die Oberfläche des Gehirns überzieht und tief in sein Inneres eindringt. In diesem Netzwerk von Gefäßen können alle möglichen Störungen auftreten. Wie ein Schlaganfall sich bemerkbar macht – ob als Lähmung, Verlust des Sprachvermögens, Erblindung, Koma oder sogar Tod –, hängt davon ab, was ihn in erster Linie verursacht hat, welcher spezielle Bereich des Gehirns betroffen ist und wieviel Gehirngewebe geschädigt wurde.

Die Bildung von Blutgerinnseln in den Hirnarterien

Thrombosierung, also die Blockierung von Arterien durch Blutgerinnsel aufgrund einer Arteriosklerose, wird – salopp gesagt – auf ein »Verrosten der (Gefäß-)Leitungen« zurückgeführt. Findet dieser Vorgang im Herzen statt, sind Koronarsklerose und Herzinfarkt die Folgen. Wenn die Beine betroffen sind, hat man Schmerzen beim Gehen. Bei den Augen kann es zur Erblindung führen, im Falle der Nieren zur Ansammlung von Ausscheidungsprodukten im Körper – und so weiter für jedes Organ und Gewebe. Beim Gehirn ist die Folge einer Thrombose der Schlaganfall.

Meist weiß man bei einem Schlaganfall nicht, was einem eigentlich zugestoßen ist. Warnzeichen treten nur bei weniger als einem

Viertel der Fälle auf; wir bezeichnen sie als »transiente, ischämische Attacken«, abgekürzt TIA. Charakteristisch dafür sind kurzzeitige, vorübergehende Gefühllosigkeit einer Gliedmaße, Schwäche, verwaschene Sprache und Doppeltsehen.

Ist die von der Thrombose betroffene Arterie klein oder nur ein Seitenast eines größeren Gefäßes, so ist auch der geschädigte Hirnbezirk klein. Unter diesen Bedingungen ist eine rasche und vollständige Genesung wahrscheinlich. Je größer allerdings die betroffene Arterie ist, desto größer ist auch das Risiko bleibender Schäden oder eines tödlichen Verlaufs.

Wenn Hirnarterien platzen

Zu einem Schlaganfall kann es auch dann kommen, wenn eine der Arterien im Gehirn plötzlich platzt (also nicht durch einen allmählichen Verschluß oder »Thrombosierung«). Solche Zerreißungen treten in der Regel dann auf, wenn ein zu hoher Blutdruck jahrelang nicht behandelt wurde. Das gleichbleibende, unablässige Einhämmern des unter erhöhtem Druck stehenden Blutes auf die Arterienwände im ganzen Körper – einschließlich des Gehirns – schwächt diese im Lauf der Zeit. Irgendwann ist dann der Punkt erreicht, daß eines dieser Gefäße plötzlich platzt. Geschieht dies innerhalb des Gehirns, kommt es zu einer schlagartigen Ausprägung der Symptome, sobald Blut aus dem zerrissenen Gefäß in das umgebende Gewebe strömt (im Gegensatz zu dem warnenden Kopfschmerz, der einem Schlaganfall infolge Thrombose um einige Stunden vorausgeht). Ob der Patient überlebt und, wenn ja, mit welcher Lebensqualität, hängt davon ab, wie groß das geplatzte Gefäß ist und wo es sich befindet.

Wenn eine angeborene Wandschwäche einer Hirnarterie vorliegt, kann diese sogar bei Patienten mit normalem Blutdruck zerreißen. Die Ruptur ist mit einem schlagartigen Einsetzen fürchterlicher Kopfschmerzen und Lähmungserscheinungen verbunden und führt häufig zum Tod des Patienten. Manchmal erlauben allerdings vorausgehende Warnsymptome eine rechtzeitige Diagnose. In solchen Fällen kann eine Notoperation lebensrettend sein – wie der folgende Fall zeigt.

Eine verheiratete Frau Anfang dreißig wurde zur Abklärung eines Herzgeräusches, das ihr Hausarzt festgestellt hatte, zu mir überwiesen. Das Ergebnis meiner Untersuchungen und ein zur Bestätigung durchgeführtes Echokardiogramm wiesen darauf hin, daß ein Mitralklappenprolaps vorlag. Dabei handelt es sich um eine Fehlfunktion der Mitralklappensegel in der linken Herzhälfte (wie in Kapitel 9 ausgeführt). In der überwiegenden Mehrzahl der Fälle erfordert dies keinerlei Einschränkungen oder gar eine Änderung des Lebensstils.

Einige Monate später rief ihr Arzt mich an, um mir mitzuteilen, daß sich in den letzten beiden Wochen bei ihr starke Kopfschmerzen eingestellt hätten. Er vermutete, daß es sich um eine Migräne handelte (die bei Mitralklappenprolaps häufig auftritt), fragte jedoch, ob ich sie mir noch einmal ansehen könnte. Ich untersuchte sie, und sie schien mir wesentlich schwerer krank als jemand, der an Migräne leidet. Als ich sie aufforderte, in Rückenlage das Kinn auf die Brust zu senken, war sie aufgrund der damit verbundenen Schmerzen dazu nicht in der Lage. Genau das ist ein Anzeichen für eine Hirnhautreizung (die Hirnhäute oder Meningen sind ein dünner Überzug des Gehirns), die auf eine Infektion oder eine Blutung im Gehirn zurückzuführen ist.

Ich brachte die Patientin unverzüglich ins Krankenhaus, wo sie sofort von einem Neurologen untersucht wurde. Die entsprechenden Tests ergaben, daß bei ihr eine Blutung in das Hirngewebe stattfinden mußte. Glücklicherweise handelte es sich nicht um eine massive Blutung, sondern um eine Sickerblutung aus einem undichten Hirngefäß. Ohne ärztliche Versorgung wäre sie vermutlich gestorben. So aber hatten wir noch genügend Zeit, sie zu operieren und das angeborene Aneurysma auszuschalten, also die Wandschwäche einer ihrer Hirnarterien – und wir konnten ihr Leben retten.

Blutgerinnsel auf Wanderschaft

Es gibt noch weitere Ursachen des Schlaganfalls. Eine Hirnarterie kann durch ein Blutgerinnsel blockiert werden, das sich an einer anderen Stelle im Kreislaufsystem gebildet hat. Auch in diesem

Fall hängt die Schwere des klinischen Bildes von der Größe der Arterie ab, in der das Blutgerinnsel (der Embolus) sitzt. Bei einem großen Gerinnsel in einem Hauptgefäß muß man mit katastrophalen Folgen rechnen. Ist aber das Gerinnsel winzig und das Gefäß, in dem es hängenbleibt, klein, dann sind die neurologischen Symptome sehr schwach ausgeprägt und bilden sich binnen weniger Tage zurück. Ein derartiger Vorfall ist jedoch ein Warnzeichen dafür, daß weitere Blutgerinnsel unterwegs sein könnten. Solche Emboli bewegen sich übrigens stets innerhalb von Arterien. Sie brauchen also keine Angst zu haben, eine Hirnembolie durch ein Blutgerinnsel zu bekommen, das aus Beinkrampfadern stammt. Dieses wandert in die Lunge, nicht in das Gehirn.

Hirnemboli können, als Ergebnis unterschiedlicher Voraussetzungen, von verschiedenen Ursprungsorten stammen. Beispielsweise kann ein Herz, bei dem eine Schädigung durch vorangegangenes rheumatisches Fieber vorliegt, eine chronische Rhythmusstörung entwickeln, die als Vorhofflimmern bezeichnet wird. Dabei können sich innerhalb des erweiterten linken Vorhofes Blutgerinnsel bilden. Wird ein Teil dieses Thrombus abgelöst und auf dem Weg über die linke Herzkammer in das Kreislaufsystem geschwemmt, kann es überall im Körper hängenbleiben – im Auge (die Folge ist Erblindung), in der Milz (dadurch werden Schmerzen verursacht), in den Nieren (es kommt zu einer Organschädigung) oder im Gehirn, wo ein Schlaganfall die Folge ist. Wie Sie noch sehen werden, kann einer solchen Embolisation häufig durch eine Langzeitgabe von Antikoagulantien vorgebeugt werden.

Auch andere, ebenfalls durch Vorbeugemaßnahmen beeinflußbare Umstände können zu einer Hirnembolie führen, wie der folgende Fall zeigt.

Martin F. war ein siebzigjähriger Mann, der jedem erzählte, daß er gerne aus dem vollen schöpfte, hart arbeitete und gutes Essen liebte. »Ich bin in meinem ganzen Leben keinen einzigen Tag krank gewesen«, war sein Lieblingsspruch. Er suchte mich höchstens auf, um sich vor einer seiner jährlichen Auslandsreisen impfen zu lassen oder wegen einer Untersuchung für eine Lebensversicherung. In jenem Juni schickten er und seine junge zweite Frau sich an, nach Europa zu reisen. Sie machten kein

Hehl daraus – sie hatten vor, sich durch Frankreich »hindurchzuessen«, und ihre einzige Sorge war, von diesem Ausflug ein paar zusätzliche Pfunde mitzubringen. Nach sechstägigem mehr oder weniger pausenlosen Essen und Trinken jedoch erlitt Martin einen Herzinfarkt.

Nach einem zweiwöchigen Krankenhausaufenthalt in Nizza flog er einige Tage später nach Hause zurück.

Kurz nach seiner Rückkehr rief er in meiner Praxis an und bat um einen Termin; er brachte alle in Frankreich angefertigten Elektrokardiogramme und Laborwerte mit. Er berichtete mir, mehrere Tage lang hätte er wiederholt Brustschmerzen und ein Gefühl der Beklemmung verspürt, bevor er einen Arzt zu Rate gezogen habe. Obwohl er mit dem Leben davongekommen war, schätzte ich das Ausmaß seiner Herzschädigung als beträchtlich ein.

Im Verlauf der nächsten vier Monate bekam ich Martin nicht zu Gesicht. Er sagte immer wieder die Termine bei mir ab und fuhr fort, seine Sprüche zu klopfen.

Eines Morgens um sechs Uhr rief mich Martins Frau an; sie war außer sich. »Doktor, ich bekomme ihn einfach nicht wach. Ich glaube, er ist tot.« Leider hatte sie recht. Ich fragte mich, was die Todesursache gewesen sein könnte: War es vielleicht eine plötzlich aufgetretene Herzrhythmusstörung gewesen, wie sie manchmal Wochen bis Monate nach einem größeren Herzinfarkt zu beobachten ist? War das Herzwandaneurysma, das sich bei ihm entwickelt hatte, auf einmal zerrissen und hatte so den sofortigen Tod hervorgerufen? Oder hatte Martin einfach einen weiteren, schlimmeren Herzinfarkt erlitten, der dieses Mal unmittelbar zum Tode geführt hatte? Nichts davon traf zu. Der Gerichtsmediziner ordnete eine Untersuchung an, und dabei stellte sich heraus, daß ein massiver Schlaganfall den Tod verursacht hatte. In der geschädigten Ausbuchtung, dem Aneurysma, das sich als Folge des Herzinfarkts gebildet hatte, war ein Blutgerinnsel entstanden. Da sich dieser Teil des Herzmuskels nicht richtig kontrahierte, staute sich darin das Blut und wurde nicht herausgepumpt, wie es hätte sein sollen; dadurch wurde die Bildung von Blutgerinnseln in diesem Hohlraum möglich. Ein solches Gerinnsel ist bröckelig; bei Martin löste sich ein kleines Stück davon ab, wurde aus dem Herzen gepumpt, wanderte in die linke Halsschlagader und blieb dort hängen, so daß die Blutversorgung des Gehirns unterbrochen wurde. Sie werden bald sehen, wie man dies hätte vermeiden können.

Emboli oder wandernde Gerinnsel, die zu einem Schlaganfall führen können, stammen also bei Patienten, die zuvor einen Herzinfarkt erlitten hatten, unter Umständen aus dem Herzen. Zwar muß es dafür nicht unbedingt zur Entstehung eines Aneurysmas kommen, auch wenn die Wahrscheinlichkeit in einem solchen Fall größer ist. Selbst bei einem relativ unkomplizierten Myokardinfarkt können sich jedoch Blutgerinnsel bilden, abbrechen und sich im Gehirn festsetzen.

Es gibt noch eine weitere schleichende, heimtückische, oftmals unerkannt bleibende Veränderung, die ebenfalls zu einem Schlaganfall führen kann. Bei einem meiner Patienten handelte es sich um einen vierundsechzig Jahre alten Mann mit einem über Jahre mäßig erhöhten Blutdruck, der allerdings gut eingestellt worden war. Plötzlich erblindete er auf einem Auge. Mit »plötzlich« meine ich, daß beim Zeitunglesen von einem Augenblick zum anderen die obere Hälfte des Sehbereichs vollständig ausgelöscht war. Es war zum Verschluß eines Blutgefäßes hinter dem einen Auge gekommen. Ich hatte ihn zuletzt etwa zwei Jahre zuvor untersucht und dabei nichts gefunden, was auf eine derartige Gefährdung hingedeutet hätte. Jetzt allerdings konnte ich beim Abhören seines Halses mit dem Stethoskop ein sogenanntes Strömungsgeräusch feststellen, das entlang der großen, beidseits des Halses ansteigenden Halsschlagadern zu hören war. Auch erschien mir beim Fühlen des Pulses dieser Halsschlagadern die Füllung etwas vermindert. Es ist unter Ärzten seit jeher umstritten, was bei einem Patienten mit einem solchen Befund zu tun ist, wenn dieser keine Symptome aufweist. Im Laufe der Jahre haben sich zwei etwa gleich große Lager gebildet, wobei die eine Gruppe für, die andere gegen einen chirurgischen Eingriff plädiert. Die meisten Neurologen neigen im allgemeinen zu einer medikamentösen Behandlung und nicht zu einer Operation, solange der Patient sich wohl fühlt und keine neurologischen Symptome zeigt. Demgegenüber empfehlen Neuro- und Gefäßchirurgen in der Regel, die betroffene Arterie »auszuputzen« (zu desobliterieren), da das Geräusch dadurch entsteht, daß das Blut durch einen verengten Gefäßabschnitt strömt. Sie argumentieren, daß das Plättchen, das die Strömung behindert, brüchig sein kann und daher kleine Teile abgelöst und in die Peripherie geschwemmt werden, in verschiedenen Gehirnbereichen hängenbleiben und auf diese Weise einen Schlaganfall verursachen können. Sie sind der Ansicht, ein Patient in operationsfähigem Zustand sollte auf jeden Fall operiert werden. Heutzutage brauchen wir bezüglich eines Plättchens nicht mehr herumzuraten, wo es sitzt oder wie groß es ist. Mit einfachen, sicheren und schmerzlosen Untersuchungsverfahren können wir diese Informationen mit großer Genauigkeit erhalten. Zu diesen Verfahren gehören die Computertomographie (CT) und ein Doppler-Ultraschallgerät, mit dem die Geschwindigkeit des Blutflusses in einem Gefäß aufgezeichnet werden kann. Letzteres Verfahren erlaubt die Bestimmung des Arteriendurchmessers an jeder beliebigen Stelle. Die Lokalisation sowie das Ausmaß einer Arterienstenose kann darüber hinaus durch die Injektion eines Röntgenkontrastmittels bestimmt werden, und zwar nicht in die Halsschlagadern, wie dies noch vor einigen Jahren üblich war, sondern in eine Vene (dieses Verfahren wird als intravenöse digitale Subtraktionsangiographie – IDSA – bezeichnet). Das Kontrastmittel gelangt dabei schließlich in die betroffenen Arterien und ermöglicht so ihre Sichtbarmachung.

Ich entschloß mich, selbst zu diesem späten Zeitpunkt noch zu klären, ob es eine operative Möglichkeit gab, einer weiteren Embolie in anderen Gehirnbereichen vorzubeugen. Während die verschiedenen Untersuchungen eingeleitet wurden, verschrieb ich ihm Aspirin zur täglichen Einnahme. Dann wurden Doppler-Sonogramm und IDSA durchgeführt; sie ergaben erhebliche Einengungen beider Halsschlagadern an Stellen, die für den Chirurgen leicht zugänglich waren. Sowohl nach Lokalisation als auch nach dem Ausmaß dieser Plättchen war klar, daß bei diesem Patienten ein hohes Risiko eines plötzlichen, massiven Schlaganfalls gegeben war. Er überstand die Operation ohne weitere Komplikationen, und es geht ihm weiterhin gut, abgesehen von der teilweisen Erblindung des linken Auges.

Diese Erfahrung beleuchtet schlaglichtartig die Tatsache, daß bei der Blutversorgung des Gehirns wichtige krankhafte Gefäßveränderungen vorliegen können und ein Schlaganfall durch routinemäßige Untersuchung, frühzeitige Diagnose und wirkungsvolles Eingreifen mit Medikamenten oder durch eine Operation vermieden werden kann.

Wie das Herz das Gehirn beeinträchtigen kann

Bei älteren Patienten schließlich kann ein Schlaganfall auch aufgrund einer anderen Konstellation ausgelöst werden, ohne daß dabei Blutgerinnsel, eine Blutung oder ein Embolus eine Rolle spielen. Rufen Sie sich ins Gedächtnis zurück, daß das Gehirn eine konstante Blutversorgung benötigt, um seine sensitiven Funktionen erfüllen zu können. Diese Versorgung kann unter einen kritischen Grenzwert abfallen, wenn die Pumpleistung des Herzens – wenn auch nur kurzzeitig – für die Blutversorgung nicht ausreicht. Dies ist meist bei älteren Menschen der Fall, bei denen plötzlich eine Herzrhythmusstörung auftritt, wobei das Herz entweder viel zu schnell oder aber viel zu langsam schlägt. In beiden Fällen ist die zu diesem Zeitpunkt ausgeworfene Blutmenge drastisch verringert, wodurch ein vorübergehender »Mini«-Schlaganfall ausgelöst wird. Das ist der Grund, weshalb wir bei einem Patienten, der nach einem kurz zuvor erlittenen »Schlagerl«, mit TIA (transiente, ischämische Attacke) oder einer sonstigen vorübergehenden neurologischen Störung aufgenommen wird, stets 1. eine gründliche neurologische Untersuchung durchführen, 2. bei den Halsschlagadern nach Strömungsgeräuschen suchen, 3. eine Computertomographie (CT) anfertigen, um zu sehen, ob – und wenn ja, wieviel – Gewebe geschädigt worden ist, 4. ein Echokardiogramm anfertigen, um nach Auflagerungen zu suchen, die von einer Herzklappe abgelöst und in das Gehirn geschwemmt worden sein könnten, sowie 5. ein Elektrokardiogramm aufzeichnen, das Hinweise auf einen kürzlich erfolgten Herzinfarkt oder Rhythmusstörungen zu geben vermag. Ist letzteres unauffällig, führen wir ein Vierundzwanzig-Stunden-Langzeit-EKG (Holter-Monitor) durch, um nach anfallartigen Störungen der Herztätigkeit zu suchen, die die Symptome hervorgerufen haben könnten. Entdeckt man eine solche Arhythmie, kann ihrem erneuten Auftreten medikamentös vorgebeugt werden.

Die Vorbeugung des Schlaganfalls

Nach der schlechten Nachricht, wie es nämlich zu einem Schlaganfall kommen kann, hier die gute – wie er sich vermeiden läßt. Wahrscheinlich ist Ihnen aufgefallen, daß der Untertitel dieses Kapitels lautet: »Wir sind auf dem richtigen Weg«. Ich habe diesen Satz hinzugefügt, weil die Häufigkeit des Auftretens von Schlaganfällen bei uns und in zahlreichen anderen Ländern in den vergangenen fünfunddreißig Jahren erheblich verringert werden konnte (eine Ausnahme bildet Japan; dort ist Schlaganfall die häufigste Todesursache, was vermutlich auf den hohen Kochsalzanteil in der Nahrung zurückzuführen ist). Dieser Abwärtstrend setzt sich weiter fort.

Für diese erfreuliche Nachricht gibt es mehrere Erklärungen. Die meisten Ärzte glauben, dieser Trend sei das Ergebnis der Suche nach sowie des Aufdeckens und der Behandlung von zu hohem Blutdruck. Eine weitere Theorie geht davon aus, daß er auf einer verminderten Kochsalzzufuhr als Ergebnis einer zunehmenden Verbreitung von Kühlvorrichtungen beruht, so daß Salz jetzt nicht mehr so häufig als Konservierungsstoff verwendet wird. Es wurde auch die Vermutung geäußert, er sei auf die gesteigerte Aufnahme von Vitamin C und Riboflavin zurückzuführen, die wir heutzutage in größeren Mengen zu uns nehmen.

Die Vorbeugung des thrombosebedingten Schlaganfalls

Die Thromboseprävention wurde im Abschnitt über den Herzinfarkt ausführlicher erörtert. Wenn Sie besonders große Angst vor einem Schlaganfall haben, weil viele Ihrer Blutsverwandten einen erlitten haben, dann ist Nikotinabstinenz das beste, was Sie tun können, um sich zu schützen. Am 12. April 1960 wurde mir eine Lektion erteilt, die mich auf der Stelle dazu brachte, die Finger von meinen Zigaretten zu lassen und nie wieder mit dem Rauchen zu beginnen. Meine Frau und ich waren gerade dabei, ein funkübertragenes Elektrokardiogramm zu demonstrieren, damals eine ziemlich neue Errungenschaft. Mein besonderes Interesse galt dem Einsatz der Radiotelemetrie bei der Überwachung von Patienten, die einen Herzinfarkt erlitten hatten, und der Möglichkeit, ein Belastungselektrokardiogramm aufzuzeichnen, ohne daß der Patient an das EKG-Gerät angeschlossen war. Eine Menge Zuhörer hatten sich eingefunden. Meine Frau stand neben dem Empfänger, während ich mit dem angeschnallten EKG-Sender in einigen hundert Schritt Entfernung spazierenging – und dabei eine Zigarette rauchte. Auf einmal blieben einige Ärzte, die an der Veranstaltung teilnahmen, vor dem Monitor stehen und machten meine Frau darauf aufmerksam, daß zahlreiche »Extraschläge« (Extrasystolen) klar zu erkennen waren.

»Wer ist denn Ihre Testperson?« wurde sie gefragt.

»Mein Mann«, antwortete sie.

»Wirklich? Ist er krank?«

»Nein, ist er nicht.« Sie fand mich und brachte mich zurück zum Empfänger, um mir die frühzeitig auftretenden Kontraktionen zu zeigen. Sie erfolgten jedesmal, wenn ich an meiner Zigarette zog.

An unserem Nachbarstand befand sich ein anderer Arzt, dessen Interesse der Untersuchung der Extremitätendurchblutung galt. Er hatte eine kleine Manschette entwickelt, die über einen Finger geschoben werden konnte und mit der sich die Blutmenge bestimmen ließ, welche durch die winzigen Gefäße zur Versorgung der Fingerspitze strömte. Er schlug vor, die Fingerdurchblutung unter dem Einfluß von Nikotingenuß zu untersuchen. Zu diesem Zweck legte er seine kleine Manschette um meinen Zeigefinger, führte eine Ausgangsmessung durch und hieß mich dann tief inhalieren. Sofort nahm die Durchblutung meines Fingers dramatisch ab. »Zu dieser Abnahme der Durchblutung«, erklärte mein Kollege, »kommt es in gleicher Weise in Ihrem Herzen, Ihrem Gehirn und überall in Ihrem Körper, wo eine Durchblutung stattfindet.« Das reichte mir. Seitdem habe ich keine einzige Zigarette mehr geraucht.

Ein paar Worte noch zur Ernährung, die in Kapitel 17 ausführlicher erörtert wurde. Lange Zeit habe ich meinen Patienten, vor allem jenen mit hohem Cholesterinspiegel, geraten, die Zufuhr von Cholesterin und Gesamtfett zu reduzieren. Neuere Untersuchungen legen den Schluß nahe, daß – unabhängig davon, ob bei Ihnen bereits Arteriosklerosefolgen wie Herzinfarkt, Schlaganfall oder ähnliches in Erscheinung getreten sind oder nicht – eine wirksame Cholesterinsenkung durch Diät und/oder Medikamente die Wahrscheinlichkeit verringert, daß Sie gefäßbedingte Störungen – einschließlich einer Hirnarterienthrombose – erleiden.

Ich befürworte »Idealgewicht« und »viel Bewegung«, da dies Aussehen wie auch Befinden verbessert. Außerdem vermute ich, daß beides tatsächlich den Prozeß der Arteriosklerose verzögert, obwohl bisher keine Daten vorliegen, die dies bestätigen können.

Ist Ihr Blutdruck zu hoch, muß er gesenkt werden – durch Diät (weniger Kochsalz, mehr Kalzium und Kalium) und Gewichtsabnahme; durch andere nichtmedikamentöse Verfahren (Entspannungsübungen und Meditation, Bio-feedback) und – wenn alles andere nichts nützt – durch Medikamente.

Nehmen wir einmal an, Ihre Lebensweise sei vernünftig gewesen, Sie hätten alles beachtet, um einer Thrombose vorzubeugen – und es hat trotzdem nichts genützt. Eines Tages stellen Sie fest, daß Ihre Aussprache ohne ersichtlichen Grund undeutlich ist. Wenn Sie sich im Spiegel betrachten, erkennen Sie auf einer Seite einen hängenden Mundwinkel, und wenn Sie die Zunge herausstrecken, weicht auch sie zur Seite ab. Sie ziehen Ihren Arzt zu Rate, der die Diagnose Schlaganfall bestätigt. Ihre Symptome halten drei oder vier Tage an und bilden sich dann mehr oder weniger zurück. Ich sage: »mehr oder weniger«, weil – wiewohl Sie Arme und Beine normal bewegen können und ein Außenstehender Ihnen nicht anmerken würde, daß etwas nicht in Ordnung ist – Ihre Handschrift etwas ungelenk bleibt und Sie Ihrem Aussehen und Gefühl nach nicht mehr »der alte« sind. Aber Sie sind dankbar, daß die – wie wir es bezeichnen – »Residuen« Ihres Schlaganfalls minimal sind. Ihr Hauptanliegen ist es jetzt, einem Rückfall vorzubeugen. Als erstes werden Sie Ihre Bemühungen, die Risikofaktoren in den Griff zu bekommen, verdoppeln. Wenn Sie sich zuvor damit begnügt hatten, Ihren Zigarettenverbrauch einzuschränken oder auf Pfeife oder Zigarren umzusteigen, so werden Sie jetzt Tabak in allen Mengen und Formen meiden.

Wie steht es mit einer Antikoagulierung? Wird eine Blutverdünnung *nach* einem Schlaganfall dazu beitragen, einen erneuten zu vermeiden? Die meisten Neurologen sind der Ansicht, daß das nicht der Fall ist. Wenn ein bestimmtes Blutgefäß einmal verschlossen ist, kann man nichts mehr daran ändern.

Demgegenüber stellt die TIA, also die transiente, ischämische Attacke, bei der die Symptome nur wenige Augenblicke oder Stunden anhalten und sich dann vollständig zurückbilden, eine Warnung dar, daß das Schlimmste noch bevorsteht. Das Blutgefäß ist nur teilweise blockiert. Die meisten Ärzte sind der Auffassung, daß unter diesen Bedingungen eine Antikoagulationstherapie gerechtfertigt ist.

Aber Antikoagulantien sind selber nicht frei von Risiken. Die schwerste Bedrohung, die sie mit sich bringen, ist die Möglichkeit einer inneren Blutung; dies kann vor allem dann passieren, wenn sie zusammen mit anderen Medikamenten eingenommen werden, die ihre gerinnungshemmende Wirkung verstärken, oder falls es in der Vorgeschichte des Patienten leicht zu Blutungen gekommen ist oder ein Ulcus oder hoher Blutdruck vorliegen.

Ich empfehle meinen Patienten, bei denen es zu einer TIA gekommen ist, die Einnahme des Antikoagulans Coumadin über einen Zeitraum von drei bis vier Monaten; dann sollen sie sich auf Aspirin in niedrigen Dosierungen umstellen. Ich lasse sie das Aspirin ohne zeitliche Begrenzung weiter einnehmen. An dieser Stelle jedoch eine Mahnung zur Vorsicht. Bei jedem Patienten mit einer TIA muß abgeklärt werden, ob chirurgisch zu entfernende Plättchen, von denen sich Emboli ablösen könnten, in den Halsschlagadern vorhanden sind.

Selbst wenn eher ein vollständiger Schlaganfall als eine TIA stattfand, verschreibe ich ein Aspirin täglich für den Fall, daß eine oder mehrere Arterien krankhaft verändert sind und von ihnen künftige Beeinträchtigungen ausgehen könnten.

Die Behandlung hohen Blutdrucks zur Prävention einer Gehirnblutung

Zur Vorbeugung eines Schlaganfalls, der durch eine Hirnblutung verursacht wird, ist entscheidend, daß man einen zu hohen Blutdruck in den Griff bekommt. In populärwissenschaftlichen Veröffentlichungen und sogar in medizinischen Fachzeitschriften kann man von Zeit zu Zeit lesen, daß eine bestimmte Blutdruckerhöhung »hingenommen werden könne« und »ungefährlich sei« –

sie daher keiner Behandlung bedürfe. Es ist zwar richtig, daß das Risiko um so größer ist, je höher der Blutdruck steigt, *das bedeutet aber nicht, daß eine geringe oder mäßige Erhöhung ungefährlich ist und nicht behandelt werden muß*. Meiner Meinung nach sollte selbst bei Grenzfällen nahezu immer eine Normalisierung angestrebt werden. Allerdings sollte man dabei nicht gleich mit den stärksten Medikamenten in hoher Dosierung beginnen. Statt dessen empfehle ich: Vergewissern Sie sich zunächst, daß Sie es nicht nur mit dem »Weißkittel-Syndrom« zu tun haben. Dabei handelt es sich um jenes Phänomen, daß der Blutdruck nur beim Messen in der Arztpraxis erhöht, ansonsten aber vollkommen normal ist. Wenn Ihnen mitgeteilt wird, Ihr Blutdruck sei zu hoch, dann lassen Sie mehrere Messungen an verschiedenen Orten und zu unterschiedlichen Tageszeiten durchführen.

Sollte sich bei mehreren Messungen die Erhöhung tatsächlich bestätigen, ist es an der Zeit zu handeln. Liegen die Werte nicht bedrohlich hoch, beispielsweise über 200/100, so warten Sie zunächst noch mit dem Einsatz von Medikamenten. Wenn Sie übergewichtig sind, *schrauben Sie Ihre Kalorien- (und Alkohol-)zufuhr zurück* und sorgen Sie für *mehr Bewegung. Verringern Sie Ihren Kochsalzverbrauch.* Stellen Sie sicher, daß Sie *genügend Kalzium* zu sich nehmen, denn je niedriger das Kalzium, desto höher der Druck. Milchprodukte, die reich an Cholesterin und gesättigten Fetten sind, enthalten auch viel Kalzium. Wenn Sie also versuchen, *Ihren Cholesterinspiegel zu senken*, indem Sie sich beim Verzehr von Milchprodukten einschränken, können Sie Ihre Kalziumaufnahme durch Tabletten ergänzen. *Kaliummangel* wird ebenfalls mit erhöhtem Blutdruck in Verbindung gebracht; ergänzen Sie daher Ihren Speiseplan durch einige zusätzliche Aprikosen, Pflaumen, Bananen und Orangensaft, und zwar vor allem dann, wenn Sie zusätzlich entwässernde Medikamente einnehmen.

Hören Sie auf zu rauchen. In Kombination mit hohem Blutdruck und erhöhtem Cholesterinspiegel ist Tabak für das Gefäßsystem tödlich.

Versuchen Sie es mit *Bio-feedback* und anderen *Entspannungstechniken*. Sie sind manchmal hilfreich.

Setzen Sie sich eine Frist von fünf bis sechs Wochen. Ist Ihr Blutdruck bis dahin nicht heruntergegangen, ist es an der Zeit, mit der medikamentösen Behandlung zu beginnen. Aber fahren Sie nicht gleich schwere Geschütze auf. In der Regel verordne ich zunächst die »sanftesten« Präparate in niedriger Dosierung. Die Geschichten über die Nebenwirkungen blutdrucksenkender Medikamente, die Ihnen möglicherweise zu Ohren gekommen sind, übertreiben zwar wahrscheinlich etwas, haben aber einen wahren Kern. Diese Substanzen können alles mögliche verursachen, von einem trockenen Mund bis zu bleierner Müdigkeit, von Alpträumen bis zur retrograden Ejakulation (dabei fließt die Samenflüssigkeit beim Orgasmus zurück in die Harnblase, anstatt nach außen durch den Penis), von unerträglich häufigem Harndrang bis zu Libidoverlust und Impotenz. Die meisten dieser Symptome lassen sich jedoch vermeiden, wenn man in jedem Einzelfall das richtige Präparat für einen bestimmten Patienten auswählt und die niedrigste Dosis verabreicht. Es bedarf dazu manchmal ausgeklügelter Tüftelei und großer Geduld, aber ich kenne niemanden, dessen erhöhter Blutdruck nicht wirksam und auf erträgliche Weise in den Griff zu bekommen ist. Allerdings ist wichtig, daß Sie ohne Angst und Vorurteile an die Behandlung Ihres hohen Blutdrucks herangehen. Ein beträchtlicher Teil der Nebenwirkungsphänomene kann nämlich psychologischer Natur sein.

Betrachten wir nun einige der übrigen vermeidbaren Ursachen für Schlaganfall, die bereits beschrieben wurden. Erinnern Sie sich an Martin? Nachdem er einen Herzinfarkt erlitten hatte, der nicht erkannt worden war, hatte er weitergelebt wie bisher, anstatt sich behandeln zu lassen; infolgedessen hatte sich bei ihm ein Herzwandaneurysma entwickelt. Aufgrund der ihm eigenen Verdrängungsmechanismen verzichtete er darauf, mich auch weiterhin aufzusuchen. Wäre er nach wie vor in meine Sprechstunde gekommen, hätte ich dieses Aneurysma ohne Schwierigkeiten diagnostizieren können, zu dessen Bildung es häufig erst einige Wochen nach einem Herzinfarkt kommt.

Die anderen Ursachen des Schlaganfalls, Vorhofflimmern mit oder ohne Klappenerkrankung sowie Gerinnsel beziehungsweise Teile davon, die sich von Klappenprothesen lösen, erfordern eine Langzeit-Antikoagulierungstherapie. Was das Vorhofflimmern anbelangt, legen alle verfügbaren Daten den Schluß nahe, daß jeder Patient mit dieser Rhythmusstörung – unabhängig von deren

Ursache – antikoaguliert werden sollte. Früher sind wir davon ausgegangen, daß nur in den Fällen von Vorhofflimmern, die mit einer krankhaft veränderten Klappe verbunden sind, embolisch bedingte Schlaganfälle auftreten. Das ist nicht der Fall. Jetzt führe ich bei fast allen meinen Patienten mit chronischem Vorhofflimmern eine Antikoagulierung durch – bei allen, die damit einverstanden sind. Leider ist das nicht immer der Fall.

Bei den meisten heterologen Herzklappenprothesen aus tierischem Gewebe ist eine Antikoagulierung nicht erforderlich. Ansonsten verabreiche ich diese Präparate in den ersten drei Monaten nach dem chirurgischen Eingriff und setze sie dann ab. Um aber ganz sicher zu gehen, empfehle ich eine Langzeittherapie mit Aspirin.

Bei den Patienten, deren Schlaganfälle oder TIAs auf länger andauernde Anfälle mit sehr hoher Herzfrequenz (einschließlich, jedoch nicht unbedingt nur, der Fälle mit Vorhofflimmern) oder Phasen von Überleitungsblockierung (während derer die Herzfrequenz zu langsam ist, um eine ausreichende Gehirnversorgung gewährleisten zu können) zurückzuführen sind, stehen für den erstgenannten Typ Medikamente zur Verfügung, während bei der zweiten Gruppe der Einsatz eines Herzschrittmachers hilfreich ist.

Damit will ich dieses Kapitel über die Prävention des Schlaganfalls zum Abschluß bringen. Diejenigen aber, die einen erlitten haben und ihn mit bleibenden Restlähmungen überlebten, stehen am Beginn eines neuen Lebens. Mit Hilfe der richtigen Einstellung und geeigneter Rehabilitationsmaßnahmen können viele dieser Patienten davor bewahrt werden, den Rest ihres Lebens dahinzuvegetieren. Ich konnte schon oft beobachten, wie solche Menschen wieder annähernd normal funktionierten, trotz einiger Probleme mit dem Bewegungsablauf, der Koordination oder der Sprache. Bei der Behandlung und Beobachtung dieser Menschen habe ich gelernt, daß es unmöglich ist, den Grad der Wiederherstellung nach einem Schlaganfall vorauszusagen. Dies hängt weitgehend vom Lebenswillen des Patienten ab und von seiner Entschlossenheit, für ein normales Leben zu kämpfen. Das sind jetzt keine Allgemeinplätze oder hohlen Phrasen. Es gibt zwei Schlüssel für die erfolgreiche Rückkehr des Opfers eines Schlaganfalls zum Leben, unabhängig vom Ausmaß der Ausfallerscheinungen.

Der erste ist ein zielstrebiges, optimistisches und regelmäßiges physisches Rehabilitationsprogramm unter der Aufsicht und/oder der Anleitung von Experten. Der zweite und genauso wichtige Gesichtspunkt bei der Behandlung ist die antidepressive Therapie. Nahezu jeder Schlaganfallpatient ist zunächst einmal am Boden zerstört und deprimiert – und das nicht ohne Grund. Diese Depression ist in den ersten drei bis vier Monaten am stärksten ausgeprägt. Meiner Erfahrung nach vermag positive psychologische Unterstützung, zusammen mit der großzügigen Anwendung antidepressiv wirksamer Medikamente, solange dies erforderlich ist, den denkbar schlimmsten Ausgang des Ganzen zu verhüten – daß das unglückliche Opfer zu einem lebenden Leichnam wird.

21. Herpes und Gürtelrose – Gleich und gleich gesellt sich gern

Einer meiner Patienten, ein einundvierzigjähriger, verheirateter Börsenmakler, der sich im großen und ganzen einer guten Gesundheit erfreute, platzte eines Tages in meine Praxis. »Ich muß unbedingt sofort den Doktor sprechen!« verlangte er mit allem Nachdruck. Er hatte nicht angerufen, um einen Termin zu vereinbaren, wie es sonst – außer in Notfällen – in meiner Praxis üblich ist.

Ein paar Minuten später brachte meine Sprechstundenhilfe den völlig aufgelösten Herrn zu mir ins Sprechzimmer. Er verzichtete auf die üblichen Formalitäten und kam gleich zur Sache: »Doktor, ich bin in einer schrecklichen Situation. Vor einigen Wochen hatte ich beruflich in Boston zu tun. Hören Sie, ich will nicht um den heißen Brei herumreden. Da war ich also, allein in dem Hotel. Ich saß an der Bar und entspannte mich bei einem Drink, als dieses Mädchen – wirklich gutaussehend – sich neben mich setzte. Wir kamen ins Gespräch.

Glauben Sie mir, Doc, ich bin ansonsten nicht der Typ, der fremde Frauen anspricht. Ich schätze, ich hatte zuviel getrunken. Nun ja, auf jeden Fall – ich schien ihr tatsächlich zu gefallen. Es war irgendwie aufregend, verstehen Sie, nach all den Jahren als braver Ehemann. Nicht daß ich mich über Blanche beklagen könnte. Jedenfalls, ich war völlig hinüber. Eins ergab das andere, und – hören Sie, Doc, jetzt habe ich da unten eine wunde Stelle. Ich bin sicher, es ist Herpes. Das wird mir für immer bleiben. Mein Gott, wie soll ich das nur Blanche beibringen? Meine Ehe ist beim Teufel. Doc, helfen Sie mir. Erzählen Sie ihr, daß ich mir das auf der Toilette geholt oder mich an einem Handtuch im Hotel angesteckt habe. Doc, sagen Sie ihr, was Sie wollen, aber bitte, helfen Sie mir!«

Ich konnte seine Panik und seine Angst gut verstehen und versuchte ihn zu beruhigen. Ich erklärte ihm, es gäbe eine ganze Reihe beim Geschlechtsverkehr übertragener Krankheiten und auch andere Ursachen für einen »Bläschenausschlag«, die nichts mit Herpes zu tun haben.

Als ich die Läsionen an seinem Penis untersuchte, fiel mir auf, daß ihm das nicht weh tat. Das ist bei Herpes äußerst ungewöhnlich. In der Tat machte das Ganze auf mich eher den Eindruck, daß es sich um Syphilis handelte, aber ich war mir nicht sicher. Also schickte ich ihn unverzüglich zu einem Spezialisten für Infektionskrankheiten und bat diesen, zur Bestätigung meiner Diagnose einen Test mit Dunkelfeldbeleuchtung zu machen, bei dem man im Mikroskop direkt nach der Spirochäte suchen kann, dem Organismus, der Syphilis verursacht. Einige Minuten später rief mein Kollege zurück. Es stand eindeutig fest: Der Mann hatte Syphilis.

Nun ist es noch gar nicht so lange her, daß ein Patient, dem man eröffnete, er oder sie habe Syphilis, sich schuldig fühlte, sich schämte und sich fürchterliche Sorgen machte. Das ist alles anders geworden, nicht zuletzt weil es mittlerweile so viele Herpes-(und jetzt AIDS-)Fälle gibt.

Ich teilte meinem Patienten den Befund mit und rechnete natürlich damit, ihn moralisch unterstützen zu müssen. Aber das war durchaus nicht notwendig. »Gott sei Dank«, erklärte er, »daß es nur Syphilis ist.« Er lächelte – und sein altes Selbstbewußtsein war wieder zurückgekehrt; er bückte sich, um sich seine erste intramuskuläre Penicillin-Spritze verabreichen zu lassen.

Wieso war mein Patient so erleichtert, als ich ihm sagte, er habe Syphilis, nicht Herpes? Aus folgendem Grund: Syphilis kann man behandeln und auch heilen, wenn die Diagnose früh genug gestellt wird und man ausreichend hohe Dosen von Penicillin verabreicht. Nicht behandelte Syphilis hingegen kann nach wie vor einen tödlichen Ausgang haben.

Unser Freund hatte recht – beim heutigen Stand der Forschung gilt: einmal Herpes, immer Herpes. Hat man sich erst einmal infiziert, weiß man nie, wann der nächste Schub oder Anfall einsetzt. Das hat überhaupt nichts mit einer erneuten Ansteckung zu tun. Selbst wenn man für immer dem Sex abschwört und sich statt dessen unter die kalte Dusche stellt, wird man doch immer wieder einen Rückfall bekommen, da das Herpes-Virus, sobald es bei der Erstinfizierung in den Körper gelangt ist, für immer dort bleibt.

Der klinische Verlauf sieht in der Regel folgendermaßen aus: Es beginnt damit, daß Sie Geschlechtsverkehr mit einem Partner haben, der infiziert ist. (Vergessen Sie Toilettensitze und all den Unsinn. Derlei Ausreden können Sie bei einer erbitterten ehelichen Auseinandersetzung ins Feld führen, aber glauben Sie keinen Augenblick selbst daran.) Ein paar Tage später entdecken Sie eine schmerzende Läsion an der Stelle, wo das Virus in Ihren Körper eingedrungen ist – normalerweise an den Genitalien oder im Rektumbereich, je nachdem, welche sexuellen Praktiken Sie bevorzugen. Nach weiteren zehn bis vierzehn Tagen verschwinden die Läsionen. Aber damit ist die Sache nicht ausgestanden. Das Virus nistet sich jetzt in Ihrem Körper ein. Es wandert von der Haut entlang einer Nervenfaser zu dem Nervenganglion oder Zellkörper in der Nähe des Rückenmarks, wo diese Faser entspringt. Dort bleibt es für eine nicht voraussagbare Zeit. Und wenn ihm gerade danach ist oder wenn Sie unter Streß stehen, schwanger werden oder eine Infektion haben, wandert das Virus wieder die Faser entlang und taucht erneut an der Stelle auf, an der es beim erstenmal in den Körper eingedrungen ist. Die Folge ist, daß sich wieder eine wunde Stelle bildet und ... so wandert das Virus auf und ab, auf und ab – für immer.

In den meisten Fällen ist Herpes schlicht und einfach lästig; er macht einen zu einer Art Aussätzigen und kompliziert die zwischenmenschlichen Beziehungen. Es gibt jedoch einige Ausnahmen. Beispielsweise kann Herpes zu Meningitis führen, die unter Umständen tödlich verläuft. Bei Frauen begünstigt Herpes möglicherweise die Entwicklung von Gebärmutterhalskrebs. Aus diesem Grund sollte jede mit Herpes infizierte Frau mindestens einmal jährlich einen Papanicolaou-Test (= Pap-Test) machen lassen, denn es besteht ein Risiko von annähernd 50 Prozent, daß sie – wenn sie ein Kind zur Welt bringt, während gerade ein Vaginal-Herpes voll entwickelt ist – ihr Baby infiziert. Selbst wenn der Rückfall mit dem bloßen Auge nicht sichtbar ist, besteht Gefahr für das Kind. Wenn Sie also Herpes haben und schwanger werden – sei der Herpes nun aktiv oder latent –, dann sagen Sie das Ihrem Gynäkologen. Er wird Ihnen vermutlich einen Kaiserschnitt empfehlen.

Bei Personen, die generell eine nur schwache Widerstandskraft haben – beispielsweise Patienten, die nach einer Organtransplantation Medikamente zur Unterdrückung einer Immunreaktion bekommen, um eine Abstoßung des fremden Gewebes zu verhindern, Krebskranke, die sich einer Chemotherapie unterziehen müssen, oder Homosexuelle mit Kaposi-Sarkom –, kann es passieren, daß die Herpes-Infektion sich nicht als Läsion an der Stelle des primären Kontaktes manifestiert, sondern sich über den ganzen Körper ausbreitet; und das kann lebensbedrohliche Folgen haben.

Die von mir beschriebene Herpes-Infektion wird von dem Herpes-simplex-Virus verursacht, von dem die zwei Formen Typus 1 und Typus 2 existieren. Typus 1, den man in der Regel »schuldlos« aufschnappt, befällt Mund, Augen, Lippen und die Hautpartien oberhalb der Taille. Typus 2 hingegen wird durch sexuelle Aktivitäten übertragen. Er befällt die Körperpartien unterhalb des Nabels. Angesichts der heute so abwechslungsreichen sexuellen Praktiken findet man jedoch mehr Herpes des Typus 1 an Stellen, wo eigentlich Typus 2 auftreten müßte, und umgekehrt. Allerdings spricht einiges dafür – auch wenn dies nur ein schwacher Trost ist –, daß eine Typus-1-Infektion unterhalb der Taille wahrscheinlich glimpflicher verläuft als eine Typus-2-Infektion.

Kann man Herpes vorbeugen? Was kann man tun, um die Häufigkeit der Schübe und ihre Schwere zu reduzieren? Gibt es zudem »Maßnahmen«, an die sich gegenwärtig viele halten, die aber nichts weiter sind als eine Verschwendung von Zeit und Geld?

Vorbeugung kann lästig sein

Wenn Sie absolut sichergehen wollen, daß Sie sich nie eine Herpes-Infektion zuziehen, dann gibt es nur eine Möglichkeit – sexuelle Abstinenz. Allerdings ist Abstinenz – ganz anders als mangelnde Lust – nicht gerade etwas, das das Herz erfreut; zudem wird sie von den meisten wohl kaum akzeptiert, ist also keineswegs eine realistische Alternative.

Nach Abstinenz sind Vorsicht und Besonnenheit die besten Methoden, das Risiko einer Herpes-Infektion einzuschränken. Angst und Zurückhaltung gesellen sich hinzu. Die gegenwärtig grassierende Panik bezüglich Herpes und AIDS hat dazu geführt, daß die Anzahl der Fälle von Syphilis, Gonorrhoe und anderen sexuell übertragenen Krankheiten zurückgegangen ist, daß »vernünftige Erwachsene« hinsichtlich ihrer Partner etwas wählerischer geworden sind. Aber denken Sie daran – man sieht es niemandem an, ob er oder sie infiziert ist, und wohl nur wenige Verliebte sind in der Lage oder haben Lust, im Augenblick der Leidenschaft eine entsprechende körperliche Untersuchung vorzunehmen. Zudem kann die Krankheit auch dann übertragen werden, wenn keine Läsionen sichtbar sind. Darüber hinaus sind Sie, wenn Sie bereits einen Herpes haben, keineswegs sicher vor einer zusätzlichen Infektion, da jemand mit einer Typus 1-Infektion sich durchaus auch den Typus 2 »einfangen« kann – und umgekehrt.

Neben Abstinenz und Vorsicht gibt es noch die Möglichkeit, ein Kondom zu verwenden. Von allen Verhütungsmitteln und -techniken, die zur Verfügung stehen, bietet ein Kondom den besten Schutz vor einer Geschlechtskrankheit. (Allerdings ist es bezüglich Herpes nicht so sicher wie bei Gonorrhoe.) Wenn es überhaupt soweit kommt, hauptsächlich bei einer Zufallsbekanntschaft wie im Fall unseres Freundes bei seinem Ausflug nach Boston, sollte der Mann immer ein Kondom verwenden – und die Frau sollte ihrerseits darauf bestehen. Und jede Frau mit einer Herpes-Infektion, der etwas an ihrem Partner liegt, sollte einen empfängnisverhütenden Schaum oder ein Diaphragma mit kontrazeptiver Salbe verwenden, wenn sie Geschlechtsverkehr hat, selbst wenn keine Herpes-Läsionen zu sehen sind. Wie bereits erwähnt, übertragen viele Frauen, die keine sichtbaren Läsionen haben, nach wie vor das Virus. Unter diesen Umständen bieten ein Diaphragma mit Salbe und kontrazeptiver Schaum dem männlichen Partner zumindest einen gewissen Schutz, da beides das Herpes-Virus abtöten kann.

Aber wir wollen uns wieder dem Problem zuwenden, was passiert, wenn man sich diese Krankheit zuzieht. Wenn Sie sich angesteckt haben, ist es für Vorbeugemaßnahmen zu spät. Nun geht es darum, 1. zu versuchen, den Schweregrad der Infektion möglichst niedrig zu halten; 2. die Zeit, in der man das Virus überträgt (d. h. solange man Bläschen sieht) zu verkürzen; 3. die ansonsten unvermeidlichen Rückfälle zu vermeiden oder zu verzögern. Die Aussichten dafür sind heutzutage günstiger als noch vor kurzer Zeit.

Der neueste Durchbruch hinsichtlich einer Therapie – und in gewissem Maße auch der Vorbeugung – ist die orale Anwendung von Isoprinosine. Dieses Medikament wurde ursprünglich intravenös verabreicht, und zwar bei schweren allgemeinen Infektionen. Später entwickelte man ein lokal anwendbares Präparat, und jetzt kann man Isoprinosine auch einnehmen.

Wenn Sie nicht schon ein alter Hase sind, was Herpes betrifft, und bereits des öfteren einen Rückfall durchgemacht haben, kann Isoprinosine die Wahrscheinlichkeit, daß sich der Schub innerhalb von vier Monaten wiederholt, von 94 auf 29 Prozent reduzieren. Darüber hinaus wird der erneute Anfall nicht so lange dauern. Sie müssen allerdings das Medikament auch weiterhin einnehmen. Sobald Sie es absetzen, sind Sie wieder am Ausgangspunkt angelangt.

Zur Zeit wird getestet, ob auch Interferon gegen Herpes eingesetzt werden kann. Die ersten Untersuchungsberichte legen den Schluß nahe, daß es sich sowohl für eine Therapie als auch für die Prophylaxe von erneuten Schüben eignet.

Bei Herpes handelt es sich um eine chronische Krankheit, gegen die es – bis vor kurzem – keine effektive Therapie gab; aus diesem Grund haben Millionen Betroffener auf der ganzen Welt Zeit, Mühe und Geld auf »Therapien« verschwendet, die überhaupt nichts brachten. Zu derartigen Maßnahmen, die vermutlich völlig nutzlos sind, gehören verschiedene Impfstoffe, lokal angewandter Äther (was Vergiftungserscheinungen nach sich ziehen kann) und Chloroform.

Gürtelrose: ein weiteres Herpes-Virus – und doch grundverschieden

Die meisten denken bei »Gürtelrose« vermutlich an eine nicht weiter gefährliche Erkrankung bei Leuten in mittlerem oder fortgeschrittenem Alter, die sich in Ausschlag und leichtem Fieber äußert, was beides nach ein paar Tagen wieder verschwindet. Sehr oft ist der Verlauf tatsächlich so. Aber in einer immerhin beträchtlichen Anzahl von Fällen ist Gürtelrose eine kräftezehrende, unter Umständen tödliche Infektionskrankheit, die zu schweren Beeinträchtigungen, schlimmen chronischen Schmerzen, Blindheit und Taubheit führen kann und nicht selten Menschen zum Selbstmord treibt.

Nie werde ich John R. vergessen, einen siebzig Jahre alten Börsenmakler, der sich zeitlebens bester Gesundheit erfreut hatte. Seine Arbeit füllte ihn aus, und er war sehr erfolgreich; seit Jahren hatte er im Büro keinen einzigen Tag gefehlt. Bei einem seiner jährlichen Routinebesuche in meiner Praxis fiel mir ein Tremor vor allem seiner rechten Hand auf. Das Zittern war nur zu beobachten, wenn er einfach so dasaß; sobald er mit der Hand irgend etwas tat – beispielsweise einen Kugelschreiber nahm –, verschwand es fast vollständig. Kurz gesagt, es handelte sich um einen sogenannten »Ruhetremor« (im Gegensatz zu einem »Intentionstremor«, einem Zittern, das bei zweckgerichteten Bewegungen auftritt). Auch sein Aussehen und Auftreten schienen sich seit der letzten Generaluntersuchung vor einem Jahr verändert zu haben. Sein ansonsten so lebendiges Gesicht wirkte diesmal fast ausdruckslos. Diese beiden Befunde – Tremor und ein maskenhaftes Aussehen – weisen in der Regel auf Parkinsonsche Krankheit hin.

John wollte wissen, was dieses Zittern zu bedeuten habe und was man dagegen unternehmen könne. Ich beruhigte ihn und erklärte, daß es sich wahrscheinlich um ein Symptom einer milden und nicht notwendigerweise fortschreitenden Parkinson-Krankheit handle. All das war vor vielen Jahren, als Levodopa und die entsprechenden Derivate noch nicht zur Verfügung standen, und ich verordnete ihm, was damals erhältlich war. Beide konnten wir nichts weiter tun, als das Beste zu hoffen – aber das Beste erwies sich als gar nicht so gut. Zum einen verschlimmerte sich der Tremor, zum anderen wurden Johns Gliedmaßen zunehmend steifer, und allmählich hatte er Schwierigkeiten beim Gehen. Das Medikament, das ich ihm verordnet hatte, machte seinen Mund trokken, und zudem sah er dann nur noch verschwommen. John war jedoch ein bemerkenswerter Mensch. Er war fest entschlossen, damit »fertig zu werden«. Er begann eine Physiotherapie, um die Krämpfe zu lindern; vor allem aber hegte er keinerlei Groll gegen die Welt. Ganz im Gegenteil – er war dankbar, daß sein Verstand nach wie vor intakt war und er weiterhin seinen Beruf ausüben konnte.

Etwa zwei Jahre später rief Johns Sohn mich mitten in der Nacht an und berichtete, sein Vater verspüre einen starken Druck auf der Brust, schwitze heftig, fühle sich sehr schwach und sei im Gesicht aschfahl. Meine vorläufige Diagnose, daß es sich um einen akuten Herzanfall handele, bestätigte sich eine halbe Stunde später in der Notaufnahmestation. Wir ließen den Kranken in die Klinik bringen; dort besserte sich nach einer entsprechenden Behandlung der Zustand seines Herzens binnen kurzem. Nach wenigen Tagen hatte sich sein Elektrokardiogramm stabilisiert, und es ging wieder aufwärts mit John. Auch diese zweite Erkrankung brachte ihn nicht aus dem seelischen Gleichgewicht. Er vertraute darauf, daß er sich wieder erholen würde und seine Arbeit wiederaufnehmen könnte, so wie etliche seiner Kollegen auch, die ebenfalls einen Herzanfall erlitten hatten. Sie schienen alle wieder in Ordnung zu sein. Warum nicht auch er?

Am fünften Tag seines Klinikaufenthalts trat bei John ein neues Symptom auf – es hatte überhaupt nichts mit seinem Herzanfall zu tun. Er klagte über ein brennendes Gefühl auf der linken Seite seiner Stirn und in seinem linken Auge. Ich untersuchte ihn sehr sorgfältig und zog auch einen Augenspezialisten hinzu, aber wir konnten die Ursache dieser Beschwerden nicht finden. Am nächsten Tag lösten stechende Schmerzen das Gefühl des Brennens ab; alle paar Minuten durchzuckten sie seine Schläfe, »als würde jemand mein Gesicht und meine Augen mit einem glühenden Schürhaken durchbohren«. Auch jetzt war nichts zu sehen, weder in seinem Auge noch auf seiner Stirn. Allerdings hatte er nun leicht erhöhte Temperatur, etwa 37,7° C, und obwohl (oder eben weil) es keinen objektiven Befund gab, vermuteten wir, daß John eine Gürtelrose ausbrütete. Wir behandelten ihn mit allem möglichen, von dem wir glaubten, es könnte ihm vielleicht helfen, aber nichts schien viel zu nützen. Nach fünf oder sechs Tagen, in deren Verlauf die Schmerzen allmählich immer schlimmer wurden, erschien der für Gürtelrose charakteristische Pustelausschlag auf seiner Stirn, und auf der Hornhaut seines Auges bildeten sich kleine Ulzerationen (Geschwüre).

John lag jetzt fast ständig in Agonie, und wir mußten ihm Betäubungsmittel verabreichen, um die Schmerzen einigermaßen erträglich zu machen. Ich gab ihm nur äußerst widerstrebend derlei massive Drogen, die den Patienten süchtig machen können, gegen eine Störung, die chronisch werden konnte, aber ich hatte keine Wahl. Sein Herz hätte diesen ungeheuren Schmerzen nicht lange standhalten können. Wieder beruhigte ich ihn, daß in der Mehrzahl der Fälle von Gürtelrose die Schmerzen nach ein, zwei Wochen nachlassen. Allerdings bereitete ich ihn möglichst schonend darauf vor, daß das eine Auge möglicherweise für immer vernarbt und dadurch sein Sehvermögen eingeschränkt bleiben würde. Wieder setzte er auf die positive Prognose! Er würde auch diesmal nicht aufgeben, erklärte er mir, solange er darauf hoffen konnte, daß die Schmerzen irgendwann einmal aufhören würden. Meine Voraussagen erfüllten sich nur zum Teil. Er erblindete tatsächlich auf dem einen Auge, aber die stechenden, bohrenden, so qualvollen Schmerzen verschwanden nicht.

Nach zwei Wochen verließ er die Klinik, physisch und psychisch nur mehr ein Schatten seiner selbst – nicht wegen der Parkinsonschen Krankheit oder wegen seines Herzanfalls, sondern weil er unter gnadenlosen Schmerzen litt, die die Gürtelrose verursachte. Selbst nachdem der Ausschlag völlig verschwunden war, hatte sein Leiden kein Ende. Jeden Tag telephonierte er mit mir und flehte mich an, sein Leiden zu lindern. Aber ich konnte nicht mehr tun, als ihm Narkotika zu verabreichen.

Zwei Monate später legte John R. Hand an sich. Sein Leben war unerträglich geworden.

Die meisten Fälle von Gürtelrose verlaufen natürlich bei weitem nicht so dramatisch, aber dennoch sollte man diese Krankheit nicht auf die leichte Schulter nehmen. Obwohl sich der Krankheitsverlauf in der Regel nicht vorhersagen läßt und die Behandlung meist keine befriedigenden Ergebnisse zeitigt, können wir doch einiges tun, um zu verhindern, daß die Gürtelrose chronisch wird und zu einer schweren Behinderung führt.

Der Fachausdruck für Gürtelrose ist *herpes varicella zoster* (Herpes zoster). Verursacher ist ein Virus, das dem Herpes-simplex-Virus verwandt ist und sich in vieler Hinsicht genauso verhält. Bevorzugte Opfer sind anfällige junge, aber auch – und das in weit schlimmerem Maße – gebrechliche alte Menschen. Dieses Virus ist ein alter Bekannter aus unserer Kindheit – das Pockenvirus, das zurückgekehrt ist, um uns auch im Alter zu quälen.

Wenn der Ausschlag verschwindet, löst sich das Virus nicht einfach in Luft auf. Wie bei anderen Formen von Herpes dringt es in Nervenfasern der Haut ein und wandert an diesen entlang bis zu ihrem Ursprung, so daß es schließlich in Zellen nahe dem Rückenmark gelangt, wo es sich niederläßt. Bei ansonsten gesunden Kindern und Jugendlichen sorgt ein intaktes Immunsystem dafür, daß das Virus in diesem inaktiven Zustand verharrt; man weiß nicht einmal, daß es da ist. Wenn wir jedoch älter werden und unsere Widerstandskraft allmählich abnimmt, kann das Virus reaktiviert werden, wiederum den befallenen Nerv entlangwandern und erneut zur Hautoberfläche vordringen. Dieses wandernde Virus reizt den Nerv und verursacht ein paar Tage, ehe der Ausschlag sichtbar wird, Schmerzen, Juckreiz und ein brennendes Gefühl auf der Haut. Diese Symptome können für den Arzt und den Patienten gleichermaßen verwirrend sein, da es zu Beginn keinerlei Hinweise gibt, die eine Diagnose ermöglichen würden. Wenn es zu Schmerzen auch auf der Rückseite des Brustkorbs kommt, verwechselt man die Gürtelrose unter Umständen mit einer Pleuritis (Brust- oder Rippenfellentzündung); ist auch die Vorderseite des Brustkorbs betroffen, zieht man möglicherweise Pericarditis (Herzbeutelentzündung) oder sogar einen Herzanfall in Betracht. Aber nach vier oder fünf Tagen kommt die Wahrheit ans Licht, wenn der charakteristische Ausschlag an genau der Stelle erscheint, wo die Schmerzen auftraten. Die kleinen roten Pusteln folgen in ihrer Anordnung dem Verlauf der Nervenfasern. Da Nerven die Mittellinie des Körpers nicht überqueren (auf jeder Seite des Rückenmarks befindet sich ein gesonderter Stamm), hört die Gürtelrose abrupt an dieser Mittellinie auf.

Niemand weiß, welche speziellen Faktoren das schlafende Virus aktivieren. Wie ich schon erwähnte, tritt die Gürtelrose vor allem bei älteren Patienten auf, da deren Immunsystem geschwächt ist. In manchen Fällen allerdings kann, wie bei John R., Streß oder ein Trauma dafür verantwortlich sein – eine Operation, eine psychische Krise, akute Gichtanfälle, ein Herzanfall, Bestrahlung oder Chemotherapie.

Der Ausschlag bei Gürtelrose hält in der Regel eine Woche an. Normalerweise sind die Schmerzen zu Beginn am schlimmsten, werden aber allmählich erträglicher, wenn die Pusteln verkrusten. Es können jedoch verschiedene Komplikationen auftreten. Wenn beispielsweise ein Patient kaum über Widerstandskräfte verfügt, breitet sich das Virus, anstatt sich auf die Haut zu beschränken, möglicherweise im gesamten Körper aus; das kann zum Tod führen. Oder aber das Virus dringt in das Nervensystem ein und ruft Enzephalitis (Gehirnentzündung) hervor. Sind die Nerven betroffen, die ein Auge versorgen, kann es zu schrecklichen Schmerzen, einer Vernarbung der Hornhaut und Erblindung kommen. Werden die Ohren in Mitleidenschaft gezogen, kann dies zu Taubheit führen.

Die häufigste Komplikation – die man allerdings in bestimmten Fällen verhindern kann – ist jedoch die Zoster-Neuralgie. In diesem Fall dauern die Schmerzen auch nach Abklingen des Ausschlags an, manchmal einige Monate lang und unter Umständen für immer. Etwa die Hälfte der Patienten, die älter als sechzig Jahre sind, entwickeln solch eine Neuralgie. (Bis zu einem Alter von vierzig ist Gürtelrose selten; bei über Fünfzigjährigen nimmt die Häufigkeit zu, und am häufigsten kommt sie bei über Sechzigjährigen vor.)

Vorbeugung schmerzhafter Nachwirkungen

Der Schlüssel zur Vermeidung der Zoster-Neuralgie ist eine frühe Diagnostizierung. Je eher Ihr Arzt und Sie sich darüber im klaren sind, daß Sie eine Gürtelrose ausbrüten, und je früher Sie mit der Behandlung beginnen, desto geringer ist die Wahrscheinlichkeit, daß Sie lange unter den damit verbundenen Schmerzen leiden müssen. Eine Behandlung mit Interferon (in den ersten vier oder fünf Tagen) kann – wie sich zumindest bei Kindern mit einem geschwächten Immunsystem herausgestellt hat – das Risiko langer und schmerzhafter Nachwirkungen reduzieren.

Ein weiteres Mittel zur Vorbeugung sind hohe Dosen von Steroidhormonen (Kortikosteroide), die man möglichst bald nach dem Auftreten der ersten Symptome verabreichen sollte. Allerdings ist zu bedenken, daß nicht jeder diese Steroide verträgt, aber wenn Sie sie verkraften (und das muß Ihr Arzt entscheiden), verringert möglicherweise eine Einnahme über mehrere Tage das Risiko, daß Sie lange Zeit Schmerzen ertragen müssen.

Die neueste Therapie zur Prävention und Behandlung einer Zoster-Neuralgie ist die Anwendung von Adenosin-Monophosphat. Dieser Wirkstoff wird schon seit vielen Jahren eingesetzt, und vor einiger Zeit stellte man fest, daß er auch bei Gürtelrose hilft. Fragen Sie auch in diesem Fall Ihren Arzt.

Die Behandlungsmöglichkeiten bei Gürtelrose sind nicht gerade befriedigend. Glücklicherweise hören die Schmerzen in der Regel ganz plötzlich auf – von allein, nicht wegen der Maßnahmen, die wir treffen. Einige Patienten haben mir berichtet, daß Injektionen von Vitamin B-12 die Beschwerden gelindert haben; andere hingegen erklärten, diese hätten keinerlei Wirkung gehabt. Kalte Kompressen können kurzfristig Erleichterung verschaffen, ebenso diverse Schmerzmittel. Vermeiden Sie soweit als möglich Betäubungsmittel, da diese abhängig oder süchtig machen, wenn man sie längere Zeit einnimmt. Verschiedene Tinkturen helfen gegen den Ausschlag, nützen jedoch nichts mehr, sobald dieser verschwunden ist und die postherpetischen Schmerzen einsetzen.

Ich habe eine recht simple Methode entdeckt, wie man die Schmerzen unter Kontrolle bekommen kann – perkutane Nervenreizung. Auf den schmerzenden Hautpartien werden Elektroden angebracht, und von einer tragbaren Batterie werden elektrische Impulse ausgesandt. Dieser relativ milde »Schlag« überlagert die Schmerzempfindung der betroffenen Nerven und verschafft etwas Erleichterung. Der Patient kann diese Batterie praktisch überallhin mitnehmen – tagsüber kann er sie beispielsweise am Gürtel tragen, während er sie über Nacht auf den Nachttisch legt; so kann er sie immer einschalten, wenn es ihm notwendig scheint.

Oral und intravenös angewandtes Isoprinosine wird heutzutage im akuten Stadium der Gürtelrose eingesetzt und ist sehr effektiv, aber offensichtlich müssen höhere Dosierungen verabreicht werden als bei Herpes. Darüber hinaus scheint es zwar in der akuten Phase wirksam zu sein, nicht jedoch bei Zoster-Neuralgie.

Für die meisten ist eine Gürtelrose schlicht und einfach lästig.

Aber der Krankheitsverlauf ist nicht voraussagbar: Weder kann man vorhersehen, wen es treffen wird, noch kann man sagen, wie schlimm die Beschwerden sein werden. Wenn Sie älter als fünfzig sind und an Gürtelrose erkranken, müssen Sie auf jeden Fall so bald wie möglich mit Ihrem Arzt besprechen, wie Sie das Risiko von Folgeerscheinungen verringern können.

Manchmal fragen Patienten mich, ob ihnen das wohl ein zweites Mal passieren kann oder ob das einmalige Auftreten der Krankheit den Betroffenen dagegen immunisiert. Bei den meisten Infektionskrankheiten ist man nach einer einmaligen Erkrankung sein weiteres Leben dagegen geschützt. Bei Gürtelrose und Herpes jedoch wird ein Wiederauftreten der entsprechenden Symptome nicht durch eine neuerliche Infizierung verursacht, sondern durch eine Reaktivierung des Virus, das bereits im Körper ist. Wiederholte »Anfälle« von Gürtelrose sind also durchaus möglich, obwohl bei weitem nicht so häufig wie bei Herpes simplex.

In diesem Kapitel habe ich zwei weitverbreitete Viren beschrieben, die den Patienten übel mitspielen können. Zwischen Herpes und Gürtelrose besteht ein Zusammenhang, aber sie unterscheiden sich doch sehr, was die Infektionswege, die jeweils indizierte Behandlung und die Art der Beschwerden betrifft. Um wirksam vorbeugen zu können, müssen wir die Entwicklung von Impfstoffen abwarten – und in dieser Hinsicht ist leider nicht mit baldigen Erfolgen zu rechnen.

22. Verstopfung – Bewegung, Bewegung und nochmals Bewegung

Für viele Menschen ist ein regelmäßiger Stuhlgang äußerst bedeutsam geworden. Fast jeder von uns erwartet, mit zumindest einer gründlichen Entleerung des Darms pro Tag »gesegnet« zu sein. Ausbleibender Stuhlgang ist für viele ein Grund zu großer Besorgnis.

Ich kann mir beim besten Willen nicht erklären, wieso man heutzutage soviel Wert auf eine regelmäßige tägliche Entleerung des Darms legt. Vielleicht hat das mit dem Mythos von der »Selbstvergiftung der Eingeweide« zu tun. Ich kann mich noch gut erinnern, wie meine Mutter mir erklärte, wenn ich mir nicht jeden Tag die Zeit nähme, meinen Darm zu entleeren, würde ich mich durch die im Körper zurückgebliebenen Ausscheidungsprodukte vergiften. Ich habe den Verdacht, die meisten Leute glauben das tatsächlich. Aber es stimmt nicht. In Wirklichkeit variiert die Häufigkeit des Stuhlgangs von Person zu Person. Manche haben bis zu dreimal täglich Stuhlgang, andere nur dreimal pro Woche. Wie oft Sie »müssen«, wieviel Sie ausscheiden und wie regelmäßig Ihr Stuhlgang ist, hängt von vielen verschiedenen Faktoren ab – von Ihrem Alter (wenn man älter wird, geht alles ein bißchen langsamer); davon, wieviel Bedeutung Sie dem Ganzen beimessen (wenn man die ersten Signale nicht zur Kenntnis nimmt, weil man zu beschäftigt ist, muß man meist bis zum nächsten Tag warten); wieviel Wasser oder andere Flüssigkeit Sie zu sich nehmen (Personen, die Trinkwasser wie die Pest meiden, neigen eher zu Verstopfung); von der Ernährungsweise (natürliche Faserstoffe in ausreichender Menge führen nahezu mit Sicherheit zu einem weichen, massigen Stuhl, und zwar mindestens einmal pro Tag); von Ihrer körperlichen Aktivität (ein vormals recht aktiver Mensch, der plötzlich das Bett hüten muß, hat seltener Stuhlgang). Auch eine Reihe von Medikamenten, auf die ich noch näher eingehen werde, können zeitweilige oder auch chronische Verstopfung verursachen; andere Krankheiten, die nichts mit dem Darm zu tun haben (beispielsweise eine Schilddrüsenunterfunktion), führen möglicherweise ebenfalls zu chronischer Verstopfung, und auch ein Schlaganfall kann die Muskeltätigkeit in den Eingeweiden verlangsamen.

In diesem Zusammenhang spreche ich von jenen Unregelmäßigkeiten im Darmbereich, die von Zeit zu Zeit aus unerfindlichen Gründen auftreten und/oder zu chronischer Verstopfung führen können. Wenn sich das Darmverhalten jedoch abrupt ändert, ist das etwas ganz anderes. Es ist schon äußerst verdächtig, wenn jemand, der immer einen regelmäßigen Stuhlgang hatte, plötzlich Verstopfung und/oder abwechselnd Durchfall hat; wenn der Durchmesser des Stuhls geringer wird, so daß er fast bandförmig aussieht; wenn man mit dem Stuhl Blut ausscheidet (alt und schwarz oder frisch und rot); wenn er oder sie beim Entleeren des Darms Schwierigkeiten hat, obwohl er oder sie den Drang dazu verspürt; oder wenn man, nachdem alles vorbei ist, das Gefühl hat, daß der Darm nicht richtig leer ist. Diese Symptome und Befunde erhöhen die Wahrscheinlichkeit, daß irgendwo im Darm sich eine Wucherung gebildet hat, und man sollte unverzüglich eine entsprechende Untersuchung durchführen lassen, auch wenn die Beschwerden zeitweilig abklingen.

Wenn Sie gelegentlich Verstopfung haben, ist dies kein Grund zur Besorgnis. Wird sie jedoch chronisch, kann dies ernste Folgen haben. Das bezieht sich unter anderem auf das Funktionieren der Nerven und Muskeln, die für die Kontrolle und die Stuhlkontinenz zuständig sind.

Eine lang andauernde Verstopfung kann unter Umständen auch zu einer Kotstauung führen, so daß man den Stuhl buchstäblich ausgraben muß – eine sehr schmerzhafte und unangenehme Angelegenheit. Möglicherweise spielt eine derartige Kotstauung sogar bei der Entstehung von Darmkrebs eine Rolle.

Man kann, wenn man seine Lebensweise und individuellen Angewohnheiten ändert, Verstopfung und die daraus resultierenden Beschwerden vermeiden – Völlegefühl, ein dumpfer Kopfschmerz, pelzige Zunge, Mundgeruch, Appetitlosigkeit und einen aufgetriebenen Bauch.

Die beste Methode, einen regelmäßigen Stuhlgang zu gewährleisten, besteht darin, auf die entsprechenden Anzeichen zu achten. Viele Körperfunktionen sind zyklisch und laufen nahezu automatisch ab; man sollte sie nicht unterdrücken. Beispielsweise werden wir in der Regel innerhalb einer bestimmten Zeit nach unserer letzten Mahlzeit wieder hungrig (auf ein paar Minuten mehr oder weniger kommt es dabei nicht an); die Periode bei Frauen tritt im allgemeinen zyklisch, nach genau siebenundzwanzig, achtundzwanzig oder neunundzwanzig Tagen ein; und wenn Sie jede Stunde Ihre Temperatur messen, stellen Sie fest, daß es jeden Tag um genau die gleiche Zeit zu kleineren Abweichungen kommt. Die meisten von uns haben einen »inneren Wecker«, der uns jeden Morgen um nahezu die gleiche Zeit aufwachen läßt. All diese inneren Mechanismen, die uns funktionieren lassen, laufen ganz regelmäßig ab, und das Signal, den Darm zu entleeren, gehört dazu. Es ist nicht weiter tragisch, wenn Sie das eine oder andere Mal nicht auf dieses Signal achten; wenn Sie das jedoch zur Gewohnheit werden lassen, werden Sie schließlich unter chronischer Verstopfung leiden. Besonders häufig ist dies bei Menschen des Persönlichkeitstypus A, jenen energiegeladenen, umtriebigen Leuten also, die Wichtigeres zu tun haben, als sich um ihren Stuhlgang zu kümmern. Es läßt sich aber auch bei Krankenhauspatienten beobachten, bei alten Menschen im Pflegeheim und selbst bei Schulkindern; sie alle schieben den Gang zur Toilette möglichst lange hinaus, entweder weil sie dabei für sich alleine sein wollen, oder weil die Toilette, die sie benutzen müssen, nicht sauber ist, weil sie sich schämen oder aus irgendwelchen anderen Gründen. Wir schlingen das Frühstück hinunter, um den Schulbus oder die nächste S-Bahn nicht zu versäumen. Nie scheint man genügend Zeit zu haben, sich gesunde Entleerungsgewohnheiten anzutrainieren. Wenn ein Kind schon zu Hause, nach dem Frühstück, das entsprechende Signal verdrängt hat und in die Schule geht, sind dort die Umstände auch nicht gerade günstig für eine ungestörte Entleerung – entweder scheut das Kind sich, den Lehrer um Erlaubnis zum Austreten zu fragen, oder es hat Angst, zu lange zu brauchen oder von den Mitschülern verspottet zu werden, oder aber die Toiletten sind verdreckt oder sogar gefährlich. So reißt das Kind sich zusammen, bis es nach Hause kommt. Je länger und je öfter man das Gefühl unterdrückt, daß es »soweit« ist, desto mehr dehnt sich der Unterbauch, um die zurückgehaltenen Ausscheidungsprodukte aufnehmen zu können. Ein aufgetriebener Bauch wird schließlich nur noch selten, d. h. in längeren Abständen, ein Signal aussenden, so daß die Ausscheidungsprodukte länger gespeichert werden. Dadurch wird der Stuhl härter und eine Entleerung schmerzhafter, wenn man sich endlich zu einem Gang zur Toilette entschlossen hat.

Manchmal gibt es auch physische Gründe dafür, nicht auf die Signale für die Entleerung des Darms zu achten. Schmerzhafte rektale oder anale Störungen, etwa Hämorrhoiden oder eine Analfissur, machen eine Entleerung so unangenehm, daß man sie bewußt hinauszögert. In einem solchen Fall ist es wichtig, derlei Probleme sofort zu beheben und es gar nicht soweit kommen zu lassen, daß diese Stellen wund werden und es schließlich zu einer chronischen Verstopfung kommt. Außerdem können diese Erkrankungen noch schlimmer werden, wenn man nichts dagegen unternimmt. Beispielsweise können Fissuren (= Schrunden) tiefer und länger werden und sich entzünden, während Hämorrhoiden ständig unauffällig bluten und so zu einer ernstzunehmenden Anämie führen, besonders bei Alten oder chronisch Kranken.

Was Ihren Lebensstil anbelangt, sollten Sie es sich auch angewöhnen, reichlich Wasser zu trinken, d. h. täglich mindestens acht Gläser (besprechen Sie das jedoch vorher mit Ihrem Arzt, falls Sie ein Herz- oder Nierenleiden haben). Einer meiner Patienten, ein sechsundsiebzig Jahre alter Herr, teilte mir neulich mit, er leide seit einiger Zeit unter Verstopfung. Während er bislang regelmäßig jeden Morgen Stuhlgang gehabt hatte – »ich konnte fast die Uhr danach stellen« –, dauerte es jetzt jeweils drei bis vier Tage, ehe er den Darm entleeren konnte. Das war dann sehr schmerzhaft, denn der Stuhl war hart, hatte sich allerdings hinsichtlich des Durchmessers nicht verändert; auch auf Blutungen gab es keinerlei Hinweis. In der Krankengeschichte ließ nichts auf ein ernstes Problem schließen, aber wir führten trotzdem eine »Generaluntersuchung« durch, um jegliches Risiko auszuschließen, daß sich im Darm ein verstecktes Geschwür entwickelt hatte. Schließlich stellte sich heraus, daß mein Patient insofern Schwierigkeiten hatte, als er wegen einer

Prostatavergrößerung sehr oft urinieren mußte. Da er jede Nacht drei- bis viermal aufstand, um seine Blase zu entleeren, dachte er sich, er könnte dieses Problem lösen, indem er weniger Flüssigkeit zu sich nahm. Kurz danach bekam er die Verstopfung. Er unterzog sich nun einer Prostata-Operation, von der er sich blendend erholte. Jetzt mußte er nicht mehr so oft Wasser lassen, und als er anfing, wieder soviel zu trinken wie früher, verschwand auch prompt die Verstopfung.

Viel Bewegung und sportliche Betätigung stimulieren den Darm, sich zu kontrahieren und die Nahrungsrückstände auszuscheiden. Um nicht an Verstopfung zu erkranken, müssen Sie körperlich aktiv bleiben. Das gilt besonders für ältere Menschen. Leute in ihren Siebzigern haben genauso oft Stuhlgang wie jüngere – wenn sie körperlich aktiv bleiben. Eine der Komplikationen, mit denen man rechnen muß, wenn man einem Patienten aus irgendeinem Grund – Herzanfall, eine Operation, eine Infektion oder eine Verletzung – Bettruhe verordnet, ist Verstopfung.

Wie regelmäßig Ihr Stuhlgang ist, hängt in hohem Maße auch von der Ernährung ab. Genügend Rohkost und eine ballaststoffhaltige Kost sind notwendig, um einer Verstopfung vorzubeugen. Am meisten Ballaststoffe enthält Getreide, dann folgen Obst und Gemüse. Ich rate darüber hinaus jedem Patienten, der über Verstopfung klagt, anfangs täglich einen Teelöffel ungeschrotete Weizenkleie zu essen und dann die Dosis allmählich zu steigern, bis er oder sie täglich eine halbe Tasse davon verträgt. Das genügt normalerweise, um eine angemessene Darmfunktion zu gewährleisten. Aber vergessen Sie nicht – derlei wirkt am besten, wenn man viel dazu trinkt.

Vermeiden Sie es, regelmäßig Abführmittel zu nehmen. Sie sind keine Lösung des Problems. Ich kenne viele Abführmittel-»Süchtige«, die tagtäglich ihren Darm mit immer höheren Dosen von Abführmitteln zur Aktivität zwingen müssen. Wenn Sie das Gefühl haben, ein solches Mittel zu brauchen, weil Sie momentan Schwierigkeiten mit dem Darm haben, dann fangen Sie mit darmfüllenden Mitteln wie Kleie oder Zellulose an. Ähnlich wie die Ballaststoffe verbinden sie sich im Intestinaltrakt mit Wasser und bilden eine geleeartige beziehungsweise weiche Masse, die sich leicht ausscheiden läßt.

Von Mineralöl, beispielsweise Paraffin liqu., rate ich ab. Es ist ein Reizmittel, und wenn man es »in die falsche Kehle« bekommt, nämlich in die Luftröhre, kann dies zu einer schweren Lungenentzündung führen. Der Körper hat Schwierigkeiten, mit öligen Substanzen zurechtzukommen. Darüber hinaus verhindert Mineralöl, wenn man es zu den Mahlzeiten einnimmt, die Absorption der fettlöslichen A-, D- und E-Vitamine.

Laktulose, ein häufig verwendeter synthetischer Zucker, ist zugleich ein gutes Abführmittel. Sie saugt Wasser in den Darm und macht so den Stuhl weicher und massiger.

Wenn Sie ganz plötzlich Verstopfung bekommen, sollten Sie überprüfen, ob das nicht auf ein Medikament zurückzuführen ist, das Sie einnehmen. Um Verstopfung vorzubeugen, sollten Sie die häufige Einnahme folgender Wirkstoffe vermeiden:

(1) *Alle Medikamente, die Kodein enthalten*; dazu gehören verschiedene Hustensäfte, Betäubungsmittel und Analgetika.
(2) *Antacida (Antisäuremittel), die Aluminium enthalten.* Viele Leute kauen alle paar Stunden gegen eine »Übersäuerung des Magens« Antazid-Tabletten. Mittel, die Magnesium oder Kalziumkarbonat enthalten, führen nicht zu Verstopfung; bei aluminiumhaltigen Präparaten kann es allerdings durchaus dazu kommen.
(3) *Cholestyramin (Quantalan).* In einem 1984 von der amerikanischen Regierung veröffentlichten Gesundheitsbericht wurde darauf verwiesen, daß eine Senkung des Cholesterinspiegels mittels Cholestyramin eine Erkrankung der Herzkranzarterien verhindern oder zumindest hinauszögern kann. Seit damals habe ich zahlreichen meiner Patienten mit hohem Cholesterinspiegel dieses Medikament verschrieben. Viele von ihnen bekamen in der Folge chronische Verstopfung. Das läßt sich vermeiden, wenn die tägliche Nahrung ausreichend Ballaststoffe enthält.
(4) Viele *Tranquilizer, Anticholinergica und Antihistamine.* Auch hier ist Vorsicht geboten.
(5) *Eisenpräparate*, wie sie oft zur Behandlung von Anämie (»müdem Blut«) verordnet werden, färben nicht nur den Stuhl schwarz, als hätte man Blutungen im Magendarm-

trakt, sondern führen häufig auch zu Verstopfung. Die meisten gesunden Leute können Eisen in ausreichender Menge mit der Nahrung zu sich nehmen und brauchen keine Zusatzpräparate; allerdings kann bei Frauen, die sehr starke Menstruationsblutungen haben, zusätzliches Eisen erforderlich sein.

(6) *Entwässerungsmittel*, die Ihrem Körper Wasser entziehen – was ihr Sinn und Zweck ist –, machen Ihren Darm »aufgebläht und trocken«.

Wenn Sie also unter Verstopfung leiden, sollten Sie Ihren Lebensstil und Ihre individuellen Gewohnheiten überdenken – was Sie gegessen und getrunken haben und welche Medikamente Sie eingenommen haben. Auf jeden Fall rate ich Ihnen, Ihren Arzt zu konsultieren, wenn die Verstopfung ganz plötzlich auftritt. Es ist dann seine Aufgabe, sich zu vergewissern, daß keine ernste Erkrankung des Darms vorliegt.

23. Krebs – Wann ist vorbeugen möglich?

Obwohl bei der Früherkennung, Behandlung und Heilung von Krebserkrankungen einige Fortschritte erzielt worden sind, bietet Prävention nach wie vor die besten Chancen, hat sich doch die Gesamtüberlebensrate bei den meisten Krebskrankheiten nicht wesentlich geändert. Die Aussichten, nach der Erstdiagnose Lungenkrebs fünf Jahre zu überleben, haben sich in den USA seit 1976 um lediglich 1 Prozent verbessert – von 12 auf 13 Prozent. Die Überlebensrate bei einem Kolonkarzinom ist in diesem Zeitraum von 49 auf 52 Prozent gestiegen, die bei Prostatakarzinom von 64 auf 70 Prozent. Von den Unglücklichen mit einem Pankreaskarzinom wird nur ein verschwindender Bruchteil von 2 Prozent die nächsten fünf Jahre überleben. 95 Prozent der Patienten mit Ösophaguskarzinom sterben innerhalb von fünf Jahren nach der Diagnosestellung.

Aus diesen Zahlen ergibt sich, daß in den USA Krebs unter den Haupttodesursachen an zweiter Stelle steht. Das müßte allerdings nicht so sein, da die meisten bösartigen Erkrankungen durch Umweltfaktoren verursacht oder begünstigt werden; diese aber können wir beeinflussen. Daher sollten wir alle uns vorbeugend verhalten, während die Wissenschaft weiterhin nach Krebsheilungsverfahren sucht.

Bei mindestens 35 Prozent aller bösartigen Erkrankungen besteht ein Zusammenhang mit der Ernährungsweise. Tatsächlich wird geschätzt, daß die Zahl der Krebserkrankungen allein durch Änderung der Ernährungsweise um zwei Drittel verringert werden könnte – indem die aufgenommene Fettmenge um ein Drittel und die des Zuckers um die Hälfte verringert wird, sowie durch Verdoppelung der Stärkeaufnahme und den Verzehr von 40 g Faserstoffen täglich. 30 Prozent der Krebserkrankungen sind auf Rauchen zurückzuführen; 4 Prozent sind abhängig von beruflichen Faktoren, 3 Prozent sind exzessivem Alkoholgenuß zuzuschreiben, und 1 bis 2 Prozent sind Folge der Luftverschmutzung. Zu den übrigen vermeidbaren Ursachen gehören auch einige Medikamente (Östrogene, Immunsuppressiva) und die Röntgenstrahlen, denen wir ausgesetzt werden.

Bei der Vorbereitung dieses Kapitels stieß ich auf unzählige faszinierende Beobachtungen. Je mehr ich den Riesenberg von Informationen überblickte, der sich vor mir auftürmte, um so unüberwindbarer schien mir die Aufgabe, sie in eine Ordnung zu bringen. Es hatte zunehmend den Anschein, daß praktisch alles, was wir essen, trinken, einatmen, anziehen und tun, Krebs verursachen kann. Zudem steht eine überwältigende Anzahl von Tatsachen über Krebs in keiner erkennbaren Beziehung zu anderen. Beispielsweise besteht bei Personen, die Zigaretten rauchen und zuviel Alkohol trinken, ein erhöhtes Risiko der Entwicklung von Mundkrebs. Dies leuchtet unmittelbar ein, bis wir erfahren, daß Frauen, die weder trinken noch rauchen, allerdings regelmäßig Mundspülungen vornehmen, ebenfalls zu Mundkrebs neigen. Benutzen Sie Talkumpuder, um den Po Ihres Babys einzupudern? Bei kleinen Jungen ist nichts dagegen einzuwenden, bei kleinen Mädchen kann sich jedoch, als Folge der Reizwirkung durch die Talkumteilchen, später ein Ovarialkarzinom entwickeln. Von Kohl heißt es, er schütze gegen bestimmte Krebsformen; andererseits können aber Rote Rüben das Risiko erhöhen. Gerade als man überzeugt war, daß große Mengen von Faserstoffen gegen Dickdarmkrebs schützen, kam die renommierte National Academy of Science nach Aufarbeitung sämtlicher Daten über Krebs und Ernährung zu dem Schluß, daß sich die Verbindung Krebsvorbeugung–Faserstoffe in Wirklichkeit nicht bestätigen ließ. Ein Forscher kommt sogar zu dem Ergebnis, daß Faserstoffe krebserregend seien! Sie machen sich Sorgen wegen der Pille? Wahrscheinlich wird sie Sie vor Krebs der Eierstöcke und des Endometriums (der Schleimhautinnenschicht der Gebärmutter) schützen – nicht jedoch vor Brustkrebs. Tatsächlich gibt es immer noch einige Dickköpfe, die – trotz aller bislang vorliegenden, eindeutig negativen Ergebnisse – an ihrer Überzeugung festhalten, daß Östrogene vermutlich das Brustkrebsrisiko erhöhen. So reihen sich die Fakten aneinander – anscheinend ohne Beziehung zueinander.

Ich habe daher sämtliche wichtigen Informationen, die die in den Vereinigten Staaten häufigsten bösartigen Erkrankungen betreffen und derer ich habhaft werden konnte, gesichtet und durchgearbeitet. Dann teilte ich das Kapitel nach den einzelnen Krebsarten beziehungsweise Organen ein – angeordnet nach abnehmender Häufigkeit –, wobei ich vor allem darauf Wert legte, Ihnen zu zeigen, wie Sie jede dieser Krebsarten am besten verhindern können.

Hautkrebsformen außer dem Melanom – vermeidbar und behandelbar

Unter praktischen Gesichtspunkten lassen sich die Hautkrebserkrankungen in zwei Hauptgruppen unterteilen: die Melanome, die zum Tode führen, wenn sie nicht sehr frühzeitig erkannt und entfernt werden (20 Prozent aller Melanompatienten sterben innerhalb von fünf Jahren), und die übrigen Formen, die Nichtmelanom-Hautkarzinome, mit schätzungsweise 400 000 bis 500 000 Neuerkrankungen pro Jahr die häufigste Krebserkrankung unter der weißen Bevölkerung der USA. Meist handelt es sich dabei um Basalzellen- oder Plattenepithelkarzinome, die in vielen Fällen geheilt werden können – derzeit zu mehr als 90 Prozent. Es ist sehr wichtig, sich dessen bewußt zu sein. Ich erinnere mich an einen Patienten, der wegen eines verdächtig aussehenden, pigmentierten Pickels auf seiner Haut einen Hautarzt zu Rate zog. Eine Gewebeprobe wurde entnommen, und vom Labor kam ein Bericht mit der Diagnose »Basalzellenkarzinom« zurück. Das klingt bedrohlich, aber man braucht nichts weiter zu tun, als es entfernen zu lassen – damit ist die Sache normalerweise erledigt.

Die Sonnenstraße zum Krebs: Die einzig wirklich wichtige und vermeidbare Ursache aller Hautkrebsformen ist ausgedehnte Sonneneinstrahlung; in geringerem Maße gilt dies auch für das Einwirken von UV-Strahlung und anderen Strahlungsarten. Es wird Sie daher wohl kaum überraschen, daß 90 Prozent der Hautkrebserkrankungen bei den Hautpartien auftreten, die in der Regel unbedeckt bleiben – Gesicht, Ohren, Nacken, Handrücken und so weiter. Daher sind Personen, die im Freien arbeiten – Fischer, Bauern, Viehzüchter, Seeleute, Montagearbeiter und Sportler –, am gefährdetsten. In den Vereinigten Staaten, wo der Fahrer eines Autos auf der linken Seite sitzt, so daß die linke Körperseite der Sonnenbestrahlung ausgesetzt ist, treten Hautkrebserkrankungen vorwiegend links auf; in England und Australien, also Ländern mit Rechtslenksystem, herrschen rechts lokalisierte Hautkrebse vor. Sie sollten sich besonders vor Sonnenbestrahlung schützen, wenn Sie rothaarig sind oder blond und hellhäutig, wenn Ihre Augen hellfarben sind, Sie Sommersprossen haben, wenn Sie beim Sonnenbaden rasch einen Sonnenbrand bekommen oder wenn bei Ihnen eine Erkrankung vorliegt, die mit Sonnenlichtunverträglichkeit verbunden ist.

Der Breitengrad und die Meereshöhe des Ortes, an dem Sie leben, sind ebenfalls wichtige Determinanten bei der Bestimmung des Hautkrebsrisikos. Der UV-Anteil des Sonnenlichts ist in Äquatornähe am höchsten; dort ist der Anteil an Stunden des Tages und die Zahl der Tage pro Jahr mit senkrechter Sonneneinstrahlung höher als anderswo. So tritt Hautkrebs zunehmend häufiger auf, je näher man dem Äquator kommt. Er ist in tropischen und subtropischen Regionen häufiger zu finden als in Alaska oder selbst in New York. In Australien und Arizona ist Hautkrebs doppelt so häufig wie in nördlichen Breiten. Die jeweilige Höhe spielt insofern eine Rolle, als mit zunehmender Höhe der von der Atmosphäre absorbierte Anteil der Strahlung abnimmt, so daß mehr davon durchdringt und verheerende Auswirkungen auf die Haut haben kann. Teilweise werden wir vor den gefährlichen Strahlungskomponenten des Sonnenlichts durch die Ozonschicht geschützt, einer Form des Sauerstoffs, die ab einer Höhe von elf- bis vierzehntausend Metern in nennenswerten Konzentrationen vorkommt – also etwa in jener Höhe, in der Düsenjäger fliegen – und deren Anteil mit zunehmender Höhe weiter steigt. Unglücklicherweise wird diese Schutzschicht durch in der Industrie angewandte chemische Verbindungen zerstört, beispielsweise durch die Fluorkohlewasserstoffverbindungen, die als Treibgase eingesetzt wurden, ehe in den USA ihre Anwendung zu diesem Zweck untersagt wurde. Smog hingegen, der in manch anderer Hinsicht gefährlich ist, bietet einen Schutz gegen die Sonneneinstrahlung.

Wenn Sie sich in der Sonne aufhalten müssen, dann sorgen Sie dafür, daß unbedeckt bleibende Körperpartien mit einem starken Sonnenschutzmittel eingecremt sind, das PABS (Paraaminobenzoesäure) enthält und einen möglichst hohen Sonnenschutzfaktor hat. Tragen Sie es eine Stunde, ehe Sie sich der Sonne aussetzen, auf; nach dem Schwimmen oder bei starkem Schwitzen sollte man sich wiederholt eincremen.

Aber nicht nur die Sonne ist schuld. Die Vermeidung der Sonnenbestrahlung ist der erste Schritt bei der Vorbeugung von Hautkrebs. Sie können jedoch noch mehr tun. Vermeiden Sie jeglichen Kontakt mit bestimmten krebserregenden Substanzen, beispielsweise Steinkohlederivaten in petrochemischen Verbindungen, wie sie bei Dachdecker- und Bauarbeiten verwendet werden. Arsenverbindungen, die Bestandteil bestimmter Unkraut- und Pilzvernichtungsmittel sind, können ebenfalls Hautkrebs verursachen. Achten Sie stets auf die Liste der Einzelbestandteile sämtlicher Erzeugnisse, mit denen Sie regelmäßig in Kontakt kommen, unabhängig davon, welchem Zweck sie dienen.

Wenn Sie Narben von Verbrennungen, Schnittverletzungen oder chirurgischen Eingriffen haben, sollten Sie daran denken, daß es sich dabei um bevorzugte Stellen für Hautkrebs handelt. Untersuchen Sie daher alle Narben sorgfältig und in kurzen Zeitabständen, um sicherzugehen, daß sich deren Erscheinungsbild nicht verändert hat.

Früherkennung des Nonmelanom-Hautkrebses ist praktisch gleichbedeutend mit Prävention. Daraus folgt, daß *Sie* und Ihr Arzt regelmäßig Ihre Haut untersuchen sollten. Sie können lernen, ein Basaliom an seinem Aussehen zu erkennen. In der Regel handelt es sich dabei um ein kleines, glänzendes, fleischfarbenes Knötchen, überzogen mit einem Netz winziger Blutgefäße und umgeben von einem perlschnurartigen Rand. Es kann mit einem Schorf bedeckt sein, geschwürartig aufbrechen, bluten und einem Ekzem oder sogar einer Schuppenflechte ähneln. Plattenepithelkarzinome hingegen sehen anders aus. Es sind ebenfalls Knötchen, aber geschuppt und plättchenartig, mit scharf geränderten roten Flecken. Ganz gleich, wie die »wunde Stelle« oder der »Ausschlag« aussehen, wenn sie nicht heilen oder Sie Zweifel darüber haben, dann suchen Sie so bald als möglich einen Hautarzt auf.

Lungenkrebs[1] – das Vermächtnis der Zigarette

Im Jahre 1984 mußte in den USA das kolorektale Karzinom (Dick- und Mastdarmkrebs) seinen Platz als häufigste bösartige Erkrankung – außer den Hautkrebsen – räumen. Lungenkrebs ist mittlerweile das Karzinom Nummer eins hierzulande. Er verdankt seine ständig zunehmende Häufigkeit einem Hauptfaktor – dem Zigarettenrauchen. Diese bösartige Erkrankung, die bei Frauen normalerweise selten auftrat, tötet heutzutage mehr von ihnen als jede andere Krebserkrankung – und das nur, weil immer mehr Frauen zum »Glimmstengel« greifen. Ein Drittel aller männlichen Krebstoten ist an Lungenkrebs gestorben, und wenn alle Raucher auf der Stelle damit aufhörten, würde die Zahl der jährlich neu auftretenden Lungenkrebsfälle in den USA um 75 Prozent sinken, von 140000 auf 35000, vielleicht sogar auf noch weniger.

Zigarettenraucher unterliegen – im Vergleich zu Nichtrauchern – einem zehnfach erhöhten Risiko, an Lungenkrebs zu erkranken. Die Sterberate ist bei denjenigen, die täglich zwei Schachteln oder mehr rauchen, fünfzehn- bis zwanzigmal höher als bei Nichtrauchern (und das Risiko steigt, je tiefer Sie inhalieren und je mehr Teer und Nikotin Ihre Lieblingsmarke enthält). Nikotin ist ein Suchtgift. Je weniger Ihre bevorzugte Zigarettenmarke enthält, um so tiefer werden Sie inhalieren und um so mehr werden Sie rauchen, um Ihren täglichen Bedarf an Nikotin zu decken. Auf lange Sicht führen Filter und andere Spielereien wahrscheinlich lediglich dazu, daß Sie dieselbe Nikotinmenge aufnehmen, jedoch einen höheren Anteil der anderen, krebserzeugenden Stoffe, die im Rauch enthalten sind, inhalieren.

Hat man sich das Rauchen erst einmal angewöhnt, fällt es schwer, wieder davon loszukommen; warum also sollte man – wenn man sich diese schrecklichen Statistiken vor Augen hält – sich diese Angewohnheit überhaupt zulegen? Wenn ich Patienten, die seit Jahren Raucher sind, erkläre, wie die Dinge liegen, ent-

1 Mit der umgangssprachlichen Bezeichnung »Lungenkrebs« ist in der Regel das *Bronchial*-Karzinom gemeint (A. d. Ü.)

gegnen sie oft, nach all den Jahren sei es doch ohnehin schon zu spät, um damit aufzuhören. Sie irren sich. Es ist niemals wirklich zu spät, weder in bezug auf Krebs noch hinsichtlich des Herzens. Ein ehemaliger Raucher trägt zehn Jahre, nachdem er damit aufgehört hat, dasselbe Gesamtrisiko wie jemand, der sein Leben lang nicht geraucht hat.

Früher war man der Ansicht, es sei in erster Linie die persönliche Entscheidung eines jeden einzelnen, ob er raucht oder nicht, und daß jedermann das Recht habe, es zu tun. Wer bei Kenntnis aller Tatsachen bereit war, sein Leben auf diese Weise zu verkürzen, der sollte das tun dürfen – die Entscheidung darüber lag ganz bei ihm und ging die Gesellschaft nichts an. Meiner Ansicht nach ist diese Einstellung nicht gerechtfertigt. Etliche neuere Untersuchungen haben gezeigt, daß bei Frauen starker Raucher, die selbst nicht rauchen, ein höheres Risiko besteht, an Lungenkrebs zu erkranken, als bei Frauen von Nichtrauchern. Das Nikotin, das in ihrem Urin nachweisbar ist, zeigt, daß sie passiv mitrauchen. Wer mit jemandem, der täglich zwei Päckchen Zigaretten raucht, in einer Wohnung zusammenlebt, der inhaliert in der Tat bis zu einer Menge, die zehn Zigaretten täglich entspricht!

Zigaretten machen nicht nur anfällig für Lungenkrebs, sie erhöhen auch die Gefahren, die von anderen, im Rahmen der beruflichen Tätigkeit auftretenden Karzinogenen – wie Asbest und Radon – ausgehen. Beispielsweise haben wir gesehen, daß Zigarettenrauchen das Lungenkrebsrisiko zehnfach erhöhen kann. Bei Personen, die mit Asbest in Berührung kommen, besteht eine fünfmal größere Wahrscheinlichkeit, diese bösartige Erkrankung zu entwickeln. Wenn jedoch bei Zigarettenrauchern gleichzeitig eine Asbestexposition gegeben ist, ist ihr Krebsrisiko fünfzigmal so hoch wie bei Nichtrauchern.

Nach meiner und der Ansicht eigentlich aller Ärzte und Krebsspezialisten ist der Zusammenhang Zigaretten – Lungenkrebs eine nachgewiesene Tatsache, an der nicht zu rütteln ist. Dennoch gibt es einige eher verwirrende Statistiken, für deren Erklärung eine interessante Theorie zur Diskussion gestellt wurde. Die Todesfälle infolge von Lungekrebs haben in den USA zwischen 1960 und 1980 um etwa 75 Prozent zugenommen – und das trotz der Tatsache, daß in diesem Zeitraum der Zigarettenverbrauch um 15 Prozent sank und 90 Prozent aller gerauchten Zigaretten Filterzigaretten waren. Darüber hinaus wurde der Gehalt von zwei wichtigen in Zigaretten enthaltenen krebserregenden Stoffen, nämlich Benzopyren und Nitrosamin, um die Hälfte gesenkt. Warum also der Anstieg bei Lungenkrebs? Eine Erklärung liegt darin, daß die meisten Todesfälle bei den Zigarettenrauchern in der Gruppe der Fünfundsechzigjährigen und älter auftreten, die an ihren Gewohnheiten festhalten, die »lieber kämpfen, als sich umstellen« und daher auch bei ihrem Kraut mit hohem Teer- und Nikotingehalt bleiben. Eine andere Theorie, auf die ich stieß, stimmt sehr nachdenklich. Tabakpflanzen werden mit einem Dünger behandelt, der reich an Phosphaten ist, die aus radioaktivem Apatitgestein stammen. Dieser phosphatreiche Dünger enthält beträchtliche Mengen an radioaktivem Polonium, das sich während des Verarbeitungsprozesses an den Tabakblättern festsetzt und schließlich in Ihre Zigarette gelangt. Wird der Rauch eingeatmet, lagern sich die radioaktiven Poloniumteilchen direkt in den Lungen ab und bleiben etwa sechs Monate lang dort. In Raucherlungen sind sie in viermal höherer Konzentration enthalten als bei Nichtrauchern. Auch bei Passivrauchern lassen sich diese Partikel feststellen, die einige Zeit in der Luft schweben, nachdem sie aus den Lungen des Rauchers herausgeblasen wurden. Die von Polonium ausgehende Alphastrahlung, die stärker krebserregend wirkt als Gamma- und Betastrahlen, dringt in die Zellen des Lungengewebes ein und führt dort zu DNS-Abbrüchen in den Zellkernen, wirkt also im Endeffekt krebsfördernd. Anschaulich gemacht, besagt diese Theorie, daß ein Raucher, der täglich dreißig Zigaretten konsumiert, in zwei Raucherjahren derselben Strahlenbelastung ausgesetzt ist, als wären bei ihm jährlich dreihundert Lungenröntgenaufnahmen angefertigt worden.

Wenn Sie mit dem Rauchen nicht aufhören können: Meine Patienten kennen meine kompromißlose Einstellung dem Zigarettenrauchen gegenüber. Keiner verläßt meine Praxis, ohne einen leidenschaftlichen Vortrag zu diesem Thema gehört zu haben (der freilich nicht selten auf taube Ohren stößt). Einige, die es nicht schaffen oder nicht aufhören wollen, suchen mich niemals mehr auf, weil sie peinlich berührt oder aber »eingeschüchtert« sind. Tatsache ist, daß ich – obwohl ich meine Versuche niemals aufgebe, jeden zum Aufhören zu bewegen – Frieden geschlossen habe mit dem harten Kern der Raucher, die das nicht fertigbringen. Das gehört eben zu den Tatsachen des Lebens. Schließlich sind Raucher keine Verbrecher. Schwerer wiegt aber, daß Rauchen ein so großes Risiko darstellt, daß diese Leute mehr statt weniger medizinische Betreuung brauchen. Es wird ihr Leben nicht verlängern, wenn man ihnen den Stuhl vor die Tür setzt. Beispielsweise sind Raucher, bei denen bereits eine Herz- oder eine andere Gefäßerkrankung vorliegt, besonders gefährdet, wenn sie zusätzlich hohen Blutdruck haben, ihr Cholesterinspiegel erhöht ist und sie übergewichtig sind. Hält man diese anderen Faktoren im Normalbereich, wird dadurch die Gefährdung durch das Rauchen etwas verringert. Raucher sollten darüber hinaus ständig an die ersten Symptome bei Lungenkrebs erinnert werden. Im typischen Fall hat das Opfer seit Jahren einen »chronischen« Morgenhusten, der sich in letzter Zeit verschlimmert hat. Blutspucken und Gewichtsverlust sind ein Zeichen fortgeschrittenen Lungenkrebses; auch das Auftreten eines »Schattens« auf der Lungenröntgenaufnahme gehört hierher.

Ich bin der Ansicht. daß Zigarettenraucher *Betacaroten-Präparate* (beispielsweise A-Mulsin) nehmen sollten. Man nimmt an, daß Nahrungsmittel, die reich an Vitamin A und seinem chemischen Verwandten, Betacaroten (= Provitamin A), sind, die Wahrscheinlichkeit eines Lungenkrebses verringert; zudem hemmen sie vermutlich dessen Wachstum, wenn er sich bereits gebildet hat (und dies gilt nicht nur bei Krebs der Lunge, sondern genauso beim Krebs der Mundhöhle und des Larynx). Dies ist wahrscheinlich auf die Tatsache zurückzuführen, daß Vitamin A und seine Derivate die DNS-Reparaturmechanismen in den Zellen fördern.

Normales Gewebe besteht aus differenzierten Zellen. Krebszellen hingegen sind undifferenziert, d. h. sie wachsen in jeder Beziehung »wild«, also unkontrolliert. Betacaroten übt nun auf die Auskleidung des Bronchialsystems, in dem Krebs häufig entsteht, eine Wirkung aus, die man als »Disziplinierungseffekt« bezeichnen könnte, indem er die Zellen zu geregeltem, also differenziertem Wachstum anhält. Die Nahrung eines Rauchers sollte daher reich an Caroten sein, wie es in dunkelgrünen und tiefgelben Gemüsearten zu finden ist. Dazu zählen Spinat und Karotten, alle Pflanzen, die Chlorophyll enthalten, und die verschiedenen Kohlsorten (Grünkohl, Brokkoli, Blumenkohl und Rosenkohl). Wahrscheinlich ist es für jeden, speziell aber für Raucher, von Vorteil, täglich kleine Mengen an zusätzlichem Betacaroten in Kapselform zu sich zu nehmen – aber keine Vitamin-A-Zusatzkapseln. Diese konzentrierten, zu therapeutischen Zwecken eingesetzten Mittel können bei größeren Mengen zu ernsten Überdosierungserscheinungen führen.

Andere Risikofaktoren für Lungenkrebs: Obwohl Tabak die bei weitem häufigste Ursache von Lungenkrebs ist, gibt es auch andere Stoffe – meist in Zusammenhang mit der jeweiligen beruflichen Tätigkeit –, die ebenfalls für diese bösartige Erkrankung verantwortlich sein können. Sie lassen sich ausschalten, wenn man weiß, um was es sich dabei handelt. Das größte Risiko in dieser Kategorie stellt in der Luft schwebender Asbeststaub dar. Am stärksten gefährdet sind Arbeiter, die in Industriezweigen wie Walzwerken, im Bergbau und Textilgewerbe, in Isolierbetrieben und bei der Zementherstellung in Kontakt damit kommen. Jeder, der gegenwärtig in solchen Bereichen beschäftigt ist, kennt die Risiken und die entsprechenden Vorsichtsmaßnahmen, die man einhalten muß. Vor fünfundvierzig Jahren jedoch wurden die Gefahren des Asbests noch nicht richtig eingeschätzt. Daher treten neue Lungenkrebsfälle jetzt verstärkt bei heute älteren Männern und Frauen auf. Leider gibt es für diese Menschen keine Möglichkeit der Prävention mehr. Allerdings kann jede Einrichtung – Schulen, öffentliche Gebäude und sogar Wohnhäuser –, bei der Asbest als Isolierungsmittel verwandt wurde, unter den dort wohnenden und arbeitenden Personen Lungenkrebs verursachen. Dieser Asbest wird auch weiterhin in der Umgebung verteilt und von Schulkindern, Hausfrauen und Bürangestellten eingeatmet. Alle diese Gebäude sollten abgerissen und der darin enthaltene Asbest beseitigt werden.

Strahlung ist ein weiteres wichtiges Umweltkarzinogen. Bei Überlebenden von Hiroshima oder bei Personen, die im Uranerzabbau arbeiten und dabei Radonteilchen einatmen, oder aber bei Patienten, die von ihrem Arzt oder Zahnarzt zu oft geröntgt werden, besteht eine erhöhte Gefahr, an Lungenkrebs zu erkranken. Sollte man Ihnen beispielsweise eine Röntgenuntersuchung anraten, dann vergewissern Sie sich, ob dies wirklich notwendig ist. Zu viele Röntgenuntersuchungen werden zu oft als reine Routinemaßnahme durchgeführt, ohne daß sie klinisch gerechtfertigt sind.

Es gibt noch weitere Substanzen, meist im beruflichen Bereich, wie Senfgas, Chlor, Baumwolle- und Kohlenstaub, Dämpfe von Kunststoffpolymeren, Chrom, Nickel und eine Reihe anderer Stoffe (mit denen die meisten von uns wahrscheinlich nie in Berührung kommen), die auf die Lunge krebserregend wirken. Diejenigen, die ihnen ausgesetzt sind, können mit einem ausreichenden Schutz rechnnen, wenn eine gründliche Luftabsaugung gewährleistet ist und man den gesetzlich vorgeschriebenen Sicherheitsmaßnahmen Beachtung schenkt.

Ich hatte ursprünglich angenommen, die Luftverschmutzung spiele bei der Entstehung des Lungenkrebses eine wichtige Rolle. Das ist jedoch offensichtlich nicht der Fall. Es heißt, daß die Luftverschmutzung – obwohl sie für jeden einzelnen sehr unangenehm ist – nur für ein bis zwei Prozent von Lungenkrebsfällen verantwortlich zu machen ist. Dennoch ist es unsere Pflicht, uns für eine saubere Luft einzusetzen.

Kolon- und Rektumkarzinom – selbst wenn die Prävention fehlschlägt, gibt es noch Hoffnung

Obwohl die Krebserkrankungen des Kolons und des Rektums vom Lungenkrebs überholt worden sind, liegen sie in den USA mit jährlich 130000 neu auftretenden Fällen dicht dahinter an zweiter Stelle. Im Gegensatz zu Lungenkrebs, bei dem die Fünfjahresüberlebensrate nur 13 Prozent beträgt, liegen die Chancen, nach einem solchen Zeitraum mit einer Krebserkrankung des Kolons oder Rektums noch am Leben zu sein, bei 52 Prozent. Meiner Ansicht nach ist der Hauptgrund für diese erfreulichen statistischen Daten eine frühzeitige Diagnostizierung.

Eine gewisse Kenntnis der Anatomie dieser Körperregion ist Voraussetzung, um die entscheidende Bedeutung von Vorbeugung und Entdeckung dieser Krebsarten verstehen zu können. Der Verdauungstrakt beginnt mit dem Mund und setzt sich in der Speiseröhre, dem *Ösophagus*, fort. Dieser erweitert sich und wird zum *Magen*, dem der Darm folgt, etliche Meter verschlungener, gewundener Darmschlingen, die als *Dünndarm* bezeichnet werden. Sie enden am Beginn des Dickdarms (*Zökum* oder Blinddarm, wo der Wurmfortsatz – Appendix – zu finden ist), der dann an der rechten Seite der Bauchhöhle nach oben verläuft (*Kolon ascendens*), quer hinüber zur linken Seite (Querkolon oder *Kolon transversum*) und schließlich auf der linken Seite der Bauchhöhle sich nach unten zieht (*Kolon descendens*, das in das S-förmige *Kolon sigmoideum* übergeht), um im Darmausgang zu enden.

Jegliche unklare Veränderung des Darmverhaltens – etwa wechselnde Perioden von Verstopfung und Durchfall, Bauchschmerzen, Blutbeimengungen oder -auflagerungen beim Stuhl sollte als frühes Anzeichen einer Krebserkrankung des unteren Verdauungstraktes angesehen werden, solange nicht das Gegenteil *bewiesen* ist. Bei richtiger Diagnosestellung zu diesem Zeitpunkt ist Heilung möglich. Darüber hinaus kann die Routineuntersuchung, wenn dabei die rektale Untersuchung inbegriffen ist, Frühformen des Rektumkarzinoms noch vor dem Auftreten irgendwelcher Symptome aufspüren, wenn sie in Reichweite des Fingers des Untersuchenden liegen.

Reihenuntersuchungsverfahren zur Früherkennung: Ein weiterer Grund für die allgemein günstigeren Aussichten bei kolorektalem Karzinom ist die Tatsache, daß derartige Tumore verhältnismäßig langsam wachsen. Wird die Diagnose früh genug gestellt, liegt die Überlebensrate bei über 75 Prozent. Ab einem Alter von vierzig Jahren sollte daher jährlich einmal eine digitale rektale Untersuchung durchgeführt werden. Jedes Jahr könnten schätzungsweise 20000 bis 25000 Leben in den USA gerettet werden, wenn derlei Vorsorgeuntersuchungen generell durchgeführt würden.

Ab fünfzig sollte zusätzlich zu der digitalen Untersuchung mindestens einmal jährlich der Stuhl chemisch untersucht werden. Man kann sich selbst in jeder Apotheke ein Testkärtchen besorgen. Sie brauchen sich nur an die Gebrauchsanweisung zu halten. Färbt sich die auf das Kärtchen aufgetragene Probe in der angegebenen Weise, wenn Sie das der Packung beiliegende chemische Reagens hinzufügen, sollten Sie unverzüglich Ihren Arzt davon in Kenntnis setzen.

Weitere Hilfsmittel zur Früherkennung kolorektaler Karzinome sind die diversen Verfahren der Darmspiegelung (Proktosigmoidoskopie und/oder Kolonoskopie), bei der Rektum und untere Kolonabschnitte mit Hilfe röhrenförmiger Untersuchungsvorrichtungen (beziehungsweise Fiberglasoptiken) eingesehen werden können. Dies sollte im Alter von fünfzig und einundfünfzig Jahren durchgeführt werden, selbst wenn keinerlei Symptome vorliegen. Wenn sich beide Male kein Befund ergibt, sind in der Regel Wiederholungsuntersuchungen erst im Abstand von drei bis fünf Jahren erforderlich. Der Bariumkontrasteinlauf ist ebenfalls ein nützlicher Siebtest zur Früherkennung kolorektaler Karzinome. Sie sollten mit Ihrem Arzt besprechen, welches dieser unterschiedlichen Verfahren für Sie am besten geeignet ist.

Einige der epidemologischen Daten (Informationen, die überwiegend in Bevölkerungsgruppen erhoben werden und weniger bei Einzelpersonen), die kolorektale Karzinome betreffen, sind sehr aufschlußreich. Beispielsweise treten sie in Industrieländern wie den Vereinigten Staaten häufiger auf als in unterentwickelten Regionen wie Afrika. Die große Ausnahme stellt dabei Japan dar, wohl die einzige Industrienation mit sehr geringer Häufigkeit kolorektaler Karzinome. Anderen Statistiken können wir entnehmen, daß die Angehörigen der höchsten sozialen Schicht das größte Risiko aufweisen, an einem kolorektalen Karzinom zu erkranken. Das gleiche gilt für diejenigen von uns mit überwiegend sitzender Lebenweise. Ab einem Alter von über vierzig Jahren werden beide Geschlechter anfällig; diese Gefährdung nimmt ab fünfzig noch zu, und Frauen sind davon ein wenig stärker betroffen als Männer.

Es gibt einige individuelle und familiäre Kennzeichen, die eine signifikante Erhöhung des Risikos kolorektaler Karzinome mit sich bringen. Eines davon ist das Auftreten gutartiger Polypen in der Vorgeschichte. Wenn Sie in der Vergangenheit auch nur einen solchen Polyp gehabt haben, müssen Sie für den Rest Ihres Lebens sehr sorgfältig und in regelmäßigen Zeitabständen Kontrolluntersuchungen durchführen lassen. Polypen können einem Dickdarmkrebs zehn bis fünfzehn Jahre vorausgehen, und die beste Methode, einer bösartigen Entartung vorzubeugen, besteht in ihrer Entfernung, sobald man sie entdeckt. Wenn Sie selbst nie einen solchen Polyp gehabt haben, in Ihrer Familienanamnese jedoch Kolonpolypen bei nahen Verwandten vorgekommen sind, liegt bei Ihnen ein erhöhtes Risiko vor. Es gibt eine seltene Krankheit, die als familiäre Polypose bezeichnet wird; dabei ist der ganze Darm mit Polypen förmlich übersät. Da solche Patienten nahezu immer ein intestinales Karzinom entwickeln, sollte prophylaktisch der gesamte Dickdarm entfernt werden. Aus chronischen Darmerkrankungen wie Colitis ulzerosa und Crohn-Krankheit (Morbus Crohn) ergibt sich ebenfalls ein Krebsrisiko. Wenn Sie seit zehn oder mehr Jahren an einer Colitis ulcerosa leiden, besteht bei Ihnen ein zwanzigfach erhöhtes Dickdarmkrebsrisiko gegenüber der Normalbevölkerung. Auch hier wird häufig die Entfernung des betroffenen Darmabschnitts empfohlen, noch *ehe* das Karzinom manifest wird.

Die Antikrebsdiät: Außer in all jenen Fällen kolorektaler Karzinome, bei denen bekannte geographische, sozioökonomische, familiäre und persönliche Risikofaktoren eine Rolle spielen, entwikkeln zahlreiche Individuen ebenfalls diese bösartige Erkrankung, ohne daß hierfür eine Ursache zu erkennen wäre. Eine Risikoverminderung scheint hier hauptsächlich durch die Art der Ernährung möglich zu sein. Im allgemeinen ist der Verzehr von großen Mengen Fett, sowohl gesättigt als auch ungesättigt – Fleisch, Milch, Molkereiprodukte, Salatöle –, mit einer erhöhten Inzidenz kolorektaler Karzinome verbunden. Das liegt möglicherweise daran, daß Fett im Verdauungstrakt die Freisetzung der Gallensäuren steuert, die dann die Wirkung anderer krebserregender Substanzen verstärken. Es ist bezeichnend, daß die Japaner, die weit weniger Fett verzehren – nur 20 Prozent ihrer Gesamtkalorienzahl, im Vergleich zu über 40 Prozent bei der Ernährung der Amerikaner –, eine weit geringere Häufigkeit kolorektaler Karzinome aufweisen als wir. Im allgemeinen tritt bei Bevölkerungsgruppen, zu deren Nahrung viel Fleisch gehört, der Dickdarmkrebs häufiger auf als bei jenen, die große Mengen an »Saatfrüchten« – etwa Mais, Bohnen und Reis – aufnehmen. Dies könnte auf eine im Fleisch selbst enthaltene, potentiell schädigende Substanz zurückzuführen sein oder aber auf das Vorhandensein eines schützenden Antikrebsenzyms in den Saatfrüchten. Ein solches Enzym, das als Proteasehemmer bezeichnet wird, ist in der Tat isoliert worden. Zur Zeit sind Forschungen im Gange, um festzustellen, ob es tatsächlich die Entstehung von Krebs verhindert oder zumindest verzögert.

Viele Ärzte sind nicht nur der Ansicht, daß jede Art von Fett die Entwicklung von kolorektalen Karzinomen begünstigt, sondern auch, daß die Faserbestandteile der Nahrung, die in Obst, Gemüse, Hülsenfrüchten und Vollkornprodukten enthalten sind, davor schützen, obwohl die Beweise hierfür nicht immer frei von Widersprüchen sind. Die Gründe sind vielschichtiger Natur. Möglicherweise liegt es daran, daß ballaststoffreiche Lebensmittel, indem sie die Passiergeschwindigkeit des Stuhls erhöhen, die Dauer des Kontakts jeglicher krebserregender Substanz mit der Darmwand verkürzen. Auch könnten einige der Faserbestandteile selbst die Bildung krebsauslösender Stoffe hemmen. Das wirft eine interessante Frage auf. Was geschieht bei Menschen, die sich sehr fettreich ernähren, aber auch viele Ballaststoffe aufnehmen? Die Finnen und Dänen liefern die Antwort darauf. Der Fettverbrauch von Finnen, die in ländlichen Gegenden leben, und der von Dänen, die in Kopenhagen wohnen, ist gleich hoch, die Kolonkarzinominzidenz ist jedoch bei den Finnen wesentlich geringer. Vermutlich liegt dies daran, daß sie, im Gegensatz zu den Dänen, auch große Mengen ballaststoffreicher Nahrungsmittel zu sich nehmen.

Nicht nur sind die Hinweise auf eine Schutzwirkung einer früchte- und gemüsereichen Ernährung sehr überzeugend, vor allem die Kohlsorten – Grünkohl, Brokkoli, Rosenkohl und Blumenkohl – scheinen zudem ebenfalls eine schützende Wirkung zu entfalten. Das ist möglicherweise auf ihren hohen Gehalt an Vitamin A und C, an Faserstoffen und weiteren sehr kleinen Nahrungsbestandteilen zurückzuführen.

Verschiedentlich wurde behauptet, die Vitamine C und E – beide Antioxydantien – könnten insofern eine Schutzwirkung vor Darmkrebs ausüben, als sie die Umwandlung von Fett in Nitrosamine hemmen. Obwohl diese Annahme einleuchtet, steht der Beweis hierfür zum gegenwärtigen Zeitpunkt noch aus.

Welche Faktoren scheinen mit einem erhöhten Risiko der Entwicklung dieses Typs von Darmkrebs in Zusammenhang zu stehen? Der exzessive Genuß von Süßigkeiten sowie Übergewicht und gewisse in der Landwirtschaft angewandte Chemikalien sind in diesem Zusammenhang angeschuldigt worden. Dasselbe gilt für Umweltgifte, da bei Maschinisten, die mit Altöl arbeiten, und bei Feuerwehrleuten, die häufig Rauch ausgesetzt sind, eine erhöhte Inzidenz festzustellen ist.

Wie steht es mit *Selen*? Es handelt sich hierbei um ein Spurenelement, das in jüngster Zeit großes Aufsehen erregt hat, und das hat sehr interessante Gründe. Hier die Fakten: In Gegenden, in denen der Erdboden nur einen niedrigen Selengehalt aufweist. ist eine höhere Krebshäufigkeit vor allem hinsichtlich des Verdauungstrakts und der Vorsteherdrüse festzustellen. Zudem ist bei Personen mit niedrigem Selengehalt des Blutes, die zusätzlich einen verminderten Blutspiegel an Vitamin A und E haben, die Häufigkeit bösartiger Erkrankungen noch höher. Im Rahmen einiger Experimente wurde festgestellt, daß bei Tieren, deren Nahrung relativ kleine Selenzusätze beigefügt wurden, die Erzeugung von Krebs durch chemische Mittel erschwert wird.

Ein weiterer interessanter Bericht scheint die Annahme, daß geringe Mengen Selen eine schützende Wirkung entfalten können, zusätzlich zu unterstreichen. (Man darf jedoch nie außer acht lassen, daß hohe Selendosen toxisch sein können). Bereits Anfang der siebziger Jahre wurde mit einer großen Studie begonnen, in deren Rahmen untersucht werden sollte, was bei Hochdruckpatienten geschieht, die auf unterschiedliche Weise behandelt werden. Zu Beginn der Untersuchung wurden Blutproben entnommen und alle nur denkbaren Bestandteile analysiert. Zehn Jahre später, als die Zahl der Todesfälle bestimmt wurde, stellte man einen interessanten Zusammenhang fest: Bei jenen Patienten dieser Gruppe, die an Krebs starben, waren die *zu Beginn der Studie* – also bevor sich Anzeichen einer Krebserkrankung feststellen ließen – bestimmten Selenspiegel niedrig. Zuvor veröffentlichte Daten über niedrige Selenspiegel bei Krebspatienten waren auf die Tatsache zurückgeführt worden, daß Krebs selbst eine Senkung der Kalziumkonzentration hervorrufe und folglich das Absinken der Werte als Folge und nicht als Ursache von Krebs zu betrachten sei. Da jedoch bei dieser speziellen Untersuchung die Blutproben entnommen worden waren, bevor die jeweilige Krebserkrankung in Erscheinung trat, wäre anzunehmen, daß die verminderten Selenkonzentrationen tatsächlich zur Entstehung der bösartigen Erkrankungen beigetragen haben.

Wenn der Zweck die Mittel heiligt: Welche Grundregeln sollten

Sie also beachten, um das kolorektale Karzinom »in die Schranken zu weisen«? An erster Stelle steht die Früherkennung. Sie müssen die Warnzeichen kennen. Bauchbeschwerden, eine Veränderung des Darmverhaltens und das Auftreten von Blut im Stuhl sind wichtige Warnsignale. Jeder, der älter als fünfzig Jahre ist, gehört zu den Gefährdeten, insbesondere dann, wenn in der Familiengeschichte Krebs oder Polypen aufgetreten sind. Nutzen Sie daher die Möglichkeiten zur Vorsorgeuntersuchung, was Häufigkeit und Art der Darmuntersuchung betrifft. Dann zur eigentlichen Vorbeugung. Die Diätratschläge lassen sich in zwei Grundsatzempfehlungen zusammenfassen: Verringern Sie den Verbrauch sämtlicher Arten von Fett (gesättigt und mehrfach ungesättigt) und nehmen Sie reichlich Ballaststoffe in Form von frischem Obst und Gemüse sowie Vollkornnahrungsmittel zu sich. Sollten Sie sich darüber hinaus dazu entschließen, Ihre Nahrung mit kleinen Zusätzen von Selen, Vitamin C oder Vitamin E anzureichern, ist Ihre Ernährung nach dem derzeitigen Erkenntnisstand als optimal anzusehen.

Schließlich ist noch von einer aufregenden Entwicklung hinsichtlich der Vermeidung eines *Rückfalls* bei Dickdarmkrebs zu berichten. Derzeit läuft in den USA eine landesweite Studie zur Überprüfung der Wirksamkeit eines Impfstoffes, mit dem dies gelingen könnte. Dazu wird Krebsgewebe, das bei der Operation entfernt worden ist, tiefgefroren und im Labor am Leben gehalten. Wenn der Patient, bei dem die Geschwulst entfernt worden ist, sich von dem operativen Eingriff erholt hat, wird das Tumorgewebe aufgetaut, durch Bestrahlung biologisch inaktiviert und ein Auszug daraus aufbereitet. Nun wird ein »Hilfsstoff« beigefügt, der das Abwehrsystem anregen soll. Der so gewonnene Impfstoff wird jetzt dem Patienten injiziert; dies führt dazu, daß etwaige verbliebene Tumorzellen aufgespürt und zerstört werden. Grundlage für die Durchführung dieser Pilotstudie war die Beobachtung, daß bei einigen Patienten, die auf diese Weise behandelt wurden, eine nachweisbar niedrigere Krebsrückfallhäufigkeit und Sterberate verzeichnet werden konnte. Damit kündigt sich möglicherweise ein neuer Weg zur allgemeinen Krebsprävention an.

Brustkrebs – nicht nur Frauen sind betroffen

Während des letzten Jahres suchten mich zwei meiner Patienten auf, weil sie einen Knoten in ihrer Brust tasteten, ein Befund, den ich nach einer Untersuchung bestätigten mußte. Dem Ergebnis der Mammographie nach bestand bei beiden Knoten der dringende Verdacht auf eine bösartige Geschwulst, was durch eine Gewebeprobeentnahme bestätigt wurde. Bei beiden Patienten wurde eine modifizierte radikale Mastektomie durchgeführt. An dieser Geschichte ist durchaus nichts Ungewöhnliches, wenn man bedenkt, daß es in den Vereinigten Staaten im Jahre 1984 etwa 116000 neue Fälle von Brustkrebs gab. Das Besondere an diesen beiden Patienten ist vielmehr die Tatsache, daß es sich dabei um Männer in ihren Sechzigern handelte. Obwohl von Brustkrebs überwiegend Frauen betroffen sind, sind also Männer keineswegs davor gefeit.

Bis 1984 lag in den USA Brustkrebs an erster Stelle in der Statistik der Krebstodesfälle bei Frauen. Mittlerweile nimmt er den zweiten Platz ein, verdrängt durch Lungenkrebs. In der Häufigkeitsskala sämtlicher Krebserkrankungen (Hautkrebs ausgenommen) nimmt er Rang drei ein. Statistiken ist zu entnehmen, daß eine von elf Frauen in den Vereinigten Staaten – weiße häufiger als farbige und Jüdinnen öfter als Frauen aller übrigen Bevölkerungsgruppen – an Brustkrebs erkrankt. Die höchste Inzidenz dieser Krankheit findet sich in den Vereinigten Staaten und anderen Ländern der westlichen Industrienationen; die niedrigste ist in Asien, Afrika und Lateinamerika festzustellen.

Die Vorzüge nie nachlassender Wachsamkeit: Was können Sie tun, um die Wahrscheinlichkeit zu reduzieren, daß sich bei Ihnen ein Brustkrebs entwickelt? Lassen Sie mich an erster Stelle betonnen – wie ich es bereits beim Darmkrebs getan habe –, welche Schlüsselstellung der Früherkennung zukommt. Bleibende Brustveränderungen wie Knotenbildung, Verdickung, Anschwellen, Einziehungen oder Reizungen der Haut, Formveränderungen der Brust, Schuppung, Einziehung oder Sekretionen der Brustwarze, Schmerzen oder Berührungsüberempfindlichkeit sind fortgeschrittene Erkrankungszeichen. Sie müssen nach dem Krebs *suchen*, bevor diese Zeichen in Erscheinung treten. Bleiben Sie immer wachsam und beherzigen Sie folgende Empfehlungen: Jede Frau über vierzig sollte lernen, ihre Brüste selbst zu untersuchen, und dies auch einmal monatlich tun – am besten während des Duschens oder Badens, wenn die Haut feucht ist. Zusätzlich zu dieser Selbstuntersuchung sollten Sie Ihre Brüste im Alter zwischen zwanzig und vierzig alle drei Jahre und ab vierzig einmal jährlich von Ihrem Arzt kontrollieren lassen. Im Alter von fünfunddreißig Jahren sollte eine Basismammographie durchgeführt werden, die dann mit den in späteren Lebensabschnitten angefertigten Aufnahmen verglichen werden kann. Im Alter zwischen vierzig und neunundvierzig Jahren sollte – in Abhängigkeit von dem jeweiligen Gefährdungsprofil, auf das ich gleich näher eingehen werde – alle zwei Jahre eine Mammographie gemacht werden. Ab fünfzig sollten Sie dann einmal jährlich eine Mammographie durchführen lassen. Dank neuerer Röntgentechniken ist damit eine wesentlich geringere Strahlungsbelastung verbunden als früher, und mittlerweile ist das Aufspüren selbst winziger Tumoren möglich, die zu klein sind, um von Ihnen oder Ihrem Arzt getastet werden zu können.

Wer ist gefährdet? Obwohl offensichtlich die Veranlagung eine wichtige Rolle spielt, sind die meisten Brustkrebsfälle vermutlich auf ein Zusammenwirken umweltbedingter und hormoneller Faktoren zurückzuführen. Hier einige Schlußfolgerungen aus Statistiken, die Ihnen helfen können, Ihren persönlichen Gefährdungsgrad zu bestimmen. In Ländern, in denen die Inzidenz hoch ist, beginnt die Brustkrebsrate bei einem Alter von dreißig Jahren anzusteigen. Ab fünfzig stellt das Alter einen nachgewiesenen Risikofaktor dar. Ihr Risiko, an Brustkrebs zu erkranken, ist also um so höher, je älter Sie sind. Ihre Erkrankungswahrscheinlichkeit ist zwei- bis dreifach erhöht, wenn dieses Leiden bei Ihrer Mutter oder Ihrer Schwester aufgetreten ist. Das Risiko ist noch größer, wenn deren Krebserkrankung vor der Menopause auftrat, beide Brüste betroffen waren und innerhalb einer Generation zwei nahe weibliche Verwandte erkrankten. Auch ist ein Zweittumor wahrscheinlicher, wenn bereits eine Brust befallen war.

Es gibt eine Störung, die als *gutartige fibrozystische Mastopathie* bezeichnet wird; dabei sind die Brüste chronisch schmerzhaft verändert und weisen eine knotige Struktur auf. Frauen mit dieser

Störung haben meist schreckliche Angst, einer dieser Knoten könnte Krebs sein oder werden. Es bedarf oft vieler Gewebsproben, um sie zu beruhigen. Für sie bringen die Ergebnisse einer neueren, breit angelegten Studie eine gute Nachricht. Etwa dreitausend Frauen, bei denen wegen einer fibrozystischen Mastopathie eine Brustgewebeentnahme durchgeführt worden war, wurden über einen Zeitraum von bis zu siebzehn Jahren kontrolliert. 70 Prozent von ihnen hatten kein erhöhtes Brustkrebsrisiko im Vergleich zur Allgemeinbevölkerung, trotz der knotigen Bruststruktur. Bei weiteren 26 Prozent war eine mäßige Erhöhung der Zahl der Krebsfälle zu verzeichnen, während nur bei 4 Prozent das Risiko wesentlich größer war. Dazu kommt, daß letztgenannte mittels einer Biopsie ausgesondert werden konnten, die das Vorliegen »atypischer« Zellen ergab. Die Beobachtung war besonders auffällig, wenn zusätzlich eine einschlägige Familiengeschichte vorlag.

Aus dieser Untersuchung läßt sich schließen: Die fibrozystische Mastopathie stellt eine normale Variante dar, die eigentlich gar nicht als Krankheit bezeichnet werden sollte. Wenn Ihre Brüste zu diesem Typus gehören, müssen Sie nur den üblichen Krebsvorsorgemaßnahmen Rechnung tragen. Sollte allerdings bei Ihnen – in Verbindung mit einer fibrozystischen Mastopathie – eine entsprechende positive Familiengeschichte vorliegen, so ist eine Biopsie anzuraten, um sicherzustellen, daß bei Ihnen keine »Zell-Atypien« gegeben sind. Sollte letzteres der Fall sein, dann muß in der Folgezeit die Kontrolle häufiger erfolgen.

Wenn Sie bei der ersten Monatsblutung jünger als zwölf waren und die Menopause erst in einem Alter über fünfundfünfzig eintrat, liegt bei Ihnen wahrscheinlich ein etwas erhöhtes Risiko vor, an Brustkrebs zu erkranken; das ist vermutlich darauf zurückzuführen, daß Ihr Brustgewebe länger der hormonellen Stimulierung ausgesetzt war, die früher begann und später endete. Aus dem gleichen Grund ist das Risiko bei Ihnen vermindert, wenn in einem Alter von weniger als vierzig oder fünfundvierzig Jahren die Eierstöcke entfernt wurden; dies ist vermutlich auf eine kürzere Dauer der Hormonstimulierung zurückzuführen.

Wie steht es mit der Geburt von Kindern? Je älter Sie bei der Geburt Ihres ersten Kindes waren, um so größer ist das Brustkrebsrisiko. Beispielsweise ist die Wahrscheinlichkeit, an Brustkrebs zu erkranken, drei- bis viermal höher bei Frauen, die bei der Geburt Ihres ersten Kindes über dreißig Jahre alt waren, verglichen mit jenen, die unter achtzehn waren, als sie Mutter wurden. Bei kinderlosen Frauen besteht ebenfalls ein erhöhtes Risiko. Daher erkranken Nonnen unverhältnismäßig oft an Brustkrebs.

Wird das Stillen Ihres Kindes Ihre Gefährdung positiv oder negativ beeinflussen? Offenbar keines von beiden.

Bei Frauen mit großen, schweren Brüsten besteht ein mehrfach erhöhtes Brustkrebsrisiko, wahrscheinlich weil Frühstadien, also kleine Knoten, nur schwer zu tasten sind. Die Mammographie ist in einem solchen Fall besonders wichtig.

Unabhängig von den oben aufgeführten Häufigkeitsverteilungen ist jede Frau von Brustkrebs bedroht; sie sollte daher wissen, wie sie sich davor schützen kann. Die Ernährungsweise scheint ebenso wie beim Dickdarmkrebs eine wichtige Rolle zu spielen. Falls Sie sich also wegen Brustkrebs ernstlich Sorgen machen, sollten Sie Ihren Fettverbrauch drosseln.

Es gibt auch statistische Hinweise darauf, daß Übergewicht in der Postmenopause und bei Frauen, die zusätzlich hochgewachsen sind, zu einer Erhöhung des Brustkrebsrisikos führt (vermutlich weil Übergewicht den Hormonstatus verändern kann). Ein größeres Körpergewicht kann natürlich Ausdruck eines erhöhten Fettkonsums sein. Dieser offensichtlich gegenläufige Einfluß von Größe und Gewicht vermag vielleicht zumindest zu erklären, warum Frauen höherer sozio-ökonomischer Schichten weit häufiger an Brustkrebs erkranken. Sie essen mehr und verbrauchen weniger Kalorien. Der zweite Schritt zur Vorbeugung besteht also, nach der Einschränkung des Fettgehalts der Nahrung, in dem Bemühen, das Idealgewicht zu halten; dies gilt besonders für die Zeit nach dem Klimakterium. Frauen, die an einem Karzinom des Endometriums (der Schleimhautauskleidung der Gebärmutter), der Eierstöcke oder des Dickdarms erkrankt waren, haben ein zweifach erhöhtes Brustkrebsrisiko. In vergleichbarer Weise gilt, daß bei Frauen mit Brustkrebs eine erhöhte Wahrscheinlichkeit besteht, auch an einem Endometrium- oder Ovarialkarzinom zu erkranken.

Bekannte oder vermutete Ursachen: Wie bei vielen anderen

Krebsformen scheint auch hier zwischen Bestrahlung und Brustkrebs eine Verbindung zu bestehen. Beispielsweise tritt bei Frauen, bei denen Jahre zuvor wegen einer Tuberkulose häufig Röntgenaufnahmen der Lunge angefertigt wurden oder eine Wochenbettmastitis (Reizung und Entzündung der Brust nach der Entbindung) mit Bestrahlungen behandelt wurde, Brustkrebs mit einer Häufigkeit auf, die das übliche Maß übersteigt. Bedenken Sie jedoch, daß *die Risiken exzessiver oder unnötiger Bestrahlung Sie nicht davon abhalten dürfen, den empfohlenen Mammographiezeitplan einzuhalten.*

Ein Hauptanliegen der meisten Frauen ist, ob durch eine Östrogensubstitutionstherapie das Brustkrebsrisiko gesteigert wird oder nicht. Meine Interpretation der Literatur zu diesem Thema führt mich zu dem Schluß, daß dies auf lange Sicht der Fall sein könnte, wenn die Dosierung hoch ist und zu einer Anhäufung führt. Allerdings war laut einigen Untersuchungen keinerlei Zusammenhang nachweisbar, während gemäß anderen sogar ein verringertes Risiko anzunehmen ist, wenn nämlich Östrogen zusammen mit Progesteron verabreicht wird. Jedoch sind sich in der Tat alle Ärzte einig, daß eine Langzeitanwendung von Östrogen in hoher Dosierung möglichst vermieden werden sollte. Zusammengefaßt bedeutet dies: Wenn bei Ihnen eine Hormonbehandlung angezeigt ist – zur Vorbeugung oder Therapie von Osteoporose, um Wechselbeschwerden zu lindern oder weil Sie unter Trockenheit der Vaginalschleimhaut und daher unter Schmerzen beim Geschlechtsverkehr leiden –, dann sollte diese auch durchgeführt werden. Sie müssen aber sicherstellen, daß der Zustand Ihrer Brüste von Ihnen selbst, Ihrem Arzt und mit Hilfe der Mammographie regelmäßig kontrolliert wird.

Ein weiteres heiß diskutiertes Thema ist der Zusammenhang von Ovulationshemmern (Antibabypille) und Brustkrebs. Trotz der Tatsache, daß ein staatliches Forschungsinstitut festgestellt hat, daß orale Kontrazeptiva in einem elfjährigen Beobachtungszeitraum zu keinem erhöhten Risiko geführt haben, hält die amerikanische Gesundheitsbehörde an der Forderung fest, daß die Verpackungen oraler Verhütungsmittel einen Aufdruck tragen müssen, der darauf hinweist, daß ein derartiger Zusammenhang noch nicht endgültig geklärt ist.

Bei DES (Diethylstilbestrol), dem »Antisterilitätshormon«, wurde ein Zusammenhang mit einem erhöhten Brustkrebsrisiko festgestellt. Bei Töchtern von Frauen, die dieses Präparat zur Prävention eines Spontanabgangs eingenommen haben, besteht zudem eine höhere Vaginalkarzinominzidenz.

Neuere Untersuchungen weisen darauf hin, daß eine reichliche Zufuhr von Faserstoffen sowohl das Brust- als auch das Darmkrebsrisiko verringern kann.

Wiederum ist zu beobachten, daß in Gebieten, wo der Boden wenig Selen enthält, ein höheres Brustkrebsrisiko besteht. Frauen, bei denen aufgrund einer einschlägigen Familiengeschichte ein besonderes Risiko vorliegt, sollten also niedrig dosierte Selenzusätze einnehmen.

Methylxanthine, jene chemische Verbindungen, die in Kaffee, Tee, koffeinhaltigen Getränken und Schokolade ebenso enthalten sind wie in einigen Schmerz- und Erkältungsmitteln, sind zu Krebserregern deklariert worden. Da ihr Einfluß noch umstritten ist, empfehle ich Zurückhaltung bei ihrem Genuß, bis die Wirkung endgültig geklärt ist. Beispielsweise sollte niemand mehr als drei Tassen Kaffee täglich trinken – aus diesem wie auch aus anderen Gründen.

Obwohl laut einigen Studien anzunehmen ist, daß sowohl Vitamin E als auch Vitamin B und C die Beschwerden bei zystischer Mastopathie lindern können, gibt es keinen Nachweis dafür, daß sie zur Brustkrebsprävention geeignet wären.

Lassen Sie mich zusammenfassen: Als erstes sollten Sie klären, ob bei Ihnen eine erhöhte Gefährdung durch Brustkrebs vorliegt. Halten Sie sich an die hier gegebenen Empfehlungen, was Art und zeitliche Abstände der Untersuchungen anbelangt, die Sie durchführen lassen sollten. Verringern Sie Ihren Gesamtfettverbrauch. Vermeiden Sie Übergewicht; das gilt insbesondere nach der Menopause. Nehmen Sie Präparate zur Östrogensubstitutionsbehandlung, wenn Sie sie benötigen, jedoch nicht länger als erforderlich, in der niedrigsten Dosierung und kombiniert mit Progesteron.

Prostatakarzinom – Chancen der Früherkennung

Im Jahre 1984 gab es in den USA 76000 Fälle von Krebs der Vorsteherdrüse, der damit hinsichtlich der Häufigkeit bösartiger Erkrankungen an vierter Stelle steht. Es handelt sich dabei hauptsächlich um eine Erkrankung älterer Männer; mit steigendem Alter nimmt die Wahrscheinlichkeit zu. Das Risiko ist bei verheirateten Männern größer als bei Junggesellen.

Gegenwärtig hat bei den meisten Fällen von Prostatakarzinom zu dem Zeitpunkt, wenn sie entdeckt werden, bereits eine Streuung stattgefunden – und dann ist es in der Regel für eine Heilung zu spät. Das ist die schlechte Nachricht. Die gute Nachricht ist, daß eine Heilung durchaus möglich ist, wenn die Erkrankung früh genug erkannt wird. Für solch eine Früherkennung ist nichts weiter erforderlich als der untersuchende Finger des Arztes. Keine Röntgenstrahlen. Ich bin überzeugt, wenn bei jedem Mann über vierzig einmal jährlich eine sorgfältige rektale Untersuchung durchgeführt würde, würde die Sterblichkeitsrate infolge Prostatakarzinom wesentlich sinken. Die Fünfjahresüberlebensrate beim Prostatakarzinom beträgt beachtliche 75 Prozent, wenn es rechtzeitig erkannt wird und man unverzüglich mit der Behandlung beginnt.

Die Ursachen bösartiger Prostataerkrankungen sind ungeklärt, jedoch scheint dieser Tumor statistisch mit den Krebserkrankungen des Kolons, des Rektums und der Brust in einem Zusammenhang zu stehen. Die Rolle, die Ernährungsweise sowie Karzinogene am Arbeitsplatz spielen, ist Gegenstand intensiver Forschungen. Mehrere Untersuchungen bei unterschiedlichen Bevölkerungsgruppen stellen eine Verbindung zwischen hohem Fettkonsum (und möglicherweise sogar erhöhter Eiweißaufnahme) und Prostatakrebs her. Eine fettreiche Ernährung begünstigt möglicherweise die Entstehung dieser bösartigen Krankheit durch Veränderungen bei der Bildung von Sexualhormonen. Wachstum und Entwicklung der Prostata sind abhängig vom Testosteron (männliches Geschlechtshormon).

Arbeiter, die beim Schweißen, Galvanisieren und der Herstellung von Zinkcadmiumbatterien wie auch in der Kunststoffindustrie mit Cadmium in Berührung kommen, weisen ebenfalls eine auffallend hohe Inzidenz dieses Tumors auf.

Ich erlebe häufig, daß Männer mit nachlassender sexueller Potenz nach Testosteroninjektionen fragen. Wenn sich bei der Untersuchung ein erniedrigter Spiegel von männlichem Geschlechtshormon herausstellt, bin ich einverstanden. Eine solche Spritzenkur ist manchmal hilfreich. In den meisten Fällen jedoch hat nachlassende sexuelle Aktivität mit der im Blut zirkulierenden Menge des männlichen Geschlechtshormons wenig zu tun. Das Problem liegt weit häufiger im psychischen Bereich, oder aber es handelt sich um spezielle Erkrankungen, etwa Diabetes, Bluthochdruck, Arteriosklerose und neurologische Störungen; auch medikamentöse Behandlungen sind unter Umständen dafür verantwortlich zu machen.

Es widerstrebt mir, Testosteronpräparate zu verschreiben, weil dadurch ein kleiner Krebsherd in der Prostata aktiviert werden könnte. Solche Krebsherde findet man häufig bei der Autopsie von Männern, deren Tod auf eine andere Ursache zurückzuführen ist. Diese Tumoren führten zu keinerlei Beeinträchtigung, da sie in einer Art »Dornröschenschlaf« innerhalb der Prostata ruhten. Solche winzigen Tumoren werden häufig auch im Rahmen einer Operation wegen einfacher Vergrößerung der Vorsteherdrüse entdeckt. Wird aus irgendeinem Grund Testosteron verabreicht, so können diese ansonsten in einem Ruhestadium befindlichen Krebsherde aktiviert werden.

Übrigens scheint sich der Zusammenhang mit Selen, der sich bei verschiedenen bösartigen Erkrankungen zunehmend herausschält, auch beim Prostatakarzinom zu bestätigen.

Unter praktischen Gesichtspunkten gibt es mit Ausnahme einer Einschränkung des Fettverbrauchs für den Durchschnittsmann keine echte Möglichkeit der Prävention eines Prostatakrebses. Der Schlüssel zum Überleben ist die Früherkennung durch den Arzt. Symptome einer Prostatavergrößerung – Abschwächung beziehungsweise erschwerte Kontrolle des Harnstrahls, häufiger Harndrang oder Schmerzen beim Wasserlassen – sind nicht notwendigerweise Anzeichen eines Prostatakrebses.

Krebserkrankungen der Harnorgane

Krebserkrankungen der Harnblase und der Niere werden zusammengefaßt zur Gruppe der Krebserkrankungen der Harnorgane und nehmen auf der Häufigkeitsskala Rang fünf ein. Im Jahre 1984 traten in den USA etwa 57000 derartige bösartige Erkrankungen neu auf; davon waren 39000 Blasenkrebse.

Blasenkarzinome: Hierbei handelt es sich in erster Linie um eine bei Männern auftretende Erkrankung. Frauen sind in weniger als einem Drittel der Fälle betroffen. Sie treten bei Rauchern zwei- bis dreimal häufiger auf als bei Nichtrauchern, und man schätzt, daß etwa 40 Prozent der Fälle bei Männern und 29 Prozent derer bei Frauen auf Zigarettenrauchen zurückzuführen sind. Wie Tabak die Harnblase beeinträchtigt, ist ungeklärt; es muß allerdings über einen mit dem Blut transportierten Wirkstoff passieren, wie dies vermutlich auch beim Gebärmutterhalskrebs der Fall ist (siehe unten).

Immer wieder gerät Kaffee in den Verdacht, die eine oder andere Krankheit hervorzurufen – Krebs der Bauchspeicheldrüse, eine Zunahme fetaler Mißbildungen oder Herzbeschwerden. In der Vergangenheit hieß es auch verschiedentlich, es gäbe einen Zusammenhang zwischen Blasenkrebs und Kaffeekonsum. Ich kann Ihnen an dieser Stelle versichern, daß bei Kaffeetrinkern die Blasenkrebshäufigkeit im Vergleich zu den Kaffeeabstinenzlern kaum oder gar nicht erhöht ist.

Man konnte nachweisen, daß die Behandlung mit einigen Antikrebsmedikamenten (Zytostatika), die Langzeitanwendung von phenacetinhaltigen Schmerzmitteln (deren Vertrieb in den USA inzwischen verboten ist) und Infektionen mit bestimmten Parasiten mit einer hohen Blasenkrebshäufigkeit in Zusammenhang stehen. Es gibt eine Gruppe chemischer Verbindungen, die in der Farbindustrie Verwendung finden und zu einer signifikanten Erhöhung des Blasenkrebsrisikos führen. Man bezeichnet sie als aromatische Amine; sie dienen als Ausgangssubstanzen bei der Farbstoffherstellung. Auch bei Arbeitern in der Kunststoff- und Lederindustrie, bei Malern, Chemiearbeitern, Druckern, Metallarbeitern und Friseuren, die mit Verbindungen krebsverursachender Stoffe in Berührung kommen, besteht ein hohes Risiko.

Gebärmutterhalskrebs – Krebserkrankungen des Endometriums (Schleimhautauskleidung der Gebärmutter) und des Gebärmutterhalses

Auf der Liste der bösartigen Erkrankungen steht in den Vereinigten Staaten der Gebärmutterkrebs mit insgesamt 55000 im Jahre 1984 gemeldeten neuen Fällen an fünfter Stelle. Davon betrafen 39000 die Schleimhautauskleidung der Gebärmutter; die übrigen 16000 befielen den Gebärmutterhals. Aus bisher ungeklärten Gründen gehört die Inzidenz von Gebärmutterkrebs bei weißen amerikanischen Frauen mit zu den höchsten der Welt. Betroffen sind in der Regel Frauen im Alter zwischen fünfzig und vierundsechzig Jahren. Nach einem unerklärlich hohen Anstieg in den siebziger Jahren beginnen die Sterberaten bei dieser bösartigen Erkrankung derzeit allmählich zu sinken.

Endometriumkarzinom: Welche sind die Risikofaktoren des Endometriumkarzinoms, und welche Möglichkeiten der Prävention gibt es? Viele der Faktoren, die die Entstehung von Brustkrebs begünstigen, spielen auch beim Gebärmutterkrebs eine Rolle. Wie ich bereits herausgestellt habe, besteht bei Frauen mit besonderem Brustkrebsrisiko auch eine erhöhte Wahrscheinlichkeit, einen Gebärmutterhalskrebs zu entwickeln, was vermutlich auf gewisse gemeinsame Faktoren zurückzuführen ist. Zu diesen gehören Übergewicht, keine oder nur wenige Kinder, frühes Einsetzen der Menstruation oder späte Menopause, eine Ernährungs- und Lebensweise, wie sie mit einem hohen sozio-ökonomischen Status verbunden sind, sowie exzessive Östrogenexposition.

Frauen, deren Körpergewicht das Idealgewicht um zwanzig Pfund oder mehr übersteigt, unterliegen einer doppelten Wahrscheinlichkeit, ein Endometriumkarzinom zu entwickeln, und mit weiterer Gewichtszunahme steigt die Inzidenz sogar noch an. Da Östrogen im Fettgewebe produziert wird, liegt der Spiegel dieses Hormons bei fettleibigen Frauen – insbesondere nach der Menopause – über dem Sollwert, was zu einer Prädisposition für Endometriumkarzinom führen kann. Das Übergewicht kommt, statistisch gesehen, noch stärker zum Tragen bei Frauen, die größer als 1,70 Meter sind.

Bei Diabetes und/oder Bluthochdruck ist die Wahrscheinlichkeit, an einem Endometriumkrebs zu erkranken, ebenfalls größer, was vermutlich daran liegt, daß diese beiden Erkrankungen häufig mit Übergewicht einhergehen.

Sind viele Geburten vorausgegangen (vier oder mehr Kinder), ist das Risiko eines Endometriumkarzinoms um ein Drittel vermindert. Bei Kinderlosigkeit hingegen – besonders wenn diese auf »Unfruchtbarkeit« (und die vermutlich damit verbundenen Hormonstörungen) zurückzuführen ist – besteht ein hohes Risiko. Bei der Auswertung der Krankengeschichten von Patientinnen mit Endometriumkarzinom stößt man häufig auf Zyklusstörungen, die schon seit Jahren andauerten, oder aber es bestand überhaupt nie ein regelmäßiger Ovulationszyklus.

Die Ungewißheit, wie sie bezüglich eines Zusammenhangs zwischen Östrogensubstitutionstherapie und Brustkrebs noch besteht, ist beim Endometriumkarzinom nicht gegeben. Hier besteht eindeutig bei jeder Frau, die sich einer Östrogenbehandlung unterzieht, ein sechs- bis siebenfach erhöhtes Risiko im Vergleich zum Allgemeinrisiko. Die Aussichten werden um so ungünstiger, je länger sie das Hormon eingenommen hat und je höher die Dosis war. Gebärmutterkrebs läßt sich aber früh entdecken und heilen. Wenn Sie also mit Östrogenpräparaten behandelt werden und bei Ihnen noch keine operative Entfernung der Gebärmutter vorgenommen wurde, sind frauenärztliche Kontrollen einschließlich Gewebsproben mindestens zweimal jährlich angezeigt. Ein Abstrich allein genügt nicht. Dieser eignet sich zwar sehr gut zur Erkennung von Gebärmutterhalskrebs, aber beim Endometriumkarzinom liegt die Trefferquote unter 50 Prozent. Selbst wenn Sie kein Östrogen einnehmen, sollten Sie ab der Menopause alle eineinhalb bis zwei Jahre eine Endometriumsgewebsprobe entnehmen lassen. Das ist ein unkomplizierter Eingriff, der in der Arztpraxis durchgeführt werden kann. Inzwischen ist es üblich, bei der Verordnung von Östrogen zusätzlich etwas Progesteron, ein weiteres weibliches Geschlechtshormon, zu verschreiben. Dadurch wird das Risiko eines Endometriumkarzinoms erheblich vermindert.

Die Anwendung von Ovulationshemmern (»Antibabypille«) erhöht nicht die Wahrscheinlichkeit, an einem Endometriumkarzinom zu erkranken. Tatsächlich trifft das Gegenteil zu. Bei Frauen, die mindestens ein Jahr lang die Pille genommen haben, ist das Risiko um die Hälfte verringert. Dies gilt inbesondere für kinderlose Frauen, die normalerweise ein erhöhtes Risiko aufweisen.

Vergessen Sie nie, daß auch beim Endometriumkarzinom der Früherkennung eine Schlüsselposition zukommt. 90 Prozent der Fälle können vollständig geheilt werden, wenn der Tumor rechtzeitig erkannt wird. Setzen Sie daher unverzüglich Ihren Arzt davon in Kenntnis, wenn bei Ihnen zwischen den Perioden Blutungen oder Ausfluß auftreten.

Gebärmutterhalskrebs: Die Zervix oder der Gebärmutterhals, wo der Abstrich für die zytologische Untersuchung nach Papanicolaou (Pap-Test) entnommen wird, ist der unterste Teil der Gebärmutter. Die 1984 in den USA neu aufgetretenen 16000 Fälle von Zervixkarzinom umfassen nicht die sehr frühen Stadien des Grades I der Einteilung nach Papanicolaou, die als »verdächtig« eingestuft werden, da viele dieser Veränderungen sich niemals zu einem Karzinom entwickeln. Im Gegensatz zu den oben beschriebenen anderen Krebsformen, die offensichtlich mit einer fettreichen Ernährung zusammenhängen und eher die gehobenen sozio-ökonomischen Schichten betreffen, ist der Gebärmutterhalskrebs häufiger bei farbigen Frauen und Angehörigen wirtschaftlich benachteiligter Schichten zu finden.

Endometrium- und Zervixkarzinom liegen zusammengenommen an sechster Stelle der Inzidenz in den USA. Es ist vermutlich der Früherkennung durch Abstriche mit zytologischer Untersuchung zu verdanken, daß die Häufigkeit fortgeschrittener, auf die Umgebung übergreifender bösartiger Erkrankungen des Gebärmutterhalses zurückgegangen ist, während die Häufigkeit sehr früher Tumorstadien ansteigt.

Es gibt eine Menge interessanter Beobachtungen, die darauf schließen lassen, daß man durch Änderungen der Lebensweise dem Zervixkarzinom vorbeugen kann. Beim Geschlechtsverkehr kann mit dem Gebärmutterhals alles mögliche geschehen – Verletzung, Infektion und Kontakt mit jeglicher in die Scheide eindringenden Substanz, Sperma eingeschlossen. Wenn man all dies berücksichtigt, ergeben sich daraus folgende Möglichkeiten einer Verringerung des Risikos, an Gebärmutterhalskrebs zu erkranken: Vermeiden Sie häufigen Wechsel des Partners. Dieser Rat wird Sie wohl kaum überraschen, kann man doch nie wissen, was jeder dieser Partner bezüglich Infektionen und krebsauslösender Substanzen mitbringt. Beginn regelmäßigen Geschlechtsverkehrs vor oder in den ersten Jahren des zweiten Lebensjahrzehnts begünstigt die Entstehung von Krebs, was vermutlich darauf zurückzuführen ist, daß in der Pubertät das Gewebe des Gebärmutterhalses gegen jede wie auch immer geartete krebserregende Substanz besonders empfindlich ist. Es kann sich dabei um ein Virus oder um ein sonstiges infektiöses Agens handeln. Zahlreiche Hinweise stützen die Theorie, daß das Zervixkarzinom auf nahezu die gleiche Weise übertragen wird wie Geschlechtskrankheiten. Beispielsweise ist Herpes genitalis mit einer immerhin achtfachen Erhöhung des Risikos eines Gebärmutterhalskrebses verbunden. Tatsächlich sind Bestandteile von Herpesviren in Zervixtumoren nachgewiesen worden. Von anderen sexuell übertragbaren Erkrankungen wie dem Papillomvirus, das Warzen im Urogenitalbereich verursacht, und den Chlamydien, Mikroorganismen, die inzwischen offenbar allgemein verbreitet sind, wird ebenfalls angenommen, daß sie die Entwicklung eines Gebärmutterhalskrebses begünstigen.

Wenn man um den Zusammenhang zwischen Infektionen und dem Gebärmutterhalskrebs weiß, ist es wohl nicht weiter verwunderlich, daß abschirmende Verfahren der Empfängnisverhütung, bei denen der Gebärmutterhals abgedeckt oder geschützt wird, mit einer niedrigeren Inzidenz dieser bösartigen Erkrankung einhergehen, verglichen mit oralen Kontrazeptiva. Sie sollten sich daher, falls Sie die Pille nehmen und sich keiner mechanischen Schutzmaßnahmen bedienen, häufiger von Ihrem Frauenarzt auf Frühformen des Gebärmutterhalskrebses untersuchen lassen.

Es ist mir völlig schleierhaft, worauf der Zusammenhang beruht, aber Statistiken zufolge tritt bei Raucherinnen der Gebärmutterhalskrebs häufiger auf als bei Frauen, die nicht rauchen. Man weiß nicht, ob dies auf eine im Tabak enthaltene Substanz zurückzuführen ist, die auf dem Weg über das Blut schließlich bis zum Gebärmutterhals gelangt, oder ob es daran liegt, daß Raucherinnen andere Gewohnheiten haben, die die Entstehung eines Karzinoms begünstigen.

Falls Ihre Mutter während der Schwangerschaft Diethylstilbestrol (DES) eingenommen hat, besteht bei Ihnen das Risiko, eine Krebserkrankung des Gebärmutterhalses und der Scheide zu entwickeln. Ich empfehle Ihnen, alle sechs Monate eine kolposkopische Kontrolluntersuchung machen zu lassen. Darunter versteht man das Einführen eines Instruments in die Scheide, mit dessen Hilfe sich der gesamte Bereich des Genitaltrakts einsehen läßt.

Es gibt noch mehr, was Sie tun können, um die Wahrscheinlichkeit, an einem Gebärmutterhalskrebs zu erkranken, möglichst gering zu halten. Von Betacaroten, dem eine Schutzwirkung gegen Lungenkrebs zugeschrieben wird, nimmt man eine Verringerung des Risikos auch des Zervixkarzinoms an. Vitamin C und Folicin (zum Vitamin-B-Komplex gehörig) können eine ähnliche Wirkung ausüben.

Entscheidend ist die Früherkennung des Gebärmutterhalskrebses. Unter den Fachleuten bestehen etwas unterschiedliche Ansichten, wie man diese am besten gewährleisten kann. Die einen empfehlen die erstmalige frauenärztliche Untersuchung, verbunden mit einem Papanicolaou-Test, nach dem ersten Geschlechtsverkehr. Ein weiterer Pap-Test sollte ein Jahr später durchgeführt werden. Sind beide negativ, empfiehlt es sich, bis zum Alter von vierzig Jahren gynäkologische Kontrolluntersuchungen und Pap-Tests in dreijährigen Abständen vornehmen zu lassen. Im Alter über vierzig Jahren sollten sich alle Frauen einmal jährlich untersuchen lassen, und mindestens alle zwei Jahre sollte ein Pap-Test gemacht werden. Nach Auffassung einer anderen Gruppe von Forschern sind diese Empfehlungen zu weit gefaßt. Sie raten *jeder* sexuell aktiven Frau zu einer jährlichen frauenärztlichen Kontrolle sowie zu einer Abstrichuntersuchung nach Papanicolaou. Ich persönlich neige zu der letzten Empfehlung.

Nierenkrebs: Für sich allein gesehen, liegt der Nierenkrebs in der Häufigkeitsskala bösartiger Erkrankungen in den Vereinigten Staaten mit ungefähr 18000 neuen Fällen im Jahre 1984 an zwölfter Stelle. Statistisch betrachtet tritt er bei Männern doppelt so häufig auf wie bei Frauen; bei beiden handelt es sich in der Regel um eine Erkrankung in der Altersgruppe über sechzig Jahre.

Zigarettenrauchen scheint der bedeutendste Risikofaktor beim Nierenkrebs zu sein. Bei Rauchern ist die Erkrankungswahrscheinlichkeit doppelt so hoch wie bei Nichtrauchern. Man schätzt, daß 30 Prozent dieser Krebserkrankung bei Männern und 24 Prozent bei Frauen unmittelbare Folge des Tabakgenusses sind. Die beste Möglichkeit der Vorbeugung liegt also darin, mit dem Rauchen aufzuhören beziehungsweise gar nicht damit zu beginnen. Bei Frauen scheint Übergewicht ein zusätzlicher begünstigender Faktor zu sein, wohl deshalb, weil bei der Umwandlung anderer Hormone in Östrogen durch das Fettgewebe hohe Östrogenkonzentrationen auftreten. Wie auch beim Blasenkrebs ist die Langzeitanwendung phenacetin- oder acetaminophenhaltiger Schmerzmittel mit der Möglichkeit eines erhöhten Risikos zumindest für eine bestimmte Form des Nierenkrebses verbunden, die allerdings nur selten vorkommt. Hinsichtlich im industriellen Bereich auftretender Giftstoffe steht Asbest ebenso unter Verdacht wie eine Reihe in der petrochemischen Industrie verwendeter Öle.

Krebserkrankungen der Mundhöhle und des Rachens

In der Häufigkeitsliste der Vereinigten Staaten stehen bösartige Erkrankungen der Mundhöhle an siebenter Stelle. 1984 wurden etwa 28000 neue Fälle gemeldet. Diese Tumoren sind bei Männern doppelt so häufig wie bei Frauen, und 90 Prozent der Erkrankten sind über fünfundvierzig Jahre alt.

Prävention bedeutet in diesem Fall, darauf zu achten, was in die Mundhöhle gelangt. Einmal mehr stellt Tabak die stärkste Bedrohung dar. Diesmal allerdings nicht in Form des Rauchens, sondern als Kautabak oder als Lösung. Derlei Gewohnheiten tragen an erster Stelle zur Entstehung von Mund- und Rachenkrebs bei, indem sie das Risiko im Verhältnis zu Menge und Art des benutzten Tabaks auf das bis zu Fünfzehnfache erhöhen. Unter Indern ist die weltweit größte Häufigkeit zu verzeichnen, was darauf beruht, daß sie ein Gemisch aus Betelblättern, Tabak und Limone kauen, das für ungefähr 75 Prozent der Fälle von Mund- und Rachenkrebs verantwortlich zu machen ist. Frauen in den amerikanischen Südstaaten, die sich Tabak in die Backen stecken, weisen ebenfalls eine sehr hohe Mundkrebsinzidenz auf. Zigarettenrauchen verursacht Rachenkrebs. Mehr als ein Päckchen täglich führt gegenüber Nichtrauchern zu einer sechsfachen Erhöhung der Häufigkeit.

Pfeifenrauchen, das immer als weniger gefährlich als andere Arten des Tabakgenusses angesehen wurde, verursacht häufiger Lippenkrebs, was auf die Hitze und den Druck des Mundstücks zurückzuführen ist, vor allem wenn dieses gebogen ist.

Starker Alkoholgenuß (definiert mit mehr als sieben Drinks pro Woche) verdoppelt das Risiko, an Mund- oder Rachenkrebs zu erkranken. Und durch die Kombination von Rauchen und Trinken wird das Risiko fünfzehnmal höher! Unabhängig davon, wie mäßig Sie trinken – wenn Sie zusätzlich vierzig Zigaretten oder mehr rauchen, so genügt schon etwas Alkohol täglich, um das Risiko in dieser Weise zu erhöhen.

Die Verbindung von Alkohol und Tabak ist daher – auf dem Wege über örtliche Reizung und möglicherweise bestimmte chemische Einflüsse – die Hauptursache von Mundkrebs. Aber jede Form andauernder Reizung kann dies bewirken. Beispielsweise sind ältere Menschen mit schlecht sitzenden Zahnprothesen, Leute mit scharfkantigen und abgebrochenen Zähnen sowie all jene, die schon einmal Zahnprobleme (»schlechte Zähne«) hatten (viele, mangelhaft durchgeführte Zahnextraktionen oder wiederholte Zahnwurzelbehandlungen), verstärkt anfällig für Mundkrebs.

Ein interessanter Zusammenhang, der nicht geleugnet werden kann, ist das Phänomen der Mundspülungen. Wer raucht und trinkt, setzt sich einem erhöhten Risiko aus, an Mund- und Rachenkrebs zu erkranken. Tun Sie es aber nicht, sind weiblichen Geschlechts und nehmen häufig Mundspülungen vor, dann ist das Risiko bei Ihnen offensichtlich in gleicher Weise erhöht. Man kann sich bisher keinen Reim darauf machen, aber es ist so.

Wie dies für so viele bösartige Erkrankungen gilt, begünstigen bestimmte berufliche Tätigkeiten auch die Entstehung von Mundkrebs. Barkeeper, die von Zeit zu Zeit Kostproben machen, Kellner und Kellnerinnen, Leute, die im Freien arbeiten und solche, die mit Asbest in Berührung kommen, sind offenbar ebenfalls in höherem Maße gefährdet.

Die Art der Ernährung – die Menge an Fetten, Eiweiß, Kohlehydraten und pflanzlicher Kost, die man zu sich nimmt – hat keinen erkennbaren Einfluß auf Krebserkrankungen der Mundhöhle und des Rachens; allerdings kann Vitaminmangel eine Rolle spielen. Wenn Sie daher bereits älter sind und kein so guter Esser mehr wie früher oder falls Sie starker Raucher sind und viel Alkohol trinken, dann ist es sicherlich keine schlechte Idee, Ihre Nahrung mit Vitamin A-, B- und C-Zusätzen zu ergänzen. Vitamin A sollte dabei in Nahrungsbestandteilen enthalten sein und nicht in Form von Pillen eingenommen werden; Vitamin B und C hingegen können ohne weiteres in Form von Tabletten oder Kapseln verabreicht werden.

Wie bei so vielen anderen Krebserkrankungen bietet auch hier die Früherkennung gute Heilungsaussichten. Es empfehlen sich daher regelmäßige zahnärztliche Kontrolluntersuchungen, falls Sie rauchen oder Alkohol trinken, sich einseitig ernähren oder bei Ihnen – aus welchen Gründen auch immer – chronische Reizzustände im Bereich der Mundhöhle vorliegen. Die wichtigsten Warnzeichen sind nicht heilende oder leicht blutende Wunden sowie jede Art von Knotenbildung oder Verdickung. Eine besonders wichtige und sichtbare Frühform bösartiger Veränderungen im Mundbereich stellen die sogenannten Leukoplakien dar, hartnäckige weißliche oder rötliche Flecken überall in der Mundhöhle und auf der Zunge.

Krebs der Bauchspeicheldrüse – eine der schlimmsten Krebserkrankungen

Die Bauchspeicheldrüse liegt auf der Höhe der Mittellinie des Körpers, tief im Bauchraum und gerade oberhalb der Nabelhöhe. Bei der Gesamtinzidenz nimmt der Bauchspeicheldrüsenkrebs Rang acht ein. Für 1986 waren in den USA 25000 Erkrankungen zu erwarten, und nur 2 Prozent der Erkrankten werden fünf Jahre überleben; die meisten werden innerhalb eines Jahres gestorben sein. Wir haben nicht die leiseste Ahnung, wodurch Bauchspeicheldrüsenkrebs verursacht wird, noch kennen wir einen Ansatzpunkt für Prävention. Es gibt allerdings eine Reihe von Faktoren, die mit einem erhöhten Risiko verbunden zu sein scheinen. An erster Stelle steht dabei das Zigarettenrauchen; bei Rauchern ist das Risiko doppelt so groß wie bei Nichtrauchern. Interessanterweise konnte ein solcher Zusammenhang weder für das Rauchen von Zigarren noch für Pfeiferauchen nachgewiesen werden. Daraus läßt sich schließen, daß das Risiko von im inhalierten Rauch enthaltenen Karzinogenen ausgehen könnte, da die meisten Zigarren- und Pfeifenraucher weniger tief inhalieren. Für Alkoholkonsum ist kein Zusammenhang nachgewiesen. Es gibt auch keine Verbindung mit der Ernährungsweise, obwohl laut einer Studie ein gewisser Zusammenhang zwischen vermehrtem Fleischkonsum und verringertem Anteil pflanzlicher Nahrungsbestandteile mit Bauchspeicheldrüsenkrebs vorzuliegen schien.

Zwei Untersuchungsberichte haben eine Menge Staub aufgewirbelt; es ging dabei um die Annahme, zuviel Kaffee – koffeinfreier wie auch normaler – könne zur Entstehung von Bauchspeicheldrüsenkrebs beitragen. Diese Annahme hat sich nicht bestätigen lassen. Tatsächlich ist sie in der Folge widerlegt worden. Trotzdem halte ich, nach der Devise: Kein Rauch ohne Feuer, an meiner Empfehlung fest, den Kaffeegenuß auf drei Tassen täglich zu beschränken (und zwar auch aus anderen gesundheitlichen Gründen).

Bauchspeicheldrüsenkrebs tritt meist in einem Alter ab dreißig Jahren auf; mit zunehmendem Alter steigt die Inzidenz.

Es heißt, Zuckerkranke seien anfälliger für Bauchspeicheldrüsenkrebs als andere; da jedoch Insulin in der Bauchspeicheldrüse produziert wird, könnte es durchaus sein, daß die Zuckerkrankheit durch den Krebs ausgelöst wird, dies ist jedenfalls wahrscheinlicher als der umgekehrte Weg.

Wann immer ein Patient über schwer eingrenzbare, anhaltende Bauchbeschwerden klagt, für die sich keine erkennbare Ursache finden läßt, ziehe ich die Möglichkeit eines Bauchspeicheldrüsenkrebses in Betracht. Das Routineuntersuchungsprogramm, das eine sorgfältige körperliche Untersuchung, die Abklärung des oberen Verdauungtrakts und einen Kolonkontrasteinlauf (Dickdarmröntgenuntersuchung mit bariumhaltigem Kontrastmittel) umfaßt, ergibt in der Mehrzahl der Fälle keinen krankhaften Befund. In der Regel sind wir allerdings mittlerweile in der Lage, einen Bauchspeicheldrüsenkrebs mittels einer Ultraschalluntersuchung oder Computertomographie des Oberbauchs festzustellen. Dennoch bleibt er eine todbringende Erkrankung, für die zum gegenwärtigen Zeitpunkt weder eine wirksame Vorbeugung noch eine erfolgversprechende Therapie zur Verfügung stehen.

Magenkrebs – die Nummer neun, doch die Chancen werden immer besser

Dadurch, daß so viele Menschen den Begriff »Magen« verwenden, wenn sie eigentlich den gesamten Bauchraum meinen, könnte der Eindruck entstehen, als gäbe es eine beklagenswert hohe Zahl von Magenkrebserkrankungen. In Wirklichkeit tritt er weniger häufig auf, als man meinen möchte. Dennoch handelt es sich dabei um eine bedrohliche bösartige Erkrankung mit einer Fünfjahresüberlebensrate von nur 16 Prozent, von der Männer häufiger betroffen sind als Frauen, ebenso Schwarze sowie Angehörige unterer Einkommensgruppen.

Der Magen ist jener abgegrenzte Abschnitt des Verdauungstraktes, wo der Verdauungsprozeß in Gang gesetzt wird. Er ist J-förmig, beginnt dort, wo die Speiseröhre endet, und reicht bis zum Anfang des Dünndarms.

Welche Faktoren lassen sich nun mit Magenkrebs in Verbindung bringen? Zunächst ist der Säuregehalt des Magens zu nennen. Übermäßige Säurebildung führt dazu, daß sich Geschwüre bilden; ein Mangel an Säure löst Krebs aus. Bestimmte Erkrankungen sind mit einem solchen Mangel verbunden (und alle erhöhen sie das Magenkrebsrisiko). Hierzu zählen die perniziöse Anämie, bei der das mit der Nahrung aufgenommene Vitamin B-12 nicht absorbiert werden kann; die atrophische Gastritis, bei der die Magenschleimhaut nicht in der Lage ist, Säure auszuscheiden; und schließlich die Achlorhydrie, das Fehlen von Salzsäure im Magensaft. Wenn bei Ihnen eine dieser Störungen auftritt, sollten Sie sich sehr eingehend und häufig auf frühe Anzeichen für Magenkrebs kontrollieren lassen.

Unter medizinischen Laien herrscht eine gewisse Verwirrung darüber, was die Beziehung zwischen Magengeschwüren und Magenkrebs betrifft. Ein Geschwür ist weder die Vorform noch die Ursache von Krebs. Aber bei einer Veränderung, die als Magen»geschwür« diagnostiziert wird, könnte es sich in Wirklichkeit um einen Magenkrebs handeln. Die Unterscheidung aufgrund lediglich einer Röntgenaufnahme ist nicht möglich; vielmehr ist normalerweise eine Gewebeentnahme (Biopsie) erforderlich. Diese erfolgt mittels eines biegsamen Rohres, das durch den Mund eingeführt und unter Schluckbewegungen immer weiter vorgeschoben wird. An seinem Ende befinden sich eine Lichtquelle und eine kleine Zange. Der Arzt kann damit den Magen einsehen, die Stelle ausfindig machen, an der das »Geschwür« sitzt, einige winzige Gewebestücke an unterschiedlichen Stellen abzwicken und diese dann analysieren lassen. Besonders wichtig ist es, Gewebeproben bei jedem »Geschwür« zu entnehmen, das nach mehrwöchiger konsequenter antiulzeröser Behandlung nicht abheilt.

Sollte bei Ihnen – aus welchem Grund auch immer – eine Bestrahlungsbehandlung durchgeführt worden sein, müssen Sie mit einem etwas erhöhten Magenkrebsrisiko rechnen. Zigarettenrauchen ist ebenfalls als Faktor genannt worden. Auch wenn bei einem Ihrer Blutsverwandten ein Magenkrebs aufgetreten ist, liegt bei Ihnen selbst ein zwei- bis dreifach erhöhtes Risiko vor. An dieser Stelle ist eine erstaunliche Beobachtung zu erwähnen, die sich auf die unterschiedlichen Blutgruppen bezieht. Man unterscheidet vier Hauptblutgruppen – A, B, AB und O. Bei Personen mit Blutgruppe A tritt Magenkrebs häufiger auf als bei Angehörigen der drei übrigen Gruppen. Warum das so ist, weiß niemand.

Ob Sie an Magenkrebs erkranken oder nicht, hängt in hohem Maße von Ihren Eßgewohnheiten ab. Die verhältnismäßig niedrige – und weiterhin abnehmende – Inzidenz in den Vereinigten Staaten ist wahrscheinlich dem gestiegenen Verzehr frischer Früchte und Gemüse zuzuschreiben, die reich an Vitamin C und A sind. Diese Vitamine hemmen die Bildung von Nitrosaminen; das sind hochwirksame Karzinogene, die im Magen entstehen, wenn Nitrate (chemische Verbindungen, die mancherorts im Trinkwasser enthalten sind und sich auch in grünen Gemüsesorten, bestimmten Käsearten und Fleischkonserven finden) mit Bakterien in Kontakt kommen, wie sie normalerweise im Verdauungstrakt vorhanden sind. Die höhere Magenkrebsinzidenz bei Angehörigen niedriger sozio-ökonomischer Schichten könnte auf der Tatsache beruhen, daß ihre Ernährung mehr Kohlehydrate enthält und ärmer an frischen Früchten und Gemüsen ist.

Um die Wahrscheinlichkeit eines Magenkrebses möglichst niedrig zu halten, ist es daher am besten, sich beim Konsum derjenigen Lebensmittel einzuschränken, die im Verdacht stehen, das Risiko zu erhöhen – also inbesondere geräucherte, gegrillte, gepökelte und eingesalzene Speisen sowie Fisch- und Fleischkonserven –, und andererseits möglichst viele Nahrungsmittel zu essen, die reichlich Vitamin C und Vitamin A enthalten.

Leukämien – Krebserkrankungen des Blutes und der Zellen des Knochenmarks

Obwohl diese Gruppe bösartiger Erkrankungen hinsichtlich der Inzidenz in den Vereinigten Staaten mit etwa 25000 im Jahre 1984 gemeldeten Fällen ungefähr an zehnter Stelle steht, betrifft sie nahezu 45 Prozent aller Krebserkrankungen im Kindesalter.

Es gibt mehrere unterschiedliche Leukämieformen. Einige sind auf bestimmte Erbanlagen zurückzuführen (gegen die sich vorbeugend wenig ausrichten läßt, da man sich seine Vorfahren nicht aussuchen kann); andere resultieren aus Beeinträchtigungen des körpereigenen Abwehrsystems, vorausgegangener Strahlenexposition oder anhaltendem Kontakt mit bestimmten chemischen Substanzen.

Bei Menschen mit bestimmten genetischen Störungen wie beispielsweise Mongolismus (Down-Syndrom) ist die Wahrscheinlichkeit, an Leukämie zu erkranken, zwanzigmal höher als im Regelfall. Offensichtlich ist das auf besondere, krankhafte Chromosomenveränderungen zurückzuführen.

Gibt es bei Leukämie familiäre Häufungen? Obwohl eine Reihe solcher »Stammbäume« untersucht worden sind, gibt es keinerlei stichhaltigen Nachweis für eine familiäre Prädisposition, wie sie etwa bei bösartigen Erkrankungen der Brust oder des Dickdarms zu beobachten ist.

Fast jeder kennt den Zusammenhang zwischen Bestrahlung und Leukämie. Bei Überlebenden von Atombombenabwürfen, Patienten, bei denen in der Vergangenheit eine Strahlenbehandlung oder exzessive Röntgenuntersuchungen vorgenommen wurden, Militärangehörigen, die an Atomversuchen teilnahmen, und Bewohnern von Gegenden, die dem Fallout solcher Tests ausgesetzt waren, ist eine überdurchschnittlich hohe Inzidenz zu beobachten. Vor Jahren wandte ich das Verfahren der Durchleuchtung bei allen meinen Herzpatienten an, um zusätzliche Informationen bezüglich Herzgröße und -kontraktion zu erhalten und gleichzeitig einen Blick auf die Lunge zu werfen. Heutzutage ist diese Durchleuchtung veraltet, da mittlerweile ausgeklügelte strahlungsfreie Untersuchungsverfahren wie z. B. die Echokardiographie zur Verfügung stehen.

In der Industrie verwandte Lösungsmittel wie Benzol, desgleichen einige Krebsmedikamente (Zytostatika) haben ebenfalls Einfluß auf ein erhöhtes Leukämierisiko. Wie es in Gegenden aussieht, die in der Nachbarschaft von Sondermülldeponien liegen, brauche ich Ihnen wohl nicht näher zu erläutern.

Der aufregendste Bereich der Leukämieforschung und zugleich derjenige, von dem man sich – in hoffentlich nicht allzu ferner Zukunft – wirksame Präventionsmöglichkeiten verspricht, befaßt sich mit Viren. Seit Jahren sind wir imstande, im Tierversuch Leukämien auszulösen, und zwar durch eine Infizierung mit bestimmten Viren. Aber erst kürzlich konnte nachgewiesen werden, daß das T-Zell-Leukämie- oder Lymphomvirus (HTLV) beim Menschen eine seltene Form der Leukämie verursacht. Es besteht die Hoffnung, daß es durch Abwandlung dieser und anderer Viren in Zukunft gelingen wird, Impfstoffe herzustellen, die vor den häufigsten Leukämieformen schützen.

In der Zwischenzeit ist das Beste, was wir tun können, unsere Umwelt sauberzuhalten, den Kontakt mit chemischen Abfallprodukten zu vermeiden und die Menge jeglicher Art von Bestrahlung, der wir uns aussetzen, auf ein absolutes Minimum zu beschränken.

Lymphome (des Non-Hodgkin-Typus)

Lymphozyten sind die unentbehrlichen weißen Blutkörperchen, die beim Kampf des Abwehrsystems gegen Infektionen im vorderster Front stehen. Ironischerweise können sie jedoch selbst bösartig werden; in diesem Fall wird der daraus resultierende Blutkrebs als *Lymphom* bezeichnet. 1984 gab es in den USA 24000 neue Fälle; viele davon sprachen auf eine Behandlung an. Es handelt sich hierbei um die elfthäufigste bösartige Erkrankung in unserem Land.

Lymphome können familiär gehäuft auftreten. Auch Patienten mit Störungen des Immunsystems entwickeln sie. Derlei Abwehrschwächen können angeboren sein oder sich im späteren Leben ausprägen. Wenn allerdings Patienten absichtlich »immunsupprimiert« werden, um nach einer Organtransplantation Abstoßreaktionen zu vermeiden, ist das Lymphomrisiko einundvierzig- bis hundertfach erhöht.

Ovarialkarzinom

Mit mehr als 18000 neuen Fällen im Jahre 1984 und 11000 Todesfällen jährlich stehen Krebserkrankungen der Eierstöcke in der Häufigkeitsliste sämtlicher bösartiger Erkrankungen in den Vereinigten Staaten an zwölfter Stelle. Unter amerikanischen Frauen jedoch sind sie die vierthäufigste Todesursache bei den Krebssterbefällen.

Bei weißen Frauen im Alter zwischen vierzig und fünfzig Jahren, die in hochindustrialisierten Ländern (ausgenommen Japan) leben, ist die Wahrscheinlichkeit am höchsten, ein Ovarialkarzinom zu entwickeln. Orale Ovulationshemmer (»Antibabypille«), die zu einem Hormonstatus führen, der dem während einer Schwangerschaft vergleichbar ist, verringern die Ovarialkarzinomwahrscheinlichkeit um immerhin 50 Prozent. Das größte Risiko besteht bei Frauen, die kinderlos geblieben sind, deren Periode meist unregelmäßig war und in deren Familie häufig Ovarialkarzinome auftraten. Da die Eierstöcke der wichtigste Produktionsort für Östrogen sind, lassen diese Beobachtungen vermuten, daß diese Krebsform hormonabhängig ist. Es gibt noch weitere Risikofaktoren, die ebenfalls mit dem Hormonhaushalt zusammenhängen – Übergewicht, das Vorliegen von Zervixpolypen und Gallenblasenerkrankungen; all das steht auf die eine oder andere Weise in Zusammenhang mit dem Östrogen. Bei Frauen, die nach der Menopause dieses Hormon einnehmen, ist das Risiko eines Ovarialkarzinoms zwei- bis dreifach erhöht. Wenn Sie an Brustkrebs erkrankt waren, so ist bei Ihnen die Wahrscheinlichkeit doppelt so groß, auch noch ein Ovarialkarzinom zu bekommen (und umgekehrt – wenn bei Ihnen ein Ovarialkarzinom vorliegt, ist Ihr

Risiko, später auch an Brustkrebs zu erkranken, drei- bis viermal so hoch). Es besteht kein Zweifel, daß hormonelle Faktoren bei der Verursachung eines Ovarialkarzinoms eine Schlüsselfunktion haben. Mit Ausnahme einer Theorie, die dem Mumpsvirus bei dieser bösartigen Erkrankung eine Rolle zuspricht, sind virale Einflüsse nicht postuliert worden.

Eierstockkrebs ist eine dermaßen bösartige Erkrankung, daß man Frauen in der Postmenopause, bei denen die Gebärmutter operativ entfernt werden soll, in der Regel empfiehlt, im Rahmen dieses Eingriffs auch die Eierstöcke entfernen zu lassen, um so die Möglichkeit der späteren Entwicklung eines Ovarialkarzinoms auszuschalten.

Unglücklicherweise ist der Eierstockkrebs nur von sehr wenigen Frühsymptomen begleitet. Daher sollte jede Frau bei unbestimmten, anhaltenden Unterbauchbeschwerden ihren Arzt informieren. Fehlen derartige Symptome, erfolgt die Erstdiagnose der Geschwulst in der Regel im Rahmen einer routinemäßigen frauenärztlichen Untersuchung.

Es empfiehlt sich also, falls Sie eine Frau zwischen vierzig und fünfzig Jahren und kinderlos sind, Übergewicht zu vermeiden und von einer nicht unbedingt notwendigen Östrogensubstitutionstherapie Abstand zu nehmen; sollte eine solche Behandlung jedoch wirklich erforderlich sein, ist die niedrigstmögliche Dosierung anzustreben; zudem sollten Sie regelmäßige frauenärztliche Kontrolluntersuchungen durchführen lassen, und zwar mindestens einmal jährlich.

Das maligne Melanom

Die wichtigste Ausnahme bezüglich der ansonsten hervorragenden Heilungsaussichten bei den meisten Hautkrebserkrankungen bildet das maligne Melanom, das bei der Krebshäufigkeit in den Vereinigten Staaten Platz dreizehn einnimmt. 1984 wurden hier etwa 18000 neue Fälle registriert, und die Zahl der Erkrankungen steigt weltweit rapide an. Diese Krebsform betrifft eine spezielle Gruppe von Hautzellen, die als Melanozyten bezeichnet werden und in denen das Melanin genannte dunkle Pigment hergestellt wird. Die höchste Melanominzidenz ist in Australien gegeben, das nahe dem Äquator liegt und intensiver Sonneneinstrahlung am stärksten ausgesetzt ist. Das höchste Risiko ist bei Menschen vom hellhäutigen, rothaarigen Typus anzutreffen.

Das maligne Melanom ist eine heimtückische Krebserkrankung. Wenn es nicht frühzeitig erkannt und vollständig entfernt wird, breitet es sich im gesamten Körper aus. Aber so ernst diese Krankheit auch ist – bei rechtzeitiger Behandlung beläuft sich die Heilungsrate auf nahezu 90 Prozent. Seien Sie daher vor dem Melanom auf der Hut; dies gilt besonders dann, wenn Sie zeitlebens ein »Sonnenanbeter« waren oder falls Sie vom Typ her zu den schon erwähnten Risikogruppen gehören. Unabhängig davon sollte jeder von Zeit zu Zeit und in regelmäßigen Abständen seiner Haut die gebührende Aufmerksamkeit widmen. Achten Sie auf Läsionen im Bereich des Kopfes, des Nackens und der Arme, insbesondere aber des Körperstammes, wenn Sie ein Mann sind, und als Frau im Bereich der unteren Beinpartien. Seien Sie mißtrauisch jedem Leberfleck gegenüber, dessen Ränder unregelmäßig oder schwer abgrenzbar geworden sind, der seine Farbe verändert oder neue Schattierungen angenommen hat, vor allem wenn er rötlich, weißlich oder bläulich verfärbt erscheint. Argwohn ist auch angebracht, wenn sich seine Oberflächenstruktur (beispielsweise von glatt zu rauh) oder seine Ausdehnung (Vergrößerung, aber auch Verkleinerung) verändert haben, eine Änderung der Empfindung eingetreten ist (weil er zu jucken beginnt, brennt oder schmerzt) und wenn er sich entzündet, blutet oder näßt. Das Erkennen eines Melanoms erfordert soviel Fingerspitzengefühl, daß ich meine Patienten selbst beim leisesten Verdacht zu einem Hautspezialisten überweise.

Der Verlauf dieser Krebserkrankung läßt sich nicht voraussagen. Häufig verharrt der Krebs jahrelang irgendwo im Körper in einer Art Ruhezustand, um sich dann plötzlich und ohne erkennbare Ursache explosionsartig auszubreiten.

Es besteht keinerlei Zweifel daran, daß Melanome mit ultravioletter Strahlung jeglichen Ursprungs, insbesondere aber mit dem im Sonnenlicht enthaltenen UV-Anteil, in einer Beziehung stehen. Die Zusammenhänge scheinen allerdings einigermaßen vielschichtig zu sein. Während andere Hautkrebsformen nahezu immer auf kumulative, langandauernde Sonnenlichtexposition zurückzuführen sind, tritt ein Melanom auch bei Menschen auf, die über kurze Zeitspannen sehr intensiven Überdosen von Sonnenstrahlen ausgesetzt waren – wiederholte »gewaltsame« Kurzzeitbräunung, bei der der Haut nur ein sehr kurzer oder gar kein Anpassungszeitraum zur Verfügung stand. Ein Beispiel dafür ist der Urlauber, der sich eine oder zwei Wochen lang auf einer tropischen Insel »braten« läßt, einen Sonnenbrand bekommt, dann braun wird, schließlich nach Hause zurückkehrt und im darauffolgenden Jahr das ganze Spielchen wiederholt. Melanom-Patienten berichten auch von häufigen Blasenbildungen und nur langsam heilenden Sonnenbränden in ihrer Kindheit (ein guter Grund, Ihre Kinder vor übertriebener Sonnenbestrahlung zu schützen).

Neben der Vermeidung exzessiver Sonnenbestrahlung gibt es noch andere Möglichkeiten zur Prävention des malignen Melanoms. Beispielsweise können orale Kontrazeptiva das Risiko erhöhen. Man hat beobachtet, daß Muttermale in Zeiten großer hormoneller Aktivität häufig ihr Erscheinungsbild ändern. Im Rahmen einer Untersuchung wurde festgestellt, daß Frauen, die über einen Zeitraum von fünf oder mehr Jahren orale Kontrazeptiva eingenommen hatten, ebenso wie diejenigen, die ihr erstes Kind in einem Alter von über dreißig Jahren bekommen hatten, eine höhere Melanominzidenz aufwiesen. Wenn Sie also an einem Melanom erkrankt waren und davon »geheilt« worden sind, empfehle ich Ihnen, zur Empfängnisverhütung etwas anderes als die Pille anzuwenden und Östrogensubstitutionstherapien zu vermeiden.

Ihre besondere Aufmerksamkeit sollte dem *Nävusdysplasiesyndrom* gelten, einer Frühform oder einem Vorläufer des Melanoms. Es handelt sich dabei um Muttermale, die sowohl flach als auch erhaben sein können, unregelmäßige Randbegrenzungen aufweisen und unterschiedlich gefärbt sind. Ihr Durchmesser beträgt zwischen gut einem halben und knapp vier Zentimetern und mehr; es können bis zu hundert oder sogar noch mehr auf Körperpartien anzutreffen sein, die normalerweise nicht dem Sonnenlicht ausgesetzt sind, beispielsweise Brüste, Gesäßbakken, Geschlechtsteile, Kopf- und Rückenhaut. Dysplastische

Nävi gehen einem Drittel aller Melanome voraus. Jeder, der solche Nävi hat und bei dem darüber hinaus in der Familie maligne Melanome aufgetreten sind, hat ein gegenüber dem Normalfall zehnfach erhöhtes Risiko, an dieser besonderen Form von Krebsleiden zu erkranken. Derlei Veränderungen bedürfen einer sorgfältigen Überwachung, sowohl durch Sie selbst als auch durch Ihren Hautarzt. In den meisten Fällen empfehle ich, sie unverzüglich entfernen zu lassen. Wenn bei Ihnen eine Veranlagung zu dysplastischen Nävi gegeben ist, sollten Sie Sonnenbestrahlung unter allen Umständen vermeiden. Sogar die anscheinend harmlosen angeborenen, großen schwarzen Muttermale bergen offenbar ein hohes Melanomrisiko in sich, und einige Chirurgen empfehlen, auch diese frühzeitig operativ entfernen zu lassen.

Leberkrebs

Primäre Leberzellkarzinome, also jene Karzinome, die innerhalb dieses Organs ihren Ursprung haben, lagen hinsichtlich der Häufigkeit bösartiger Erkrankungen in den USA mit 13500 neuen Fällen im Jahre 1984 auf Rang vierzehn.

60 bis 90 Prozent der Leberkrebserkrankungen entwickeln sich bei Patienten mit Leberzirrhose, einer Spätfolge entweder der Hepatitis B oder des Alkoholmißbrauchs. Weltweit stellt die Hepatitis B den wichtigsten Risikofaktor dar; allerdings ist mittlerweile eine Prävention mittels Impfung möglich. Jeder, der ein hohes Risiko trägt, Opfer dieser Infektionskrankheit zu werden – Homosexuelle, Patienten, die häufig Blutübertragungen erhalten, Drogenabhängige, Menschen, die mit Hepatitis-B-Patienten Kontakt haben und Kinder von Müttern, die Hepatitis-B-Trägerinnen sind –, sollte geimpft werden.

Es gibt eine seltene Form des Leberkrebses in Zusammenhang mit Vinylchlorid, das bei der Kunststoffherstellung verwendet wird. Lebergeschwülste, die durch die Pille hervorgerufen werden, sind hingegen nahezu immer gutartig.

Bösartige Lebergeschwulsterkrankungen enden fast immer tödlich, weil sie in der Regel erst in weit fortgeschrittenen Stadien erkannt werden. Ein seit kurzer Zeit zur Verfügung stehender schneller und empfindlicher Screening-Test, der mit monoklonalen Antikörpern arbeitet, könnte die frühzeitige Erkennung von Leberkrebs ermöglichen.

Die aus praktischer Sicht derzeit wichtigste Präventionsmöglichkeit gegen Leberkrebs besteht darin, sich so bald als möglich impfen zu lassen, falls bei Ihnen ein Hepatitis-B-Infektionsrisiko besteht. Sollten Sie alkoholkrank und auf dem Weg sein, eine Zirrhose zu entwickeln, liegen Ihre besten Chancen darin, den Absprung zu schaffen und trocken zu werden – möglichst schnell.

Krebserkrankungen des Gehirns und des Zentralnervensystems

Mit etwa 12000 neuen Fällen jährlich liegen bösartige Erkrankungen des Nervensystems in den USA an fünfzehnter Stelle. Bei Kindern nehmen sie nach den Leukämien Platz zwei ein. Bei Männern treten sie häufiger auf als bei Frauen, bei Weißen öfter als bei Schwarzen. Die betroffenen Erwachsenen sind meist über fünfzig Jahre alt. Man weiß nur sehr wenig darüber, warum und auf welche Weise diese besonderen Formen von Krebs entstehen. Im Rahmen verschiedener Untersuchungen wurden allerdings Zusammenhänge mit berufs- und umweltbedingten, viralen und genetischen Faktoren aufgezeigt. Beispielsweise gibt es anscheinend einen höheren Anteil derartiger Krebserkrankungen unter den Arbeitern in den Ölraffinierien, bei Beschäftigten der chemischen und pharmazeutischen Industrie, Bestattungsunternehmen, bei Leuten, die mit Vinylchlorid in Berührung kommen, Rinder- und Schafzüchtern, Bauern mit Milchwirtschaft und bei Arbeitern in Getreidemühlen. In diesen sehr unterschiedlichen Beschäftigungsgruppen läßt sich ein einzelner gemeinsamer Faktor nicht erkennen. Über Langzeitkontakte mit Pflanzenschutzmitteln wurde ebenfalls berichtet. Auch virale Ursachen wurden in Betracht gezogen, da einige jüngere Patienten über Kontakte zu kranken Tieren in der Vergangenheit berichteten.

Bestimmte Krebserkrankungen des Nervensystems wie beispielsweise das Retinoblastom, eine seltene bösartige Erkrankung des Auges, treten oftmals familiär gehäuft auf. Eigenartig erscheint auch die Beobachtung, daß in Familien, in denen eines der Kinder ein epileptisches Leiden hat, bei seinen Geschwistern offenbar ein erhöhtes Risiko besteht, eine bösartige Erkrankung des Gehirns zu entwickeln.

Trotz dieser Hinweise gibt es nur sehr wenig, was man tun kann, um diesen Formen von Krebs vorzubeugen. Zum gegenwärtigen Zeitpunkt kann man lediglich die Daumen drücken und hoffen, daß man selbst mitsamt seinen Angehörigen davor verschont bleiben möge.

Schilddrüsenkrebs

Diese Krebserkrankung ist verhältnismäßig selten: 1984 traten in den Vereinigten Staaten nur 10000 neue Fälle auf. Dieser Krebs wächst in der Regel so langsam, daß die Fünfjahresüberlebensrate bei etwa 93 Prozent liegt. Frauen sind doppelt so häufig betroffen wie Männer, und es erkranken vor allem Personen in einem Alter zwischen fünfundzwanzig und fünfundsechzig Jahren.

In den Jahren vor 1950 wurden bei Säuglingen und Kindern gutartige Veränderungen im Kopf- und Halsbereich, etwa eine Vergrößerung der Thymusdrüse, Entzündungen der Gaumen- und Rachenmandeln sowie Akne, häufig mit Röntgenbestrahlung behandelt. Jetzt, Jahrzehnte später, entwickelt sich bei vielen von ihnen ein Schilddrüsenkrebs. Je jünger sie zum Zeitpunkt der Bestrahlung waren, je höher die Dosis und je kürzer die Bestrahlungsintervalle, desto größer ist das Schilddrüsenkrebsrisiko.

Obwohl man meinen könnte, daß ein Kropf die Entwicklung von Krebs begünstigt, besteht in Wirklichkeit nur ein minimaler Zusammenhang zwischen Kropfbildung und bösartigen Veränderungen. Zusammenfassend läßt sich hinsichtlich des Schilddrüsenkrebses daher folgende Feststellung treffen: Wenn man exzessive Bestrahlung vermeidet, ist die Gefahr, daran zu erkranken, ziemlich gering.

Das multiple Myelom (Plasmozytom)

Über diese Krebserkrankung, deren Inzidenz sich 1984 in den USA auf annäherend 10000 neue Fälle belief, wissen wir nur sehr wenig. Sie geht von den Plasmazellen des Blutes aus, deren Funktion es ist, Immunglobuline oder Antikörper zu produzieren. Ich hatte einige Patienten beiderlei Geschlechts mit multiplem Myelom, und es waren ausschließlich Erwachsene.

Eine weitgehend akzeptierte Theorie besagt, daß das multiple Myelom auf einer altersbedingten Veränderung des Immunsystems beruht. Es kann allerdings auch eine angeborene Anfälligkeit vorliegen; ebenso können hormonelle Faktoren eine Rolle spielen. Darüber hinaus wurden noch weitere, zumeist beruflich bedingte Zusammenhänge postuliert. Beispielsweise läßt sich bei männlichen Schriftsetzern, die Bleidämpfen ausgesetzt sind, Arbeitern in der kunststoffproduzierenden Industrie, Bauern und Beschäftigten der Gummi- und der petrochemischen Industrie eine größere Erkrankungshäufigkeit an Plasmozytom feststellen als bei der Allgemeinbevölkerung. Gleiches gilt für Überlebende von Atombombenexplosionen sowie für Radiologen, die einer Langzeitbestrahlung mit niedrigen Dosen ausgesetzt waren; auch bei Blutsverwandten von Patienten mit dieser Erkrankung ist das Risiko erhöht.

Unglücklicherweise ist zum gegenwärtigen Zeitpunkt keine Möglichkeit der Prävention dieser Krebserkrankung bekannt. Sie tritt typischerweise in Form diffuser Knochenschmerzen in Erscheinung, die nicht verletzungsbedingt sind.

Speiseröhrenkrebs

Im Jahre 1984 gab es in den Vereinigten Staaten glücklicherweise lediglich 9000 neue Fälle von Krebs des Ösophagus oder der Speiseröhre. Am häufigsten sind männliche Schwarze im Alter von über fünfzig Jahren betroffen; bei der Stadtbevölkerung tritt er häufiger auf als bei Bewohnern ländlicher Gebiete. Es gibt beweiskräftige Anzeichen dafür, daß diese schreckliche Krebserkrankung durch umgebungs- und durch die Lebensweise bedingte Faktoren hervorgerufen wird, von denen die meisten in gewisser Weise durch uns beeinflußt werden können. Die Hauptrisikofaktoren sind der exzessive Genuß von Tabak (Zigaretten *und* Zigarren *und* Pfeife) und Alkohol, insbesondere aber die Kombination von beidem. Niedriger sozio-ökonomischer Status und schlechte Ernährung, insbesondere ein Mangel an Riboflavin, Vitamin C und Vitamin A, begünstigen offenbar die Entstehung von Speiseröhrenkrebs. Zinkmangel kann ebenso eine Rolle spielen wie Eisenmangel, der zunächst zu einer Entzündung der Speiseröhre und schließlich zu Krebs führt.

Das früheste Symptom des Ösophaguskarzinoms sind Schluckbeschwerden. Wenn diese auftreten, ist es leider für eine Heilung meist schon zu spät. Chirurgische Eingriffe dienen lediglich einer Linderung von Beschwerden als Folge der Passagebehinderung.

Die besten Chancen eröffnet daher eine Vorbeugung, und das bedeutet: Veränderung der Lebensweise. Wenn Sie ein »Großverbraucher« von Tabak und Alkohol sind, sollten Sie sich bemühen, schnellstens davon loszukommen. Bis Ihnen das gelingt – und das kann gar nicht früh genug sein –, empfiehlt es sich, die Nahrung mit Zusätzen von Vitamin A und C anzureichern

Hodgkin-Krankheit – nahezu »unter Kontrolle«

Die Non-Hodgkin-Lymphome habe ich bereits an früherer Stelle besprochen. Die Hodgkin-Krankheit selbst ist eine besondere Form von Krebserkrankung des lymphatischen Systems. Jährlich ist in den USA mit etwa 7000 neuen Krankheitsfällen zu rechnen. Es handelt sich hierbei um eine der häufigsten bösartigen Erkrankungen bei jungen Erwachsenen.

Über die Möglichkeiten einer Prävention dieser besonderen Form des Lymphoms wissen wir im Grunde genommen genausowenig wie bei den anderen Arten; allerdings sind die Ergebnisse einer Behandlung sehr zufriedenstellend, und die Heilungsrate ist hoch. Zuverlässig nachgewiesene, von der Umwelt bedingte Risikofaktoren sind mir nicht bekannt. Früher war man der Ansicht, bei Kindern, denen die Mandeln entfernt worden waren, liege eine höhere Gefährdung vor. Dem lag die Theorie zugrunde, daß die

Entfernung der Mandeln die Anfälligkeit insofern verstärkt, als diese bei der Fähigkeit des Lymphsystems zur Krankheitsbekämpfung eine Rolle spielen. Dieser Zusammenhang ließ sich jedoch nicht bestätigen. Zwar raten auch heute die meisten Ärzte von einer routinemäßigen Mandeloperation ab, aber das hat andere Gründe. Auch Verbindungen zwischen der Hodgkin-Krankheit, Kinderlähmung und multipler Sklerose sind untersucht worden, allerdings immer ohne Erfolg. Ich rechne damit, daß sich eines der Lymphomviren als auslösende Ursache herausstellen wird.

Hodenkrebs

Jedes Jahr treten in den Vereinigten Staaten etwa 5600 neue Fälle von Hodenkrebs auf. Diese besondere Krebserkrankung ist eine der häufigsten in einer ganz bestimmten, gut abgrenzbaren Bevölkerungsgruppe, nämlich der Männer im Alter zwischen fünfzehn und vierunddreißig Jahren. Die Häufigkeit ist bei Weißen viermal größer als bei Schwarzen.

Günstig ist beim Hodenkrebs, daß (a) er leicht zu diagnostizieren ist; (b) er selbst dann häufig geheilt werden kann, wenn bereits eine Streuung stattgefunden hat (die Fünfjahresüberlebensrate beträgt mehr als 75 Prozent), und (c) unter bestimmten Voraussetzungen eine Vorbeugung durchaus möglich ist.

Eigentlich wissen wir nur sehr wenig über die Ursachen dieser bösartigen Erkrankung. Allerdings ist bei Männern mit nicht oder nicht vollständig deszendierten Hoden oder solchen, bei denen ein Hoden erst im Alter von mehr als sechs Jahren von der Bauchhöhle in den Hodensack herunterwandert, das Risiko beträchtlich erhöht. Daher sollte jedes männliche Neugeborene nach der Geburt sorgfältig untersucht werden, um sicherzugehen, daß beide Hoden sich dort befinden, wo sie hingehören. »Fehlt« bei Ihrem Kind ein Hoden, empfiehlt es sich, ihn vor dem Alter von sechs Jahren »herunterzuholen«; am besten geschieht dies im Alter zwischen ein und zwei Jahren.

Unter anderem ist die Einwirkung synthetischer Östrogene vor der Geburt, beispielsweise bei Söhnen von Müttern, die DES (Diethylstilbestrol) eingenommen haben, als Ursache von Hodenmißbildungen genannt worden. Es gibt noch einige weitere seltene genetisch bedingte Störungen, die anscheinend mit einem erhöhten Hodenkrebsrisiko zusammenhängen – Hermaphrodismus, Hypospadie (bei der sich die Harnröhrenöffnung an der Unterseite statt an der Spitze des Gliedes befindet) und fehlende Hodenanlage. In keinem dieser Fälle ist Vorbeugung möglich.

Hodenverletzungen, wie sie bei bestimmten Sportarten – Radfahren, Reiten – auftreten können, erhöhen möglicherweise die Wahrscheinlichkeit, an Hodenkrebs zu erkranken. In einer Studie wurde auch die Annahme vertreten, Viruserkrankungen, bei denen die Hoden mit betroffen sind, beispielsweise Mumps, könnten in der Folge Krebs auslösen; der Nachweis dafür steht aber noch aus.

Es ist außerordentlich wichtig, daß junge Männer lernen, ihre Hoden selbst zu untersuchen, so wie junge Frauen wissen sollten, wie sie ihre Brüste kontrollieren müssen. Es ist wirklich ganz einfach: Nach einem warmen Bad oder einer warmen Dusche, durch die der Hodensack entspannt wird, rollt man jeden Hoden sanft zwischen Daumen und den übrigen Fingern. Tasten Sie nach Knotenbildungen oder Verhärtungen und achten Sie auf eine mögliche Vergrößerung – und berichten Sie unverzüglich Ihrem Arzt von derartigen Veränderungen.

Das Gallenblasenkarzinom – eine ziemlich seltene Krebserkrankung

Gallenblasenkrebs tritt bei Frauen häufiger auf als bei Männern. Bei amerikanischen Indianern ist sowohl die Gallenstein- als auch die Gallenblasenkrebsinzidenz sehr hoch. In diesem Fall sind die Steine die Hauptursache für den Krebs, da sie zu einer Reizung und Entzündung der Schleimhaut dieses Organs führen. Es gibt allerdings eine Reihe weiterer Risikofaktoren, die ebenfalls die Entstehung dieser Form des Krebses begünstigen können. Dazu zählt, weiblichen Geschlechts zu sein, über vierzig Jahre alt, übergewichtig, die Pille oder Östrogensubstitutionspräparate einzunehmen und einen erhöhten Cholesterinspiegel zu haben. Zwar empfehlen die meisten Ärzte die Entfernung von Gallensteinen nur für den Fall, daß sie Beschwerden verursachen, aber man hat nachgewiesen, daß größere Steine (mit einer Länge von mehr als circa vier Zentimetern) das Krebsrisiko erhöhen können. Die Wahrscheinlichkeit ist mit 0,5 Prozent jedoch so gering, daß der vermutete Vorteil bezüglich der Krebsvorbeugung gegen das Operationsrisiko abzuwägen ist. Bei einigen Patienten, vor allem solchen mit Herzerkrankungen, sind die Gefahren jeglichen operativen Eingriffs wesentlich bedrohlicher als die theoretische Wahrscheinlichkeit, an einem Gallenblasenkrebs zu erkranken.

Zusammenfassung

Das wäre sie also, die Auflistung der häufigsten Krebserkrankungen. Wie Sie sehen, spielen in vielen Fällen Vererbungs- wie auch Umweltfaktoren eine große Rolle. Bei Durchsicht der Daten scheint mir jedoch, daß Lebensweise und die jeweilige Umgebung wahrscheinlich für 60 bis 90 Prozent aller Krebsfälle verantwortlich zu machen sind. Es führt kein Weg daran vorbei, die Tatsache anzuerkennen, daß Tabak und falsche Ernährungsweise – insbesondere eine fettreiche und faserstoffarme Kost – die beiden Hauptrisikofaktoren darstellen. Einige Krebsspezialisten sind sogar der Ansicht, daß nicht weniger als die Hälfte aller Krebserkrankungen bei Frauen und etwa ein Drittel derer bei Männern auf die eine oder andere Art mit der Ernährungsweise zusammenhängen. Verschiedentlich habe ich auf Viren hingewiesen. Sie sind vermutlich für bis zu 10 Prozent der Fälle verantwortlich. Hormonelle Einflüsse – einschließlich Schwangerschaften und Geburten – kommen bei bis zu 7 Prozent zum Tragen. Ich hätte eigentlich angenommen, daß berufliche Tätigkeiten eine wichtigere Rolle spielen als bei den lediglich 4 Prozent, für die dies zutrifft. Dies könnte allerdings darauf zurückzuführen sein, daß insgesamt nur ein verhältnismäßig kleiner Teil von uns in diesen Berufszweigen tätig ist. Bei diesen Personen allerdings besteht eine erhebliche Gefährdung. Alkohol allein ist für 3 Prozent verantwortlich; er wirkt jedoch auch als Verstärker anderer Schadstoffe. Geographische Faktoren – wo man lebt und wie hoch damit die natürliche Strahlenbelastung (aus dem All, durch die Sonneneinstrahlung und von der jeweiligen Umgebung ausgehend) ist – spielen ebenfalls bei 3 Prozent der Fälle eine ausschlaggebende Rolle. Ärztliche Maßnahmen für und an Patienten, unsere Behandlungsmethoden und die von uns verordneten Medikamente einschließlich der medizinischen Anwendung von Röntgenstrahlen sind die Ursache für eine von hundert Krebserkrankungen. Nahrungszusätze, über die in den vergangenen Jahren in der Öffentlichkeit heftig diskutiert wurde, sind nur für 1 Prozent oder noch weniger verantwortlich zu machen; gleiches gilt für industrielle Nebenprodukte. Die Luftverschmutzung in städtischen Gebieten verursacht überraschenderweise nur 1–2 Prozent aller Krebstodesfälle. Wenn man 2 Prozent Erbanlagen und fünf Prozent unbekannten Ursachen zuschreibt, ist die Aufzählung vollständig.

Die Vorbeugung der sechs häufigsten Krebserkrankungen

An allgemeinen Empfehlungen bieten sich sieben grundlegende Ernährungsrichtlinien an: (1) Übergewicht vermeiden (dieser Rat basiert auf dem Ergebnis einer Zwölfjahresstudie, die einen signifikanten Anstieg von Krebserkrankungen der Gebärmutter, der Gallenblase, der Niere, des Magens, des Dickdarmes und der Brust bei Übergewichtigen ergeben hatte, insbesondere wenn das Idealgewicht um 40 Prozent oder mehr überschritten wurde). (2) Den Gesamtfettverbrauch einschränken. Die überreichliche Aufnahme von Fetten jeder Art erhöht die Wahrscheinlichkeit von Brust-, Dickdarm- und Vorsteherdrüsenkrebs. Daher sollte der Verbrauch von fettreichem Fleisch, Vollmilch, Molkereiprodukten, Butter sowie Fetten und Ölen bei der Speisezubereitung eingeschränkt werden. (3) Ballaststoffreiche Nahrungsmittel sollten dem Körper verstärkt zugeführt werden – Vollkornprodukte, Früchte und Gemüse –, sowohl wegen deren möglicher krebsvorbeugender Wirkung als auch als vollwertiger Ersatz fettreicher Nahrungsmittel. (4) Der tägliche Speiseplan sollte durch Nahrungsmittel ergänzt werden, die reichlich Vitamin A und C enthalten. Dazu zählen grüne und tiefgelbe Gemüsesorten und bestimmte Früchte; Sie sollten also täglich Karotten, Tomaten,

Spinat, Aprikosen, Pfirsiche oder Melonen essen, die alle viel Betacaroten enthalten, eine Vorstufe des Vitamins A. Diese Substanz kann das Risiko vermindern, an Krebs des Kehlkopfes, der Speiseröhre und der Lunge zu erkranken. Wegen der möglichen Toxizität wird hochdosiertes Vitamin A in Kapselform jedoch nicht empfohlen. Epidemologische Studien legen den Schluß nahe, daß bei Menschen, deren Kost viel Vitamin C enthält, die also beispielsweise reich an Früchten und Gemüsen ist, die Wahrscheinlichkeit einer Krebserkrankung geringer ist; das gilt insbesondere für Magen- und Speiseröhrenkrebs. Wie bereits bei der Erörterung des Magenkrebses erwähnt, hemmt Vitamin C anscheinend die Bildung krebserregender Nitrosamine in diesem Organ. (5) Kohlgemüse – Grünkohl, Brokkoli, Rosenkohl und Blumenkohl – kann das Krebsrisiko vor allem im Bereich des Verdauungs- und des Respirationstraktes senken. Bei diesen Gemüsesorten konnte auch nachgewiesen werden, daß sie eine Reihe natürlicher Krebshemmstoffe enthalten, die im Tierversuch bei der Prävention chemisch ausgelöster Krebsformen wirksam waren. (6) Sie sollten sich beim Genuß von Alkohol mäßigen. Bei starken Trinkern, insbesondere wenn sie zusätzlich noch rauchen, besteht ein ungewöhnlich hohes Krebsrisiko für Mundhöhle, Kehlkopf und Speiseröhre. Alkoholmißbrauch kann auch zur Leberzirrhose führen, die bisweilen zu einem Leberkrebs entartet. (7) Schließlich ist auch vor zu reichlichem Genuß geräucherter, eingesalzener und nitritbehandelter Nahrungsmittel zu warnen. Die amerikanische Fleischindustrie hat den Nitritgehalt von Fleischkonserven bereits erheblich reduziert. Die Lebensmittelindustrie verwendet mittlerweile zum Räuchern eine Beizflüssigkeit, die anscheinend weniger gefährlich ist als die herkömmlichen Verfahren. Schinken, Fisch und einige Wurstsorten, die auf bislang gebräuchliche Weise geräuchert werden, nehmen einige krebserregende Teerstoffe auf, die denen im Tabakrauch entsprechen. Nachgewiesenermaßen besteht auch ein Zusammenhang zwischen eingesalzenen und gepökelten Lebensmitteln und Krebs des Magens und der Speiseröhre.

Neben diesen allgemeinen Hinweisen will ich die Aufmerksamkeit noch auf sieben zusätzliche Ernährungsfaktoren lenken.

(1) *Nahrungszusätze.* Zusätze mit *bekannter* krebserregender Wirkung sind zwar bereits verboten, andere können sogar gegen Krebs schützen.

Meiner Meinung nach sollten dennoch bei allen Lebensmitteln, die man gefahrlos ohne Zusätze zu sich nehmen kann, solche auch unterbleiben. Denken Sie jedoch daran, daß derlei Zusätze nicht nur das Aussehen, sondern auch die Qualität eines Lebensmittels bewahren helfen, zu langes Aufbewahren daher Verfall bedeutet.

(2) *Vitamin E.* Obwohl sich Antioxydantien wie Vitamin E im Tierversuch als wirksam zur Prävention einiger Krebsformen erwiesen haben, konnte eine entsprechende Wirkung beim Menschen nicht nachgewiesen werden. Andererseits wirken sowohl Vitamin E als auch ein selenabhängiges Enzym als Antioxydantien und sind imstande, die Schädigung der zellulären DNS durch einige Karzinogene abzuwehren. Allerdings gibt es keinen überzeugenden Beweis dafür, daß sehr hohe Dosen dieses Vitamins dazu beitragen, vor Krebs zu schützen. Ich bin der Ansicht, daß Sie – vorausgesetzt, Sie nehmen wie die meisten Menschen genug davon mit der Nahrung auf – derlei Zusätze nicht benötigen.

(3) *Selen.* Die früher angeführten Nachweise der Wirksamkeit des Spurenelements Selen zum Schutz vor einigen Krebsformen reichen wohl noch nicht, um einem Zusatz von Selen in der Nahrung zu rechtfertigen. Darüber hinaus können Selenzusätze sogar schädlich sein, wenn sie unkontrolliert erfolgen.

(4) *Saccharin* wird heutzutage häufig als Süßstoff bei Tisch, in diätetischen Lebensmitteln und Getränken, in Sprudeln, Mundwässern, Zahnpasten und kosmetischen Präparaten angewandt. Bei Diabetikern ist es als Zuckerersatz weit verbreitet. Obwohl nachgewiesen wurde, daß hohe Dosen bei Ratten Blasenkrebs hervorrufen, gibt es keinen stichhaltigen Nachweis eines erhöhten Risikos bei Personen, die es mäßig verwenden. Allerdings ist zur Vorsicht zu raten bei Kindern und Schwangeren, da es wahrscheinlich doch eine schwach krebserregende Wirkung hat.

(5) *Kaffee.* Aufgrund einiger Studien ist Kaffee (in großen

Mengen genossen) in den Verdacht geraten, bei Krebserkrankungen der Harnblase und der Bauchspeicheldrüse eine Rolle zu spielen. Andere Untersuchungen verneinen diesen Zusammenhang. Meine Empfehlung lautet, den Genuß koffeinhaltiger Getränke auf drei Tassen täglich zu beschränken.

(6) Durch die Zubereitung von Fleisch und Fisch bei hohen Temperaturen steigt der Gehalt einer Reihe potenter Mutagene (das sind Substanzen, die Erbveränderungen verursachen können) in der Nahrung an. Bei einigen wurde im Tierversuch eine krebserregende Wirkung nachgewiesen. Fachleute weisen ausdrücklich darauf hin, daß krebserregende polyzyklische aromatische Kohlenwasserstoffverbindungen entstehen, wenn Fett in die Flammen eines Holzkohlenfeuers tropft. Verwenden Sie daher Aluminiumfolie als Schutz beziehungsweise Unterlage beim Garen, Backen, Braten und Grillen, entfernen Sie vor dem Essen das Fett und Angebranntes, vermeiden Sie nitrithaltige Lebensmittel und ergänzen Sie Ihre Mahlzeiten mit Lebensmitteln und Getränken, die reichlich Vitamin C enthalten.

(7) *Cholesterin.* Obwohl in zumindest einer Studie ein Zusammenhang zwischen niedrigem Cholesterinspiegel und Dickdarmkrebs postuliert wurde, sind die Nachweise dafür bisher nicht schlüssig.

Meiner Ansicht nach bietet Ihnen eine Kombination dieser Empfehlungen den derzeitigen Stand des Wissens hinsichtlich einer optimalen Krebsvorbeugung mittels diätetischer Maßnahmen. Durch langfristige Befolgung der Ratschläge wird sich das Risiko deutlich verringern.

Die hauptsächlichen Warnsignale

Ich habe auf den vorangegangenen Seiten immer wieder darauf hingewiesen, wie wichtig es ist, auf die Warnsignale für Krebs zu achten, und daß deren Erkennung eine frühe Diagnostizierung und Heilung ermöglichen kann. Im folgenden daher eine Auflistung der wichtigsten Anzeichen einer Krebserkrankung.

(1) Unbeabsichtigter *Gewichtsverlust* von zehn Pfund oder mehr bei einem ansonsten Gesunden kann Zeichen einer Krebserkrankung insbesondere der Bauchspeicheldrüse, des Magens, der Speiseröhre und der Lunge sein.
(2) *Anhaltendes, unerklärliches Fieber* ist häufig eine Manifestation von Krebs und kann der erste Hinweis auf einen Morbus Hodgkin, ein Non-Hodgkin-Lymphom sowie auf bestimmte Formen des Nierenkrebses sein.
(3) *Müdigkeit* kann ein Frühzeichen von Dickdarmkrebs und Knochenmarkstumoren darstellen, darüber hinaus auch einer Hodgin-Krankheit.
(4) *Schmerzen* treten normalerweise in fortgeschrittenen Stadien der jeweiligen Krebserkrankung auf, können aber Ausdruck einer heilbaren Krebskrankheit sein, wenn sie in Muskeln (Sarkom), Knochen (primärer Knochenkrebs), im Hodensack (Hodenkrebs), im Bereich des Armes, der Schulter, des Schulterblatts und der oberen Brustkorbpartien (bestimmte Lungentumoren), in der Mundhöhle (Oropharynxkarzinome) oder zu Beginn des Wasserlassens (Blasenkrebs) auftreten.
(5) *Änderungen des Darmverhaltens* können einen wichtigen Hinweis auf kolorektale Karzinome darstellen.
(6) *Störungen der Blasenfunktion* können auf Vorsteherdrüsen- oder Blasenkrebs hinweisen.
(7) *Nicht heilende Wunden* – (a) auf der Haut (in der Regel Basaliome oder Plattenepithelkarzinome); (b) in der Mundhöhle (insbesondere bei Rauchern, Tabakkauern und Trinkern); und (c) Leukoplakien, jene weißlichen oder rosafarbenen Flecken auf der Mundschleimhaut, die eine Vorstufe des Krebses darstellen und die biopsiert und dann behandelt werden sollten.
(8) *Ungewöhnliche Blutungen oder Ausfluß gleich welchen Ursprungs* können ein Frühsymptom eines kolorektalen Karzinoms sein, häufiger jedoch ein spätes Anzeichen für Lungenkrebs. Blutige Sekretion aus einer Brustwarze kann auf sich entwickelnden Brustkrebs hinweisen. Blutiger Urin kann ein frühes Anzeichen eines Blasenkrebses oder – häufiger – später Hinweis auf Nierenkrebs sein.

(9) *Verdickungen oder Knotenbildungen* in den Brüsten oder überall sonst können Ausdruck sowohl früher als auch fortgeschrittener Krankheitsstadien sein.
(10) *Schluckbeschwerden oder Verdauungsstörungen* sind häufig späte Anzeichen von Krebs der Speiseröhre, des Magens oder des Rachens.
(11) Eine kurzfristig eingetretene *Veränderung des Aussehens einer Warze oder eines Leberflecks* kann auf ein – wenn sie frühzeitig erkannt wird, heilbares – malignes Melanom hinweisen.
(12) *Husten und Heiserkeit* sind häufig Spätsymptome eines Kehlkopfkrebses und sollten stets unverzüglich abgeklärt werden.

24. Fehlbildungen bei Säuglingen – Nicht nur die Gene sind schuld

Die Zahlen sind erschreckend. Allein in den Vereinigten Staaten kommen jährlich fast 600000 Babys tot zur Welt. Und von den 3,25 Millionen lebendgeborenen Kindern sind mehr als 250000 eindeutig physisch oder psychisch geschädigt. Sie sind geistig zurückgeblieben, verkrüppelt, blind, taub oder haben ein so deformiertes Herz oder Gehirn, daß ein Leben von durchschnittlicher Qualität und Dauer von vornherein ausgeschlossen ist.

Wenn Unwissenheit besser ist als Halbwissen

Noch vor fünfundzwanzig Jahren wußten wir sehr wenig darüber, was im Verlauf einer Schwangerschaft alles schiefgehen kann. Damals – Contergan, die Schlaftablette »ohne Nebenwirkungen«, die zu schweren Behinderungen bei Kindern führte, deren Mütter während der Schwangerschaft dieses Medikament eingenommen hatten, war noch nicht auf dem Markt – wußten wir nicht viel und machten uns auch weiter keine Gedanken darüber, welche Auswirkungen Medikamente auf einen Fötus haben könnten. Tatsächlich hatte man zu jener Zeit erst vier oder fünf Teratogene identifiziert (es handelt sich dabei um Substanzen, die zu anormalen Veränderungen bei den Nachkommen führen – »*terat*« ist das griechische Wort für »Monstrum« oder »Mißgeburt«).

Man kannte zwar einige Krankheiten, die in bestimmten Familien gehäuft aufzutreten schienen, aber man wußte damals noch nicht soviel über die genetischen Mechanismen, wie dies heute der Fall ist; im Grunde genommen war man nicht in der Lage vorherzusagen, wie groß das Risiko war, daß ein Kind mit einer schweren

Fehlbildung zur Welt kommen würde. Amniozentese (Fruchtwasseruntersuchung) sowie Ultrasonographie (Ultraschalluntersuchung) des Fötus kannte man damals noch nicht. Auch unterschätzte man die Bedeutung einer Infektion der Mutter während der Schwangerschaft oder auch Rauchen, Trinken und die Art der Ernährung. Es war einfach eine Tatsache, daß ziemlich viele Säuglinge entweder bei der Geburt starben oder aber, wenn sie überlebten, schwer behindert waren – aus Gründen, die nicht klar waren. Heute hingegen weiß man, daß es eine Vielzahl von Fehlbildungen gibt, die man voraussehen und gegen die man vorbeugen kann; und genau davon wird dieses Kapitel handeln.

Obwohl die Liste von Medikamenten und anderen Substanzen, die Schwangere nicht einnehmen sollten, mittlerweile ziemlich lang ist, sind immer noch Geburtsschäden zu mehr als 20 Prozent für Todesfälle innerhalb des ersten Lebensjahres verantwortlich und die dritthäufigste Ursache für Kindersterblichkeit überhaupt. Darüber hinaus sind wir in zwei Dritteln der Fälle nicht in der Lage, das Ineinandergreifen von genetisch bedingten und Umweltfaktoren, das für derartige »Irrtümer der Natur« verantwortlich ist, zu ergründen. Mit anderen Worten: Wenn ein Kind mit einer Fehlbildung zur Welt kommt, ist in zwei von drei Fällen die Krankheitsgeschichte der Familien beider Elternteile völlig normal, die Mutter war während der Schwangerschaft kein einziges Mal ernstlich krank, sie nahm keine Medikamente, die möglicherweise einen Einfluß hatten, sie hat sich vernünftig ernährt, und es kam zu keinerlei außergewöhnlichen Blutungen. Wenn eine Patientin, die etwas derart Deprimierendes durchgemacht hat, mich um einen Rat fragt, um sicherzustellen, daß ihr nächstes Baby gesund zur Welt kommt, rate ich zu einer Amniozentese und/oder Ultraschall.

Bei der *Amniozentese*, die man im Verlauf der Schwangerschaft durchführt, entnimmt man mit einer Nadel, die durch den Unterleib (nicht in die Vagina) eingeführt wird, eine kleine Menge der Flüssigkeit aus den Eihäuten, die das Kind umhüllen. Normalerweise geschieht dies in der fünfzehnten oder sechzehnten Woche. Zellen dieser abgesaugten Flüssigkeit werden dann unter dem Mikroskop untersucht und die Chromosomen, die das genetische Material tragen, gezählt und analysiert. Bestimmte angeborene

Defekte hängen mit Abweichungen in Anzahl und Form dieser Chromosomen zusammen. Wenn eine Amniozentese sorgfältig durchgeführt wird, birgt sie lediglich ein minimales Risiko in sich, vor allem das einer Infektion. Man sollte jedoch in jedem Fall sicherstellen, daß derjenige, der die Ergebnisse auswertet, dafür auch wirklich qualifiziert ist. Ich weiß von einigen Patientinnen, denen »grünes Licht« für ihre Schwangerschaft gegeben wurde und die dann trotzdem ein behindertes Kind zur Welt brachten. In jedem dieser Fälle hat eine neuerliche Überprüfung der Ergebnisse einer Fruchtwasseruntersuchung ergeben, daß die ursprüngliche Interpretation nicht korrekt war.

Wenn Sie befürchten, daß Sie oder Ihr Mann eine Erbkrankheit übertragen könnten, sollten Sie eine Amniozentese vornehmen lassen. Wenn allerdings die Schwangerschaft nicht normal verläuft (wenn beispielsweise Ihr Gewicht und Ihr Körperumfang nicht dem Alter des Fötus entsprechen), sollten Sie eine *Ultraschall*untersuchung machen lassen. Bei diesem Test werden Schallwellen durch die Bauchwand auf den Uterus gerichtet. Eine Analyse der zurückgeworfenen Echowellen läßt erkennen, wie weit das Baby ist und ob irgendwelche schweren Defekte vorliegen. Obwohl Ultraschall eine ungefährliche Untersuchung ist, die zu jedem Zeitpunkt der Schwangerschaft durchgeführt werden kann, sollte diese Methode nicht mißbraucht werden, um ein erstes Bild von Ihrem Baby zu bekommen, das sie dann in sein Photoalbum einkleben können, oder um zu erfahren, ob es ein Mädchen oder ein Junge wird. Einige Wissenschaftler geben zu bedenken, daß diese Schallwellen möglicherweise Langzeitwirkungen haben, da bei einer Sonographie schließlich Energie mit im Spiel ist, die auf die Zellen des lebenden Fötus einwirkt. Man weiß jedoch bislang noch nicht, welchen Einfluß dies auf das Gewebe haben könnte, wenn Ultraschall wiederholt oder in einer starken Dosierung angewandt wird. Obwohl ich keinen Fall einer nachgewiesenen negativen Wirkung von Ultraschall auf Menschen kenne, gibt es doch Hinweise darauf, daß er bei Tieren einige Zellen verändern kann.

Ich rate jeder werdenden Mutter, irgendwann nach der vierzehnten Woche einen Bluttest machen zu lassen, um festzustellen, wieviel *Alpha-Foetoprotein* (AFP) ihr Blut enthält – und zwar unabhängig von ihrer Familienanamnese oder ihrer eigenen Vorgeschichte hinsichtlich Geburten. AFP ist ein vom Fötus produziertes Protein. Ein Teil davon dringt in den Blutkreislauf der Schwangeren ein. Der AFP-Spiegel kann entweder in ihrem Blut oder aber im Fruchtwasser gemessen werden. Zuviel AFP läßt auf eine ganze Reihe von Defekten schließen; die wichtigsten betreffen das Gehirn und das Rückenmark. Man bezeichnet sie als Neuralleistendefekte; sie treten bei zwei von tausend Schwangerschaften auf. Die betroffenen Kinder kommen mit deformierten Köpfen oder strukturellen Störungen des Gehirns zur Welt; beispielsweise verläuft in einem solchen Fall das Nervengewebe innerhalb der knochigen Wirbelsäule oder im Rückgrat. Es kann auch sein, daß sich im Gehirn des Säuglings Wasser befindet (Hydrozephalus = Wasserkopf); dies kann zu einer geistigen Behinderung führen. Zuviel AFP kann auch ein Indikator für eine Mehrfachgeburt, für einen toten Fötus oder aber einen Fötus sein, dessen Geburtsgewicht sehr niedrig sein wird. Dieser Test ist vor allem aus dem Grund nützlich, weil keine dieser Störungen notwendigerweise mit der Familien- oder der persönlichen genetischen Geschichte zusammenhängen muß. Wenn sich bei dieser einfachen Untersuchung herausstellt, daß im Blut der Mutter zuviel AFP enthalten ist, kann man mit Hilfe einer Sonographie oder einer Fruchtwasseruntersuchung die genaue Bedeutung dieses Ergebnisses abklären.

Es ist eine Sache, solche Defekte des Nervengewebes im vorhinein festzustellen; etwas ganz anderes ist es hingegen, derlei vorzubeugen. Ist das überhaupt möglich? Ein sehr interessanter Bericht aus England legt den Schluß nahe, daß dies vielleicht machbar ist. Englische Fachärzte für Geburtshilfe sind der Ansicht, eine einzige Multivitamintablette oder -kapsel pro Tag senke die Häufigkeit des Auftretens von Neuralleistendefekten auffällig.

Eine mögliche Erklärung für die größere Häufigkeit von Neuralleistendefekten in England könnte die Tatsache sein, daß die Amerikaner, vor allem jedoch schwangere Frauen, ohnehin mehr Vitamine zu sich nehmen als die entsprechende Gruppe der Engländer. Wenn Sie schwanger sind, rate ich Ihnen unbedingt, täglich eine Multivitamintablette zu nehmen.

Es gibt mindestens zweitausend verschiedene Krankheiten, die einen Fötus beeinträchtigen können. Ein lebender Beweis für diese Behauptung sind die zwölf Millionen Amerikaner, die mit einer dieser Störungen geboren wurden! Einige dieser Krankheiten sind ausreichend bekannt und einfach zu diagnostizieren, etwa die Cooley-Anämie (Thalassämie), Hämophilie (Bluterkrankheit), die Tay-Sachs-Krankheit (amaurotische Idiotie), Sichelzellenanämie und Diabetes. 80 Prozent aller Fälle geistiger Entwicklungsstörungen beruhen vermutlich auf einem genetischen Defekt. Wenn Sie wissen, daß derlei Behinderungen in Ihrer Familie oder in der Ihres Mannes vorgekommen sind, sollten Sie sich, ehe Sie mit Ihrer Familienplanung beginnen, genetisch beraten lassen. Ein guter Gentiker kann, wenn er Ihren Familienstammbaum so weit wie möglich zurückverfolgt, das Risiko berechnen, daß Ihr Kind mit einem bestimmten genetischen Defekt zur Welt kommen wird. Je nach den Aussichten ziehen Sie dann möglicherweise eine Adoption vor. Falls Sie sich jedoch dafür entscheiden, ein eigenes Kind zu bekommen, können Sonographie und Amniozentese in vielen Fällen noch rechtzeitig auf zu erwartende Probleme hinweisen.

Bei Frauen in ihren späten Dreißigern oder in den Vierzigern ist das Risiko sehr groß, ein Kind mit Down-Syndrom (Mongolismus) oder anderen genetischen Störungen zu bekommen. Wenn Sie also schwanger und älter als fünfunddreißig sind, sollten Sie eine Fruchtwasseruntersuchung vornehmen lassen, um zu sehen, ob der Fötus normal ausgebildet ist.

Infektionen während der Schwangerschaft – möglicherweise schlechte Nachrichten

Wenn wir alle schwangeren Frauen auf AFP hin untersucht und diejenigen identifiziert haben, in deren Familie häufig genetische Defekte aufgetreten sind oder die früher schon behinderte Kinder zur Welt gebracht haben, und wenn wir die Schwangerschaften von Frauen Mitte oder Ende Dreißig oder schon in ihren Vierzigern sorgfältig überwachen, was können wir dann noch tun, um sicherzustellen, daß ein gesundes Baby zur Welt kommt? Zuerst und vor allem müssen wir gegen diejenigen Infektionskrankheiten bei der werdenden Mutter vorbeugen, die ein besonders großes Risiko für den Fötus bedeuten. Die wichtigsten sind in dem Akronym TARCH zusammengefaßt. »T« steht für Toxoplasmose (eine schwere Erkrankung, die von Parasiten verursacht wird), »R« für Röteln (Rubeola), »C« für das Cytomegalie-Virus (das ein unterschwelliges, chronisches Kranksein hervorruft) und »H« für die diversen Herpes-Viren. »A« bezeichnet »andere«; die wichtigste »andere« Krankheit ist Syphilis. Wenn eine Schwangere sich eine dieser Krankheiten zuzieht, bedeutet dies eine große Gefahr für den ungeborenen Fötus. Syphilis sollte natürlich in jedem Fall sofort behandelt werden, sobald sie einmal diagnostiziert ist, ob man nun schwanger ist oder nicht. Von besonderer Bedeutung sind die Röteln, denen man inzwischen mit einer Impfung vorbeugen kann. Ungefähr 90 Prozent aller Frauen haben, wenn sie das gebärfähige Alter erreichen, die Röteln bereits hinter sich. Es bleiben also immerhin sehr beachtliche 10 Prozent. Da es ziemlich schwierig ist, an alte Krankenberichte heranzukommen, und man sich auf das Erinnerungsvermögen hinsichtlich Kinderkrankheiten kaum verlassen kann, lege ich jeder jungen Frau mit Kinderwunsch nahe, einen Bluttest vornehmen zu lassen, um das Vorhandensein von Röteln-Antikörpern festzustellen. Wenn sie über keine oder nur sehr wenige solche Antikörper verfügt, sollte sie sich, ehe sie schwanger wird, gegen Röteln impfen lassen.

Auf Herpes muß man gesondert eingehen. Es stehen mittlerweile Untersuchungsmethoden zur Verfügung, die eine Herpesinfektion zuverlässig anzeigen. Wenn Sie wissen, daß Sie Herpes haben, müssen Sie unbedingt Ihren Arzt informieren. Wenn der Herpes-Ausschlag kurz vor der Geburt ausbricht, ist ein Kaiserschnitt angezeigt. Auf diese Weise wird verhindert, daß das Kind den infizierten Vaginalschlauch passiert. Denn wenn dies geschieht, muß man mit ernsten Folgen – einschließlich einer Totgeburt oder Erblindung – rechnen. In Kapitel 3 habe ich bereits darauf hingewiesen, wie wichtig die Feststellung ist, ob die Mutter Trägerin des Hepatitis-B-Virus ist. Jede Schwangere, bei der die Gefahr besteht, daß sie an diesem Leiden erkrankt, oder die sich möglicherweise diese Krankheit zugezogen hat, ohne es zu merken, sollte einen einfachen Bluttest machen lassen, um festzustellen, ob Hepatitis-B-Antikörper vorhanden sind. Am größten ist die Wahrscheinlichkeit einer solchen unerkannten Infektion bei Personen, die in ihrem Beruf mit Infizierten Kontakt haben. Wenn der Antikörpertest für Hepatitis B positiv ausfällt, kann die Verabreichung eines spezifischen Hepatitis-B-Immunglobulins in Verbindung mit dem Impfstoff zum Zeitpunkt der Geburt in etwa 85 Prozent aller Fälle einer Erkrankung des Neugeborenen vorbeugen.

Es ist allgemein bekannt, daß immer mehr Personen, die man früher nicht zu einer der Risikogruppen zählte, an AIDS erkranken. Werdende Mütter können die gefürchtete Krankheit während des Geburtsprozesses auf ihre Nachkommen übertragen. Bei schwangeren Frauen, von denen man weiß, daß sie bisexuelle Liebhaber hatten oder die früher Prostituierte waren, Drogen nahmen oder häufig eine Bluttransfusion bekamen, ist die Wahrscheinlichkeit am höchsten, daß sie ihre Kinder mit AIDS infizieren. Da es bislang keine effektive Behandlung oder Vorbeugung dieser Krankheit gibt, muß man sich fragen, ob es wirklich wünschenswert ist, daß diese Frauen bewußt schwanger werden. Auf jeden Fall sollte jede Frau, die AIDS hat oder mit Sicherheit Trägerin des Virus ist, es vermeiden, schwanger zu werden, beziehungsweise einen Schwangerschaftsabbruch vornehmen lassen, wenn sie bereits schwanger ist.

Andere Vorsichtsmaßnahmen

Nehmen wir einmal an, die genetischen Voraussetzungen bei Ihnen sind gut und Sie haben einen niedrigen AFP-Spiegel. Sie sind noch keine dreißig Jahre alt. Bei früheren Schwangerschaften hatten Sie nie Probleme, und Sie haben sich nicht mit einem Virus oder etwas anderem infiziert. Was können Sie in diesem Fall noch tun, um zu verhindern, daß Sie ein geschädigtes Kind zur Welt bringen?

Vermeiden Sie, wenn möglich, *jegliche* Art von Röntgenbestrahlung: keine Brustaufnahmen der Lunge, keine Röntgenserienaufnahmen des gastrointestinalen Trakts, keine Röntgenaufnahmen beim Zahnarzt – vor allem in den ersten drei Monaten nicht. Denn in dieser Zeit ist der Fötus gegenüber Röntgenstrahlen besonders empfindlich. Wenn Ihr Arzt es für unumgänglich hält, Sie radiologisch zu untersuchen, dann sollten Sie verlangen, daß dafür die modernsten Apparate und die schnellsten Filme verwendet werden, so daß Sie nur kurzfristig einer Strahlung ausgesetzt sind. Manchmal sind derartige Untersuchungen in der Tat absolut notwendig. Denken Sie jedoch daran – wenn ein Sonogramm den gleichen Zweck erfüllt (beispielsweise wenn es sich um eine Untersuchung der Gallenblase oder um eine Abklärung struktureller Veränderungen der Niere handelt), dann sollten Sie auf dieser Art von Untersuchung bestehen.

Schwangere Frauen sollten auf *alle nicht unbedingt notwendigen Medikamente* verzichten. Ob es sich nun um ein Medikament handelt, das Ihr Arzt Ihnen verschrieben hat, oder aber um ein rezeptfreies Mittel, Sie müssen sich dessen bewußt sein, daß jede Substanz, die nicht zu den natürlichen Nahrungsmitteln zählt, verdächtig ist, sei es eine Schlankheitspille, eine Schmerztablette (auch wenn es sich nur um ein Aspirin handelt), eine Schlaftablette oder ein Beruhigungsmittel. Auch wenn es den Anschein hat, daß Sie selbst ein bestimmtes Medikament gut vertragen, gibt es keinerlei Möglichkeit vorherzusagen, welche Wirkung diese Substanz auf den Fötus hat, Ihren unvermeidlichen, nicht um seine Zustimmung gefragten Partner bei allem, was Sie zu sich nehmen. Ich kann beim besten Willen nicht verstehen, warum in den USA Ärzte 90 Prozent der schwangeren Frauen durchschnittlich vier Medikamente (außer Vitamin- und Mineraltabletten) verschreiben. Ich bin überzeugt davon, daß man alle diese Medikamente für »sicher« hält – aber auch Contergan galt anfangs als »ungefährlich«. Genauso bedenklich ist es, daß 65 Prozent der Schwangeren rezeptfreie Mittel einnehmen, ohne daß ihr behandelnder Arzt dies weiß oder damit einverstanden ist, weil sie davon überzeugt sind, diese rezeptfreien Mittel seien auch »ungefährlich«. Ich werde an späterer Stelle näher auf einige eindeutig gefährliche Wirkstoffe eingehen.

Noch einige Worte zu den Wirkungen, die Hormone und die Pille auf den Fötus haben können. Kurz gesagt: Östrogene sind gefährlich für eine schwangere Frau, und man sollte sie unter allen Umständen vermeiden. So hat sich z. B. herausgestellt, daß DES (Diethylstilbestrol), ein synthetisches Östrogenpräparat zur Verhinderung spontaner Abgänge, den Effekt hatte, daß Töchter von Müttern, die dieses Mittel eingenommen hatten, häufiger an

Scheiden- und Gebärmutterhalskrebs erkrankten; bei den männlichen Nachkommen führte es zu krankhaften Veränderungen der Hoden und der Prostata.

Zur Behandlung von Anämie, Erschöpfungszuständen und Mattigkeitsgefühl werden gelegentlich männliche Hormone (Androgene) verschrieben. Sie sollten derlei Substanzen vermeiden, wenn Sie schwanger sind. Sie können – ebenso wie die Östrogene – eine negative Auswirkung auf den Fötus haben. Schließlich sollten Sie, wenn Sie jahrelang die Pille genommen haben und jetzt ein Kind wollen, mindestens vier Monate warten, ehe Sie es zu einer Schwangerschaft kommen lassen. Das bedeutet nun nicht, daß Sie in dieser Zeit auf jeglichen Geschlechtsverkehr verzichten müssen. Bedienen Sie sich einer anderen Methode der Empfängnisverhütung – vorzugsweise eines Kondoms –, während Ihr Körper sich von den letzten Überresten des oralen Kontrazeptivums befreit. Ich werde oft gefragt, ob während dieser Wartezeit eine spermientötende Paste genügt. Ich bin mir dessen nicht sicher. Die verfügbaren Daten sind widersprüchlich, und »wahrscheinlich sicher« ist einfach zuwenig. Gehen Sie also kein Risiko ein. Verwenden Sie ein Kondom.

Hippokrates, der Vater der Medizin, hat vor vielen hundert Jahren gesagt, daß »in jeder Medizin ein wenig Gift ist«. Nehmen Sie kein Medikament ein, wenn Sie es nicht unbedingt brauchen. Natürlich kann sich gelegentlich die Notwendigkeit ergeben, ein bestimmtes Medikament einzunehmen. Im folgenden werde ich die gängigsten Wirkstoffe auflisten und kurz darauf eingehen, wie bedenklich – oder unbedenklich – sie während einer Schwangerschaft sind.

Obwohl jedes Medikament zu jedem Zeitpunkt im Verlauf der neun Monate eine schädliche Wirkung haben kann, ist doch während der ersten drei Monate das Risiko am größten. In dieser Zeit bilden sich die Organe des Fötus heraus. Vor allem die erste Woche der Schwangerschaft, wenn die meisten Frauen noch gar nicht wissen, daß sie empfangen haben, ist kritisch. Wenn Sie es also auf eine Schwangerschaft anlegen, dann rechnen Sie – was Medikamente, Röntgenaufnahmen, Infektionen und Ernährungsweise betrifft – die ganze Zeit über damit, daß es bereits geklappt hat.

1. Nehmen wir an, Sie sind Diabetikerin und haben bis jetzt immer orale Wirkstoffe eingenommen, um Ihren Blutzukker niedrig zu halten, da dies mit Diät alleine nicht zu schaffen war. Jetzt werden Sie schwanger. Sollen Sie nun auch weiterhin die jeweiligen Tabletten einnehmen oder aber auf Insulin umsteigen? Meiner Ansicht nach ist es das beste für Sie, die Tabletten abzusetzen, vor allem während der ersten drei Monate. Auch wenn diese Medikamente nicht teratogen (für den Fötus schädlich) sind – sie könnten nicht nur Ihren Blutzucker, sondern auch den des Embryos senken. Ein zu niedriger Blutzucker ist jedoch schädlich für den Embryo, und es ist schwierig, ihn zu korrigieren. Insulin hingegen hat allem Anschein nach nicht diese Wirkung. Wenn Sie also an Diabetes leiden und eine Diät alleine nicht genügt, ist für die »Wartezeit« Insulin wohl die beste Lösung.

   Darüberhinaus ist bei Diabetikerinnen das Risiko, ein Kind mit Mißbildungen zur Welt zu bringen, dreimal so groß wie bei der Durchschnittsbevölkerung. Sie können dieses Risiko jedoch verringern, wenn Sie sich wirklich auf die Kontrolle Ihrer Zuckerkrankheit konzentrieren. Laut Experten der in den USA berühmten Joslin-Klinik bringen 96 Prozent der Diabetikerinnen, die man während ihrer Schwangerschaft konsequent betreut und deren Blutzucker mit Hilfe einer entsprechenden Diät und Insulin unter Kontrolle gehalten wird, ein völlig gesundes Baby zur Welt.
2. Welche *Antibiotika* darf man während der Schwangerschaft einnehmen? Normalerweise rate ich von Antibiotika ab, wenn es sich lediglich um eine eher harmlose Infektion der oberen Atmungswege handelt, außer es gibt einen zwingenden Grund dafür, wenn also beispielsweise der Patient alt und gebrechlich und anfällig für eine Lungenentzündung oder aber Diabetiker ist oder an einer chronischen Lungen-, Herz- oder Nierenkrankheit leidet. Eine gesunde schwangere Frau fällt meiner Ansicht nach in keine der genannten Kategorien. Wenn Sie jedoch schwanger sind und zwei oder drei Tage lang ziemlich hohes Fieber haben – über 38,3° C –, sollten Sie ein Antibiotikum nehmen. Penicil-

lin ist unbedenklich (außer man ist allergisch dagegen); aber vermeiden Sie Tetracyclin, da dieses das Knochenwachstum des Kindes beeinträchtigen, in seinem späteren Leben zu einer Verfärbung der Zähne führen wie auch andere körperliche Mißbildungen verursachen kann. Auch von Streptomycin sollten Sie die Finger lassen. Es gibt eine ganze Gruppe von Antibiotika, die man als Aminoglykoside bezeichnet; sie wirken sehr massiv und werden normalerweise nur in lebensbedrohlichen Situationen eingesetzt. Wenn kein anderes Medikament hilft, kann es sein, daß Sie eines von diesen Mitteln nehmen müssen, aber ich bin von ihrer Ungefährlichkeit nicht ganz überzeugt.

3. *Sulfonamide* werden häufig bei Infektionen der Harnwege und des oberen Respirationstraktes angewandt. Sie gelten als ungefährlich, aber hie und da haben sie, wie man beobachten konnte, bei Föten Blutungsstörungen hervorgerufen. Nehmen Sie sie also, wenn es unbedingt sein muß, aber keinesfalls nach Lust und Laune.
4. *Störungen der Schilddrüsenfunktion* treten bei jungen Frauen oft auf. Es kann sich dabei um eine Über- oder Unterfunktion, um eine Vergrößerung der Drüse oder um eine Knotenbildung handeln. Wenn Sie an einer Schilddrüsenunterfunktion leiden und eine Substitutionstherapie angezeigt ist, gibt es keinen Grund, diese Zusatzstoffe während der Schwangerschaft nicht mehr zu nehmen. Schließlich ersetzen Sie nur etwas, das Ihnen fehlt – das Schilddrüsenhormon. Es sieht sogar so aus, daß Sie, wenn Sie diese Ersatzmedikamente nicht einnehmen, Gefahr laufen, ein schwachsinnigen Kind zur Welt zu bringen, weil der Fötus während der kritischen Wochen und Monate seiner Entwicklung im Uterus nicht ausreichend mit Schilddrüsenhormonen versorgt wurde. Die Behandlung einer *Schilddrüsenüberfunktion* ist jedoch eine ganz andere Sache. Zu den gängigen Behandlungsmethoden gehören: (a) radioaktives Jod, um die giftige Drüse »auszuschalten«, (b) Schilddrüsenmedikamente wie Favistan, um sie zu »bremsen«, oder (c) eine operative Entfernung der Drüse. *Eine Schwangere hat keine Wahl außer – Operation.* Jede Art von Bestrah-

lung kommt selbstverständlich nicht in Frage, und die diversen Thyreostatika auf Jodbasis führen zu einer Vergrößerung dieser Drüse beim Fötus, und zwar in einem Maße, daß sie unter Umständen die Atemwege zusammenpreßt und die Atmung behindert, sobald die Lungen des Fötus zu arbeiten beginnen. Eigentlich sollten alle schwangeren Frauen – auch wenn ihre Schilddrüse normal funktioniert – Jod in jeglicher Form meiden, da es die Funktion dieser Drüse beeinträchtigen könnte. Wenn Sie beispielsweise an Asthma leiden oder einen chronischen Husten haben, sollten Sie darauf achten, daß Ihr Hustensaft oder das jeweilige Dekongestionsmittel kein Jod enthält.

5. Vor einigen Wochen rief mich eine meiner Patientinnen an; sie hatte eben erfahren, daß sie ein Kind erwartet; ihr Mann freute sich so sehr darüber, daß er ihr eine Reise durch Ägypten, entlang des Nil, schenken wollte. Wir unterhielten uns ausführlich über jedes einzelne Medikament, das sie vorsorglich mitnehmen wollte, und ich sagte ihr weitgehend das, was ich in diesem Kapitel geschrieben habe. Als ich eben auflegen wollte, fiel mir die Malaria-Prophylaxe ein, ein Muß für jeden, der in ein afrikanisches Land reist. »Oh, das ist kein Problem. Wir nehmen einfach eine Resochin-Tablette wöchentlich, und zwar zwei Wochen, ehe wir aufbrechen, dann jede Woche, während wir dort sind, und sechs Wochen lang nach unserer Rückkehr. Das ist doch in Ordnung, oder? Ich meine, das ist doch nur eine Tablette pro Woche.«

   Tatsache ist aber, daß Resochin zur Prophylaxe zwar großartig ist, bei einem Neugeborenen aber zu Taubheit führen kann – zumindest in den höheren Dosierungen, die für eine *Behandlung* der Malaria erforderlich sind. Ich bin mir nicht sicher, ob die geringere Konzentration, die man zur Vorbeugung verabreicht, unbedenklich ist. Vor allem in den ersten drei Monaten ist es also sinnvoll, kein Resochin einzunehmen. Ich empfahl der jungen Dame also, ihre Reise auf das zweite Vierteljahr zu verschieben oder – noch besser – den freudigen Anlaß in einer Gegend zu feiern, wo es keine Malaria gibt. Wenn Sie allerdings schwanger sind und in eine Malariazone reisen müssen, oder aber wenn Sie sich tatsächlich diese Krankheit zuziehen, dann soll Ihnen Ihr Arzt Primaquine verschreiben, das für den Fötus weniger gefährlich ist.

Da wir gerade bei der Toxizität von Chinin (Resochin und ähnliche Medikamente sind Chinin-Derivate) sind – vergessen Sie nicht die anderen allgemein gebräuchlichen Produkte, die ebenfalls diese Substanz enthalten. Trinken Sie gerne kaltes, sprudelndes Tonic Water mit oder ohne Gin oder Wodka? Während der Schwangerschaft sollten Sie darauf verzichten. Es gibt Gründe zu der Annahme, daß Chinin – selbst in dieser köstlichen Form – Erbschäden verursachen kann, vor allem was Hör- und Sehvermögen betrifft.

6. Noch ein ganz pragmatisches Problem, mit dem sich junge Frauen, die an Epilepsie leiden, konfrontiert sehen könnten, da sie bestimmte Medikamente einnehmen müssen, um die Anfälle unter Kontrolle zu bringen oder zu vermeiden. Die meisten Krampfmittel wie Tegretal, Zentropil oder Ergeny verursachen mit hoher Wahrscheinlichkeit schwere Geburtsschäden jeder Art, von Wachstumsstörungen und Anormalitäten des Herzens bis hin zu deformierten Genitalien und geistiger Behinderung. Selbst ein so mildes Medikament wie Luminal, das oft in Verbindung mit anderen Antiepileptika verabreicht wird, ist mit einem nicht unerheblichen Risiko behaftet. Die Wahrscheinlichkeit, daß es Schwierigkeiten gibt, ist so groß, daß ich allen Epileptikerinnen rate, eine Schwangerschaft zu vermeiden, wenn sie diese Medikamente einnehmen müssen. Zudem ist das Risiko, wenn sie unwissentlich empfangen und während der ersten drei Monate eines dieser Mittel eingenommen haben, so groß, daß ich ihnen die Möglichkeit eines Schwangerschaftsabbruchs anbiete. Einige Patientinnen leiden allerdings an einer leichteren Form von Epilepsie, bei der die Anfälle mit Hilfe eines weniger toxischen Wirkstoffs unter Kontrolle gebracht werden können. Sprechen Sie mit Ihrem Neurologen.
7. *Antikoagulantien* – »Blutverdünner« – können für Frauen

im gebärfähigen Alter zu einem Problem werden. Im allgemeinen ist eine solche Therapie erforderlich bei Phlebitis (Venenentzündung der Beine) oder bei einer Herzklappenerkrankung, wenn der Herzrhythmus sehr unregelmäßig ist (Vorhofflimmern). Diese Störungen können Embolien zur Folge haben. Es kann auch passieren, daß bei einer schwangeren Frau die Herzklappen ersetzt worden sind und sie Blutverdünner braucht, weil sich an der Klappenprothese unter Umständen Klumpen bilden, die zu Embolien führen können, wenn sie wandern. (Lediglich Patienten, deren Ersatzklappen von Schweinen stammen, benötigen keine Antikoagulantien. Aus diesem Grund rate ich bei jungen Frauen, die möglicherweise zu einem späteren Zeitpunkt schwanger werden wollen, zur Einpflanzung solcher Klappen.) Das beste Mittel, um unter diesen Umständen eine Katastrophe zu verhindern, ist eine Antikoagulierung mit Hilfe von Coumadin. Bei Coumadin besteht jedoch ein Risiko von 20 bis 50 Prozent, daß es schwere Geburtsschäden verursacht, so daß man es bei Vorliegen einer Schwangerschaft *nicht einnehmen darf*, und zwar weder im frühen noch im späteren Stadium. Unglücklicherweise kenne ich keinen sicheren, praktischen Ersatz, der genauso effektiv ist.

8. Eines der verbreitesten Leiden, mit dem ein Arzt in seiner täglichen Praxis konfrontiert wird, ist ein *zu hoher Blutdruck*. Es gibt jede Menge von Wirkstoffen, einzeln und in Kombination, um den Blutdruck zu senken. Zu diesen Mitteln gehören unter anderen Betablocker, Entwässerungsmittel, Kalziumantagonisten, Rauwolfia-Derivate (Reserpin), Captopril und so weiter. Der einzige nachweisbar ungefährliche Wirkstoff während der Schwangerschaft ist meines Wissens Dihyzin oder Nepresol.

   Noch ein spezieller Hinweis zu den Betablockern, deren Prototyp Dociton ist. Wie schon an früherer Stelle des Buches erwähnt, dient es nicht nur zur Behandlung von Bluthochdruck, sondern wird auch bei Angina pectoris, Migränekopfschmerzen, Schilddrüsenüberfunktion und bestimmten Herzrhythmusstörungen eingesetzt. Die Liste der Indikationen wird immer länger. Nun gibt es eine spezielle Störung, gegen die wohl viele junge Frauen im gebärfähigen Alter Dociton einnehmen – den Mitralklappenvorfall (siehe Kapitel 2). In den meisten Fällen ist dieses Leiden einfach nur lästig. Oft hat es jedoch »Palpitationen« (»Herzklopfen«) zur Folge, und das beste Mittel dagegen ist Dociton. Ich kenne etliche junge Frauen mit einem Mitralklappenvorfall, die schwanger wurden und wissen wollten, ob sie dieses Medikament auch während der Schwangerschaft einnehmen dürften. Wie immer im Falle einer Schwangerschaft rate ich ihnen, das Mittel abzusetzen, wenn sie ohne es auskommen. Wenn sie allerdings das Gefühl haben, daß sie diese Tabletten unbedingt brauchen, sollte man den jeweiligen Geburtshelfer darauf aufmerksam machen. Und es sollte dann alles versucht werden, dieses Medikament mindestens achtundvierzig Stunden vor dem Einsetzen der Wehen abzusetzen, da Dociton den Herzrhythmus des Fötus ebenso verlangsamen kann wie bei einem Erwachsenen, so daß möglicherweise der Gebärvorgang länger dauert und dabei der Fötus zusammengepreßt wird.

9. *Aspirin* ist in den USA das am häufigsten angewandte Medikament, aber es ist nicht ungefährlich, es während einer Schwangerschaft einzunehmen, und zwar sowohl zu Beginn als auch ganz am Ende. Neuere Untersuchungen haben gezeigt, daß bei Kleinkindern, deren Mütter ihre Erkältung oder Grippe während der ersten drei Monate mit Aspirin behandelt haben, die Häufigkeit eines angeborenen Herzfehlers doppelt so hoch ist wie normal. Zudem beeinträchtigt Aspirin die Gerinnungsfähigkeit des Blutes. Aus diesem Grund wird es bei Herzanfällen und Schlaganfällen verabreicht. Dieser Wirkungsmechanismus kann jedoch bei dem Baby Blutungen auslösen; Sie sollten daher in den letzten ein oder zwei Wochen der Schwangerschaft kein Aspirin mehr nehmen, da sonst die Gefahr besteht, daß das Kind mit inneren Hämorrhagien (Blutungen) zur Welt kommt.
10. *Ergotamin* (Mutterkorn) wird häufig gegen Migränekopf-

schmerzen verschrieben. Am besten wirkt es, wenn man es einnimmt, sobald sich erste Anzeichen von Kopfschmerzen bemerkbar machen. Ergotamin fördert jedoch Fehlgeburten, das heißt, es ist abortinduzierend. Wenn Sie also unter Migräne leiden und schwanger werden, müssen Sie das Ergotaminpräparat absetzen, wenn Sie das Baby austragen wollen.

11. Es gibt noch verschiedene andere Medikamente, die zwar nicht unbedingt Mißbildungen bei dem Neugeborenen verursachen, es ihm aber erschweren, sich an das Leben außerhalb des Uterus zu gewöhnen. Einige Schlafmittel, von denen Sie möglicherweise abhängig sind, müssen zwar nicht unbedingt dazu führen, daß Ihr Baby mit einem Loch im Herzen zur Welt kommt, aber es besteht die Gefahr, daß das Neugeborene fürchterlich schläfrig ist und es bei der Geburt zu Atemdepressionen kommt. Wenn Sie von einem Schlafmittel abhängig sind, dann wird dies auch für Ihr Kind gelten. Nehmen Sie also nichts ein, was Sie nicht unbedingt brauchen.

Was ist ungefährlich?

Jetzt aber die guten Nachrichten. Welche Medikamente *dürfen* Sie – in niedrigen Dosierungen – während der Schwangerschaft einnehmen? Zu den Wirkstoffen, die allgemein als »sicher« gelten, gehören verschiedene Asthmamittel – etwa Theophyllin –, Bricanyl, Penicillin (außer Sie sind dagegen allergisch) und Antihistamine.

Was aber ist mit den beliebten »sozialen« Genußmitteln wie Kaffee, Alkohol und Tabak? Im Verlauf der letzten Jahre ist man hinsichtlich *Kaffee* während der Schwangerschaft einmal dieser, einmal jener Ansicht gewesen. Widersprüchliche Berichte, die zu entgegengesetzten Schlußfolgerungen kamen, haben dazu geführt, daß wir ständig unsere Meinung wie auch unsere Trinkgewohnheiten geändert haben. Für den Stand der Diskussion 1985 galt, daß Kaffee unschädlich ist, man aber nicht mehr als drei Tassen täglich trinken sollte. Es gibt Hinweise darauf, daß der Genuß von mehr Kaffee dazu führen könnte, daß das Kind bei der Geburt weniger wiegt.

Alkohol ist für Schwangere absolut verboten. Wenn die Mutter Alkoholikerin ist, liegt das Risiko, ein schwer behindertes Kind zur Welt zu bringen, zwischen 30 und 50 Prozent. Diese Kinder haben viel zu kleine Köpfe und Münder sowie winzige Augen, und häufig leiden sie an Herzkrankheiten (alkoholisch bedingte Mißbildungen). Aber auch ein gelegentlicher Drink kann gefährlich werden. *Es gibt keine ungefährliche Minimaldosis an Alkohol während der Schwangerschaft.*

Was ich von Tabak in jeglicher Form und in jeglicher Situation halte, wissen Sie mittlerweile. Er schadet allen, einschließlich der schwangeren Frau. Die Mehrzahl der Wissenschaftler stimmt dahingehend überein, daß werdende Mütter, die rauchen, eher zu einer Fehlgeburt neigen oder aber Kinder gebären, die kleiner sind und weniger wiegen, als dies normalerweise der Fall ist.

Die jeweilige Temperatur hat großen Einfluß auf die Schwangerschaft. Halten Sie sich bei sehr heißem Wetter nur in Räumen mit Klimaanlage auf, und gehen Sie auf keinen Fall in eine Sauna.

Was können Sie sonst noch tun, um dazu beizutragen, daß Sie ein gesundes Baby zur Welt bringen? Lassen Sie die Finger von allen Diätkuren, die gerade in Mode sind. Sie brauchen täglich drei »ausgewogene« Mahlzeiten. Einige Wissenschaftler haben sogar die These aufgestellt, daß die Gelüste nach wie auch der Ekel vor bestimmten Speisen, die bei vielen Frauen während der Schwangerschaft zu beobachten sind, darauf beruhen, daß der Körper uns etwas sagen will. Meines Wissens haben die meisten Schwangeren Lust auf Milchprodukte (die viel Kalzium enthalten und sowohl für die Mutter als auch für das Kind gesund sind) sowie auf Süßigkeiten und Obst (beides Lieferanten einer schnell verfügbaren Energie). Diese Frauen scheinen normalerweise auch nicht soviel Kaffee trinken zu wollen wie sonst; das gleiche gilt für Alkohol und Protein. Vielleicht sollten wir die Schwangere auf die Natur hören und essen lassen, worauf sie gerade Lust hat – vorausgesetzt natürlich, sie kann sich dies leisten und nimmt zusätzlich eine ausreichende Vitamin-Mineralien-Kombination zu sich.

Wenn Sie Vegetarierin sind, brauchen Sie sich keine Sorgen zu machen, daß dem Fötus irgend etwas abgeht – vorausgesetzt, Sie essen Eier und Molkereiprodukte. Vergessen Sie auch Ihren lebenslangen Grundsatz: »Dünn ist schön«. Die neun Monate einer Schwangerschaft sind wirklich nicht der geeignete Zeitpunkt, um abzunehmen. Wenn Sie nicht die üblichen fünfzehn bis zwanzig Pfund zunehmen, werden Sie wahrscheinlich ein Kind mit Untergewicht zur Welt bringen, dessen Widerstandskraft, Gesundheit und möglicherweise sogar Überleben auf dem Spiel stehen. Wenn Sie Verstopfung bekommen – dies ist bei Schwangeren häufig der Fall –, sollten Sie mehr trinken, mehr Faserstoffe essen, aber – außer den natürlichen – keinerlei Abführmittel nehmen.

Ein behindertes Kind ist weder Gottes Wille noch eine Strafe Gottes. Oft ist es ein Unglück, das man verhindern kann, wenn man darauf achtet, was man ißt, welche Medikamente man einnimmt oder verschrieben bekommt, und sich vor Infektionen, Strahlen und Verschmutzung schützt – sich seine Vorfahren mit Bedacht auszuwählen, ist allerdings bisher nicht möglich.

25. Chelat-Therapie, Rheuma-»Kuren« und andere falsche Hoffnungen

Ich könnte Bände über all die angeblich auf der Stelle wirkenden Wundermittelchen schreiben, die uns heutzutage offeriert werden. Auf einige von ihnen habe ich bereits hingewiesen. Jede chronische Krankheit, für die noch keine Heilungsaussichten besteht und unter der Menschen nach wie vor leiden, verführt dazu, trügerische Hoffnungen zu wecken. Durch staatliche Kontrollen wurde die Quacksalberei des 19. Jahrhunderts weitgehend beseitigt, aber auch jetzt noch gibt es betrügerische Pseudoheilmittel. Herzkrankheit und Rheuma sind besonders ergiebige Jagdgründe für Leute, die mit der Gesundheit spekulieren; daher möchte ich auf einige der gängigsten Wundermittelchen etwas näher eingehen, die Hoffnungen in uns wecken, obwohl ihre Wirkung durch nichts bewiesen ist.

Chelat-Therapie – eine gute Medizin oder ein gutes Geschäft?

Vor einigen Monaten riet ich einem meiner Patienten, einem vierundfünfzig Jahre alten Mann mit schwerer Angina pectoris, sich einer Bypass-Operation zu unterziehen. Er verspürte ständig einen Druck auf der Brust und bekam bei der geringsten Anstrengung kaum mehr Luft. Seit einiger Zeit wachte er nachts mit Schmerzen in der Brust auf. Er hatte es schon mit allen möglichen Medikamenten versucht, die er in den höchsten zulässigen Dosierungen einnahm, um sich etwas Erleichterung zu verschaffen – aber vergeblich. Er war äußerst kooperativ und hielt sich konsequent an alle meine Anweisungen. Er hatte abgenommen, wie ich es ihm nahegelegt hatte, und hatte seit Jahren das Rauchen aufgegeben. Aber die Symptome blieben unvermindert bestehen.

Vor Kliniken, Spritzen, Schläuchen und vor allem vor Operationen hatte er eine Heidenangst. Als ich ihm schließlich zu einem Koronarangiogramm riet, um zu sehen, ob eine Bypass-Operation ihm helfen würde, bekam er schreckliche Angst. Nach viel psychologischer Unterstützung und mit Hilfe großzügig bemessener Dosen von Beruhigungsmitteln brachten wir diesen Gentleman endlich soweit, daß wir die Angiographie durchführen konnten. Die Ergebnisse überraschten mich – angesichts der Schwere der Symptome bei ihm – keineswegs. Alle drei wichtigen Koronararterien waren stark verengt. Glücklicherweise war der Herzmuskel selbst noch in Ordnung. Wenn man die verstopften Gefäße durch gesunde Venen aus seinen Beinen oder durch eine innere Brustarterie aus seiner Brustwand ersetzte, würden seine Beschwerden mit an Sicherheit grenzender Wahrscheinlichkeit verschwinden. Meiner Ansicht nach war es wichtig, diese Operation durchzuführen, ehe eine der verstopften Arterien sich ganz verschloß; in einem solchen Fall würde sein jetzt noch intakter Herzmuskel geschädigt werden.

Als ich ihm diese erfreuliche Mitteilung machte, reagierte er äußerst ablehnend. »Herr Doktor, warum sollte ich mich einer schweren, schmerzhaften und möglicherweise sogar lebensbedrohlichen Operation unterziehen, wenn ich meine verstopften Arterien auch mit Medikamenten freikriegen kann?«

Ich war völlig verdutzt, wußte ich doch von keinem solchen Wundermittel gegen verengte Arterien. »Wie, glauben Sie, können Sie Ihre Arterien wieder freibekommen?«

»Wieso, Chelat-Therapie natürlich.«

Dies ist der Anfang einer langen Geschichte, denn es gibt Tausende von Amerikanern, die sich einer solchen Behandlung unterziehen, in dem Glauben, daß dadurch fast alles geheilt – oder gegen fast alles vorgebeugt – werden kann, vor allem eben eine Verhärtung der Arterien.

Bei einer Chelat-Therapie wird ein Dinatrium-Edetat (EDTA) genannter Wirkstoff in den Blutkreislauf injiziert; diese Substanz vereint sich angeblich mit beziehungsweise bindet andere Chemikalien, die nicht – oder zumindest nicht in dieser Menge – im Körper sein sollten. Das EDTA und die schädliche Substanz werden dann mit dem Urin ausgeschieden. Die Chelat-Therapie ist ein anerkanntes Verfahren, um eine Überdosis, eine Vergiftung oder eine Überbelastung durch bestimmte Metalle – etwa Eisen, Blei und Kupfer – zu behandeln. Der Chelat-Wirkstoff entfernt in der Tat die schädliche Substanz aus dem Körper und kann lebensrettend sein. Aber das haben die Anhänger der Chelat-Theorie, von der mein Patient sprach, gar nicht im Sinn. Sie greifen eine Theorie auf, die ein bestimmtes Problem lösen hilft, und wenden sie auf ein ganz anderes an – auf Arteriosklerose nämlich. Dabei argumentieren sie etwa so: Bei Arteriosklerose-Patienten enthalten die Plättchen, die die Gefäße verstopfen, Kalzium; warum sollte man also nicht EDTA injizieren, das dann das Kalzium bindet und aus dem Körper transportiert? Auf diese Weise könnte man die Blockierung rückgängig machen und den Blutkreislauf in den Arterien verbessern. Ihrer Meinung nach ist das Ganze also sehr einfach, und sie behaupten, mit dieser Therapie ganz wundersame Ergebnisse zu erzielen. Sie erklären, daß Patienten mit verstopften Beinarterien nach dieser Behandlung viel länger gehen können als zuvor, manche sogar unbegrenzt. Leute mit Angina pectoris haben angeblich keine Schmerzen mehr und brauchen keine Angst mehr vor einer Operation zu haben, weil eine solche nicht mehr erforderlich ist. Anscheinend hat sich auch der Zustand einiger Patienten gebessert, die aufgrund einer Arterienverengung im Gehirn zudem an Senilität litten. Kurz: Sie sind auf ein wahres Wundermittel gestoßen.

Auf den ersten Blick erscheint dies alles sehr logisch und einleuchtend. Es bestehen jedoch einige ernste Zweifel hinsichtlich der Chelat-Therapie, wenn sie zur Behandlung und Vorbeugung von Arteriosklerose angewandt wird. An erster und wichtigster Stelle steht dabei der grundlegende Trugschluß der Theorie, auf die sich eine solche Therapie gründet. Denn ein arteriosklerotisches Plättchen enthält erst zu einem sehr späten Zeitpunkt im Verlauf der Krankheit einen nennenswerten Anteil an Kalzium. Die meisten dieser Plättchen bestehen aus einer Art Säckchen, das Cholesterin enthält und von Gewebe überzogen ist, in dem überhaupt kein Kalzium vorhanden ist. Wenn sich tatsächlich Kalzium ansammelt, stellt es nur einen kleinen und irrelevanten Anteil des Plättchens. Selbst wenn also durch die Chelat-Therapie alles Kalzium, das unter Umständen in einem solchen Plättchen ist, entzogen wird, würde dies den Blutstrom in der jeweiligen Arterie nur minimal – wenn überhaupt – verbessern.

Ein anderes Problem bei der Chelat-Therapie besteht darin, daß ihr angeblicher Erfolg großteils mit Anekdoten untermauert wird. Damit will ich sagen, daß die meisten »Berichte« sich nicht an die üblichen wissenschaftlichen Standardtechniken für Schlußfolgerungen hinsichtlich einer bestimmten Theorie halten. Man kann nicht einfach ein, zwei, zehn oder fünfzig Patienten behandeln und dann, nur weil diese erklären, sie fühlten sich besser, zu dem Ergebnis kommen, man habe einen »Trumpf« in der Hand. Das soll nun nicht heißen, daß der Patient lügt oder man seinen Angaben nicht trauen kann. Aber das natürliche Bedürfnis, sich besser zu fühlen, dem Arzt einen Erfolg melden zu können, und die ebenso menschliche Hoffnung des Arztes, einen Heilerfolg zu erzielen, sowie die Tatsache, daß der Verlauf vieler Krankheiten kurzfristigen Schwankungen unterliegt, all dies ergibt zusammen etwas, das wir vielleicht den »Placebo-Effekt« nennen könnten. Um ein bestimmtes Ergebnis wirklich zu beweisen oder zu dokumentieren, sind »kontrollierte Untersuchungen« notwendig, in deren Verlauf einige Patienten wirklich behandelt werden, andere hingegen nur scheinbar. Im Idealfall wissen beide, Arzt und Patient, nicht, wer was bekommt. Wenn der Versuch beendet ist, wird die Anzahl der Personen in beiden Gruppen bestimmt, die positiv darauf angesprochen haben. Zudem bemüht man sich um objektive Beweise für eine Besserung. Dies fordert die medizinische wissenschaftliche Gemeinschaft, ehe sie Behauptungen als stichhaltig anerkennt. Aus genau diesem Grund hat sie sich zum überwiegenden Teil gegen die Chelat-Therapie zur Behandlung von Arteriosklerose gewandt und betrachtet sie bestenfalls als umstritten, unbewiesen und nach wie vor experimentell.

Ich neige der Ansicht der etablierten Ärzteschaft zu. Keinem meiner Patienten empfehle ich – oder erlaube ich auch nur –, sich dieser Art von Therapie zu unterziehen, und zwar weil es sie von effektiveren und bewiesenen Behandlungsmöglichkeiten ablenken könnte. Darüber hinaus habe ich Bedenken, daß es zu Komplikationen wie beispielsweise Nierenversagen kommen könnte; auch wenn ich persönlich einen solchen Fall noch nie erlebt habe.

In meinem Eifer, Ihnen von der Chelat-Therapie zu erzählen, habe ich meinen Patienten ganz aus den Augen verloren, der sich dieser Behandlung unterziehen wollte, um eine operative Behandlung seiner Koronarkrankheit zu umgehen. Ich konnte ihn einfach nicht davon abbringen. Er schrieb sich also für eine Chelat-Therapie ein. Nach den ersten zehn Tagen fühlte er sich großartig. Die Schmerzen hatten nachgelassen, und man erzählte mir, er habe seinen Angehörigen erklärt, daß er mich nie wieder konsultieren werde. Er sei fertig mit den Ärzten des »konservativen Establishments«. Zwei Wochen später hatte er einen schweren Herzanfall, und er rief *mich* mitten in der Nacht. Er wurde in unsere Klinik gebracht, und wir halfen ihm über die akute Myokardischämie hinweg. Einen Monat später stimmte er, da seine ursprünglichen Beschwerden erneut auftraten, endlich einer Bypass-Operation zu, die ohne jegliche Komplikationen verlief. Jetzt, da ich dieses Buch schreibe, führt er ein praktisch normales Leben.

Wie man gegen Rheuma (nicht) vorbeugt

Einer von sieben Amerikanern oder, anders ausgedrückt, etwa sechsunddreißig Millionen Menschen in den USA leiden unter irgendeiner Form von »Arthritis« beziehungsweise »Rheuma«. Man sieht sie in der Öffentlichkeit in ihren Rollstühlen, mit ihren Stöcken und Krücken, hinkend, gebeugt, die Hände krumm und verformt. Sie repräsentieren jedoch nur die eine, sichtbare Seite des Problems – die Spitze des »Arthritis«-Eisberges. In Wirklichkeit bedeutet »Rheuma« chronische Schmerzen und Leiden, die untrennbar zum Leben unzähliger Menschen gehören, die Milliarden Dollar für Ärzte, Kliniken, Analgetika und Steroide ausgeben, um ihr Leben einigermaßen erträglich zu machen.

Rheuma ist keine einzelne, abgrenzbare Krankheit. Es gibt mindestens hundert verschiedene Krankheitsbilder, bei denen die Gelenke in Mitleidenschaft gezogen werden können, so daß eines oder mehrere von ihnen ständig schmerzen, geschwollen, steif, warm oder deformiert bleiben; bei all dem handelt es sich um Gelenkentzündung (oder Arthritis) im weiteren Sinne.

Vielen dieser Krankheitszustände kann man jedoch vorbeugen.

Wenn Sie sich das Knie anstoßen, kann es zu einer *traumatischen* Arthritis kommen. Sie können also, wenn Sie bei der Arbeit oder in Ihrer Freizeit vorsichtig sind, zumindest theoretisch gegen diese Art von Arthritis vorbeugen. Wenn eine Infektion an anderen Stellen des Körpers auch ein Gelenk in Mitleidenschaft zieht, kann man gegen die in der Folge auftretende *infektiöse* Arthritis vorbeugen, indem man das entsprechende Antibiotikum einnimmt.

Gicht, eine spezielle Form der Arthritis, ist die Folge chemischer Veränderungen im Körper. Harnsäurekristalle lagern sich in einem Gelenk ab – im allgemeinen in der großen Zehe –, und eines schönen Morgens wachen Sie auf und haben fürchterliche Schmerzen – eine *Gicht*arthritis. Es läßt sich nicht vorhersagen, wann diese Anfälle erneut auftreten; bisweilen sind sie die Reaktion auf einen Ernährungsfehler (man hat rotes Fleisch gegessen oder Innereien, oder aber man hat zuviel Alkohol getrunken), auf Streß oder eine Infektion. Unabhängig von dem jeweiligen Auslöser kann man gegen akute Gichtanfälle fast immer vorbeugen, indem man regelmäßig entsprechende Medikamente einnimmt, etwa Zyloric, Benemid und/oder Colchizin.

Was die eigentliche Arthritis angeht, konzentrieren wir uns auf zwei Grundleiden – Osteoarthritis und rheumatische Arthritis –, die Millionen Menschen quälen und zu Krüppeln machen.

Osteoarthritis liegt vor, wenn man morgens mit steifen Gelenken aufwacht; sie ist normalerweise die Ursache für Rücken- oder Schulterschmerzen oder eine schmerzende Hüfte, die dann ersetzt werden muß. Früher war man der Ansicht, bei Osteoarthritis handele es sich im Grunde um ein mechanisches Problem – eine lokale Dysfunktion eines Gelenkes infolge jahrelanger Überbeanspruchung und Abnutzung. Heutzutage sind jedoch die meisten Rheumatologen der Meinung, daß dieser Prozeß den ganzen Körper betrifft und sich lediglich in den Gelenken am deutlichsten bemerkbar macht. Welcher Mechanismus auch immer an einer Osteoarthritis schuld ist, die Ursache beziehungsweise Ursachen dafür kennt man bislang nicht. Die Häufigkeit scheint in der westlichen Welt abzunehmen, möglicherweise aufgrund der zunehmenden Automatisierung und der vielen arbeitssparenden technischen Hilfsmittel, durch die einige unserer Gelenke von einer solchen traumatischen Schädigung bewahrt bleiben.

Rheumatische Arthritis (RA) beziehungsweise primär chronische Polyarthritis (PCP), deren Ursache man ebenfalls noch nicht kennt, führt zu einer noch schwereren Behinderung und Verkrüppelung als Osteoarthritis. In den USA sind etwa sieben Millionen Menschen in unterschiedlichem Maße davon betroffen. Während der akuten Phase der primär chronischen Polyarthritis leiden die Patienten unter Fieber, Blutarmut, Müdigkeit, Gewichtsverlust und Appetitlosigkeit; sie fühlen sich ganz allgemein scheußlich. Die Gelenke selber schmerzen, sind warm, steif, geschwollen, und im allgemeinen verkrüppeln sie schließlich. Allerdings kommt es weit seltener zu ernstlichen Behinderungen, als allgemein angenommen wird.

Man kann eine ganze Menge für Patienten sowohl mit primär chronischer Arthritis als auch mit Osteoarthritis tun – Medikamente, Physiotherapie und operative Behandlung. Die Schmerzen lassen sich mit Hilfe einer ganzen Reihe von Wirkstoffen mildern und unter Kontrolle bringen, angefangen von Aspirin bis hin zu »steroidfreien entzündungshemmenden« Substanzen. In hartnäkkigen Fällen von PCP sprechen Patienten möglicherweise auf Gold, Penicillamin, Malariamittel wie Resochin, bestimmte Krebsmittel, die das Immunsystem des Körpers beeinflussen, sowie auf Steroidhormone an.

Aber man kann Osteoarthritis und primär chronische Polyarthritis weder heilen noch dagegen vorbeugen, und es gibt jede Menge Quacksalber, ausgefallene Theorien und Mittelchen, deren angebliche Wirksamkeit wissenschaftlich nicht bewiesen wurde; derlei macht Rheumatiker psychisch kaputt und kostet allein in den USA mehr als eine Million Dollar pro Jahr. Im folgenden will ich Ihnen die Wahrheit über die verbreitetsten dieser »Alternativ«-Therapien sagen.

Vor ein paar Jahren waren meine Frau und ich bei einem befreundeten Kollegen zu einer Grillparty und zum Schwimmen eingeladen. Es war ein herrlicher Sommertag, und wir saßen am Swimming-pool und diskutierten die Lieblingsthemen von Ärzten: Krankheiten, Maßnahmen seitens der Regierung und die Börsenkurse. Einer der Geladenen, ein Professor der Medizin, der fast ausschließlich in Forschung und Lehre tätig war, schien über eine ganze Menge Dinge sehr gut Bescheid zu wissen – Immunologie, Arteriosklerose, Sterilität, Hypertonie... und Rheuma. Wir waren gerade ins Gespräch vertieft, als unser Gastgeber vorbeikam, uns kurz zuhörte und dann sagte: »Meine Herren, keine Fachsimpeleien. Ich empfehle Ihnen, jetzt ein bißchen schwimmen zu gehen, denn die Hamburger und die Frankfurter sind gleich fertig.« Wir standen also auf und gingen zum Umkleideraum, wo der Professor eine Badehose anzog. Und da sah ich, zu meiner Überraschung, am Knöchel dieser beeindruckenden Medizinerpersönlichkeit – einen Kupferreif!

Verstehen Sie mich bitte nicht falsch. Ich habe durchaus nichts dagegen, wenn jemand Kupferreife trägt. Sie sind eine Art Amulett und richten keinen Schaden an. Manche sind sogar recht hübsch, wenn sie versilbert oder vergoldet sind. Aber warum trug ein altbewährter Akademiker, der an einer der angesehensten medizinischen Fakultäten lehrte, einen solchen Kupferreif um seinen Knöchel?

Ich weiß nicht mehr genau, wie diese Mode mit dem Kupferreif eigentlich begonnen hat. Ich glaube, ausgelöst wurde das Ganze durch die Beobachtung, daß Arbeiter in der kupferverarbeitenden Industrie relativ selten an Rheuma leiden. Da so viele Menschen auf dieser Welt solche Reifen tragen, wurden einige Untersuchungen durchgeführt, ob es unter wissenschaftlichen Gesichtspunkten eine Rechtfertigung dafür gäbe. Die Ergebnisse dieser Studien sind wirklich interessant und, zumindest in meinen Augen, überraschend: Es hat den Anschein, daß einige Patienten mit primär chronischer Arthritis tatsächlich an Kupfermangel leiden und winzige Mengen dieses Metalls aus dem Reif absorbieren. Dennoch ist nie auch nur eine einzige objektive Untersuchung zu dem Schluß gekommen, daß ein solches Schmuckstück irgendeine Form von Rheuma heilt.

Akupunktur: Als die Vereinigten Staaten vor ein paar Jahren diplomatische Beziehungen mit der Volksrepublik China aufnahmen, erzählten Leute, die daraufhin dieses Land besuchten, nach ihrer Rückkehr schier unglaubliche Geschichten über die Wunder der Akupunktur. Die Chinesen bedienten sich dieser Methode offenbar zur Behandlung aller möglichen Krankheiten, von Unfruchtbarkeit bis hin zu Diabetes; zudem setzten sie sie als Anästhetikum ein. »Was Rheuma betrifft, ist Akupunktur ein wahres

Geschenk des Himmels«, erzählte mir einer meiner Freunde. »Ich habe selber gesehen, wie dieser Krüppel in Hangzhou einfach aufgestanden ist und wieder gehen konnte, und das nach nur drei Behandlungen« – derlei gemahnt an Lourdes.

Immer wieder bitten Patienten mich, sie zur Behandlung ihres Rheumas an einen Akupunkteur zu überweisen, um die chronischen Schmerzen zu lindern. In den meisten Fällen komme ich dieser Bitte nach, vor allem wenn der Patient von der Wirksamkeit dieser Methode überzeugt ist, denn Akupunktur kann, obwohl sie weit kostspieliger ist als ein Kupferreif, wie dieser im Grunde nicht schaden. Ich muß Ihnen jedoch gestehen, daß meines Wissens Akupunktur noch *nie* einem Rheuma-Patienten wirklich geholfen hat. Von Zeit zu Zeit berichtet ein Patient mir, die Schmerzen seien nach einer solchen Therapie »anscheinend« geringer geworden, aber ich habe dies immer dem Placebo-Effekt zugeschrieben, der Wirkung des »Handauflegens« durch einen Arzt oder einen anderen »Heiler«. Glauben Sie nun bitte nicht, daß ich, als Angehöriger des »Establishments«, eine negative Einstellung gegenüber »alternativen« Methoden in der Medizin habe. Das ist durchaus nicht der Fall. Ich bin selber nach China gereist und habe mit eigenen Augen gesehen – und auch gefilmt –, wie bei einer jungen Frau eine Herzklappe ausgewechselt wurde. Sie war während der Prozedur hellwach, von dem Augenblick an, als der Operateur zuerst die Haut aufschnitt, ihren Brustkorb aufsägte und freilegte und dann etwa eine Stunde lang in der offenen Brust operierte. Die ganze Zeit über nippte sie an einem Glas Wasser und lächelte, und das ohne Narkose, Hypnose – und ohne Schmerzen zu verspüren. Akupunktur führt also zu Analgesie (Schmerzlosigkeit). Die Chinesen, die die Akupunktur seit langer Zeit praktizieren, wissen selber nicht, wie sie eigentlich funktioniert. Forschungen in diesem Land legen allerdings die Annahme nahe, daß durch Akupunktur bestimmte natürliche Betäubungsstoffe (Opiate) freigesetzt werden – überwiegend Metaenzephaline aus dem Gehirn –, so daß in bestimmten Fällen der Schmerz tatsächlich unter Kontrolle gebracht werden kann. Allerdings hilft Akupunktur in keiner Weise gegen die Krankheit als solche. Angesichts dieser Tatsache ist es, wenn Sie an Rheuma leiden, für Sie wahrscheinlich besser – was eine Schmerzlinderung betrifft –, wenn Sie eines der vielen neuen und effektiven Analgetika einnehmen, die, über lange Zeit regelmäßig eingenommen, möglicherweise den zugrundeliegenden Krankheitsprozeß verlangsamen.

Diät: Es wurden eine Menge Bücher darüber geschrieben, wie man durch eine Änderung seiner Ernährungsweise gegen Rheuma vorbeugen beziehungsweise die Krankheit heilen kann, wenn man sie sich zugezogen hat – etwa indem man Koffein, Alkohol, Tomaten, rotes Fleisch, gesättigte Fette, Gewürze, Zucker und Tabak meidet oder aber zusätzliche Megavitamine schluckt – riesige Mengen der Vitamine A, D, C, B_6 und E. (Hohe Dosen der fettlöslichen Vitamine – die Vitamine A, D und E – können ernste Folgen haben, während übermäßig viel – d. h. mehr als 2 Gramm pro Tag – B_6 neurologische Schäden verursachen kann.) Bislang haben die meisten wissenschaftlichen Untersuchungen keinerlei Nachweis dafür erbracht, daß derlei Veränderungen der Ernährungsweise tatsächlich von Nutzen sind.

Wenn Sie allerdings an primärer chronischer Polyarthritis leiden, ist es möglicherweise der Mühe wert, einen Allergologen zu Rate zu ziehen, um festzustellen, ob Sie an Lebensmittelallergien leiden, von denen Sie bislang nichts ahnten. In einigen wenigen Fällen konnte eine entsprechende Diät, bei der diese Nahrungsmittel gestrichen wurden, durchaus zu einer Besserung beitragen.

Die Pille: Laut einem englischen Untersuchungsbericht aus dem Jahre 1978, der in den darauffolgenden Jahren von holländischen Forschern bestätigt wurde, erkranken Frauen, die Östrogen entweder als orales Verhütungsmittel oder – nach der Menopause – im Rahmen einer Substitutionstherapie eingenommen haben, seltener an primär chronischer Arthritis als Frauen, die kein zusätzliches Östrogen nahmen. Leider hat eine neuere Studie diese Beobachtungen nicht bestätigt. Wenn Sie also schon früh an PCP leiden, dann nehmen Sie zur Empfängnisverhütung die Pille – das ist zudem wahrscheinlich nach wie vor die sicherste und beste Methode. Wenn Sie hingegen vor kurzem ihre letzten Perioden gehabt haben, ab und zu »fliegende Hitze« auftritt und Ihr Gynäkologe Ihnen eröffnet, daß Sie an einem Hormonmangel leiden und zu »leichtem« Rheuma neigen, dann probieren Sie es doch zwei oder drei Jahre hindurch mit Östrogen.

DMSO: Bei DMSO (Dimethylsulfoxyd) handelt es sich um eine

Salbe, die durch die Haut vom Körper absorbiert wird. Obwohl sie angeblich Schmerzen lindert, ist sie in den Vereinigten Staaten nur in eingeschränktem Maße zugelassen – zur Behandlung von Entzündungen der Harnblase nämlich. Was auch immer für schmerzstillende Eigenschaften diese Substanz hat, sie beruhen vermutlich auf einer Hautreizung.

DMSO kann unter Umständen die Rheumaschmerzen in einigen Fällen lindern, aber das kann man, um es noch einmal zu sagen, auch mit Aspirin erreichen. Wenn Sie es unbedingt ausprobieren wollen, sollten Sie jedoch nur ein Präparat verwenden, das in Apotheken erhältlich ist, und dafür sorgen, daß die Hautfläche, auf die sie es auftragen, sauber ist. Bedenken Sie aber – dieses Zeug riecht ganz fürchterlich nach Knoblauch. Für mich steht die Wirkung in keinem Verhältnis zu diesem penetranten Geruch.

Gifte: Vor ein paar Jahren erschien in den USA ein dickes Buch, in dem die Behauptung aufgestellt wurde, Bienengift sei ein wirksames Mittel zur Behandlung von Rheuma. Ich kenne keine Forschungsergebnisse, die diese Theorie stützen, und ich würde niemanden raten, sich absichtlich von einer Biene stechen zu lassen, um auf diese Weise von Arthritis geheilt zu werden. Ameisengift hingegen ist unter Umständen eine andere Sache. Zur Zeit wird an der Universität von Miami ein Präparat, das das Gift der Bolivianischen Ameise enthält, an Patienten mit rheumatischen Beschwerden getestet. Zwar heißt es, die ersten Ergebnisse seien ermutigend, aber es ist noch zu früh, um ein endgültiges Urteil darüber zu fällen.

Im folgenden eine Liste anderer »Heilmittel«, die Patienten mit rheumatischen Leiden empfohlen werden, die es aber meiner Ansicht nach nicht wert sind, daß Sie Ihre Zeit, Ihre Nerven und Ihre Hoffnungen darauf verschwenden.

Von *Kobragift* wurde früher behauptet, es entfalte heilende Kräfte. Abgesehen davon, daß es sich hier um ein höchst gefährliches Gift handelt, gibt es für diese Behauptung keinen wissenschaftlichen Beweis.

Ein Arzt in Kalifornien berichtete, *Kokain* könne, wenn man es lokal in der Nase appliziere, gegen Rheuma helfen. Andere Ärzte führen einen mit Kokain imprägnierten Wattebausch in die Nase ein, um die Rückenschmerzen, die den Patienten in seiner Bewegungsfreiheit einschränken, zu lindern. Ich kenne keinen einzigen wissenschaftlichen Beweis, der diese Therapie rechtfertigen könnte, aber ich weiß von vielen Leuten, einschließlich Ärzten, die unter Rückenschmerzen leiden, daß sie darauf schwören.

Dann gibt es noch *Prokain*, das hauptsächlich als lokales Anästhetikum Verwendung findet und in Europa als Gerovital H-3 zu kaufen ist. Einige der vernünftigsten und pragmatischsten Leute, die ich kenne, nehmen meines Wissens regelmäßig diesen Wirkstoff, oral oder in Form von Injektionen. Gerovital hilft angeblich nicht nur gegen Arthritis, sondern auch – wie die Chelat-Therapie – gegen alles mögliche andere: Impotenz, alternde Haut, ergrauendes Haar, Senilität – nennen Sie, was Sie wollen, Prokain wird für Abhilfe sorgen. In den Vereinigten Staaten ist dieser Wirkstoff in großem Rahmen getestet worden, und es hat sich herausgestellt, daß er – wenn überhaupt – nur eine geringe Wirkung hat. Er weitet die Arterien ein wenig aus, so daß der Patient ein Gefühl von Wärme verspürt; manche Leute glauben, dies sei ein Zeichen für die Wirksamkeit des Mittels. Wenn Sie entschlossen sind, dieses Mittel auszuprobieren, sollten Sie sich zuerst vergewissern, daß bei Ihnen keine Myasthenia gravis (schwere Muskelschwäche) vorliegt. Prokain verschlimmert die Symptome dieser Krankheit.

Auch *Antibiotika* werden von einigen Leuten propagiert. Das neueste ist Tetrazyclin, das angeblich den Körper von den Mycoplasmaorganismen reinigt, die – so behaupten Anhänger dieser Theorie – Rheuma verursachen. Wohlmeinende Freunde empfehlen Ihnen vielleicht, in weit entfernte Länder zu reisen, wo Sie Wundertränke bekommen können, deren Ingredienzien selten verraten werden, die jedoch, wenn man sie chemisch analysiert, meistens (nicht ungefährliche) Steroide oder Sexualhormone enthalten. Immer wieder treten selbsternannte »Kapazitäten« auf den Plan, die einem beispielsweise empfehlen, die Mandeln entfernen, die Zähne ziehen, den Blinddarm herausschneiden, das Blut mittels Plasmaphorese (Wiederzuführung von Blut nach Waschung in physiologischer Kochsalzlösung unter Ausscheiden des Blutplasmas) reinigen zu lassen – und noch viele andere Vorbeugemaßnahmen und Heilmittel, die kostspielig, oft gefährlich und nie effektiv sind. Wenn Sie an Rheuma leiden und auf einen neuen, »vielversprechenden« Ansatz stoßen, dann sollten Sie sich mit Ihrem Arzt darüber unterhalten.

26. Apropos Impotenz

In den Vereinigten Staaten sind schätzungsweise zehn Millionen Männer impotent. Nach wie vor findet sich in den meisten Fällen der Betroffene mit seinem Los ab und betrachtet es als unausweichlich, oder aber er streitet die Tatsache ab oder rationalisiert sie; möglicherweise hofft er auch, daß es »das nächste Mal« schon klappen wird. Da man jedoch heutzutage offen über sexuelles Versagen sprechen kann, scheint man mittlerweile dieses spezielle Problem besser zu verstehen – und wieder Hoffnung zu schöpfen.

Obwohl eine normale Erektion beim Mann ganz einfach und unkompliziert zu sein scheint, handelt es sich in Wirklichkeit um einen sehr komplizierten Vorgang, der durch einen stimulierenden Prozeß im Gehirn in Gang gesetzt wird und schließlich im Penis seinen Abschluß findet. Bis dahin kann alles mögliche passieren. Als erstes muß Ihr Hormonspiegel so hoch sein, daß Sie überhaupt stimuliert werden. Voraussetzung dafür ist ein normal funktionierendes Drüsensystem. Eine psychisch bedingte Hemmung kann die ganze Abfolge von Ereignissen stören, so daß das Glied schlaff bleibt. Wenn allerdings Ihre Psyche Ihrem Gehirn »grünes Licht« gibt, müssen die Nervenfasern die gute Nachricht weiter nach unten vermitteln, und die Arterien, die den Penis mit Blut versorgen, dürfen nicht blockiert sein, so daß ausreichend Blut (etwa siebenmal soviel wie normal) einströmen und ihn versteifen kann. Es gibt zahlreiche Krankheiten, Funktionsstörungen, Medikamente und emotionale Probleme, die diesen Vorgang an jedem beliebigen Punkt blockieren und zu Impotenz führen können.

Viele Fälle von Impotenz sind in der Tat psychogen und haben ihren Ursprung in Kindheitserlebnissen und kulturellen Tabus. Es besteht allgemein die Hoffnung, daß neue Sitten und neue soziale

Werte die Anzahl dieser Fälle verringern wird. Es gibt jedoch unzählige Männer, die nach jahrelanger normaler sexueller Aktivität plötzlich oder allmählich, aufgrund von Ängsten oder Depressionen, die Fähigkeit verlieren, eine Erektion zu bekommen oder aufrechtzuerhalten. Die Schuld daran wird meist dem Alter zugeschoben oder dem Umstand, daß der Betreffende zuviel arbeitet oder aber schlicht und einfach erschöpft ist. Sprechen Sie mit Ihrem Arzt darüber. Wenn er die physischen Gründe für Impotenz, die ich im folgenden diskutieren werde, ausschließen kann, genügen möglicherweise sein beruhigender Zuspruch, seine psychologische Unterstützung und entsprechende Medikamente, um die Dinge wieder ins Lot zu bringen.

Oft lösen Erkrankungen des Herzens Ängste aus, die zu – vermeidbaren – sexuellen Problemen führen. Dies gilt für Frauen genauso wie für Männer. Letztere werden impotent, die Frauen werden »frigide«, sie verlieren das Interesse an Sex. Aber unabhängig davon, an welcher Herzstörung Sie leiden, wenn Sie zwei Treppenabsätze schaffen, dann können Sie auch ein normales Sexualleben führen. Ich versuche immer, Patienten mit Herzproblemen das notwendige Selbstvertrauen zu vermitteln, und zwar gleich zu Beginn ihrer Krankheit. Kurz nach einem Herzinfarkt oder einer Bypass-Operation, lange ehe der Patient aus dem Krankenhaus entlassen wird, unterziehe ich ihn oder sie einer Reihe von Belastungstests, nur um zu zeigen, wie gut sie physischen Anstrengungen gewachsen sind. Zudem rate ich vielen dieser Patienten, an einem von Fachleuten geleiteten Rehabilitationsprogramm teilzunehmen. Eine Frau, die weiß, daß ihr »Herz«-Mann sich drei- oder viermal wöchentlich körperlich anstrengt und ihm dies gut tut, wird sich keine Sorgen machen, daß sie ihn mit Sex umbringen könnte.

Aufgrund neuerer diagnostischer Techniken ist es mittlerweile möglich, psychisch bedingte Impotenz von den Formen zu unterscheiden, deren Ursachen organischer Natur sind. Ein wichtiger diagnostischer Test zeigt, ob es während des Schlafens zu Erektionen kommt. Wenn ja, bedeutet dies normalerweise, daß die Impotenz psychogen ist, da alle Mechanismen, die für eine Erektion in Gang gesetzt werden müssen, funktionieren.

Die eindeutig organischen oder physischen – und vermeidbaren

– Ursachen für Impotenz fallen in verschiedene Kategorien. Die meisten Männer schieben, vor allem wenn sie älter werden, die Schuld an ihren sexuellen Problemen einer immer unzureichender werdenden Vorsorgung mit Hormonen zu. Sie suchen nach einer schnellen und einfachen Lösung in Form von Testosterongaben, entweder als Tabletten oder mittels Injektionen. Das hilft in einigen Fällen, und zwar normalerweise aus psychologischen Gründen (der Placebo-Effekt). In Wirklichkeit sinkt jedoch der Hormonspiegel nur selten vor dem siebzigsten oder achtzigsten Lebensjahr. Sollte dennoch dieser Fall eintreten, können zusätzliche Testosterongaben allerdings durchaus von Nutzen sein.

Hypothyreose (Unterfunktion der Schilddrüse) ist eine weitere Drüsenstörung, die zu Impotenz führen kann. Vorbeugung besteht in diesem Fall ganz einfach darin, daß man das fehlende Schilddrüsenhormon ersetzt.

Jeder Mann über fünfzig, der aus einem unerfindlichen Grund impotent wird, sollte seinen Prolaktingehalt im Blut messen lassen. Zuviel davon kann die Fähigkeit zu einer Erektion beeinträchtigen. Dieses Hormon wird in der Hypophyse (Hirnanhangdrüse) produziert; ein Überschuß an Prolaktin kann medikamentös oder durch einen operativen Eingriff behandelt werden.

Wenn Ihr Arzt Sie impotent macht!

Als ich mich vor kurzem zusammenfassend mit dem Thema der von Medikamenten verursachten Potenzstörungen beschäftigte, listete ich die Wirkstoffe auf, die die sexuelle Aktivität sowohl von Männern als auch von Frauen beeinträchtigen können. Es waren mindestens fünfundsiebzig! Wenn Sie also das Gefühl haben, daß ein Medikament sexuelle Ermüdungserscheinungen bei Ihnen verursacht, dann bitten Sie Ihren Arzt, dies zu überprüfen.

In den Vereinigten Staaten werden etwa 25 Millionen Menschen wegen Bluthochdruck behandelt. Im folgenden die gängigsten Medikamente, die zu diesem Zweck eingesetzt werden:

(1) *Diuretika* (harntreibende Mittel, Wasserpillen); Angeblich führen sie in einem Drittel aller Fälle zu Impotenz.

(2) *Betablocker-Präparate.* Diese Medikamente senken nicht nur den Blutdruck, sondern werden häufig auch zur Behandlung von Angina pectoris, bestimmten Herzrhythmusstörungen, Migränekopfschmerzen, Tremor (Muskelzittern), »Lampenfieber« und Beschwerden bei einer Schilddrüsenüberfunktion eingesetzt. Sie können jedoch eine ganze Reihe unerwünschter Folgeerscheinungen nach sich ziehen – Erschöpfungszustände, kalte Hände und Füße, Alpträume, niedrigen Blutdruck, Verlangsamung des Pulses, Asthmaanfälle bei gefährdeten Patienten und Herzversagen bei einigen Herzkranken. Am häufigsten beklagen sich jedoch Patienten (vor allem Männer) über Erschöpfungszustände und Impotenz. Die Symptome sind oft so schwer, daß der Betablocker abgesetzt werden muß, vor allem bei jüngeren Patienten. Eine Alternative sind Kalziumantagonisten, die anscheinend keine negative Wirkung auf Libido oder Funktionstüchtigkeit haben. Sie helfen bei Angina pectoris, Hypertonie, Migränekopfschmerzen und bestimmten Herzrhythmusstörungen, nicht jedoch bei Tremor, Angstgefühlen oder einer Überfunktion der Schilddrüse.

(3) Aldometil, ein Medikament, das zur Behandlung von Hypertonie angewandt wird, kann die sexuelle Potenz des Mannes erheblich beeinträchtigen. Es dämpft nicht nur das sexuelle Verlangen, sondern kann auch zu einer Vergrößerung der Brüste führen, eine richtige Erektion verhindern und eine retrograde Ejakulation verursachen (dabei tritt das Sperma nicht, wie üblich, aus dem Penis aus, sondern strömt in die Blase und wird später mit dem Urin ausgeschieden). Andererseits scheinen Frauen Aldometil ganz gut zu vertragen, obwohl man im allgemeinen sagen kann, daß jedes Medikament, das Männer impotent macht, auch bei Frauen das sexuelle Verlangen abschwächt. (Ein lange andauernder Gebrauch des Medikaments kann bei beiden Geschlechtern vorübergehende Leberschäden verursachen.)

(4) Ismelin ist ebenfalls ein Medikament zur Behandlung von Bluthochdruck und kann auch zu Impotenz führen. Unter

Umständen beeinträchtigt es zwar nicht die Erektion, verhindert aber eine Ejakulation. Dasselbe gilt für Dibenzpyran, ein Medikament, das viele Urologen jetzt Männern mit einer vergrößerten Prostata verschreiben, die nachts häufig aufstehen müssen, um ihre Blase zu leeren.

Trotz des eben Gesagten sind Sie nicht vor die Wahl gestellt: normaler Blutdruck oder Impotenz. Es gibt ein Medikament – Minipress –, das nur selten eine negative Wirkung auf die Sexualität hat. Ihr Arzt wird im allgemeinen in der Lage sein, eine Kombination zusammenzustellen, mit der er Ihren Blutdruck unter Kontrolle halten kann, ohne daß Ihre sexuelle Potenz beeinträchtigt wird. Allerdings wird er nie wissen, daß Sie sich mit einem derartigen Problem herumschlagen, wenn Sie still leiden und ihm nichts davon sagen.

Das in den Vereinigten Staaten am häufigsten verordnete Medikament ist Tagamet, das man zur Behandlung eines gastrointestinalen Ulcus (Magendarmgeschwür) einsetzt. Für diesen Zweck ist es in der Tat großartig. Es hat jedoch einen Antiandrogeneffekt. (Androgene sind männliche Hormone, die für die Erektion von Bedeutung sind.) Wenn Sie also ein Magengeschwür haben, Tagamet einnehmen und impotent geworden sind, sollten Sie versuchen, sich auf Zantac umzustellen. Zantac wirkt ähnlich wie Tagamet, scheint aber nicht dessen antiandrogene Wirkung zu haben.

Medikamente zur Behandlung von Depressionen, Angstzuständen und anderen psychischen Störungen sind dafür berüchtigt, daß sie die Libido sowohl bei Männern als auch bei Frauen dämpfen. Dem liegen verschiedene Mechanismen zugrunde, von denen einige hormoneller Natur sind. In manchen Fällen ist die Anwendung solcher Mittel allerdings unumgänglich, zumindest zeitweise.

Impotenz: Wenn sich das Ganze nicht nur im Kopf abspielt

Von den verschiedenen Krankheiten, die diejenigen Nerven- und Gefäßsysteme des Körpers, die bei einer Erektion zusammenspielen, beeinträchtigen können, ist die vielleicht wichtigste der Diabetes mellitus. Etwa die Hälfte aller Diabetiker wird impotent, und zwar aus zwei Gründen: a) Durch die Krankheit sind die Nerven im Penis geschädigt worden (diabetische Neuropathie); b) die Arterien, die dieses Organ versorgen, verengen sich aufgrund der diabetesbedingten Arteriosklerose, so daß der stärkere Zustrom von Blut, der notwendig ist, damit der Penis größer wird, nicht transportiert werden kann. Ist es möglich, diesen beiden Phänomenen vorzubeugen? Es gibt zunehmend Hinweise darauf, daß man Schädigungen der Nerven und Blutgefäße reduzieren kann, wenn man den Zuckerspiegel über Jahre hinweg gut unter Kontrolle hat. Es scheint also vernünftig, daß jeder Diabetiker versucht, die entsprechenden Werte auf ein möglichst normales Niveau zu bringen und dort zu halten; erreichen kann man dies mittels einer Kombination aus Diät und Medikamenten (Insulin oder oral anzuwendende Mittel).

Ein langanhaltender Bluthochdruck kann ebenfalls zu Impotenz führen, weil dadurch die Sklerose der Arterien, die den Penis mit Blut versorgen, beschleunigt wird – das entspricht weitgehend dem, was bei Diabetes abläuft. Der Schlüssel zu einer Vorbeugung ist, daß man über Jahre hinweg konsequent den Blutdruck unter Kontrolle bringt. Viele Hypertoniker haben das Gefühl, ihre sexuellen Probleme rührten von den Medikamenten gegen zu hohen Blutdruck her und nicht von der Hypertonie als solcher. Wie wir bereits gesehen haben, kann dies durchaus der Fall sein. Aber etwa ein Drittel aller männlichen Hypertoniker, die nicht in Behandlung sind, wird ebenfalls impotent. Bei ihnen ist eindeutig die Krankheit schuld – und nicht die Behandlung.

Alkoholiker neigen prinzipiell zu Impotenz. Voraussetzung einer Vorbeugung ist hier, daß man den Absprung schafft – und zwar so früh wie möglich, denn 50 Prozent der Alkoholiker bleiben impotent, wenn sie zu trinken aufhören. Alkohol macht impotent, indem er die Gehirnfunktion dämpft. Zudem schädigt er die Nerven, die die Impulse zum Penis übermitteln sollen (alkoholisch bedingte Neuropathie – sie entspricht in etwa der Neuropathie bei Diabetes). Schließlich kann permanenter Genuß von Alkohol über lange Zeit hinweg die Leber schädigen, die für die Sexualität von großer Bedeutung ist. Beide, Männer und Frauen, produzieren sowohl männliche als auch weibliche Hormone. Frauen erzeugen mehr weibliches und nur sehr wenig männliches Hormon und umgekehrt. Eine der Funktionen der Leber besteht darin, diese Hormone abzubauen, da ständig neue produziert werden. Dadurch wird verhindert, daß sich im Körper zu viele Hormone ansammeln. Die Fähigkeit der Leber, Sexualhormone abzubauen und zu entgiften, wird durch exzessiven Alkoholgenuß beeinträchtigt. Bei männlichen Alkoholikern sammelt sich daher das weibliche Hormon, das immer in geringen Mengen vorhanden ist, an. Die Folge ist, daß der Mann sich nicht mehr so oft rasieren muß, daß seine Brüste größer und seine Hoden kleiner werden. Seine Libido wie auch seine Liebesfähigkeit leiden ebenfalls darunter.

Trinker rauchen meistens auch. Das im Tabak enthaltene Nikotin zieht die Blutgefäße zusammen, und wenn diejenigen, die den Penis mit Blut versorgen, aufgrund anderer Mechanismen bereits verengt sind, können Zigaretten die Balance endgültig kippen und zu Impotenz führen.

Bereits an früherer Stelle habe ich erwähnt, daß viele Männer und Frauen mit Herzbeschwerden auch psychologische Probleme haben, in sexueller Hinsicht damit fertig zu werden. Das gleiche ist nach einer Prostata-Operation der Fall. Etwa 20 Prozent der Männer über sechzig müssen sich in den USA die Prostata entfernen lassen, und zwar nicht etwa, weil sie Krebs haben, sondern weil die vergrößerte Drüse eine normale Entleerung der Blase verhindert. Eine solche Operation wirkt sich nicht unbedingt negativ auf ein normales Sexualleben aus. Denn nicht die Vorsteherdrüse produziert das männliche Hormon, sondern die Hoden, und diese werden bei einer Prostata-Operation nicht in Mitleidenschaft gezogen, außer wenn es sich um Krebs handelt. Zudem beeinträchtigen derartige operative Eingriffe an der Prostata die Nerven oder die Blutversorgung des Penis nicht. Wenn es daher nach einer Operation wegen einer gutartigen (nicht karzinomatösen) Vergrößerung der Vorsteherdrüse zu Impotenz kommt, ist dies meistens psychisch bedingt. Um gegen eine postoperative, psychogene Impotenz vorzubeugen, ist es von größter Bedeutung für den Patienten, zu verstehen, daß seine »Männlichkeit« durch einen solchen Eingriff in keiner Weise beeinträchtigt wird, genausowenig wie durch eine Entfernung des Uterus die »Weiblichkeit« reduziert wird, solange die Eierstöcke unversehrt bleiben.

Ganz anders sieht es allerdings bei Prostatakrebs aus. Die meisten Therapien führen zu Impotenz, und es besteht keine Möglichkeit, dies zu verhindern. Wird die ganze Vorsteherdrüse entfernt, kann die traumatische Schädigung der Nerven und Blutgefäße im Verlauf der Operation Impotenz verursachen. Wenn das bösartige Geschwür sich bereits auf die Knochen und die Lunge ausgedehnt hat, werden im allgemeinen auch die Hoden, in denen ein Großteil des Testosterons produziert wird, entfernt. Eine Alternative zu einer solchen Operation ist die Verabreichung von weiblichen Hormonen, um die Wirkung des Testosterons zu neutralisieren. Das Ergebnis ist das gleiche wie bei einer Entfernung der Hoden. Wenn jedoch Arzt und Patient sich dafür entscheiden, nicht zu operieren, sondern den Krebs mit Bestrahlungen zu behandeln, wird der Patient in nur 50 Prozent der Fälle impotent, wenn die Bestrahlung äußerlich erfolgt, und in nur 7 Prozent der Fälle, wenn die Strahlung von Goldkörnern stammt, die direkt in die kranke Vorsteherdrüse eingebracht werden.

Es gibt einige irreversible Formen der Impotenz. Dazu gehören Penisverletzungen ebenso wie eine teilweise Entfernung des Penis aufgrund eines bösartigen Geschwürs; ebenso multiple Sklerose und andere neurologische Störungen, die die Innervierung des Penis beeinträchtigen; Gehirnverletzungen und Schlaganfälle sowie gelegentlich Operationen am Dickdarm (wenn große Teile dieses Organs aufgrund einer weitflächigen Erkrankung entfernt werden).

Was ist nun die Quintessenz all dessen? Wenn Sie impotent sind, sollten Sie als erstes die Ursache klären. Beispielsweise kann man eine neurologische Untersuchung vornehmen, um festzustellen, ob die Innervierung in Ordnung ist. Wenn Ihre Impotenz mit Medikamenten zusammenhängt oder physische Ursachen hat, sollten Sie versuchen, diese Ursache(n) zu identifizieren und auszuschalten. Ist das Problem psychisch bedingt, sollten Sie sich um angemessene Beratung bemühen.

Ob nun die Impotenz physisch oder psychisch bedingt ist, wenn sie auf eine entsprechende Behandlung nicht anspricht, gibt es immer noch befriedigende chirurgische Alternativen. Zwei Möglichkeiten stehen zur Wahl. In dem einen Fall werden kleine Stäbchen in den Penis geführt, so daß dieser die ganze Zeit halb erigiert ist. Das ermöglicht das Eindringen und den Geschlechtsverkehr. Der Nachteil ist die permanente Versteifung. Die zweite Möglichkeit, die die meisten Patienten vorziehen, ist eine aufblasbare Prothese. In diesem Fall werden hohle Stäbchen in beide Seiten des Penis eingeführt; in einer der Hoden wird eine kleine Pumpe angebracht, und ein kleiner Behälter mit Flüssigkeit wird unter die Bauchhaut implantiert. Wenn die Situation es nun erfordert, preßt der Patient die Pumpe, so daß Flüssigkeit aus dem Behälter in die in den Penis implantierten Stäbchen fließt und dieser erigiert.

27. Klassische Vorbeugung – Vorsorgeuntersuchungen, Impfungen und vom Patienten selbst durchzuführende Testverfahren

Was – keine Vorsorgeuntersuchungen?

Über einen Zeitraum von mindestens fünfzig Jahren waren in den USA routinemäßige Gesundheitsüberprüfungen absolut üblich und normal. Das ist jetzt jedoch nicht mehr der Fall. Statistiker, Ökonomen, Politiker und sogar einige »akademische« Ärzte – die allesamt mehr mit Computern, Zahlen und theoretischer Medizin zu tun haben als mit kranken Menschen – sind zu dem Schluß gekommen, daß, von wenigen Ausnahmen abgesehen, Untersuchungen zum Zwecke der Erhaltung der Gesundheit wirtschaftlich nicht rentabel sind. Ein Großteil der Ärzte ist da ganz anderer Ansicht. Jeder einzelne von uns weiß aus persönlicher Erfahrung, daß Erkrankungen häufig ganz unerwartet entdeckt werden. Die »Neinsager« halten dem entgegen, daß diese Routineuntersuchungen all den Zeitaufwand und all die Ausgaben und Anstrengungen nicht wert seien. Sie geben zwar zu, daß hin und wieder ein Leben gerettet werden könnte, wollen aber die Gelder, die für Vorsorgeuntersuchungen bei Gesunden ausgegeben werden, lieber zur Unterstützung der Alten, Bedürftigen, Unterernährten und Kranken verwenden.

Ich verstehe zwar die Überlegungen, die hinter derlei Argumenten stehen, kann aber den daraus gezogenen Schlußfolgerungen nicht zustimmen. Denn im Endeffekt ist Prävention billiger als eine Behandlung, und *sorgfältige, gezielte Untersuchungen sind durchaus wirtschaftlich.*

Schließlich sind Menschen keine unerschütterlichen, seelenlosen Maschinen. Der menschliche Körper ist ein dynamischer Organismus, der einem ständigen Wechsel unterliegt. In jedem unserer Organe kommt es von einem Augenblick zum anderen zu Veränderungen, von einem Tag zum anderen und ganz bestimmt von einem Jahr zum nächsten. Vieles, das sich kaum vorhersagen läßt, kann während eines Zeitraumes von zwölf Monaten geschehen – ein gefährlicher Anstieg des Blutdrucks; der Beginn einer Zuckerkrankheit, eines grünen Stars, von Arthritis oder Gicht; das Auftreten einer Krebsgeschwulst im Körper oder die schleichende Verstopfung einer größeren Schlagader, die ein wichtiges Organ versorgt – das Herz, das Gehirn oder die Niere. Darüber hinaus gibt es in den frühen Phasen häufig eine Art »Inkubationszeit«, während der eine Veränderung, von der der Patient noch gar nichts spürt, im Rahmen einer Vorsorgeuntersuchung endeckt werden kann. Genau das ist der Zeitpunkt, zu dem die Störung normalerweise sehr wirkungsvoll schon im Keim erstickt werden kann.

Die meisten praktizierenden Ärzte halten daher an ihrer Empfehlung fest, bei der Mehrzahl der »gesunden« Erwachsenen in regelmäßigen Abständen Untersuchungen durchzuführen, um nach Erkrankungen zu fahnden, die bislang noch keine Beschwerden verursacht haben oder für die bei bestimmten Patientengruppen eine erhöhte Anfälligkeit besteht.

Warum aber kommen Statistiker und deren Computer dann zu ihren negativen Schlüssen? Meiner Ansicht nach liegt der Grund hierfür darin, daß einige der ausgewerteten Daten unvollständig sind. Die Programmierung der Computer erfolgt ohne Einfühlungsvermögen und »unmenschlich«. Hier ein Beispiel:

Jack Smith war achtundvierzig Jahre alt und erfolgreicher leitender Angestellter. Seit sechzehn Jahren war er jährlich zur Vorsorgeuntersuchung in meine Sprechstunde gekommen. Beim letzten Termin konnte ich ihm – wie gewöhnlich – ein ausgezeichnetes Ergebnis vorlegen. Sein Gewicht war so gut wie ideal, sein Herz ohne Befund, die Lungenfunktion in keiner Weise beeinträchtigt, und es gab auch keinerlei Hinweise auf eine bösartige Erkrankung. Seine Lebensweise gab ebenfalls keinerlei Anlaß zur Beanstandung. Er war Nichtraucher, »trainierte« mindestens zweimal die Woche, lief täglich drei Meilen, und im allgemeinen aß und trank er mäßig. Als ich ihm eine »Erinnerungskarte« für die Vorsorgeuntersuchung im nächsten Jahr gab, fragte er, ob das denn wirklich weiterhin nötig sei. Schließlich habe ich doch während der vergangenen sechzehn Jahre bei ihm keinerlei ernsthafte Erkrankung gefunden.

Alles, was Jack da vorbrachte, war soweit richtig, aber es war nur die halbe Wahrheit. So hatte er vergessen, daß er, als er vor sechzehn Jahren erstmals in meine Sprechstunde kam, fünfundzwanzig Pfund Übergewicht hatte, zwanzig bis dreißig Zigaretten täglich rauchte, sich in keiner Weise körperlich betätigte und sein Blutdruck mit 146/92 grenzwertig hoch war. Aus diesem Grund setzte ich mich jedesmal bei seinen »routinemäßigen« Besuchen in meiner Sprechstunde mit ihm zusammen, um ihm etwas über Prävention zu erzählen. Nach zwei oder drei derartigen Aussprachen fiel bei ihm der Groschen. Er hörte auf zu rauchen, begann ein regelmäßiges körperliches Fitneßprogramm und nahm ab, erreichte schließlich sein Idealgewicht und hielt dieses auch. Das Ergebnis war, daß sein Blutdruck mit 136/86 nun einen normalen Wert hatte, ohne daß Medikamente erforderlich gewesen wären. Da bei ihm Cholesterin-, Triglyzerid- und HDL-Werte grenzwertig hoch waren, vermied er den Konsum gesättigter Fette. Er begann sogar, täglich eine Tablette »Baby-Aspirin« zu nehmen, um damit gegen einen Herzinfarkt oder Schlaganfall vorzubeugen. Ich glaube, allein dadurch, daß er sich überzeugen ließ, mit dem Rauchen aufzuhören und auch in Zukunft die Finger davon zu lassen, wurde sein Risiko, einen Herzinfarkt zu erleiden oder an Krebs zu erkranken, um etwa 30 Prozent gesenkt. Durch die Gewichtsabnahme, die körperliche Betätigung und die entsprechende Ernährungsweise hat er vermutlich seine Lebenserwartung um einige Jahre verlängert. Kurz gesagt, was die Rolle betrifft, die ich dabei spielte, hatten die »überflüssigen« Besuche in meiner Praxis im Laufe dieser Jahre zu einer Lebensweise bei ihm geführt, die seine Chancen, länger zu leben, verbesserte.

Wie hätte in diesem Fall ein Rechnungsprüfer die »Wirtschaftlichkeit« von Jacks Vorsorgeuntersuchungen beurteilt? Er hätte seinen Computer mit den Angaben gefüttert, daß der Patient sechzehn Jahre lang einmal jährlich in meine Sprechstunde gekommen sei, dafür so und soviel Geld bezahlt habe und während dieser Zeit nichts »passiert« sei. Weder hatte ich eine Krebserkrankung entdeckt noch Anzeichen einer Herzerkrankung oder sonstiger verborgener Störungen. Die unvermeidliche Schlußfolgerung? Alles war Verschwendung gewesen.

Ich nehme an, daß zumindest einige der Daten, auf die sich die Ablehnung von Vorsorgeuntersuchungen gründet, zahlreiche Fälle beschreiben, die der Geschichte von Jack ähneln. Es gibt kein Verfahren, bei dem ein Computer – und sei er auch noch so ausgeklügelt – die gewichtigen Vorzüge einer erfolgreichen Kontrolle von Risikofaktoren entsprechend würdigen kann. Dennoch basiert die gegenwärtige Gesundheitspolitik in allen hochentwikkelten Ländern in hohem Maße auf Computerstatistiken.

Wie steht es aber mit Gesunden, bei denen kein oder kein erkennbares Risiko vorliegt? Sollte bei diesen in regelmäßigen Abständen ein Routineelektrokardiogramm durchgeführt werden, wenn keine Brustschmerzen, keine Kurzatmigkeit und kein Herzklopfen vorliegen? Einige Ärzte halten das für überflüssig. Ihrer Meinung nach wird das EKG mit hoher Wahrscheinlichkeit unauffällig sein, insbesondere wenn man die Tatsache berücksichtigt, daß 60 Prozent oder mehr derjenigen Patienten *mit nachgewiesener Herzkrankheit oder Angina pectoris* ohnehin ein normales EKG haben. Warum also für derlei Geld ausgeben?

Ganz so einfach ist – zumindest meiner Erfahrung nach – die Sache allerdings nicht. Wenn ich gefragt werde, was man davon hat, bei einem Gesunden ein Elektrokardiogramm anzufertigen, dann erzähle ich immer folgenden Fall. Saul war ein Freund von mir, ein eingefleischter Junggeselle, zwar übergewichtig, ansonsten aber in jeder Hinsicht in bester körperlicher Verfassung. Im Alter von sechsundvierzig Jahren verliebte er sich in eine gutaussehende junge Frau, und sein größter Wunsch war, sie zu heiraten. Ihm graute aber bei der Vorstellung, einen alten, fetten Bräutigamm abzugeben. Daher beschloß er sich in »Form« zu bringen, ehe er ihr einen Heiratsantrag machte, und meldete sich zu einem anstrengenden Trainingsprogramm an. Glücklicherweise verfügte er über den altmodischen gesunden Menschenverstand, sich vorher gründlich untersuchen zu lassen. Der Blutdruck lag im Normbereich, die Herztöne waren regelmäßig, es war keinerlei Herzgeräusch festzustellen, die Lungen waren frei, und selbst das *Ruhe*-EKG war in Ordnung. Dann allerdings riet ihm sein Arzt – da er schließlich vorhatte, sich körperlich sehr anzustrengen – zu einem Belastungs-EKG (Ergometrie). Das Ergebnis war hochgradig pathologisch! Da solche Veränderungen gelegentlich auch bei Gesunden auftreten (wir bezeichnen dies als falsch-positives Ergebnis), wurden bei Saul eine Reihe zusätzlicher Untersuchungen durchgeführt. Am Ende dieser Untersuchungen stand eine Koronarangiographie. Sie ließ auf krankhafte Veränderungen in allen drei Herzkranzgefäßen schließen; auch der kritische Hauptstamm der linken Kranzarterie war betroffen. Man entschloß sich zur Operation, und es wurde bei ihm mit Erfolg ein aortokoronarer Fünffach-Bypass angelegt. Innerhalb von drei Monaten normalisierte sich sein Belastungs-EKG. Er heiratete, begann bald, sich körperlich zu betätigen, hatte viel Freude und Spaß daran und genoß jeden Augenblick. Hätte dieser Mann es versäumt, routinemäßig ein EKG und vor Beginn seines Trainingsprogramms eine Ergometrie machen zu lassen, so hätte diese Geschichte ganz anders ausgehen können.

Aus dieser Fallschilderung lassen sich zwei Aussagen ableiten. Die erste lautet, daß bei einem normalen Ruheelektrokardiogramm krankhafte Veränderungen der Herzkranzarterien nicht zuverlässig auszuschließen sind. Zum anderen zeigt dies, daß bei jedem Patienten über vierzig ein Belastungs-EKG unerläßlich ist, ehe er ein anstrengendes Trainingsprogramm aufnimmt.

Eine in regelmäßigen Abständen durchzuführende Gesundheitsüberprüfung sollte bestimmte Untersuchungen in regelmäßigen Zeitabständen umfassen, und zwar in Abhängigkeit von Alter, Geschlecht, genetischen Anlagen, beruflicher Tätigkeit und besonderer Gefährdung. Es bedarf keiner besonderen Erklärung, daß diejenigen, bei denen aufgrund einer einschlägigen Familiengeschichte eine erhöhte Gefährdung besteht, in bestimmten Zeitabständen entsprechend untersucht werden sollten. Der Rest von uns, das heißt Gesunde ohne Beschwerden und ohne besondere Gefährdung, sollte meiner Meinung nach sich an folgenden Zeitplan halten. Bedenken Sie jedoch, daß sich nicht einmal zwei Ärzte oder »Kommissionen« in dieser Frage einig sind – es handelt sich hierbei um meine ganz persönliche Ansicht auf der Grundlage meiner eigenen Erfahrungen.

Eine vollständige körperliche Untersuchung sollte in Zeitabständen gemäß der folgenden Tabelle durchgeführt werden:

Häufigkeit vollständiger Durchuntersuchungen bei Gesunden

Alter	Häufigkeit
15–19	einmal
19–35	alle 5 Jahre
35–45	alle 3 Jahre
45–55	alle 2 Jahre
über 55	jährlich einmal.

Vollständige Durchuntersuchung bedeutet dabei eine sorgfältige Anamneseerhebung und eine gründliche körperliche Untersuchung. Diese sollte eine Reihe von routinemäßigen Blutuntersuchungen, eine Untersuchung von Stuhl und Urin sowie – in weiter unten erläuterten Zeitabständen – Röntgenaufnahmen der Lunge, ein Elektrokardiogramm und eine Ergometrie einschließen.

Eine vollständige Durchuntersuchung ist bei Heranwachsenden (im Alter zwischen fünfzehn und neunzehn Jahren) als Grundlage erforderlich, um sicherzugehen, daß während der Kindheit keine gravierenden Störungen übersehen wurden wie beispielsweise ein Herzgeräusch, Hörstörungen, Laktoseintoleranz, Lernstörungen, Sehfehler und dergleichen mehr. Auch bietet sie dem Arzt eine Gelegenheit, sich mit dem Jugendlichen über das Thema Lebensweise zu unterhalten und ihn entsprechend zu beraten (bezüglich Ernährung; Alkohol, Drogen und Tabak; Empfängnisverhütung und sexuell übertragbare Krankheiten).

Im Alter zwischen neunzehn und fünfunddreißig Jahren sind die häufigsten degenerativen Erkrankungen (Herz-, Gelenk-, Lungen- und Nierenerkrankungen) noch selten, so daß es, wenn keinerlei Beschwerden auftreten, sicherlich ausreicht, in Fünfjahresabständen eine vollständige Untersuchung durchzuführen. Es gibt allerdings eine Reihe spezieller Tests, die häufiger durchgeführt werden sollten. Beispielsweise ist bei jungen Männern in dieser Altersgruppe Hodenkrebs von Bedeutung. Man sollte sie daher anleiten, sich selbst zu untersuchen, wie wir auch jungen Frauen beibringen, ihre Brüste zu untersuchen. Dies sollte mindestens zweimal jährlich erfolgen. In dieser Altersgruppe sollte sowohl bei Männern als auch bei Frauen jährlich einmal der Blutdruck überprüft werden; das gilt insbesondere für Frauen, die orale Kontrazeptiva verwenden.

Die beiden bezüglich behandelbarer oder sogar heilbarer Erkrankungen »ergiebigsten« Routinetests, die im Laufe Ihres Lebens immer wieder durchgeführt werden, sind die Untersuchung des Stuhls auf Blut, die auf unentdeckte bösartige Veränderungen im Darmbereich hinweisen kann, sowie die Blutdruckmessung. Frauen sollten von dem Zeitpunkt an, zu dem sie erstmals Geschlechtsverkehr hatten, für den Rest ihres Lebens einmal jährlich einen Abstrichtest nach Papanicolaou machen lassen. Frauen, deren Mütter wegen Problemen mit der Fruchtbarkeit DES genommen hatten, sollten diese Untersuchung zweimal pro Jahr machen lassen. Schließlich sollte bei allen Frauen, die ein »Intrauterinpessar« (»Spirale«) tragen, jährlich einmal eine frauenärztliche Untersuchung vorgenommen werden, weil bei ihnen die Anfälligkeit für Infektionen im Beckenbereich größer ist.

Die Brüste sollten einmal jährlich vom Arzt sorgfältig untersucht werden, und die Patientin selbst soll diese Untersuchung mindestens einmal pro Monat, zwischen den Perioden, durchführen. Meiner Ansicht nach sollte bei jeder Frau im Alter von fünfunddreißig Jahren eine Basismammographie angefertigt werden. Gibt die Familiengeschichte keine Hinweise auf eine erhöhte Gefährdung, kann man mit den nächsten Aufnahmen bis zum Alter von vierzig Jahren warten. Bis zum fünfzigsten Lebensjahr sollte dann alle zwei Jahre eine mammographische Kontrolle erfolgen. Ab dann sind jährliche Kontrollaufnahmen zu empfehlen. Vergewissern Sie sich, daß bei den Mammographien moderne Aufnahmegeräte eingesetzt werden, bei denen die Strahlenbelastung geringer ist als bei älteren Röntgengeräten.

In der Altersgruppe von fünfunddreißig bis fünfundvierzig sollte alle drei Jahre eine vollständige Durchuntersuchung stattfinden. In diesem Alter ist auch erstmals ein Elektrokardiogramm aufzuzeichnen, das als Ausgangsbefund dient. Wenn keine Schmerzen in der Brust auftreten, braucht eine Ergometrie nur in dem Fall durchgeführt zu werden, daß ein anstrengendes Trainingsprogramm beziehungsweise große körperliche Belastungen geplant sind; ab fünfundfünfzig sollte sie allerdings einmal jährlich erfolgen.

Haben Sie erst einmal das Alter von fünfundvierzig Jahren erreicht, werden Sie in den folgenden zehn Jahren zunehmend anfälliger für die wichtigsten lebensbedrohlichen Erkrankungen – Herz- und Kreislauferkrankungen, Krebs und Schlaganfall. In diesem Alter sollten Sie Ihren Arzt alle zwei Jahre zwecks Durchführung einer vollständigen Gesundheitsüberprüfung aufsuchen (vergessen Sie jedoch nicht: Blutdruckkontrolle, Stuhluntersuchung, Vorsorgeuntersuchung der Brüste und Abstrichtest nach Papanicolaou müssen jährlich durchgeführt werden).

Früher habe ich bei allen meinen erwachsenen Patienten jedes Jahr eine Röntgenaufnahme der Brustorgane gemacht. Nun wurde kürzlich von einem Expertengremium in einer Stellungnahme empfohlen, wegen der damit verbundenen Kosten und der Strahlenbelastung keine routinemäßigen Röntgenaufnahmen der Brustorgane bei »nicht selektierten Bevölkerungsgruppen« mehr durchzuführen, mit anderen Worten: Selbst in Fünfjahresabständen wurde diese Untersuchung nicht empfohlen. Meiner Ansicht nach ist man damit etwas über das Ziel hinausgeschossen. Bei meinen Patienten mit Herz- oder Lungenerkrankungen, bei jenen, die Zigaretten rauchen oder bei ihrer beruflichen Tätigkeit einer Luftverschmutzung ausgesetzt sind, mache ich jedes Jahr eine routinemäßige Röntgenaufnahme der Lunge. Bei allen übrigen bestehe ich auf Aufnahmen alle vier bis fünf Jahre. Auf diese Weise erhält man nützliche Informationen hinsichtlich der Veränderungen von Größe und Form des Herzens mit zunehmendem Alter des Patienten und ob sich innerhalb des Herzens und der Hauptgefäße Kalkablagerungen bilden oder nicht. Es gibt noch einen weiteren Grund. Hie und da stößt man auf einen unerwarteten Befund, der, wäre er unentdeckt geblieben, verhängnisvolle Folgen hätte haben können.

Es ist eigentlich ganz interessant, daß die meisten bei der Frage einer Vermeidung unnötiger Strahlenbelastung nicht an die routinemäßigen zahnärztlichen Röntgenaufnahmen denken. Ich bin zwar kein Fachmann auf diesem Gebiet, dennoch will mir scheinen, daß insgesamt zu viele Zahnaufnahmen ohne ausreichenden Grund gemacht werden. Was mich betrifft, so lehne ich es ab, mich alljährlich dem Ritual einer routinemäßigen Röntgenaufnahme des Gebisses zu unterziehen, wenn ich keine Zahnschmerzen habe oder der Zahnarzt keine sonstigen Veränderungen in meinem Mund feststellt, die eine solche erfordern. Keine Frage, Ihr Zahnarzt benötigt Aufnahmen des gesamten Gebisses als Ausgangspunkt und Arbeitsgrundlage. Liegen diese aber vor, so fragen Sie ihn nachdrücklich, ob weitere Röntgenaufnahmen wirklich notwendig sind.

Ich glaube, die meisten der um das Wohl ihrer Patienten besorgten Ärzte, betroffene Patienten und einsichtige Politiker werden den von mir aufgeführten Empfehlungen zustimmen und sie für verantwortungsbewußt und vernünftig halten. Wir sollten Widerstand leisten gegen deren weiteren Abbau aufgrund wirtschaftlicher und politischer »Sachzwänge«. Sollten Sie der Ansicht sein, Vorsorge und Vorbeugung seien zu teuer, dann probieren Sie es doch einmal mit der Krankheit.

Impfungen – nicht nur für Kinder

Von den Themen, die man in einem Buch über Prävention abhandeln muß, ist keines passender und keines, das eindringlicher veranschaulicht, wie gegen Krankheiten vorgebeugt werden kann, als die Immunisierung. (Als Immunisierung bezeichnet man den Vorgang, bei dem Immunität gegenüber einer Krankheit übertragen beziehungsweise aufgebaut wird. Impfung, das heißt das Einbringen lebender oder abgestorbener Organismen, ist die häufigste Methode, künstliche Immunität zu erzeugen. Eine derartige Immunität wird oft auch auf natürlichem Wege erworben, als Ergebnis der Reaktion des Körpers auf eine Infektion.)

Bis in die fünfziger Jahre hinein war das Überleben von Patienten, die an Kinderlähmung (Polio) erkrankt waren, nur so lange möglich, wie sie an die Eiserne Lunge angeschlossen waren. In mancher Hinsicht war ihr Leben nicht unähnlich dem von Patienten mit einem Kunstherz, die an ihre künstlichen Pumpvorrichtungen gefesselt sind.

Dann entwickelte Jonas Salk seinen für eine Injektion geeigneten Polio-Impfstoff, der aus abgetöteten Viren hergestellt wurde. Ihm folgte Sabin mit seinem oralen Lebendimpfstoff (»Schluckimpfung«). Dies hatte zur Folge, daß ich in den vergangenen zwanzig Jahren weder in meiner Praxis noch bei meiner Tätigkeit im Krankenhaus auch nur einen einzigen neuen Fall von Kinderlähmung zu Gesicht bekommen habe. Obwohl es in den siebziger Jahren in unserem Land zu mehreren schweren Krankheitsausbrüchen bei Nichtgeimpften kam, gibt es – wenn überhaupt – in Amerika nur noch einige wenige Eiserne Lungen, die nach wie vor in Betrieb sind.

Erinnern Sie sich noch an die Zeit, in der für jeden Auslandsaufenthalt eine Pockenschutzimpfung vorgeschrieben war? Pocken sind mittlerweile, dank der Impfung, weltweit ausgerottet.

Sind Sie alt genug, um sich noch an das ziehende Keuchen von Kindern erinnern zu können, die an Pertussis (Keuchhusten) erkrankt waren? Ich weiß das noch sehr gut. Da waren diese salvenartigen, unvermindert anhaltenden, ermüdenden und schwächenden Anfälle trockenen Hustens, gefolgt von einem erschöpften, ziehenden Einatmen mit dem typischen Keuchen. Ich habe dieses Geräusch in den vergangenen dreißig Jahren niemals wieder zu hören bekommen.

Tetanus oder Wundstarrkrampf wird im Amerikanischen auch als »lockjaw«, also Kaumuskelkrampf, bezeichnet, weil davon jene Muskeln mitbetroffen sind, die das Öffnen und Schließen des Mundes bewirken. Wann haben Sie zuletzt von jemandem gehört, der Opfer dieser Infektion wurde? Tatsächlich treten immer wieder solche Fälle auf – bei Patienten, die die Auffrischungsimpfungen nicht wie vorgeschrieben haben durchführen lassen.

Die meisten Erwachsenen verbinden mit dem Begriff Impfung Kindheitserinnerungen; sie glauben, Impfungen würden nur bei Kindern durchgeführt. Seit kurzem kommen aber immer mehr Erwachsene aller Altersstufen zu mir, um sich zu erkundigen, ob zu den Impfungen, die sie als Kind erhalten haben, Auffrischungsimpfungen erforderlich seien. Einige von ihnen wissen nicht mehr so genau, welche Impfungen sie als Säuglinge oder Kinder bekommen haben, auch können sie sich nicht an alle Kinderkrankheiten erinnern, die sie durchgemacht und damit Immunität erworben haben. Zumeist sind auch ein zuverlässiger Impfausweis, Gesundheitspaß oder sonstige Nachweise nicht mehr greifbar. Was also tun, wenn Sie eine Reise in die Dritte Welt planen, in Gegenden, in denen Kinderlähmung immer noch verbreitet ist, und Sie nicht sicher sind, ob und wann Sie geimpft worden sind? Oder angenommen, Sie wünschen sich ein Kind und haben von den Gefahren einer Rubella-(Röteln-)Infektion gelesen? Sie glauben zwar, geimpft worden zu sein, sind sich aber nicht ganz sicher. Vielleicht sind Sie auch ein 35jähriger Vater, dessen Kind an Mumps erkrankt ist. Sie wissen nicht mehr genau, sind Sie nun geimpft worden oder nicht – und sollen Sie sich impfen lassen, um sicherzugehen? Gibt es nicht auch neue Impfstoffe, die zu der Zeit, als Sie ein Kind waren, noch nicht entwickelt waren? Gilt in Ihrem Alter: Lieber spät als nie? Es vergeht keine Woche, ohne daß einer meiner Patienten zu mir in die Sprechstunde kommt, um mir mitzuteilen, er oder sie habe sich einen Nagel eingetreten, sich mit einer Blechdose in den Finger geschnitten oder sei beim Überspringen eines Stacheldrahtzaunes hängengeblieben. Und dann kommt die Frage: »Soll ich mich gegen Wundstarrkrampf impfen lassen?«

Falls Sie sich über eine dieser Fragen im unklaren sind, mag die folgende Zusammenfassung der zur Zeit gültigen Ansichten hinsichtlich Impfungen in allen Lebensaltern, einschließlich des Erwachsenenalters, für Sie von Nutzen sein. Außerdem ist es für Eltern hilfreich, mit dem Zeitplan für Impfungen vertraut zu sein, an den sie sich bei ihren Kindern halten sollten.

Im folgenden also die acht Erkrankungen, gegen die man geschützt sein sollte, wobei bereits in der Kindheit damit begonnen werden muß. Es handelt sich um Masern, Mumps, Rubella (Röteln), Kinderlähmung (Polio), Diphtherie, Tetanus (Wundstarrkrampf), Pertussis (Keuchhusten) und Influenza-Meningitis (durch *Haemophilus influenzae* hervorgerufene Hirnhautentzündung).

Doch lassen Sie mich zunächst das Thema Pockenschutzimpfung abhandeln. Nicht nur, daß diese Impfung *nicht* erforderlich ist, Sie sollten sich zudem standhaft gegen eine derartige Impfung weigern, falls sie von einem halsstarrigen Gesundheitsbeamten verlangt wird. Mit Ausnahme eines Einzelfalles in einer entlegenen Gegend sind, als Resultat der jahrelang weltweit durchgeführten Schutzimpfungen, die Pocken von der Erdoberfläche verschwunden. Mit dieser Impfung ist nämlich ein – allerdings geringfügiges –

Risiko verbunden. Das ließ sich in den Zeiten, in denen eine Impfung noch erforderlich war, nicht vermeiden, aber jetzt ist dies nicht mehr zu rechtfertigen.

Ich wette, in den vergangenen Jahren ist Ihnen kein Fall von Diphtherie zu Ohren oder vor die Augen gekommen. Sie ist jedoch nach wie vor nicht völlig verschwunden und weist eine Sterberate von 10 Prozent auf. Diphtherie ist vor allem dadurch bekannt, daß der Rachenraum befallen wird; es können aber auch andere Organe, insbesondere das Herz, in Mitleidenschaft gezogen werden. Bei einem klassischen Verlauf kommt es zu einer Rachenentzündung mit Auflagerung einer schmutzig-gräulichen Membran, die, wenn sie sich verlagert, zum Erstickungstod führen kann. Die Tatsache, daß nur noch wenige Diphtheriefälle zu beobachten sind (um die Jahrhundertwende starben in den USA noch 15 von 100000 Menschen an dieser Krankheit), ist eine Folge der Schutzimpfungen. Mein einziger Diphtheriepatient in den letzten zehn Jahren war eine Frau in ihren Dreißigern. Sie »glaubte«, als Kind geimpft worden zu sein, wußte aber nicht mehr, wie viele Impfstöße sie erhalten hatte. Vermutlich hat sie niemals eine Auffrischungsimpfung bekommen. Der Diphtherie-Impfstoff wird mit Tetanus- und Pertussis-Serum kombiniert. Die Erstimpfung erfolgt im allgemeinen im Alter von zwei Monaten (während der ersten Lebenswochen ist der Säugling durch die Antikörper der Mutter geschützt), die Wiederholungsimpfung vier bis acht Wochen später. Eine dritte Injektion wird normalerweise im Alter von sechs Monaten, eine weitere mit achtzehn Monaten verabreicht; vor Beginn der Schulzeit, mit vier bis sechs Jahren, erfolgt eine Auffrischungsimpfung. *Eine Aufrechterhaltung der Immunität gegen Diphtherie im Erwachsenenalter ist nur dann gewährleistet, wenn alle zehn Jahre eine Auffrischungsimpfung durchgeführt wird.* Die Menge an Diphtherieimpfstoff, die Erwachsenen injiziert wird, ist in der Regel geringer als diejenige, die Kinder bei der Erstimpfung erhalten. Bei Tetanus und Diphtherie handelt es sich im Gegensatz zu anderen Impfungen wie gegen Röteln, Mumps und Masern sowie der Polio-Schluckimpfung nicht um Lebendimpfstoffe; sie erfordern daher nicht die Einhaltung der Vorsichtsmaßregeln, die im folgenden erörtert werden.

Bei Tetanus sind Auffrischungsimpfungen besonders wichtig.

Sie schützen vor unvorhergesehenen Infektionen durch den Wundstarrkrampferreger. Kommt die Krankheit zum Ausbruch, so beträgt die Sterberate trotz moderner Behandlungsmethoden ungefähr 50 Prozent. Der Tetanus-Erreger kommt im Erdreich, in menschlichen und tierischen Exkrementen und im Staub vor und dringt durch eine Hautverletzung in den Körper ein. Einmal dort, produziert der Keim einen Giftstoff (Toxin), der Krämpfe und Lähmungen verschiedener Muskelgruppen hervorruft. Trotz aller Aufklärungsanstrengungen werden in den Vereinigten Staaten jährlich über fünfzig Tetanusfälle gemeldet: betroffen sind meist ungeimpfte Erwachsene.

Was Pertussis oder Keuchhusten betrifft, so ist die letzte erforderliche Auffrischungsimpfung jene, die in der Kombinationsimpfung mit Tetanus und Diphtherie enthalten ist und die vor der Einschulung, im Alter zwischen vier und sechs Jahren, erfolgt. Kinder mit neurologischen Störungen – beispielsweise wiederholt auftretende epileptische Anfälle – sollten den Impfstoff nicht erhalten. Werden nach der kombinierten Impfung gegen Diphtherie, Tetanus und Keuchhusten Nebenwirkungen beobachtet, sind sie höchstwahrscheinlich auf das Keuchhustenserum zurückzuführen. Manchmal ist die Reaktion sehr ausgeprägt, und es kann bei dem Kind zu Krämpfen kommen. Wenn dies der Fall ist, werden die meisten Ärzte bei der nächsten Kombinationsauffrischungsimpfung den Keuchhustenimpfstoff weglassen. Bei Erwachsenen ist eine Auffrischungsimpfung gegen Keuchhusten nicht erforderlich. Sollte allerdings bei Ihnen der unwahrscheinliche Fall vorliegen, daß Sie als Kind nie gegen Diphtherie, Tetanus und Keuchhusten geimpft worden sind, muß wohl nicht ausdrücklich betont werden, daß Sie zumindest die Impfung gegen Diphtherie und Wundstarrkrampf schnellstmöglich nachholen sollten.

Der erste zur Verfügung stehende Impfstoff gegen Kinderlähmung (Polio) war das von Dr. Jonas Salk eingeführte Präparat, das abgetötete oder inaktivierte Viren enthielt. Millionen Menschen wurde dieser Impfstoff injiziert, sobald er in ausreichender Menge zur Verfügung stand, um sie vor der gefürchteten Kinderlähmung zu schützen. Er hat sich bestens bewährt. Allerdings hält die durch Injektion abgetöteter Viren aufgebaute Immunität nicht das ganze Leben hindurch an. Die später von Sabin entwickelte Schluckimpfung mit Lebendimpfstoff hingegen bewirkt lebenslangen Schutz. Heutzutage wird fast ausschließlich dieses Impfverfahren angewandt. Für diese Impfung (sie kann mit einem Stück Würfelzucker verabreicht werden) gilt folgender Zeitplan: Impfungen im Alter von zwei Monaten, vier Monaten (einige Ärzte empfehlen für die Zweitimpfung ein Alter von sechs Monaten, um ganz sicher zu sein), achtzehn Monaten und schließlich eine letzte Auffrischungsimpfung bei der Einschulung. Das genügt – mehr Impfungen sind nicht erforderlich.

Die vier übrigen Krankheiten, vor denen man während der Kindheit geschützt sein sollte, sind: Mumps, Masern, Rubella (Röteln) und Influenza-Meningitis. Eine Kombinationsimpfung, die Wirkstoffe gegen die drei erstgenannten Erkrankungen enthält, wird im allgemeinen im Alter von fünfzehn Monaten durchgeführt und verleiht lebenslangen Schutz. Sollten Sie nicht wissen, ob Sie diese Impfung erhalten haben, verfahren Sie am besten folgendermaßen: Wenn Sie älter als dreißig sind, besteht bei Ihnen vermutlich ein ausreichender Schutz gegen Masern und Mumps, so daß keine Impfung nötig ist. Sollten Sie jedoch jünger sein, ist es angebracht, sich mit dem Dreifachserum impfen zu lassen.

Röteln ist besondere Beachtung zu schenken. Röteln sind zwar eine eher leichte Erkrankung, aber sie verursachen häufig schwere Mißbildungen bei Kindern, deren Mütter während der Schwangerschaft daran erkrankt waren. Jede Frau in gebärfähigem Alter, bei der auch nur der leiseste Verdacht besteht, daß sie nicht geschützt ist, sollte sich unverzüglich impfen lassen, selbstverständlich unter der Voraussetzung, daß sie nicht bereits schwanger ist. Nach der Impfung sollte sie drei Monate warten, ehe sie es auf eine Schwangerschaft ankommen läßt, da es sich hier um einen Lebendimpfstoff handelt, der auf das Ungeborene übertragen werden und dieses schädigen kann.

Falls Sie schwanger sind, nachweislich eine Polio-Exposition stattgefunden hat und Sie nicht geimpft sind, empfiehlt sich die Gabe von Salk-Impfstoff. Sie sollten dies mit Ihrem Arzt besprechen.

Der neueste für Kinder entwickelte Impfstoff schützt gegen den Erreger *Haemophilus influenzae*. Der Name ist irreführend, denn diese Bakterien sind keineswegs die Erreger von Grippe. Dieser

Keim verursacht eine tödliche Form der Gehirnhautentzündung (Meningitis), an der in den USA eines von zweihundert Kindern erkrankt und die eine Sterberate von 5 Prozent aufweist. Meiner Meinung nach sollte die Einmalimpfung bei jedem Kind im Alter von vierundzwanzig Monaten durchgeführt werden. Soweit mir bekannt ist, birgt der Impfstoff keinerlei Risiken in sich und hat nur geringe Nebenwirkungen. Die Anfälligkeit für Influenza-Meningitis ist in den Fällen erhöht, bei denen mehrere Kinder über längere Zeit engen Kontakt miteinander haben. Im Vorschulalter trifft dies vor allem für Kindergärten beziehungsweise Kindertagesstätten zu. Wenn Sie daher beabsichtigen, Ihr Kind in den Kindergarten zu schicken, wollen Sie es möglicherweise bereits früher als im Alter von zwei Jahren impfen lassen; allerdings ist die Wirksamkeit des Impfschutzes geringer, wenn die Impfung früher erfolgt.

Soviel also zu den Impfungen, die im Kindesalter durchzuführen sind. Welche Impfungen sollten Erwachsene erhalten?

Bereits in Kapitel 2 habe ich darauf hingewiesen, daß meiner Ansicht nach alle Personen, bei denen ein erhöhtes Risiko besteht, und all jene, die dies wünschen, eine Grippeschutzimpfung erhalten sollten. Voraussetzung ist allerdings, daß keinerlei Hinweise auf eine Allergie gegen Hühner- und Kükeneiweiß vorliegen. Bei dieser Schutzimpfung werden abgetötete Viren injiziert; man kann sie daher, falls erforderlich, auch während einer Schwangerschaft vornehmen. Jährliche Auffrischungsimpfungen sind erforderlich.

Ein Impfstoff gegen Lungenentzündung (Pneunomie), der gegen dreiundzwanzig Bakterienarten schützt, sollte allen jenen verabreicht werden, die älter als fünfzig Jahre sind, sowie allen Patienten mit chronischen Erkrankungen wie Diabetes, Lungen- und Herzerkrankungen und jedem, bei dem die Milz entfernt worden ist. (Letztgenannte Gruppe ist in besonders hohem Maße anfällig für Lungenentzündung.)

Man ist mittlerweile in der Lage, Hepatitis-B-Impfstoff auf gentechnischem Wege (mittels Rekombinationsverfahren) herzustellen; außerdem können wir in Blutproben vorausgegangene Infektionen mit dem HIV-Virus (AIDS-Erreger) nachweisen, so daß die Angst vor einer AIDS-Übertragung durch diesen Impfstoff nicht länger gerechtfertigt ist. Jeder mit hohem Risiko einer Ansteckung mit Hepatitis B sollte sich impfen lassen. Dazu gehören Ärzte, Zahnärzte, die Angehörigen sonstiger Heilberufe mit entsprechender Expositionsgefahr, Homosexuelle, Drogenabhängige sowie Patienten, bei denen häufig eine Bluttransfusion notwendig ist.

Häufig fragen Auslandsreisende, ob sie sich gegen Cholera und Typhus impfen lassen sollen. Ich rate meinen Patienten davon ab. Oft wird man durch diese Injektion krank. Cholera ist eine behandelbare Erkrankung, und mir persönlich ist kein einziger Fall eines Angehörigen der westlichen Welt bekannt, bei dem nach einer Ansteckung keine Heilung mittels umfangreicher intravenöser Flüssigkeitssubstitution und einer entsprechenden antibiotischen Therapie erzielt werden konnte. Meiner Ansicht nach lohnt sich daher eine Cholera-Impfung nicht; allerdings wird sie von bestimmten Ländern bei der Einreise verlangt. Entsprechendes gilt für die Typhus-Impfung, von deren Wirksamkeit ich übrigens keineswegs überzeugt bin.

Eine andere Sache ist Gelbfieber. Eine Impfung ist erforderlich, falls Sie in eine Gegend reisen, wo diese Erkrankung endemisch ist. Zudem sind in vielen Ländern die Bestimmungen hinsichtlich dieser speziellen Impfung sehr streng, und man wird Ihnen dort die Einreise verweigern, wenn Sie keinen entsprechenden Impfschutz nachweisen können. Während einer Schwangerschaft sollte diese Impfung unterbleiben, da es sich um einen Lebendimpfstoff handelt. Eine Ausnahme ist nur dann zu machen, wenn Sie unbedingt in eine Gegend reisen müssen, in der Gelbfieber verbreitet ist.

Erwachsene, die in Regionen reisen, in denen *H. influenzae* endemisch auftritt (beispielsweise in Indien), sollten die auf Seite 414f. erörterte Impfung gegen *H. influenzae* erhalten.

Es gibt nichts Wichtigeres für Sie, als dafür zu sorgen, Ihren Impfschutz und den Ihrer Kinder zu vervollständigen und sich um die entsprechenden Auffrischungsimpfungen zu kümmern. Zudem ist es wichtig, genaue Aufzeichnungen darüber zu machen. Eltern sollten sich dabei nicht auf die Eintragungen in der Kinderarztpraxis verlassen, sondern auch selbst Buch darüber führen und ihren Kindern die entsprechenden Nachweise aushändigen, sobald diese sich selbständig machen.

Wenn Vorbeugung zu Hause beginnt – selbst durchzuführende Untersuchungen

Für Patienten besteht heutzutage auch die Möglichkeit, daheim zahlreiche der Tests und Untersuchungen durchzuführen, die früher dem Arzt, einem Krankenhaus oder einem Labor vorbehalten blieben.

Im folgenden werde ich mich mit einigen Testsets befassen, wie sie mittlerweile erhältlich sind. Zwar ist mit keinem dieser Tests eine wirkliche Krankheitsvorbeugung möglich, jedoch können die Testergebnisse zu einer früheren Erkennung der Krankheit und einer wirksameren Überwachung beitragen – was nahezu ebenso wichtig ist wie die eigentliche Prophylaxe.

Die folgenden Ausführungen beschränken sich auf jene Testverfahren, die meiner Ansicht nach am nützlichsten und am ehesten praktikabel sind.

Das Fühlen des Pulses

Die geeignetste Stelle, um den eigenen Puls (und auch den bei anderen) zu fühlen, ist das Handgelenk. Der Puls ist ganz einfach zu finden, wenn Sie sich bei nach oben gekehrter Handfläche eine Linie vorstellen, die sich vom Zeigefinger zum Handgelenk zieht, genau oberhalb des Daumens. Allerdings ist die Lokalisation von Mensch zu Mensch etwas unterschiedlich, so daß man manchmal ein wenig suchen muß, bis man den Puls findet.

Nachdem Sie ihn gefunden haben, prüfen Sie zunächst, ob er regelmäßig ist oder nicht; dann zählen Sie ihn. Dazu benötigen Sie eine Uhr mit Sekundenzeiger. Zählen Sie die Pulsschläge in zwanzig Sekunden. Wenn Sie nun diese Zahl mit drei multiplizieren, erhalten Sie die Anzahl der Schläge pro Minute, also die Herzfrequenz. Über die Stärke des Pulses sollten Sie sich nicht den Kopf zerbrechen – überlassen Sie das Ihrem Arzt. Selbst bei einem kräftigen Herzen kann der Puls nämlich schwach sein; harmlose Ursache hierfür kann eine Fettschicht sein, die die Arterie überlagert, eine Abweichung des Gefäßverlaufs oder aber die Tatsache, daß Sie zu fest drücken.

Sollten Sie Schwierigkeiten haben, den Puls am Handgelenk zu finden, so versuchen Sie es am Hals jeweils seitlich des Adamsapfels. Achten Sie aber darauf, nicht zu fest zu drücken, da anhaltender Druck auf eine Halsschlagader zu einer gefährlichen Absenkung der Herzfrequenz und schließlich zu einem Ohnmachtsanfall führen kann. In der Leiste läßt sich der Puls ebenfalls tasten.

Jeder kann – und sollte – das Fühlen des Pulses erlernen. Es macht jedoch einen Unterschied, ob man den Puls fühlt, während man bequem im Sessel sitzt und dies entspannt und in Ruhe tut, oder ob es beim Jogging, Laufen oder sonst einer anstrengenden Betätigung erfolgt. Den Puls zu fühlen, ihn zu zählen, außerdem den Sekundenzeiger zu beobachten und dabei auch noch mit der körperlichen Belastung fortzufahren kann ganz schön schwierig sein – aber trotzdem ist es unter Umständen sehr wichtig, diese Pulsfrequenz zu bestimmen. Wenn Sie einen Herzinfarkt erlitten haben oder an Angina pectoris leiden, hat Ihr Arzt möglicherweise ein Trainingsprogramm für Sie zusammengestellt – Gehen, Radfahren, Jogging und vielleicht sogar schnelles Laufen. Um Ihnen dafür ein Ziel vorzugeben und – zu Ihrer Sicherheit – die Obergrenze gefahrloser Belastbarkeit zu bestimmen, muß bei Ihnen zunächst ein standardisierter Belastungstest durchgeführt werden, normalerweise mit einem Treppen- oder Fahrradergometer. Dadurch läßt sich die Herzfrequenz bestimmen, die Sie erreichen sollten. Wenn Sie Ihr Trainingsprogramm in einem kardiologischen Rehabilitationszentrum absolvieren, wo Sie unter ständiger Überwachung stehen, werden Sie darauf hingewiesen, sobald Sie Ihre Grenzfrequenz erreicht haben. Wenn Sie ein solches Programm jedoch selbständig durchführen, könnten sich dabei Schwierigkeiten ergeben. Ich empfehle Ihnen daher, sich einen eigenen Pulszähler zuzulegen, der bei Belastung getragen wird.

Endlich ein Thermometer, das sich leicht ablesen läßt

Ehe Sie sonstige Geräte für Untersuchungen kaufen, die Sie selbst zu Hause vornehmen können, sollten Sie sich ein gutes Thermometer besorgen. Das herkömmliche Glasröhrchen mit dem Quecksilberfaden war lange Zeit ein Ärgernis für viele Patienten (und Ärzte), insbesondere für die mit beeinträchtigtem Sehvermögen. Ein weiterer Nachteil dieses Thermometertyps ist, daß man nie sicher weiß, an welcher Stelle zuletzt damit gemessen wurde!

Bei den Thermometern sind erfreuliche Entwicklungen zu verzeichnen. Mittlerweile sind dünne Schutzbezüge erhältlich, die über den Teil gestreift werden, der unter die Zunge eingebracht wird. Die Messung wird dadurch nicht beeinträchtigt. Nach dem Fiebermessen wird diese Schutzhülle entfernt und durch eine neue ersetzt. Dadurch entfällt die Säuberung des Thermometers mit einer Alkohollösung. Noch wichtiger ist die Tatsache, daß jetzt sehr preiswerte Ausführungen elektronischer beziehungsweise batteriebetriebener Thermometer erhältlich sind, die über eine klare, gut ablesbare Digitalanzeige verfügen. Schluß mit dem endlosen Drehen und Wenden, um den Quecksilberfaden erkennen zu können, erspart bleibt einem der Schreck über die 40 °C-Anzeige, die von der Messung während der letzten Erkrankung stehengeblieben ist, obwohl man das Thermometer heftig geschüttelt hat.

Blutdruckmessung zu Hause

Eine der wichtigsten und nützlichsten »Prozeduren«, die sich zu Hause durchführen lassen, ist die Messung des eigenen Blutdrucks. Ich ermutige alle meine Patienten mit Bluthochdruck, dies zu tun. Meiner Ansicht nach handelt es sich hier um einen wichtigen Siebtest, der gar nicht oft genug durchgeführt werden kann. Zeitweise war es tatsächlich umstritten, ob es wünschenswert sei, daß Patienten sich selber den Blutdruck messen. Es gab Ärzte, die befürchteten, daß eine falsche Meßtechnik möglicherweise unrichtige Werte ergeben könnte. Wenn sie zu hoch wären, würde dies unnötige Besorgnis hervorrufen; lägen sie im Normbereich, würde dadurch eine trügerische Sicherheit vorgespiegelt. Darüber hinaus könnte eine falsche Messung zu ungerechtfertigten Veränderungen der Dosierung einzunehmender Medikamente Anlaß geben.

Aus diesen Gründen standen viele Ärzte Patienten, die sich selbst den Blutdruck messen, zurückhaltend gegenüber, selbst wenn sie theoretisch solche Messungen durchaus bejahten.

Mittlerweile gehören jedoch die meisten dieser Unsicherheiten und Fehlerquellen bei der Blutdruckmessung dank der Einführung neuer Typen von Meßgeräten der Vergangenheit an. Heutzutage haben sich Preis, Größe und Bedienungsschwierigkeit dieser Geräte derart verringert, daß ein Einsatz zu Hause ohne weiteres möglich ist. Man legt die Manschette um den Arm und drückt auf einen Knopf. Den Rest erledigt das Sphygmomanometer (ein Zungenbrecher, der schlicht Blutdruckmeßgerät bedeutet). Es pumpt automatisch die Manschette auf, läßt sie wieder ab, zeigt Blutdruck und Herzfrequenz an und druckt dann die Werte aus.

Wer an Bluthochdruck leidet, hat viele gute Gründe, sich ein solches Blutdruckmeßgerät anzuschaffen. Die Möglichkeit, die Werte im Tagesverlauf zu unterschiedlichen Zeitpunkten aufzuzeichnen, ist außerordentlich wichtig für die Bestimmung der jeweils idealen Dosierung blutdrucksenkender Mittel. Eine Einzelmessung in der Praxis Ihres Arztes – sei es am Morgen, nach einer erholsamen Nachtruhe und noch ehe Sie so richtig in Fahrt sind, oder aber am späten Nachmittag, nach einem anstrengenden Arbeitstag, wenn Sie erschöpft und angespannt sind – als Grundlage einer Entscheidung über die erforderliche Medikation läßt diese zu einem Hasardspiel geraten. Kürzlich durchgeführte Untersuchungen mit automatischen Blutdruckmeßeinrichtungen, die die Werte kontinuierlich bestimmen, haben gezeigt, daß die Blutdruckwerte im Laufe des Tages großen und häufig nicht vorhersagbaren Schwankungen unterliegen. Selbstmessungen in kurzen Abständen erlauben es, dies im individuellen Fall zu erfassen. Ein weiterer Grund dafür, die Blutdruckwerte selbst zu messen, ist das gar nicht so selten zu beobachtende »Weißkittel-Syndrom«. Es gibt viele Patienten, deren Blutdruckwerte in dem Augenblick in die Höhe schnellen, wenn sie sich in der Arztpraxis dem Blutdruckmeßgerät nähern. Dieses Phänomen ist vermutlich stärker ausgeprägt, wenn es sich um einen fremden Arzt handelt, wie dies beispielsweise bei Gesundheitsüberprüfungen für Versicherungen der Fall ist. Ich frage mich wirklich, wie häufig bei der Festlegung der Versicherungsprämie eine Hypertonie zugrunde gelegt wird, wo in Wahrheit die Diagnose »Weißkittel-Syndrom« lauten müßte.

Sind Sie zuckerkrank? – Die Kontrolle eines Diabetes

Mit einem weiteren Testset für zu Hause lassen sich die Blutzuckerwerte bestimmen; dies ist von herausragender Bedeutung für Patienten mit insulinpflichtigem Diabetes. Bevor diese Sets zur Verfügung standen, waren Patienten gezwungen, sich bei der Festlegung ihrer Diät und der Insulindosis auf Urinbestimmungen zu verlassen. Als 1941 erstmals Mittel für eine zu Hause durchführbare Zuckerbestimmung im Urin zur Verfügung standen, ließ man eine Tablette in die Harnprobe fallen und achtete auf die Verfärbung. Fünfzehn Jahre später wurde die Technik der Teststreifen entwickelt, bei der ein chemisch vorbehandelter Teststreifen in die Urinprobe getaucht und die Farbveränderung mit einer Skala verglichen wurde; dieses Verfahren ist nach wie vor gebräuchlich. Die meisten Diabetes-Patienten benützen auch jetzt noch dieses Verfahren zur Kontrolle ihres Zuckerstoffwechsels.

Die Urinuntersuchung ist nützlich, aber auch nicht annähernd so hilfreich wie die direkte Blutzuckerbestimmung. Der Grund hierfür ist, daß der Glukosegehalt des Urins zwar von der Blutzuckerkonzentration abhängt, diese dabei aber nicht wirklich bestimmt wird. Bei stark erhöhtem Blutzucker wird Zucker über die Nieren ausgeschieden und erscheint schließlich im Urin. Bei einigen Menschen wird selbst bei normalen Blutzuckerkonzentrationen Zucker über die Nieren in den Harn ausgeschieden. Dazu kommt, daß der Harn, nachdem er in der Blase angelangt ist, dort bleibt, bis sich eine genügend große Menge angesammelt hat, um das Signal zum Wasserlassen auszulösen. Zu dem Zeitpunkt, zu dem Ihr Urin ans Tageslicht kommt und Sie darin die Zuckerkonzentration bestimmen können, wissen Sie keineswegs, was in diesem Augenblick wirklich in Ihrem Blut abläuft.

Die Möglichkeit, zu jeder Tages- und Nachtzeit die tatsächliche und aktuelle Blutzuckerkonzentration bestimmen zu können, bedeutet einen echten Fortschritt, vor allem weil immer deutlicher wird, daß die Aufrechterhaltung normaler und gleichmäßiger Blutzuckerkonzentration über Tag und Nacht die beste Möglichkeit bietet, den Komplikationen des Diabetes, beispielsweise Arteriosklerose, Erblindung, Veränderungen der Nieren und ähnlichem, vorzubeugen. Innerhalb von fünf Minuten können Sie entscheiden, ob Sie eine höhere Insulindosis benötigen, weil Sie ein Extrastück Apfelkuchen gegessen haben, und ob Sie sich deshalb so schwach fühlen, weil Sie zuviel Insulin gespritzt haben oder aber weil eine höhere Dosis erforderlich ist. Zuerst muß ein Bluttropfen aus einer Fingerkuppe entnommen werden. Um diese Prozedur zu erleichtern, gibt es eine Fingerpunktionshilfe. Wenn Sie sich also entschließen, zu Hause mit Blutzuckerbestimmungen zu beginnen, sollten Sie keinesfalls auf eine solche verzichten. Diese Vorrichtungen arbeiten automatisch, schnell und schmerzlos.

Wenn Sie die Blutprobe entnommen haben, können Sie damit auf zwei unterschiedliche Weisen verfahren. Beide Methoden sind genau und der Urinbestimmung überlegen. Die erste Möglichkeit besteht darin, den Bluttropfen auf einen Teststreifen aufzubringen und etwa eine Minute einwirken zu lassen. Anschließend wird das Blut entweder abgetupft oder abgespült und die Farbveränderung auf dem Teststreifen mit einer beiliegenden Farbkarte verglichen. Für die meisten Diabetiker reicht dieses Verfahren völlig aus. Um eine optimale Kontrolle zu erreichen, empfiehlt es sich, die Blutbestimmung jeweils zehn Minuten vor jeder Mahlzeit und vor dem Schlafengehen durchzuführen.

Sie können allerdings bei der Blutzuckerbestimmung noch einen Schritt weiter gehen und ein Meßgerät erwerben, das Ihnen eine Digitalanzeige der Blutzuckerkonzentration liefert. Ein solches elektronisches Gerät ist vermutlich noch etwas genauer als die Teststreifen.

Keines der auf dem Markt befindlichen Geräte ist allerdings narrensicher. Ein Mikrochip im Computer kann durchdrehen oder ausfallen. Wenn Sie Werte erhalten, die Ihnen nicht ganz geheuer erscheinen, sollten Sie daher unverzüglich Ihren Arzt davon in Kenntnis setzen, ehe Sie einschneidende Veränderungen der Insulindosierung vornehmen. Es kann gut sein, daß Ihr Meßgerät entgleist ist – und nicht Ihr Diabetes.

Der im Urin enthaltene Zucker ist nur einer von zwanzig verschiedenen Parametern, deren Messung beziehungsweise Nachweis im Harn möglich ist. Die Bestimmung der meisten zusätzlichen Größen erfolgt mittels Eintauchen eines Teststreifens oder -stäbchens in den Urin und durch Ablesen der jeweiligen Farbreaktion auf den bis zu zehn unterschiedlichen Testbereichen auf jedem Streifen. Jedes dieser Areale dient der Bestimmung eines anderen Bestandteils – Blut, Eiweiß, Bakterien, Gallenfarbstoff (bei Leberschäden), Ketonkörper (Säuren, die bei entgleistem Diabetes auftreten oder aber nach mehrtägigem Fasten), pH-Wert (zur Überprüfung der Wirksamkeit der diätetischen Maßnahmen zur Prävention bei Nierensteinen), Phenylketonurie (PKU – das Vorliegen einer angeborenen, genetisch bedingten Stoffwechselstörung, die bei Kindern Schwachsinn verursacht); dazu kommt noch der Schwangerschaftstest. Es ist ohne Zweifel sinnvoll, so viele dieser Urintests durchzuführen, wie zur Überwachung einer bestimmten Störung erforderlich sind, aber vergessen Sie dabei nicht, auch Ihre eigenen fünf Sinne zu nutzen. Und dem sechsten Sinn, dem gesunden Menschenverstand, sollten Sie ebenfalls Beachtung schenken. Wenn beispielsweise der Urin anhaltend übel riecht, so teilen Sie dies Ihrem Arzt mit. Bei Säuglingen kann dies beispielsweise Anzeichen einer genetisch bedingten Erkrankung sein, bei Erwachsenen auf eine Infektion hinweisen. Die Häufigkeit des Wasserlassens kann ebenfalls Anhaltspunkte liefern; bei Männern ist darüber hinaus die Stärke des Strahls und die Urinmenge je Blasenentleerung als Anzeichen für eine Vergrößerung der Vorsteherdrüse von Bedeutung.

Der Schwangerschaftstest zu Hause

Ein anderer weit verbreiteter Heimtest dient dem Nachweis einer Schwangerschaft. Indem man prüft, ob ein bestimmtes Hormon (HCG = Humanchoriongonadotropin) im Urin vorhanden ist, läßt sich bereits frühestens drei Tage nach dem Ausbleiben der Periode ermitteln, ob eine Schwangerschaft vorliegt oder nicht. Viele Frauen, sowohl verheiratete als auch alleinstehende, benutzen inzwischen einen derartigen Testset, der von verschiedenen Herstellern angeboten wird.

Bei allen beträgt die erforderliche Zeitspanne vom Ansetzen des Urins bis zum Ablesen des Ergebnisses zwischen dreißig Minuten und zwei Stunden. Bedenken Sie jedoch, daß bestimmte Medikamente falsch-positive Ergebnisse verursachen können; derlei kann auch bei Frauen passieren, die sich den Wechseljahren nähern. Es ist also in einem solchen Fall besonders wichtig – möglicherweise noch wichtiger als bei den übrigen Heimtestverfahren –, sich mit dem Hausarzt zu beraten, unabhängig davon, ob der Schwangerschaftstest positiv ausgefallen ist oder aber negativ. Der Arzt wird nicht nur eine Urinbestimmung durchführen, sondern Sie auch untersuchen. Und dies kann von entscheidender Bedeutung sein.

Die Gefahren falscher Scham

Das Fühlen des Pulses ist keineswegs der einzige Test, den Sie ohne technische Hilfsmittel durchführen können. Achten Sie stets auch auf Ihre Ausscheidungen. Alles, was den Körper verläßt, bringt zugleich wichtige Informationen. Erst kürzlich kam eine Patientin zu mir in die Sprechstunde, weil sie zunehmend an Verstopfung und Bauchkrämpfen litt. Naheliegenderweise lautete meine erste Frage, ob sie Blutbeimengungen oder sonstige Veränderungen des Aussehens ihres Stuhls bemerkt hätte. Sie sah mich entgeistert und ungläubig an. »In die WC-Schüssel schauen? Ich? Warum, um alles in der Welt, sollte ich denn *das* tun?«

Machen Sie es sich zur Gewohnheit, nicht nur auf die Beschaffenheit Ihres Stuhls und Ihres Urins zu achten, sondern auch abgehustetem oder ausgespucktem Auswurf oder Erbrochenem Aufmerksamkeit zu schenken. Dies liefert frühzeitig und genauere Hinweise auf krankhafte Veränderungen, als jeder sonstige Test zu bieten vermag, den Sie zu Hause durchführen können.

Das Aufspüren kolorektaler Blutungen

Die selbst durchgeführte Untersuchung des Stuhls auf okkultes Blut (mit bloßem Auge nicht erkennbare Blutbeimengungen) ist nach wie vor eines der besten Verfahren, um Darmkrebs in einem noch heilbaren Stadium aufzuspüren. Sie sollte in regelmäßigen Abständen mindestens ein- bis zweimal jährlich durchgeführt werden. Es versteht sich wohl von selbst, daß in Fällen, bei denen ganz offensichtlich eine Blutung vorliegt – etwa Hämorrhoiden, Colitis ulcerosa, Darmpolypen und selbst bei Darmkrebs – dieser Test nicht mehr erforderlich ist. Bei der Entwicklung einer Krebsgeschwulst innerhalb des Verdauungstraktes kommt es bereits früh zu winzigen Blutbeimengungen im Stuhl, die sich nur mittels eines chemischen Verfahrens nachweisen lassen. Man verwendet dazu ein Testbriefchen; mit einem Holzspatel wird ein dünner Film der Stuhlprobe auf ein speziell vorbehandeltes Stück Karton aufgetragen. Anschließend werden einige Tropfen einer chemischen Lösung beigefügt. Ist im Stuhl Blut enthalten, so tritt eine charakteristische Verfärbung auf. Diese Testbriefchen sind in jeder Apotheke zu haben. Machen Sie sich mit der Anwendung vertraut. Führen Sie diesen Test häufig durch, insbesondere wenn in Ihrer Familie oft Krebserkrankungen des Verdauungstraktes aufgetreten sind oder Sie selbst früher einmal einen Polypen gehabt haben oder bei Ihnen bösartige Veränderungen in diesem Bereich aufgetreten sind. Dies gilt auch, wenn Sie regelmäßig Aspirin einnehmen – sei es als Schmerzmittel bei Arthritis, sei es zur Vorbeugung eines Herzinfarkts oder eines Schlaganfalls –, da es zu Erosionen der Magenschleimhaut führen und dadurch einen schleichenden Blutverlust verursachen kann. Dies ist mit die wichtigste Ursache von Blutarmut bei älteren Leuten; sie läßt sich mit den Testbriefchen zum Nachweis okkulten Blutes im Stuhl diagnostizieren.

Seien Sie aber vorsichtig bei der Interpretation eines positiven Testergebnisses. Es gibt eine ganze Reihe von Ursachen für falsch-positive Ergebnisse. Wenn Sie beispielsweise viel nicht durchgebratenes Fleisch oder bestimmte Gemüsesorten wie Rettich, Artischocken, rohe Pilze, Brokkoli oder Rüben verzehren, Multivitaminsäfte trinken oder Vitamin C in hoher Dosierung einnehmen, selbst wenn Sie beim Zähneputzen zu kräftig bürsten, kann dies zu einem falsch-positiven Ergebnis führen. Wenn sich allerdings in Ihrer Stuhlprobe Blutspuren nachweisen lassen, sollten Sie dies nicht auf eine Verfälschung des Ergebnisses durch die genannten Ursachen schieben. Ziehen Sie Ihren Arzt zu Rate, und überlassen Sie ihm die weitere Abklärung. Einige bedrohliche Erkrankungen führen zu vorübergehend auftretenden Blutungen. Sie könnten sich daher in falscher Sicherheit wiegen, wenn nach einem positiven Testergebnis die zwei oder drei folgenden Tests negativ ausfallen. Teilen Sie es Ihrem Arzt selbst dann mit, wenn nur ein einziger Test pathologisch ausgefallen ist.

Ich bin der Ansicht, daß regelmäßige Untersuchungen des Stuhls auf Blut andere Untersuchungsverfahren, die als routinemäßige Krebssiebtests eingesetzt werden – etwa Kolonkontrasteinlauf, Prokto- und Kolonoskopie –, in vielen Fällen überflüssig machen. Allerdings sind sie dadurch nicht zu ersetzen. Dies gilt insbesondere für Patienten mit Beschwerden, die auf Störungen im Darmbereich hinweisen (plötzliche Verstopfung, Durchfälle oder sonstige Veränderungen des Stuhlverhaltens), für jene mit bösartigen Darmerkrankungen in der Familiengeschichte oder auch für Patienten, bei denen Störungen vorliegen (beispielsweise Colitis ulcerosa), die mit einem erhöhten Krebsrisiko verbunden sind.

Wie dies auch für Urintests gilt, sollten Sie sich ebenfalls nicht nur auf die Untersuchung des Stuhls auf okkultes Blut verlassen. Sie beantwortet keineswegs sämtliche Fragen. *Achten Sie auf die Beschaffenheit jedes Stuhls, den Sie absetzen.* Es wird Sie überraschen, wie viele Hinweise dies liefert. Sollte sich der Durchmesser verringern, mehrfach sogar bleistiftartig erscheinen, dann besteht der Verdacht, daß ein Tumor vorliegt, der durch die Einengung des Darmlumens die Stuhlpassage behindert. Wenn Sie gerne rohe Fleisch- oder Fischgerichte essen, entdecken Sie vielleicht sogar einen Wurm, der für einige Ihrer bislang ungeklärten Bauchbeschwerden verantwortlich ist. Auch die Farbe des Stuhls ist von Bedeutung. Lehmartiges Aussehen kann auf eine Abflußbehinderung im Bereich der Gallenwege hinweisen, die im allgemeinen durch einen Gallenstein, gelegentlich aber auch durch einen Tumor in diesem Bereich verursacht wird.

Werden Sie der Meldepflicht nachkommen?

Jedes Jahr werden in den Vereinigten Staaten etwa eine Million neu aufgetretener Fälle von Gonorrhoe (Tripper) gemeldet; allerdings vermute ich, daß es sich dabei nur um die Spitze eines Eisberges handelt. Es ist mittlerweile möglich, zu Hause festzustellen, ob man sich diese Infektion zugezogen hat. Dieses Testverfahren ist allerdings umstritten. Sie müssen wissen, wenn ein Arzt Gonorrhoe diagnostiziert, ist er gesetzlich verpflichtet, dies der örtlichen Gesundheitsbehörde zu melden. Zielsetzung dieser gesetzlichen Bestimmung war nicht, den Patienten zu bestrafen oder Peinlichkeiten auszusetzen, sondern sämtliche Kontaktpersonen zu ermitteln, um herauszufinden, bei wem der Patient sich angesteckt hat und wen er selbst infiziert haben könnte.

Was auch immer für eine persönliche ethische Einstellung Sie hinsichtlich der Meldepflicht haben, sollten Sie doch in jedem Fall, wenn Sie sich wegen einer möglichen Tripper-Infektion Sorgen machen, zumindest diesen Test machen, anstatt gar nichts zu unternehmen. Fällt er positiv aus, sollten Sie sich unverzüglich in Behandlung begeben.

Erregerkulturen, die man zu Hause anlegen kann

Die meisten »Wald und Wiesen«- Hals- und Rachenentzündungen werden durch Viren verursacht und klingen ohne jegliche Behandlung innerhalb weniger Tage ab. Die Streptokokken-Angina hingegen ist eine bakterielle Infektionskrankheit, die zu rheumatischem Fieber und schweren Herzerkrankungen führen kann. Um diese beiden Gruppen zu unterscheiden, nimmt der Arzt in der Regel einen Rachenabstrich ab. Während Sie dann beide auf das Ergebnis warten – das dauert einige Tage –, wird er im allgemeinen sicherheitshalber eine antibiotische Behandlung einleiten. Inzwischen ist jedoch ein Testset zu haben, bei dem sich das Ergebnis nach vier Stunden ablesen läßt, so daß Sie nun wissen, ob eine Streptokokken-Infektion vorliegt oder nicht. Auf diese Weise können Sie verhindern, daß Sie einige Tage lang unnötigerweise Antibiotika einnehmen. Es versteht sich von selbst, daß, falls die Symptome anhalten, unabhängig vom Testergebnis eine gründliche Untersuchung durchgeführt werden muß. Diese Testsets stehen auch Ärzten zur Verfügung; die meisten ziehen es jedoch vor, den Abstrich an ein Labor zu schicken, wenn sie nicht selbst über eines verfügen.

Wie erkennt man den »Wechsel«, der die Stimmung so drückt?

Leiden Sie zunehmend an Hitzewallungen? Wird Ihre Monatsblutung unregelmäßig und läßt sich nicht mehr zuverlässig voraussagen, während Sie auf die fünfzig zugehen? Der Nachweis der Menopause kann jetzt mittels eines Teststäbchens erfolgen, das in den Harn getaucht wird. Nehmen Sie zwei Proben im Abstand von einer Woche, und lassen Sie diese in einem Labor untersuchen. Man wird Ihnen dann mitteilen, ob Ihre Menopause eingetreten ist oder nicht. Erkundigen Sie sich bei Ihrem Arzt oder Ihrem Apotheker nach diesem Test.

Salz und Sterne

Viele (allerdings nicht alle) Patienten mit hohem Blutdruck und/oder Herzschwäche sollten ihren Kochsalzverbrauch einschränken; wie aber kann man mit Sicherheit wissen, ob man zuviel Kochsalz zu sich genommen hat? In Apotheken ist jetzt ein Teststreifen erhältlich, der in eine Morgenurinprobe getaucht wird. Wenn Sie sich an die Kochsalzeinschränkung gehalten haben, erscheint innerhalb von zwanzig Sekunden auf dem Teststreifen ein sternförmiges Gebilde. Es ist gewissermaßen eine Auszeichnung. Je größer es ist, desto weniger Salz haben Sie konsumiert. Erscheint kein Stern, haben Sie zuviel Kochsalz zu sich genommen. Dieser Test macht es für die Patienten leichter, sich richtig zu ernähren. In vielen Fällen konnte so die Dosis blutdrucksenkender Mittel verringert werden.

Verspannungen

Hinsichtlich eines Ansprechens auf Bio-feedback-Verfahren und andere Techniken der Entspannung bestehen große individuelle Unterschiede. Es ist wie bei der Hypnose. Einige Menschen lassen sich leicht in Trance, in hypnotischen Tiefschlaf versetzen, bei anderen hingegen gelingt dies nicht. Wenn Sie zu den Menschen gehören, die auf derlei Methoden ansprechen, und wenn Sie an Migräne, Bluthochdruck, funktionellen Darmbeschwerden oder unter Streß leiden, können Sie jetzt eine Bio-feedback-Vorrichtung für den häuslichen Gebrauch kaufen. Diese zeigt Ihnen durch Messung einer Vielzahl unterschiedlicher physiologischer Parameter wie Muskelspannung, Herzfrequenz und Hauttemperatur an, ob Sie unter Verspannungen leiden und wie Sie diesen am wirkungsvollsten begegnen können.

Wickeln Sie den Brustkrebs ein

Die vielleicht aufregendste Neuentwicklung auf dem Gebiet der Testverfahren für den häuslichen Gebrauch, die wohl alle Frauen begrüßen werden, ist ein Test zur Erkennung von Brustkrebs. Die Testvorrichtung besteht aus einer dünnen, flexiblen Flüssigkristallfolie, die ihre Farbe je nach Temperatur ändert. Diese Folie wird für einige Stunden um die Brust gewickelt und dann wieder abgenommen. Tumorgewebe verursacht eine Änderung des Farbverteilungsmusters, was auf die erhöhte Temperatur zurückzuführen ist, die von diesem Tumor ausgeht (vermutlich liegt das daran, daß Tumorgewebe schneller wächst als gesundes Gewebe). Ich weiß nicht, als wie zuverlässig sich dieses Testverfahren erweisen wird, aber wenn es gelingt, auf diese Weise eine erhöhte Wachsamkeit hinsichtlich der Möglichkeit krankhafter Veränderungen zu wecken, die dann durch konventionellere Techniken, beispielsweise die Mammographie, weiter abgeklärt werden können, so bedeutet allein dies schon einen großen Schritt nach vorne.

All dies sind nur einige der wichtigeren Möglichkeiten, wie Sie sich gegenwärtig oder in naher Zukunft zu Hause selbst untersuchen können. Zu den anderen Vorrichtungen, die bereits zur Verfügung stehen, gehören Lungenfunktionstests, Prüfung des Farbensehens zum Nachweis von Farbenblindheit, Tests zur Prüfung mentaler Funktionen beziehungsweise der Intelligenz, verschiedene Spezialpflaster für einen Allergietest und dergleichen mehr. Die vernünftige Anwendung der bei Ihnen erforderlichen Tests wird Ihnen nicht nur helfen, Zeit und Geld zu sparen, sondern auch mit den Beschwerden, die Sie beeinträchtigen, besser fertig zu werden. Vergessen Sie jedoch nicht, daß diese Tests dabei helfen sollen, daß Sie und Ihr Arzt *gemeinsam* herausfinden, ob bei Ihnen eine bestimmte Erkrankung vorliegt oder nicht, und wenn ja, wie diese am besten zu behandeln ist. Testen Sie sich selbst mit allen Ihnen zur Verfügung stehenden Mitteln, aber versäumen Sie nicht, die Ergebnisse mit ihm zu besprechen, ganz gleich, ob sie Ihnen gefallen oder nicht.[1]

---

1 In der Bundesrepublik hat die überwiegende Zahl der Ärzte eine ablehnende bis skeptische Einstellung zu den hier empfohlenen Heimtests; es wird befürchtet, daß beim Patienten leicht eine hypochondrische Neurose ausgelöst werden könnte. Die Verwendung von Heimtests wird daher nur nach eingehender Konsultation des Hausarztes empfohlen.

Nachwort: Welche zukünftigen Entwicklungen sind zu erwarten?

Seit die Idee für dieses Buch in meinen Vorstellungen Gestalt angenommen hatte und ich zu schreiben begann, sind einige der von mir dargelegten aufregenderen Theorien und Ansätze Gegenstand umfassender, multinationaler Untersuchungen geworden, um die behaupteten Vorzüge nachzuweisen oder aber zu widerlegen. Was beispielsweise die Beziehung zwischen Ernährungsweise und der Entstehung von Krebs betrifft, werden derzeit breit angelegte Untersuchungen im In- wie auch im Ausland durchgeführt. Dabei werden Tausende von Personen mit erhöhtem Risiko über Jahre hinweg kontrolliert, um zu überprüfen, ob eine Verabreichung von Betacarotenen, Vitamin C und E sowie von Spurenelementen, die ich alle in mäßiger Dosierung empfohlen habe, tatsächlich die Inzidenz von Krebserkrankungen der Brust, der Lunge, des Darms und der Speiseröhre verringern kann. Im Rahmen einiger dieser Projekte erhalten Frauen mit erhöhtem Brustkrebsrisiko eine fettarme Ernährung, um zu überprüfen, ob dies einen gewissen Schutz bietet. Retinoide, Derivate von Vitamin A also, werden Frauen verabreicht, bei denen eine Brustamputation vorgenommen worden ist, um festzustellen, ob diese Substanzen zur Prävention eines Tumorrezidives geeignet sind. In den Vereinigten Staaten leben derzeit 950000 Frauen, die an Brustkrebs erkrankt waren und die vermutlich die Ergebnisse dieser speziellen Untersuchung mit ängstlicher Spannung erwarten. In Linxian, einer chinesischen Provinz mit 700000 Einwohnern, wird durchschnittlich jeden Tag ein neuer Fall von Ösophaguskarzinom diagnostiziert. Hier läuft eine Untersuchung, in deren Rahmen Multivitamin- und Mineralpräparate verabreicht werden – und zwar in wesentlich höherer Dosierung, als sie jemals hierzulande angewandt wird –, um zu überprüfen, ob damit die Häufigkeit dieser bösartigen Erkrankung verringert werden kann. Diese Studie schließt 30000 Männer und Frauen ein, und Fragen über die Wirksamkeit von Selen als krebshemmender Substanz könnten möglicherweise endlich beantwortet werden. Selbst Weizenkleie, die von mir so begeistert befürwortet wird, untersucht man hinsichtlich ihrer Wirkung auf Darmpolypen.

Einige von Ihnen werden enttäuscht sein, weil sie die eine oder andere Erkrankung nicht erwähnt finden, der ihr besonderes Interesse gilt oder durch die sie besonders gefährdet sind. Wenn diese spezielle Krankheit nicht in diesem Buch erscheint, liegt das daran, daß (a) ich nicht daran gedacht habe (Irren ist menschlich) oder – und dies ist wahrscheinlicher – (b) eine Prävention nicht möglich ist. Weit verbreitete und ernstliche Erkrankungen, beispielsweise Diabetes, bieten keine Möglichkeit einer Prophylaxe. Das gleiche gilt für die Lou-Gehrigsche Erkrankung, die multiple Sklerose und einige weitere schwere Erkrankungen. In diesen Fällen ist Linderung, selbst Behandlung möglich, *nicht jedoch eine Prävention* – und aus diesem Grund habe ich mich in diesem Buch nicht näher damit befaßt.

Die Heilkraft der Natur ist groß. Im Laufe seines Lebens leidet jeder von uns an diesen oder jenen nur kurz andauernden Erkrankungen und Beschwerden, die sich nicht wegen, sondern trotz der Maßnahmen, die wir dagegen ergreifen, zurückbilden. Ärzte bezeichnen sie als »selbstlimitierend«, also von selbst abklingend. In den meisten Fällen bleibt uns die auslösende Ursache unbekannt. Trifft dies zu, so ist es leicht, jeglicher beliebigen Behandlung, auf die wir zufällig gestoßen sind oder von der wir gelesen haben, wahrhaft magische Kräfte zuzuschreiben, ist es doch offensichtlich gelungen, mit ihrer Hilfe Beschwerden zu »heilen« oder einen Rückfall zu verhindern, sei es durch Kräuter, Megavitamine, Kaffeeinläufe, Strahlung, die angeblich von diversen Metallkästchen ausgesandt wird, und allen möglichen sonstigen übersinnlichen Ansätzen. Wenn Sie zu den Anhängern einer dieser Richtungen gehören und von der Wirksamkeit *bei sich selbst* überzeugt sind, dann lassen Sie sich vom Erfolg recht geben. Lassen Sie sich nicht davon abbringen, damit fortzufahren, aber besprechen Sie die Angelegenheit vorher mit Ihrem Arzt, um sicherzugehen, daß es keine Gefahr für Sie bedeutet. Tatsächlich sollten Sie immer eine zweite Meinung auch zu all den Ratschlägen einholen, die ich in diesem Buch erteilt habe. Kein Patient gleicht dem anderen vollständig, und es ist durchaus denkbar, daß das, was der überwiegenden Mehrheit der Patienten hilft, für Sie nicht gut ist.

Ich hoffe, daß Sie beim Nachdenken über die einzelnen Kapitel dieses Buches zu einigen unausweichlichen Schlußfolgerungen kommen und danach handeln werden. An erster Stelle steht dabei die Einsicht, daß eine Grundvoraussetzung der Prävention eine Mäßigung Ihrer Lebensweise ist – Ihrer Gewohnheiten, was Sie essen und trinken, welchen Beruf Sie ausüben und wo – und Ihre Einstellung gegenüber dem Leben. All dies hat einen nachweisbaren Einfluß nicht nur auf die hauptsächlichen Todesursachen wie Arteriosklerose und Krebs, sondern auch auf eine Vielzahl sogenannter »leichterer« Erkrankungen – die zwar nicht unmittelbar lebensbedrohlich sind, aber ebenfalls zu Schmerzen und Leiden führen können. Ebenso sollte klar geworden sein, daß bei dem Theaterstück Prävention *Sie* die Hauptrolle spielen. Wie ich bereits im einleitenden Kapitel festgestellt habe, kann Ihr Arzt Sie anleiten, Ihre Fragen beantworten, Sie gelegentlich sogar auf den Gedanken bringen, selbst das Richtige zu tun, solange es Ihnen noch gut geht. Die meisten Ärzte werden jedoch nicht ständig dahinterher sein oder kontrollieren, ob Sie die gesundheitserhaltenden Maßnahmen auch wirklich befolgen, die nur dann Erfolg haben, wenn sie permanent und das ganze Leben hindurch eingehalten werden. *Der Antrieb, das Interesse und die Initiative müssen von Ihnen kommen.* Dieses Buch hat den Zweck, Ihnen diese Motivation zu vermitteln, Ihnen nicht nur zu zeigen, daß Prävention tatsächlich funktioniert, sondern auch, wie und warum sie funktioniert. Sie wissen jetzt Bescheid – alles weitere liegt bei Ihnen.

Register